教育部高职高专旅游管理类专业教学指导委员会精品课程教材
21世纪高职高专旅游服务类专业规划教材

客房服务与管理

KEFANG FUWU YU GUANLI

（第二版）

主　编　吴　玲
副主编　张　蕾　陈春英　王媛媛

高等教育出版社·北京
HIGHER EDUCATION PRESS　BEIJING

内容提要

本教材由多年从事客房服务与管理教学研究的教师根据岗位实际工作编写而成，以客房部实际业务运作与管理操作为主，以理论指导为辅。全书共分为九章，主要内容包括：客房部概述、客房部日常管理、客房设备和用品管理、客房部卫生管理、客房部服务管理、客房部安全管理、洗衣房管理、客房部预算与控制、客房部实训（共18个实训项目）等方面的酒店客房知识，以及服务与管理操作技能。

本教材可作为普通高等院校旅游类专业学生及职业培训教学的必备教材，也可作为客房部从业人员进行自我提高的自学教材和客房管理者的参考书籍。

图书在版编目(CIP)数据

客房服务与管理 / 吴玲主编. —2版. —北京：高等教育出版社，2011. 9（2014. 8重印）

21世纪高职高专旅游服务类专业规划教材

ISBN 978-7-04-032135-7

Ⅰ. ①客…　Ⅱ. ①吴…　Ⅲ. ①客房 - 商业服务 - 高等职业教育 - 教材②客房 - 商业管理 - 高等职业教育 - 教材 Ⅳ. ①F719. 2

中国版本图书馆CIP数据核字（2011）第185902号

策划编辑　肖春茂　　责任编辑　毕颖娟　　封面设计　吴　昊　　责任印制　蔡敏燕

出版发行	高等教育出版社	咨询电话	400-810-0598
社　　址	北京市西城区德外大街4号	网　　址	http://www.hep.edu.cn
邮政编码	100120		http://www.hep.com.cn
印　　刷	上海华教印务有限公司		http://www.hepsh.com
开　　本	787mm×960mm　1/16	网上订购	http://www.landraco.com
印　　张	22.75		http://www.landraco.com.cn
字　　数	423千字	版　　次	2005年7月第1版
			2011年9月第2版
购书热线	021-56717287	印　　次	2014年8月第3次印刷
	010-58581118	定　　价	35.00元

物 料 号　**32135-00**

编写说明

21世纪，旅游业进入蓬勃发展时期，根据世界旅游组织的预测，2020年我国将成为世界最大的旅游目的地和第四大旅游客源国。旅游业以科技含量高、经济效益好、资源消耗低、环境污染少、人力资源得到充分发挥等为特征表现出强劲增长的势头，成为我国国民经济新的增长点和许多地区国民经济的支柱产业之一。

我国旅游教育事业的起步和发展与我国改革开放同步展开并迅速发展，至2008年年末，全国共有旅游院校1 775所，在校学生达84万人，形成了中等职业教育、高职高专教育、普通本科教育和研究生教育与各类型人才培训相结合的多层次、多渠道教育体系，为我国旅游业的发展作出了重要的贡献。加入WTO后，旅游业发展的新形势和党的十七大确定的全面建设小康社会的目标，对旅游教育提出了新的要求。研究旅游业的发展规律，并为旅游事业培养合格人才，从而为旅游业的持续健康发展贡献力量，是各类旅游教育院校义不容辞的责任。

旅游学科是一门新兴学科，教材建设是旅游教育的重要任务，是旅游教学管理和旅游专业建设的重要环节，也是保证旅游学科教学质量的重要基础。全国高职高专旅游服务类专门课开发指导委员会在全国高职高专旅游服务类院校的专业建设方面取得了可喜的成绩，本套21世纪高职高专旅游服务类专业规划教材就是全国高职高专旅游服务类专门课开发指导委员会取得的成果之一。

本套规划教材包括3个专业，共30本。其中，旅游管理专业13本：《旅游学概论》、《旅游经济学》、《中国旅游景观》、《导游实务》、《模拟导游》、《旅游营销》、《导游情景英语》、《旅游信息管理技术》、《旅行社经营实务》、《旅行社经营管理》、《旅游服务心理学》、《中国旅游地理》、《中国旅游文化》；酒店管理专业10本：《现代酒店管理(第二版)》、《酒店管理实务与技巧》、《酒店营销学》、《康乐服务与管理(第二版)》、《现代酒吧服务与管理》、《酒店前厅运转与管理》、《餐饮服务与管理》、《客房服务与管理(第二版)》、《餐饮企业经营管理》、《酒店英语会话》；烹饪工艺专业7本：《中餐烹调工艺》、《西餐烹调工艺》、《烹饪原料学》、《面点制作工艺》、《烹饪营养学》、《烹饪卫生与安全》、《食品雕刻与冷拼》。

充分体现旅游职业技术院校的人才培养目标和办学特色，是本套教材的重要指导思想。为了把握这一指导思想，编者的选择以职业院校教学一线的、富有教学经验的双师型专任教师为主，教材的内容遵循理论与实践相结合原则、实用性原则和针对性原则，大胆引入最新旅游管理理论的科研成果和实践的成功经验，使这套教材具有时代特色和职业教育的气息。这既是一种尝试，也是我国旅游服务高等职业教学教材编写的发展方向。

诚然，在教材编写中难免存在一些问题，我们真诚希望专家、学者、广大教师和学生提出宝贵的意见，我们将认真地听取意见，对教材作进一步修改完善，努力使这套教材成为旅游服务类高等职业教育的“品牌”教材。

21世纪高职高专旅游服务类专业
规划教材编写委员会
2011年1月

第二版前言

《客房服务与管理》一书出版后，受到了广大读者的好评。由于2011年《旅游饭店星级的划分与评定》新版国家标准已正式实施，而且当今饭店业发展变化很大，同时，“十二五”规划对职业教育也提出了新的要求，这些因素，促使我们尽快修订本教材，以满足长期关注和使用本教材的院校和学生的需要。

本次修订由吴玲全面负责并统稿。参照《旅游饭店星级的划分与评定》新版标准、饭店职业技能等级考核标准以及其他国家饭店的发展趋势和现状，结合饭店经营业务运行的实际情况，增补和删减内容，做到与时俱进，保持本教材的前瞻性、实用性、职业性的特点和风格，使教材内容更加丰富和完善。

最后，再次真诚地期待本教材能够继续得到广大读者的厚爱，并期望广大读者和旅游专业学生对本教材提出宝贵意见和建议，使本教材再次修订时，能够在内容和体系上更加完善，以便更好地满足旅游院校的教学需要。

吴　玲

2011年6月

第一版前言

为配合职业教育体制改革，适应目前高职教育发展的趋势，在全国高职高专旅游服务专业专门课开发指导委员会领导下，组织全国旅游高职院校的专家、学者，按专门课开发指导委员会拟定的编写要求，新编了《客房服务与管理》这本教材。本教材主要供高职高专院校旅游管理专业学生使用，也可作为企事业单位相关从业人员培训、自学参考用书。

在编写过程中，我们从实际出发，以饭店企业、客房部门为依托，从实际企业运作中吸取相关的实际内容，以科学严谨的态度，遵照国家标准、行业标准的要求，编写相关的章节，使本教材具有实用性、科学性和可行性。本教材特点如下：

一是侧重理论指导下的管理实务与运作。编者参观走访了饭店企业，把成功企业的客房运作程序、管理制度、服务规程，直接引用到教材中，使教学与实际工作紧密结合，具有较强的实用性。

二是注重知识的应用性和可操作性。本教材注重突出高职高专教材的特点，着眼于客房部岗位群诸多最新的现实需要，吸取了国内外客房服务与管理的最新知识和技术，技术应用能力强，使学生学以致用。

三是本教材深入浅出，难易适度，适用性强，学术性与普及性兼顾，理论性与应用性并重，知识性、科学性、实用性、创造性相结合，借以提高学生的专业技能和整体素质。

本教材由吴玲主编并对全书进行统稿、编撰并定稿。张蕾、陈春英、王媛媛为副主编。参加的人员及其分工如下：张蕾（江西旅游商贸职业学院）负责编写第一章、第六章，吴玲（江西旅游商贸职业学院）负责编写第二章、第三章、第九章及有关附录，王媛媛（青岛职业技术学院）负责编写第四章、第五章，陈春英（无锡商贸职业学院）负责编写第七章、第八章。

本教材除参考了国内外有关论著外，还得到了许多业内人士的帮助，在此一并表示感谢。

由于时间仓促，书中难免存在不足之处，敬请广大读者批评指正。

作　者

2005 年 4 月

目　录

案例目录

第一章

客房部概述

学 习 目 标

- 了解客房部的地位和任务
- 熟悉客房部的业务特点
- 掌握客房商品的特点和基本要求
- 了解客房基本类型和客房功能设计
- 了解客房服务及设施设备的新发展

客房部(Housekeeping Department)又可称为房务部、管家部,是饭店的基本设施和主体部分,是宾客住宿和休息的场所。客房部承担着整个饭店客房及公共区域的清洁卫生工作,提供各种客房服务项目,负责客房用品消耗的控制,以及设备的维修保养等。客房部工作质量如何,不仅影响饭店的客房销售,还对饭店的声誉和经济效益产生重大影响。

第一节 客房部的地位与工作任务

一、客房部的地位和作用

客房部是饭店内专门负责客房服务管理的部门,也是最繁忙与最重要的核心部门。饭店最主要的产品是客房,为确保客房的清洁、舒适及安全,使顾客有家外之家(Home away from home)的独特温馨感觉,客房部必须随时保持专业与高水准的服务,尊重顾客的需求,使顾客满意,为饭店创造更大的经济效益。

(一) 客房是构成饭店的主体

按照目前国际标准,拥有300间以下客房的为小型饭店,拥有300～600间客房的为中型饭店,拥有600间以上客房的为大型饭店。饭店综合服务设施的数量一般也是由客房数量的多寡来决定的。

1. 从建筑面积来看

一般饭店单人房的面积约25平方米以上，双人房面积约45平方米以上，而附设书房、小型会议室、餐厅、化妆室、更衣室等的豪华型大套房约100～120平方米，甚至更大。客房面积一般要占饭店总面积的70%左右；而客房服务、管理、销售活动还需与前厅部、洗衣房等部门来共同完成，所以，总面积将达80%左右。

2. 从客房经营活动所需设施设备、低值易耗品的价值量来看

客房经营活动所需设施设备、低值易耗品的价值量要占饭店各种物质设备总价值的绝大部分，对这些设备、低值易耗品的使用和管理，是饭店客房管理的重要内容，其使用效果如何，管理水平如何，物资消耗和经济收入的比例如何，都将直接影响饭店经营管理的效益。

3. 从客房部的人员配备来看

饭店员工的招聘，是以客房数量的多少为标准的，一般每间客房需配备1.2～1.5人，而与饭店客房管理直接有关的前厅部、客房部、洗衣房等部门需要的管理人员和服务人员要占整个饭店从业人员的1/2以上。

因此，客房是构成饭店的主体，是饭店最基本、最重要的设施，是旅游业发展的基本要素，是现代旅游投宿活动的物质承担者，也是反映一个国家、一个地区旅游接待能力的重要标志。

（二）客房是饭店经济收入的重要来源

现代饭店的经济收入，主要分两大部分，一是客房收入，二是餐饮收入，其余的才是综合服务设施收入。客房的营业收入一般占饭店全部营业收入的40%～60%，有的达到70%以上，是饭店经济收入的重要来源。另外在营运活动中，客房消耗低、纯利高，虽然在筹建时的投资大，但耐用性强，只要经过服务人员一番清洁整理和补充少量的备品后，客房就可再销售，且不断循环。以客房作为基本设施的饭店，只要保持较高的住房率，饭店的其他各项设施便能充分发挥作用。根据国外一般饭店的管理经验，客房出租率一般达到60%，饭店就能保住成本，并有盈利，出租率越高，则利润越大。以客房作为基本设施的饭店，只要保持较高的住房率，饭店的其他各项设施便能充分发挥作用。因此，客房销售也是带动其他部门经营活动的关键。

（三）客房服务是衡量饭店服务质量的重要指标

宾客一旦住进饭店，除了外出，大部分的时间是在客房度过的。现代旅游是一种高级消费形式，旅游者不仅要求物质享受，而且要求精神享受，他们住进饭店客房，一般都要求有舒适的设备、清洁的环境、较多的服务项目和高质量、高效率的服务水准。因此，客房管理的好坏，能否根据宾客类型、宾客心理尽量满足宾客需要，就成为直接影响客源的重要条件。例如，宾客住店期间服务热情、周到，就必然会提

高饭店声誉和竞争能力，延长宾客逗留时间和增加他们旧地重游时再住本店的机会，并扩大客源市场。能否为宾客创造出一种舒适的住宿环境、提供高水准客房服务，成为宾客评价饭店服务质量的主要依据之一。由此可见，客房服务水平在一定程度上是饭店服务质量和管理水平的具体反映，直接关系到饭店的声誉。

（四）客房部是饭店降低物质消耗、节约成本的重要部门

客房商品的生产成本在整个饭店成本中占据较大比重，例如能源（水、电）消耗及低值易耗品、各类资料用品等，日常消耗较大。客房部是否重视开源节流，是否加强成本管理、建立部门经济责任制及原始记录考核制度，对整个饭店是否能降低成本消耗、获得良好收益起到关键作用。

（五）客房部担负着管理饭店固定资产的重任

在饭店企业，固定资产占总资产的80%～90%，包括建筑物、设备设施、家具、物品配备等。其中，在客房部管辖范围内的部分占了大多数，对整个饭店客房楼层部位、公共部位设施设备的日常保养及维护工作是客房部的重要工作任务。客房部的任务是管理好这些资产，或直接进行维修保养，或及时督促或协助有关部门进行维修，尽可能延长资产的保值期。

二、客房部的工作任务

（一）保证客房的产品质量

客房销售是饭店获取收入的主要途径之一。客房销售的数量和价格，决定着客房销售收入的多少。客房销售的数量除了受饭店的价格政策、促销措施和销售人员的推销技巧等因素的影响外，客房产品本身的质量高低，即是否能够适应和满足客人的需求是至关重要的。因此，饭店必须根据市场的发展变化和客人对客房产品的需求等具体情况，不断提高对客房的管理水平，以保证客房产品的质量。根据客房产品的特点及客人对客房产品的共同需求，人们通常把客房产品的质量要求归结为以下六个方面：

1. 清洁（Clean）

清洁卫生是所有住客对客房的基本要求，无论客房的类型如何、档次高低，都必须强调清洁卫生，确保客房内的每一个角落都保持最高的清洁水准。

2. 舒适（Comfortable）

客房内的每一个角落须保持恬静和幽雅，使顾客能在温馨的环境下度过宁静舒适的时光。客房能否满足住客的这种期望和要求，是由两个方面的条件决定的：客房的硬件和软件。在硬件方面，客房的设计布局、功能安排、设备配备、用品供应等，都必须坚持以人为本、宾客至上的原则，把满足住客需要放在第一位，每一点都要考虑客人是否方便、是否舒适。在软件方面，客房的配套服务必须系统、全面且优质，保证住客的各种合理需求都能得到最大限度的满足。

3. 吸引力(Attract)

客房内设备之摆设及装饰,除强调一致性之外,设计上应兼顾艺术性与实用性。饭店客房作为产品,还必须具有自己的特色。所谓特色,通俗地说就是与众不同、独具魅力的个性及风格特点,以吸引顾客再度光临。

4. 安全(Safe)

安全是客人对客房产品的第一要求。尽量减低任何会导致住客发生意外受伤之可能性,客房必须具有很高的安全性。在客房楼层内,由于客房服务员最接近顾客,因此往往能提供最直接、有效的安全资料给相关部门而产生保安功能。

5. 友善(Friendly)

亲切而具有活力的微笑是所有饭店从业人员待人时应具备的基本态度。客房服务员无论在任何情况下,皆要树立应有的友善协作态度,以此接受垂询,为客人解答疑难,使他们有宾至如归的感觉。

6. 优良的服务(Service)

为能迅速地提供有效的服务,合意地满足客人的各种要求,饭店从业人员须具有一定的敏感度,才能适时地了解顾客的需要。

(二) 保证饭店的清洁保养水准

清洁保养是客房部的基本职能,是客房部大部分员工的主要工作。饭店清洁保养的水准很大程度上取决于客房部的工作。清洁保养水准反映饭店管理的高低和服务质量的优劣。因此,保证饭店的清洁保养水准,也就成了客房部的管理目标之一。

(三) 增收节支,获得良好的经济效益

由于饭店客房商品享受因素比重大,各种物质用品花色品种多,需要量大,而物质用品和各项费用开支的合理程度,则直接影响客房的经济效益。因此客房管理必须在保证客房规格和满足客人需要的前提下使各项费用支出达到最低限度。对客房消耗的控制,主要应抓好以下几个环节:

1. 加强费用开支预算

要有效控制客房的成本,就必须首先确定控制的标准。饭店必须根据业务量的大小,制定合理的消耗定额,并在此基础上,制定费用支出的预算。

2. 完善各项制度

要控制支出,客房部应建立和完善有关制度,如物品的领用、报损、支出的审批、核算等,以减少各种不必要的开支。从饭店的实际情况看,客房的费用中,消耗用品的费用占较大比重,伸缩性却很大。因为它涉及的品种多,使用的频率高、数量大,泄漏的环节多,所以要特别注意控制。

3. 提倡勤俭节约

要加强对员工勤俭节约的教育，做好废物利用、旧物利用工作，减少“长明灯”、“长流水”，并且要树立全员维修的观念，及时做好小修小补工作，尽量减少维修费用。

（四）搞好协调配合，保证客房服务需要

客房服务的质量，不仅与客房部内部管理有关，还受其他有关部门的影响，例如负责客房商品销售的前厅部和负责客房部设备设施维修保养的工程部等部门。这些部门的工作能否跟得上，质量是否过硬，对客房服务质量会产生很大的影响。所以，客房部要经常主动地同有关部门通气协调，使其了解、熟悉客房服务过程中的各种需求，做好协调配合工作，为客房服务质量的提高创造良好的条件。

第二节　客房部的业务特点及与其他部门的关系

一、客房部的业务特点

（一）出租客房，提供劳务

客房商品的销售属于以无形的时间为单位的商品销售形态，与其他商品最大的区别在于只出售使用权，但商品的所有权不发生转移。客房部员工一方面应尊重客人对客房的使用权，向客人提供各类客房服务；另一方面，也应保护饭店对客房的所有权，做好客房设备设施、物质用品的保管和维护工作。客房商品是以时间为单位出售的，所以其价值实现的机会如果在规定的时间内丧失就意味着其价值将永远失去，因而饭店的客房被称为世界最易消失价值的三样商品之一。客房部应确定科学的客房清扫程序，加速客房的周转，及时为前厅销售提供合格的产品。

（二）事务繁杂，随机性强

客人入住饭店，大部分时间在客房内度过，客房是客人休息、工作、会客、娱乐、存放行李物品及清理个人卫生的场所。不同客人的身份地位不同、生活习惯相异、文化修养与个人爱好也各有差异，所以对客房服务的要求也是多方面的，这就使客房部业务具有很强的繁杂性和随机性。客房部的管辖范围较广，除了客房的业务以外，一般还负责清洁、绿化以及布件洗涤、发放等工作。而且客房的卫生与服务工作也比较琐碎，从客房的整理、物品补充、查房、设施设备的日常维修保养到各项客房服务，都具有很强的随机性。

（三）私密性与安全性要求高

客房是客人在饭店的私人领域，客房业务对私密性与安全性的要求很高。服务人员未经客人同意不能随意进入客房，要做到尽量少打扰客人；而且服务人员在客房内不能随意移动、翻看客人物品，应尊重客人的隐私权。安全是客人进行旅游活动的前提条件，是客人最基本的需求，作为客人在旅途中的投宿场所，每个饭店都必须确保客房安全，提供客人一个安全舒适的私密空间。

二、客房部与其他部门的工作关系

在旅游饭店的整个组织范围内，客房部必须与饭店的其他部门保持密切的联系，客房服务管理的事务很杂，故需要其他部门的配合与协作，否则难以向宾客提供满意的客房服务，也无法保证客房服务的质量。因此，客房服务人员与店内各部门保持良好的工作关系，是非常重要的。

（一）客房部与前厅部的业务关系

宾客是前厅部的销售对象和客房部的服务对象，宾客入住时首先要在前厅进行登记，登记后前厅通知楼层值班人员需开哪些房间，因此这两个部门工作的联系最为密切。小型饭店内这两个部门往往合二为一成房务部。客房部与前厅部的业务关系主要在信息传递和沟通方面。在日常工作中，两部门应及时准确地进行信息沟通。

（1）客房部为前厅部及时提供优质的客房商品，满足前厅部销售客房商品的需要。客房部在安排客房的清扫整理时，应尽量照顾前厅客房销售和为入住客人安排客房的需要。在住客率较高时，要优先清扫整理走客房、预订房和控制房，从而加速客房的周转，避免让准备入住的客人等候太久，这样既能提高客房的出租率，又能提高客人的满意度。

（2）相互通报和核对客房状况，保证客房状况的一致性和准确性。对于前厅部来说，要销售客房，并能快速、准确、合理地为入住客人安排客房，就必须准确地显示和了解每一间客房当时的实际状况，否则就会出现差错。对于客房部来说，要合理安排客房的清扫整理工作，保证对客服务的质量，也必须准确地了解每间客房的状况。为此，前厅部和客房部必须适时地通报和核对客房状况。

（3）相互通报客情信息。由于前厅部在客房销售和接待服务过程中所了解和掌握的有关客房及客人的信息比较及时、全面，这些信息不仅有利于前厅部本身的工作，也有利于其他部门的工作，因此，前厅部应将这些信息及时通报给各有关部门。前厅部通报给客房部的信息主要包括：当日客房出租率，次日及未来某一时期的客房预订情况；重大接待活动及重要接待任务；哪些客房进客、走客；哪些客人入住、退房；客人的个人资料及其特殊要求等。客房部可根据这些信息合理安排和调配人力、物力等资源，设计和调整对客服务方案，以加强工作的计划性及服务的针对性，有效控制人力、物力消耗，保证服务质量。

由于客房部要为住店客人提供很多具体服务，有与客人直接接触的机会，对客人的具体情况及要求了解得比较全面、准确，因此，客房部不仅在自己的工作中要很好地利用这些信息，而且还应把这些信息及时地通报给前厅部。前厅部根据这些信息为住客提供针对性服务，并把这些信息记入客户档案。

(4) 客房部为前厅部的对客服务工作提供方便和协助。客房部协助前厅部所做的工作包括行李服务、留言服务、邮件服务、叫醒服务等。

(5) 客房部、前厅部与工程部等共同安排客房的大清洁和大维修工作。客房部的重大清洁和维修保养工作，往往会影响客房的销售和客房的安排，同时也会牵涉到前厅、客房、工程等各部门。因此，这方面的工作最好由这些相关部门一道协商安排。

(二) 客房部与工程部的业务关系

客房部与工程部的业务关系主要在客房设备设施的使用和维修保养方面。客房维修保养结束后，客房部服务人员要及时打扫卫生、清除污迹，以保证客房设备设施的完好和正常使用。客房部与工程部之间的具体工作有：

(1) 如有需要修理的客房设备时，楼层服务员（台）要及时登记，并向客房管理负责人汇报。

(2) 为了防止设备因小毛病导致大的故障，应及时向工程部通报设备维修信息，这是客房管理负责人的职责。

(3) 客房部与工程部应当共同努力保持设备的完好性，以避免因设备不良给宾客造成不愉快。

(4) 工程部门负责人应向客房管理人员提出节水、节电、节能等方面的要求。

(5) 客房部应向工程部提供客情预报，以便工程部安排客房大修计划。

(6) 交叉培训。

① 工程部对客房部员工进行维修保养方面的专门培训，使他们能够正确地使用有关设施设备，并能对设施设备进行检查和简单的保养与维修。

② 客房部对工程部有关员工进行客房部运行与管理业务的培训，使他们对客房部的基本业务有所了解，从而提高协作配合的自觉性和责任感。

(三) 客房部与餐饮部的业务关系

一般情况下宾客入住饭店后总要到餐厅就餐，所以客房服务人员一定要熟悉餐厅位置、营业时间、餐类（中餐、西餐）、各类菜系风味等。客房部与餐饮部的业务关系主要有：

(1) 客房部负责餐厅范围的清洁卫生、布件和员工制服的洗涤熨烫工作。

(2) 两部门配合做好客房小酒吧的管理、贵宾房的布置、房内送餐服务等工作。

(3) 配合餐饮部的促销活动，在客房放置餐饮宣传资料等。

(4) 交叉培训。客房部和餐饮部之间，也有必要进行人员的交叉培训。通过交叉培训可以增进相互了解，扩大员工的业务知识，便于饭店开展全员推销，必要时为跨部门员工调配创造条件。

（四）客房部与保安部的业务关系

（1）客房部积极协助保安部对饭店公共区域及客房楼层进行检查，做好防火防盗等安全工作。

（2）向保安部提供必要的住客资料和信息。

（3）客房部协助保安部做好住客遗失物品的处理，并督促员工遵守饭店及客房部制定的员工纪律。

（4）客房部配合保安部做好重要宾客的安全保卫工作。

（5）保安部指导帮助客房部制订安全计划和安全保卫工作制度。

（五）客房部与采购部的业务关系

客房部与采购部的业务关系主要是在客房设备物资的采购供应方面：

（1）采购部通常按照客房部的要求采购客房部所需的各种设备物品。

（2）在决定采购商品的种类、质量、规格时，双方要进行协商。

（3）采购部采购设备用品时要保证其质量与安全性，选择质量好、性能好的清洁工具，能使客房服务人员提高劳动效率，防止“省小钱、赔大钱”的现象。

（4）相互通报市场及产品信息。

（六）客房部与财务部的业务关系

（1）客房部协助财务部做好客房有关账单的核对、固定资产的清点及员工薪金的支付等工作。

（2）财务部配合客房部做好对布件等物资用品的盘点及制定客房预算等工作。

（3）财务部指导、协助并监督客房部做好物资管理工作。

（七）客房部与公关销售部的业务关系

（1）公关销售部应利用各种机会和场合，宣传客房的设施和服务。

（2）公关销售部及时将有关信息反馈给客房部，为客房部提高客房产品及服务质量提供指导和帮助。

（3）客房部应积极配合公关销售部的宣传促销活动，在房间内放置宣传品，宣传推销饭店的客房和其他设施及服务。

（4）交叉培训。公关销售部对客房部员工进行饭店公关销售的专项培训，以提高其公关销售能力；客房部对公关销售部人员进行客房产品知识的培训，使其对客房设施设备及客房服务有全面了解，以利于客房销售工作的开展。

（八）客房部与人力资源部的业务关系

客房部与人力资源部的业务关系主要体现在对所需人力资源的开发、利用上。客房部要对其员工的录用、培训及待提升人员的培训和发展，提出计划和要求，协助人力资源部做好员工的招聘和培训工作。

(1) 人力资源部负责审核客房部的人员编制。

(2) 相互配合做好客房部的员工招聘工作。

(3) 人力资源部指导、帮助、监督客房部做好员工培训工作。

(4) 人力资源部对客房部的劳动人事管理有监督权。

(5) 人力资源部负责审核客房部的薪金发放及考勤管理。

(6) 人力资源部协调客房部进行临时性人员调配。

第三节 客房的基本知识

一、客房商品的特点

客房作为一种商品,它具有和一般商品不同的特殊性。只有了解和掌握了它的特性所在,才能更好地做好客房的服务与管理工作。

(一) 不可储存性

客房作为一种特殊商品,具有价值不可贮存的特点。手表、电视机的价值凝结在物品上,只要这种物品存在,其价值一般是不会消失的。而客房的价值则不凝结在具体物品上,其价值实现是在客人的使用过程中,若在规定的时间内不能出售,当天的价值就会消失。所以客房管理人员必须及时了解客房信息,根据饭店的业务情况,科学制订维修计划,合理安排接待计划,确定科学的客房清扫程序,加速客房周转,避免客房价值的无谓损失,从而使客房利用率达到一个理想的水准。

(二) 非拥有性

客人在购买客房产品之后,即拥有了客房的居住权、使用权,但并不意味着客房的所有权也归客人拥有。因此如何处理好饭店与客人之间的出租和使用关系,以及如何保护好客人在住店期间的隐私权,则成为客房管理当中的重要内容。

(三) 不可转移性

客房商品和一般商品不同,购买客房产品后它并不会发生空间上的转移。如果要体现客房商品的价值,只有通过客人亲自到饭店租用客房之后,方能实现。为此,如何通过优质的硬件及软件服务吸引客人上门来住宿,是客房管理的关键所在。

(四) 差异性

饭店是客人"临时的家",各个国家、各个年龄层次、各种职业的客人从四面八方涌来,他们的身份地位不同、生活习惯相异、文化修养与个人爱好都各有差异,随着客源结构的日趋广泛，客人层次的日趋丰富，饭店面对的客人更为复杂，差异还将越来越大。

(五) 非标准化

正如前面所述，客人的差异越来越大，为客人提供绝对标准化的产品与服务，已很难满足顾客的个性化的需求。另外，服务人员乃至管理人员的文化素养、职业道德、专业水平也参差不齐，客房商品要求绝对的标准很难实现。

二、客房的基本条件

客房的基本条件，是客房舒适度的基本保障。所谓客房舒适度，是指建立在专业化管理和整体氛围协调性基础之上的高质量服务的一种结果。通常情况下，影响饭店舒适度的一般因素有：温度高低、湿度大小、光线明暗、噪声强弱、布件优劣、床垫软硬、水质清浊、水温高低、水压大小、气味浓淡等。作为舒适的客房，至少必须具备五个基本条件：

(一) 空间充足，布局合理

客房是客人在饭店逗留期内的生活场所，因此客房必须具有足够的空间和合理的布局，以满足客人的需要。随着人民生活水平的提高和家庭条件的改善，客房空间有增大的趋势。一般来讲，客房的面积越大，舒适度就越高。根据饭店星级的不同，客房面积一般在 14～36 m^2之间。

客房面积是饭店星级必备项目，有关客房面积的要求是：一到三星级，不要求；四星级，70%客房的面积(不含卫生间)应不小于 20 m^2；五星级，70%客房的面积(不含卫生间和门廊)应不小于 20 m^2。客房面积要求与客房产品舒适度有直接关系。客房必备的家具和设施是满足宾客休息、工作、会客、休闲等多种功能需要的物质条件，在客房规划时，必须考虑家具配置到位后宾客在客房内的活动空间。

(二) 设施完善，装饰精致

客房设施质量是客房服务质量的物质基础。它主要体现在以下四个方面：一是客房的装修质量，二是客房设备的齐全程度，三是客房设备的等级，四是客房设备的完好程度。

(三) 保养完好，运转正常

客房内的设施设备，只有在正常运转状态下，才能为客人提供合格的服务。饭店客房这方面的漏洞一般很大，例如，马桶漏水、空调失灵、热冷水开关失控、维修保养不及时等。客房部必须执行严格的岗位责任制，组织员工共同劳动，为客人提供优质服务，才能使客房商品的价值得以实现。

(四) 用品齐全，项目配套

为了给客人创造一个舒适、方便的生活环境，客房质量的控制还必须给客房配置合乎规格的客房用品。客房用品通常包括客房供应品和客房备用品。客房用品的选择，必须注重用品的质量、规格，做到既精致、美观，又实用。客房用品的摆放必须根据美观、方便客人的原则，规定各类用品的摆放位置，既要有定性要求，也要有定量要求。

（五）清洁卫生，安全可靠

客房的清扫服务是保持客房整洁、设施完好的重要环节。控制客房的清扫质量，关键是必须建立科学的客房清扫规程，制定严格的岗位规范，培养服务员良好的职业道德和职业规范，并落实客房的各级检查制度。另外，为顾客提供安全的住宿环境也是客房部的主要工作内容。

三、客房的基本类型

客房是饭店必不可少的主要设施，是饭店的基本条件。不同类型、不同档次的饭店，为了满足宾客用房的不同需求，设置了不同种类的客房。一般说来，大型饭店客房种类多，设备齐全；反之，小型饭店客房种类少，且设备较简单。在饭店中常见的客房类型主要有：

（一）标准间

1. 大床间

大床间是指房内配置1张双人床的房间。主要为单身外出或夫妻宾客而设计。随着宾客对舒适度的追求，许多单身客人尤其是商务客人也喜欢此类客房。

2. 双人间

双人间是指房内配置2张单人床供两人使用，并配有卫生间的双人客房。这种房间供两位宾客同住，也可出租给一位宾客住用。此类房间在饭店里占绝大多数，较受团体宾客的欢迎。

3. 家庭间

家庭间的功能区域划分、布局、设备及用品配置与标准间相同，只是床配置不同。房内配置1张双人床和1张单人床，此类房间的设计主要为满足三口之家住宿的需要，房内日用品量仍按两人配备。随着国内旅游业的兴起，这类符合客情的客房将受到青睐。家庭间也可按标准间出租。

（二）单人间

单人间是指只放1张床的单人用房间。单人间功能区域划分、布局、设备及用品配置基本与标准间相同，床则有单床（120 cm×200 cm）和大床（150 cm×200 cm）两种规格，客用品改为单件。

（三）三人间

三人间的功能区域划分、布局、设备配置基本与标准间相同。房内日用品（如毛巾类、低值易耗品类)要求配够3份(如是标准间加床的也是如此),但如果三人间入住一位宾客,从节能的角度出发,服务人员可视情况将用品撤减为1份,其余物品配量同标准间一样。

(四) 套房

1. 两种规格套房

套房是指由两个相对独立,功能互不影响、互不干扰的空间组合而成的客房。两种规格是指空间分割方式、组合方式不同的套房形态。

(1) 普通套房。普通套房也叫标准套房,一般由一个卧室、一个客厅和一个卫生间组成。卧室包含写字区、睡眠区,卫生间与卧室相连。客厅包括起居区、客用洗手间,洗手间设置面盆、云石台、坐便器(马桶)等,供宾客使用。这类客房将会客区域与卧室分开,比较适合有朋友来访或几个朋友一起出游的宾客。会议团的会务组特别喜爱此类房间。

(2) 连通套房。它由两套房间相连而成,中间用门隔断,打开门即可连为一个大套房,锁上门又可成为两个独立的客房出租。可以由一个套房和一个标准间组成,也可由两个标准间或两个套间组成。这类客房特别适合家庭或亲朋好友出游时使用。

(3) 立体套间。这是一种两层楼套房,房间设计布置特点为起居室在下、卧室在上,设有小楼梯相连接,亦称"复式客房"。

(4) 商务套房。这种客房设计从商务宾客的角度考虑,办公设备及用品更多,如设有传真机、复印机、扫描仪等;备有国内外期刊、报纸,可随时了解各种信息;直通电话、上网等服务项目也很周全。随着全球经济一体化进程的推进,这类房源需求量将呈上升趋势。

(5) 公寓式套房。这类客房主要用于接待饭店的常住客人,为方便客人长期的起居生活需要,客房配置了较为齐全的设施设备,尤其是厨房的配置,能够更好地满足客人长期生活的需要。

2. 豪华套房

这类客房在客房总数中不多,通常有2～4套,但占用房间数多,每套一般在3间以上,分为厨房、客厅、健身房、卧室、会议室、娱乐室等。房内装饰及物品配置档次高、有特色且豪华。豪华套房代表了饭店客房产品的最高水平,其设计应关注私密性、舒适性和文化性。一般情况下,不同开间套房的功能设置为:

(1) 三开间豪华套房。三开间豪华套房的使用面积应不低于100 m^2,通常由客厅及卫生间、独立的书房或餐厅、卧室及卫生间组成。

(2) 四开间豪华套房。四开间豪华套房的使用面积应不低于150 m^2,通常由客厅及卫生间、独立的书房或餐厅、主卧室及卫生间、副卧室及卫生间等功能空间组成。

(3) 五开间及以上豪华套房使用面积应不低于 240 m^2，通常由客厅及卫生间、独立的书房、独立的餐厅(含简易厨房)、主卧室及卫生间、副卧室及卫生间、步入式更衣间等组成，并可根据实际需要增设随从房及卫生间、康乐用房等功能空间。可配备直达该区域的专用电梯。

(4) 总统套房。总统套房是饭店里配置最完善、档次最高、服务最细、单套占用房数最多、观景度最好、入住率最低的一组套房。三星级以上的饭店要求配置此类套房。通常设在饭店的最高楼层，接待最高级别的贵客(平时也有极少数的普通宾客入住)。设施设备及宾客用品在豪华套房的基础上更为考究。通常总统套房的装饰布局决定了一家饭店的档次和豪华程度。总统套房一般由 7～8 间房组成，十分注重客房功能区域的细分。一般卧室从男主人室、女主人室、副卧室、随员室、警卫室等依次由最豪华高档向低档渐次配置；卧室、起居室的男女卫生间分设；桑拿房、随从卫生间、客用洗手间、会客厅、书房、健身房、音响室、娱乐室、会议室、厨房、餐厅、小休息室、酒吧等完全独立。

有关客房类型的要求：一星级和二星级，不要求；三星级，应有单人间、套房等不同规格的房间配置；四星级，应有标准间(大床房、双床房)，有两种以上规格的套房(包括至少 3 个开间的豪华套房)，套房布局合理；五星级，应有标准间(大床房、双床房)、残疾人客房、两种以上规格的套房(包括至少 4 个开间的豪华套房)，套房布局合理。

(五) 其他类型

1. 残疾人客房

设置残疾人客房是饭店人文精神的体现。残疾人客房应设置在便于轮椅进出、交通路线最短的地方，一般设在低层饭店的一层或高层饭店客房层的最低层，可采用连通房的形式，便于陪护。同时应关注盲人、聋哑人等其他残障人士的需要。

残疾人客房的设施设备配置与安装可参考以下指标：

第一，客房门。客房门的宽度应不小于 90 cm，采用长柄把手，不安装闭门器，分别在 1.1 m 和 1.5 m 处安装门窥镜，门链高度不超过 1 m。

第二，设备。衣柜挂衣杆不高于 140 cm；低位电器开关、插座高度不低于 60 cm，高位电器开关、插座高度不高于 120 cm；挂式电话安装高度为 80～100 cm。宜安装电动窗帘。卫生间及客房内应设置紧急呼叫按钮。

第三，空间。床位一侧应留有宽度不小于 150 cm 的轮椅回旋空间，床面高度为 45 cm。

第四，卫生间。卫生间门宽应不小于 90 cm；淋浴间面积不小于 120×120(cm)，应设置 85×35×45(cm)的安全洗浴坐凳，安装安全抓杆，横式安全抓杆的高度为距地面 90 cm，竖式安全抓杆的高度为距地面 60～150 cm，水流开关安装高度为 90 cm。

2. 连通房

连通房是指在两个独立的客房单间之间使用隔音双扇门连接，作为两个独立单间出租时，将门锁上成为两个完全独立的空间，任何一方无法进入另一方房间。作为套房使用时，将房门打开，合为一套房间出租。连通房应高度关注隔音及安全。

连通房与套房的区别在于：套房从建筑结构上已将两个空间组合在一起，无法临时分隔，只能作为一个独立的空间出租使用。星级评定时，连通房不能作为套房认定。

四、客房的功能设计

客房是客人在饭店逗留时间最长的地方，客人的许多生活要求都依赖于客房的设计布局及客房所提供的设施设备，为了方便客人在客房中的活动（行为），使客房真正成为客人的“家外之家”，客房应有以下几个功能空间并配备相应设备：

（一）睡眠空间

睡眠空间是客房最基本的空间，即使等级最低的饭店也必须有这个空间，睡眠空间中最重要的家具是床。床的质量直接影响客人的睡眠，床的质量要求是床垫（即席梦思）与弹性底座有合适的弹性，牢度好，使用时不发出吱嘎声，可以方便移动及有优美的造型。

床的尺寸为：

单人床，宽 1.2～1.35 m×长 2 m；

双人床，宽 1.8～2.2 m×长 2 m。

床的高度以床垫离地面 50～60 cm 为宜，也有设计为离地面 40 cm 的，以求室内宽敞的气氛。

床头柜也是这个空间内的重要家具。现代饭店床头柜的功能已可满足客人的各种基本需求，如广播选频，音量调节，床头灯、脚灯、房间灯的开关，时钟，定时呼叫，室内电话与国际电话等，向客人提供极为方便的服务。

（二）客房卫生间

客房卫生间是客人的盥洗空间，是客房不可缺少的部分，也是显示饭店等级的一个重要方面。卫生间的舒适程度直接影响到宾客对饭店产品的感受与评价。客房卫生间面积大小在 4～8 m^2。饭店客人在卫生间通过沐浴消除一天旅游或工作的劳累，以恢复体力。

一般饭店均有设置浴缸、恭桶与面盆三件卫生设备的卫生间。

1. 浴缸

浴缸有铸铁搪瓷、铁板搪瓷、工程搪瓷与人造大理石等多种，以表面耐冲击、易清洗与保温性良好为最佳。

浴缸尺寸有大、中、小三种：

大：长 170 cm，宽 80 cm，深 45 cm；

中：长 150 cm，宽 75 cm，深 45 cm；

小：长 120 cm，宽 70 cm，深 55 cm。

目前一般均采用中型浴缸。等级高的饭店常用大型浴缸，不少中、低级旅馆均采用小型浴缸。浴缸底部的防滑问题值得注意，不少制造厂商为了防止人们在洗澡时滑倒，在浴缸底部采取了凹凸的或光面毛面相间的防滑措施。有的客人习惯淋浴，故浴缸上多数附设淋浴器与固定喷头以满足客人的需要。经济饭店也有不设置浴缸而采用淋浴的。

近年来高级浴缸应运而生，冲浪式浴缸就是其中一种。这种浴缸四周与下部设置喷头，当喷射水流冲击人体肌肤时起按摩作用。一些高级豪华饭店竞相在豪华套房内装置冲浪浴缸，以提高其身价。另外还单设蒸汽淋浴房，以方便客人使用。

2. 恭桶与妇洗器

恭桶的尺寸一般为宽 36 cm，长 72～76 cm，为满足使用要求，恭桶前方需有45～60 cm 的空间，左右需有 30～32 cm 的空间。一些国家的女士习惯使用妇洗器，因而高级豪华饭店与某些饭店的卫生间里常设有 4 件卫生洁具，即浴缸、恭桶、妇洗器与面盆。一些厂商设计了集恭桶与妇洗器功能为一体的新型卫生洁具，它具有先进的电器设备，如有可预热的恭桶坐圈，可在便后冲洗并调节冲洗水温的装置。这种卫生洁具的价格比普通恭桶高十几倍，它将成为豪华饭店的专有设备。

3. 面盆

面盆是嵌入在大理石台面中，共同组成洗脸台，也是卫生间的梳妆台。面盆使用最多的是瓷质洗脸盆，它具有美观并容易清洁的优点。卫生间也是梳妆的主要场所，客人常自带不少化妆品，加上饭店为客人提供的各种用品，需要饭店在卫生间内提供宽大的化妆台。现代饭店已把化妆台与洗脸台结合为一体。卫生间一般没有外窗，全部靠人工采光，所以特别要注意照明的光色，只有采用与日光色类似的三基色荧光灯才能使化妆色彩合适。为保证梳妆所需的照明度，镜前照明应使光线从人的前上方照到人的脸部。

（三）衣物储藏间

衣物储物间一般进深 45～60 cm，宽 90～110 cm。衣服可垂直墙面挂放，可挂数量较多。有的单人客房或等级较低饭店的客房的壁柜深度不够，衣服只能平行墙面挂放，可挂数量较少。壁柜门在小走道开启，由于外开门会有碍走道交通，故设计做成推拉门或折叠门更好。随门开启而亮的壁柜灯光也是十分理想的。

（四）书写空间

标准双人客房的书写、阅读空间在床的对面，也有设在窗前的。在这个空间里，长条形的写字台宽 50～60 cm。台面一侧面较长，可放置电视机。写字台的一侧面常作为固定行李架，供客人放箱子、开箱取物或整理。写字台也可兼做化妆台，这样墙面上应添加镜子，镜子上沿离地面高度不少于 170 cm。

(五) 起居空间

饭店等级不同，客房的起居空间也不同。标准双人客房的起居、休息空间一般在窗前区，这里安置安乐椅(或沙发)、小餐桌或茶几。套间中有独立的起居室，沙发数量增加以用于会客。

在豪华套房、总统套房内，还单独设置读书空间与会议空间。在读书空间备有大型书桌及文房四宝，书柜中应备有工具书与具有本国特点的书籍。在会议空间则提供十余人开会用的会议桌椅。一般饭店免费提供茶叶，也在冰箱中提供各种收费的饮料。高级饭店的客房中还设置迷你吧(mini-bar)，提供各种小瓶酒、饮料与杯具。这种酒吧一般设置在小走道旁或壁柜边。

五、客房设备用品配置

客房物品配置设计的重点是让宾客感到舒适且方便，每一件物品应充分发挥它的效用，不能有浪费或过剩现象，造成宾客或饭店的损失，造成社会资源的浪费。因饭店等级与价位的不同，配备用品的种类多少、质量均有显著的差别。高级饭店客房物品配置显示其华丽名贵，价位较低的饭店物品的配备则较简单，只求卫生与方便。不同档次的饭店，可依据《星级饭店客房用品质量与配备》要求来选配。

客房设备物品包括家具、电器、卫浴设备、安全设备、客房用品。

(一) 家具

1. 床

床是供客人休息的主要设备，是旅客在旅途生活中不可缺少的消除疲劳、恢复精神，既能调节身心，又能怡情安逸的必要家具。饭店客房内床的种类较多，除在前面讲过的单人床、双人床等之外，还有沙发床、隐蔽床、单双两便床、充气床、水床等特殊类型的床。床垫及床头板和床配套使用。

2. 床头柜

标准间床头柜放在两床之间，一般为 60×48×55(cm)，除了供客人摆放小件物品外，还放置有电话、小便笺、“请勿吸烟”卡。控制面板上装有电视、音响、时钟、灯具等开关旋钮。下面格板空处通常摆放一次性拖鞋、擦鞋纸(布)、电话簿等。

3. 咖啡桌

咖啡桌放在窗户前的两把圈椅(扶手椅)中间，一般规格为 65×65(cm)，数量一张，供客人喝茶及小量用餐用，上面放置水壶、托盘、茶叶、茶杯、水杯等。

4. 圈椅

大多数圈椅是用布蒙制的软椅，数量2把，一般规格尺寸为65×65×40(cm)，供客人休息、接待访客用。

5. 写字台(梳妆台)

供客人书写或化妆用，一般规格尺寸为120×55×15(cm)，数量1张，上面放有台灯及服务指南、烟缸、花瓶等物品，桌子抽屉内放有当地地图、旅游手册等。台上方有大块梳妆镜，尺寸是70×100(cm)，并有镜前灯，供客人化妆、着装使用。

6. 琴凳(梳妆凳)

放置于书桌下方，以不露出桌边的垂直线为准，摆放正中，客人使用时才拖出，尺寸为50×40×40(cm)，数量为1个。但现代饭店很多把它加长，以便入住高身材客人时接在床尾，增加床的长度。

7. 电视柜

摆放电视用(有的饭店直接将电视放在书桌上)。一般尺寸为100×55×65(cm)，上面放置一个电视机转盘，可以将电视机向不同方向转动，方便客人在不同方向观看电视，数量为1个。柜子的下部可放棉被，也可放置小冰箱。有的饭店将此柜做成组合柜，可放电视、冰箱、咖啡杯具、冰桶、洋酒等。

8. 行李柜

放置客人行李。下面空格板可放客人皮鞋或开夜床时放床罩用。一般尺寸为100×55×60(cm)，台面布有防滑条。

9. 步入式衣物储藏间

步入式衣物储藏间又称步入式更衣间，从结构上分大致有三种：柜体式、结构式、挂墙式。具有相对独立空间，宾客可进入，照明充足，能清晰辨别衣物，并配置类型多样、数量充足的搁板、衣架、裤架、坐凳、全身镜等配套设施。物件拿取方便无障碍是对步入式衣物储藏间的基本要求。衣物储藏间一般设在客房小过道侧面，当客房开间小时也有设在卫生间侧面墙处的。

(二) 电器

1. 门铃

装在客房门外侧面的墙上，供客人来访时呼叫用。现在越来越多的饭店采用可视门铃，客人在房内可看到来访者，以确定开不开门，具有较高的安全性。

2. “请勿打扰”(DND)指示灯

安装在门铃的下方，显示客人是否希望有人来访或清洁打扫，当红灯亮起时，禁忌去敲房门询问服务项目，一般只有到下午2:00以后，才可以通知大堂打电话询问或上楼检查“DND”房。

3. 取电器

在进客房门后走廊的左边或右边墙面有一个小插孔，进房后用取电牌（房卡）插入开口处，房内电器电源接通。

4. 电视机

根据饭店的档次来配备彩色电视机的尺寸和品牌。通常标准间彩色电视机的尺寸是21～25英寸。客房卫星、有线闭路电视节目不少于30套，外语频道或外语节目不少于3套。配有电视频道指示说明及电视节目单。

5. 冰箱

标准间冰箱放在酒柜内，一般选用容量为50 L的小冰箱，套房的冰箱在150 L以上，内放饮料、小食品等，饮料一般为8种共16听。

6. 电话

电话有3部，一部放置于床头柜上，一部挂在卫生间恭桶与浴缸之间的墙壁上方，以方便客人在卫生间接听电话，另一部是放置于写字台上，方便宾客使用的专用电话。附设写字台电话可应宾客要求，扩展为一个单独号码的分级或专线的电话接入方式，通常依赖于饭店综合布线系统的支持。

7. 灯具和照明

灯具的配置直接影响宾客在客房内活动的方便性与舒适度，应严格按照标准要求配置各区域的灯具，并充分考虑灯光的灯具造型、照度与角度的问题。客房内灯具较多，数量也因客房的大小而定。为了满足客房整体照明与局部照明的需要，客房灯具有顶灯或槽灯、门廊照明灯、床头照明灯、写字台照明灯、衣柜照明灯、行李柜照明灯、小酒吧照明灯、装饰物照明灯、夜灯。就标准间来说，一般有以下品种：顶灯1盏，安装在房间天花板顶部位置；台灯1盏，放在书桌上，可调节明暗；落地灯1盏，置于咖啡桌后方或窗户旁的墙角处，可调节明暗；镜前灯2盏，一盏在客房梳妆镜（书桌）上方，一盏在卫生间洗漱镜上方；床头灯2盏，在床头的侧上方，可调节明暗；房间通道灯1盏，筒灯；夜灯1盏，在床头柜下方；地灯1盏，在进门走廊的左下方或右下方；射灯2盏，在酒柜上方；卫生间筒灯（防雾灯）1盏，日光灯1盏。

客房灯光控制：各灯具开关位置合理，床头有房间灯光“一键式”总控制开关，标志清晰，方便使用。

8. 空调

在房间过道上方，隐藏在墙内，只留出风口和吸风口，一般都是中央空调，部分饭店安装独立空调，可调节风力、温度、冷热。

9. 换气扇

换气扇安装在卫生间顶部，用以抽出湿气，输入新鲜空气。

10. 吹风机

吹风机安装在卫生间的浴镜旁，挂箱式，取下时自动供风使用，挂上后自动断电。也有传统手提式的，安装在云石台下的抽屉内（有的云石台下方用柜子封闭，有两个抽屉，再下面有两扇门，门内隐蔽有水喉和落水管）。

（三）卫浴设备

1. 浴缸

浴缸配备1个，长不小于180 cm，安装在卫生间，供客人盆浴用。浴缸大多以铸铁、亚克力和钢板为主流材料。从形质上划分，有单体浴缸、无裙边浴缸和有裙边浴缸等；从功能上划分，有普通浴缸和按摩浴缸等。

高档浴缸一般应满足以下基本条件：特殊设施除外，尺寸在170 cm×70 cm以上，统一品牌。缸质为铸铁、优质玻璃、釉面光泽度好的陶瓷等，缸体有一定厚度，触感细腻，造型优美，工艺精良，色泽悦目，防滑，易保洁。配套五金件与缸体搭配得当，风格统一，档次匹配，光泽度高，手感舒适不生涩，去水关闭严密，排水顺畅，符合人体工程学原理，方便易用，基座装饰美观，安装紧固，收口细致，配套管件易检修。

2. 面盆

面盆从材质上大体可以分为陶瓷、玻璃和不锈钢三类；有台上式、台下式、立柱式和挂墙式；形状有圆形、椭圆形、长方形、多边形等；从风格上分为优雅型、简洁型、古典型和现代型。

高档面盆应满足以下基本条件：统一品牌。采用釉面光泽度好的陶瓷、优质艺术玻璃、优质金属材料，材质细腻，造型优美，工艺精良，色泽悦目，易保洁。配套五金件与面盆搭配得当、风格统一、档次匹配，光泽度高，手感舒适不生涩，无溅水，关水严密。符合人体工程学原理，方便易用，安装紧固，与台面间的收口细致，配套管件处理到位。

3. 恭桶

恭桶从规格上分为普通型和加长型；按冲洗排污方式分为冲落式和虹吸式；从结构形式分为连体、分体、相连和壁挂式。高档节水恭桶应满足以下基本条件：

每次冲洗周期用水量不大于6 L。虹吸式恭桶出水噪声不超过55 dB，峰值不超过65 dB，除正常水流声外，无抽水声和回气声。连体式恭桶整体造型优美，触感细腻，釉面光泽度好，工艺精良，色泽悦目，易保洁。水箱配件质量上乘，闭水严密，注水噪声小，冲洗开关灵敏易用；座圈及盖板形质考究，与恭桶连接稳固，具缓降功能。安装紧固，收口细致，无渗水，配套管件易检修。

4. 清洁器

清洁器安装在卫生间，供客人便后冲洗下身用。分为脚踏式和自动冲水（感应）

两种，每间房一个，大多数饭店的套房才配置，规格为标准尺寸。随着卫生间功能的多元化发展，越来越多的饭店都在标准间安装了独立淋浴房和卫生清洁器。

5. 云石台

云石台安装在卫生间浴镜下方，用以托置面盆。上面放有宾客一次性卫生用品，如洗发水、沐浴露、口杯等。规格一般为卫生间一侧墙的长度×55 cm（宽）×82 cm（高）。

6. 浴帘

浴帘与浴帘杆一起安装在浴盆外上侧，白天拉开，开夜床时将浴帘拉至浴盆一半，并将下摆放入浴盆中，供客人淋浴时阻挡水外溅用。规格为 170 cm×182 cm。

7. 浴巾架

浴巾架用于挂放浴巾，每间房 1 个，为不锈钢制品，一般规格为 63 cm×75 cm，安装在浴缸尾部墙壁上。

8. 面巾架

面巾架用于挂放面巾，不锈钢制品，可根据装修风格选定圆形、三角形或直线形等，传统直线形的每间房设 1 个。选用有造型的面巾架，根据房间面巾配备量来确定其数量。

9. 厕纸架

厕纸架每间房配备 1 个，装卫生纸用，置放在恭桶前左或前右的墙壁上。

10. 皂台

皂台为陶瓷制品，配备 1 个，镶嵌在浴盆侧墙上放香皂用。

11. 面巾纸盒

面巾纸盒为不锈钢件，镶嵌在云石台正侧或两旁任意一侧的墙壁上，摆放面巾纸。也有木制、藤制件等面巾纸盒，直接放在云石台面上。数量为 1 个，规格与标准纸巾盒相同。

12. 浴缸扶手

浴缸扶手安装在浴缸侧墙上，供客人扶拉用，以防滑倒。

13. 晾衣绳

晾衣绳安装在浴帘杆旁的墙壁上，将绳索拉出时，可供客人晾晒小件衣物，配置一个。

14. 洗手液盒

洗手液盒安装在云石台侧墙上通过按钮压出洗手液供客人洗手。大多数三星级饭店都是在云石台上放 1 个瓷皂碟，放入小香皂来代替洗手液盒。

15. 体重秤

体重秤放在卫生间云石台下供客人称量体重用。健康秤应可称量 120 kg 的体重。

16. 挂衣钩

挂衣钩为双耳式，2组。装在卫生间内门面上，供客人挂衣用。

（四）安全设备

1. 防盗扣（链）

防盗扣（链）装在房门后，门锁旁，1副。客人入房后将防盗扣挂上，开门时起防护作用。

2. 走火图

走火图安装在房门后与眼平行的位置，提示客人安全通道和现在房间所处位置。

3. 猫眼

猫眼安装在房门上可让客人在门内通过猫眼观看门外情况。

4. 烟感器

烟感器每间房1个，安装在房间正中房顶，当房间空气中烟雾达到一定的浓度时，自动报警，以便将火势控制在萌发状态，保障客人和客房的安全。

5. 自动喷淋

自动喷淋每间房1个，安装在房间顶部，当温度达62～65℃时，自动喷水灭火，喷水量约为1 t左右。

6. 保险箱

保险箱安装在衣柜内，与柜体紧密相连。客人根据使用说明书，自设密码后便可将贵重物品放入其中（特别贵重的物品，要提示客人交前台“贵重物品寄存处”保管）。

（五）客房用品（以标准间为例）

客房用品又分备用品和低值易耗品，主要指布件、低值易耗品及其他备品。

1. 客房布件

客房布件的舒适程度与织物的含棉量、重量、刚力、弯曲度、摩擦系数、透气吸湿性能等因素有关。根据舒适度要求，星级饭店客房床单、被套、枕套等床上用品，以及卫生间的针织用品，其纱支、重量、规格等，应根据饭店星级高低，符合星级标准的相关要求，高度重视布件的洗涤和日常管理工作。具体为：

（1）床衬垫。每房配置2张，与床的平面尺寸一样，铺在席梦思上，上方再铺床单，起防滑和保护席梦思的作用。衬垫应吸水性能好，能有效防止污染物质的渗透，能与软垫固定吻合。

（2）床单。床单通常采用纯棉平纹布、纯棉缎条布、纯棉贡缎布、T/C面料，要求布面光洁，透气性能良好，无疵点，无污渍。

（3）枕套。每张床配置2～4个。枕套以全棉、白色为主，布面光洁，无明显疵点，无污损，规格与枕芯相配。

(4) 被套。装棉被用，每床配置1个。被套应外观整洁，线型均匀，边缝整齐，无断线，不起毛球，无污损，不褪色，经过阻燃处理，夹层可使用定型棉或中空棉。三星级饭店以优质装饰布面料为主，四、五星级以高档面料为主。

(5) 枕芯。每床配备2～4个。应松软舒适，有弹性、无异味，高星级饭店应配有三种质地以上枕芯，如羽绒、中空棉、荞麦等。

(6) 棉被。选用踏花被或羽绒被。每床1条，尺寸根据床的大小来选择，一般宽在150 cm以上。

(7) 浴巾。供客人沐浴后用，每房配备2条。

(8) 面巾。供客人洗脸或沐浴用，配备量和浴巾相同。

(9) 地巾。平时放在浴缸边中央位置，开夜床时放在浴缸前方地上，供客人沐浴后踏脚用，有的饭店还在开夜床时放一条在床侧的地面上。每房配置1条。

(10) 方巾。供客人擦手、化妆使用，三星级饭店配备量与浴巾配备量相同，高星级饭店每客配2块。

(11) 窗帘。与客房整体设计匹配，有纱帘，方便开闭，密闭遮光效果良好。

(12) 纱帘。白色，有垂感，以棉、麻、丝为主，通透性好，纱帘应常处于关闭状态，折皱比例为1∶2。

(13) 遮光帘。在中间层，与窗帘粘在一块，同时关拉，以黑色或灰色为主。为了有利于客人睡眠，要求蔽光性好，起到遮挡阳光的作用，折皱比例为1∶2。

(14) 浴衣。每客1件。供客人浴后或浴前使用。纯棉或丝绸制品，要求柔软舒适，保暖。

2. 其他备用品

(1) 门牌1个。安装在房门正上方，标注房间号。

(2) 挂画。根据房间大小来安排，可挂1～2幅。

(3) 冰桶。配置1个，盛放冰块用，配有冰夹，放在酒水柜里。

(4) 酒水篮。配置1个，摆放洋酒用，放在酒水柜上，并配有调酒棒和酒杯。

(5) 烟缸。瓷制品或玻璃制品，个别饭店用大理石(云石)或其他防火材料。配备量一般为3个，分别放在书桌右上角、咖啡台、卫生间云石台上。

(6) 垃圾桶。一般选用塑料桶，也有外壁是木制，内壁是不锈钢或藤编的。数量为2个，卫生间1个，房间内书桌下侧1个。

(7) 服务指南。1本，介绍饭店各类服务项目，含欢迎词、饭店各项服务简介。

(8) 笔。1支，铅笔或圆珠笔。

(9) 信封。每间房不少于2个。

(10) 信纸。每间房不少于4张。

(11) 电热水壶。放在微型酒吧台上。或提供免费矿泉水。

(12) 茶杯或水杯。2个,白瓷净色为主,放在咖啡台上的托盘中。或两个玻璃水杯,放在茶杯旁,供客人喝饮料用。

(13) 茶盅。盛放茶叶、咖啡、糖和咖啡伴侣。放在酒水柜的咖啡杯具前。

(14) 漱口杯。2个,玻璃制品,放在卫生间云石台面上或托盘里,供客人漱口用。

(15) 托盘。2个,塑料制品或漆器、不锈钢、木制品。

(16) 花瓶。2个,一个放于书桌上,一个放在卫生间。插入鲜花或绿色水竹供客人欣赏,向客人表示祝福。

(17) 皂碟。1个,多为瓷制品,摆在卫生间放香皂用。

(18) 咖啡杯具。咖啡杯2只、杯碟2只、咖啡匙2把,放于酒水柜里。

(19) 衣架。平衣架4个,挂普通衣物;西装架4个;裤架(裙架)2～4个,放于衣柜内。

(20) 西装衣撑。1个,放在客房中,供客人挂衣用。

(21) 擦鞋用具。每间房2份。鞋拔,1把,放在衣柜中。

(22) 微型酒吧。放置4～5种洋酒各2瓶、小瓶红葡萄酒2瓶、饮料8种各2瓶、小食品5种。微型酒吧是高星级饭店必要的客房设施,用于盛放适应宾客需要的各种小食品、饮品以及杯具等方便宾客使用。需要注意的是:小食品、饮品、酒品的选择与配备应与饭店客源及其消费特征紧密联系。所有食品、饮品应在保质期内。食品、饮品、酒类的摆放具有艺术性,美观整洁。食品单、酒水单内容与配备物品一致,价格清楚。

3. 低值易耗品

(1) 卫生间低值易耗品有:洗发水、沐浴露、润肤露、护发素各2瓶;香皂2块;牙具2套,内有牙刷、牙膏;浴帽2盒;梳子2把;棉签1包;剃须刀1把(可视客人情况变动,两女客可不放,两男客就需加1把);指甲锉2把;卷纸2卷,一卷安装在厕纸架上,一卷放在备纸架或备纸盒内;面巾纸1盒,放在面巾纸盒内;卫生袋1盒放在马桶水箱上,为不透明塑料制品或防水纸制品,供女宾装污物扔入垃圾桶,如男宾入住,则可临时撤去;消毒袋为套杯具用,每房4个,口杯2个,果汁杯2个;杯垫6个,用于放在杯具下方,即口杯下2个,果汁杯下2个,茶杯下2个,有的饭店用杯垫后可不用消毒袋;恭桶封条1张,马桶清洁后放在马桶盖上以示消毒情况,但一般高星级饭店已不使用,以示卫生质量达标,无需示意。

(2) 房间低值易耗品有:拖鞋2双,饭店可根据客房档次选择无纺纸质布拖或棉拖,放在床头柜下方;擦鞋纸(布)2张,也有的饭店配亮鞋擦,放在拖鞋旁,供客人擦鞋时用;火柴1盒,放在茶几上的烟缸里;针线包1个,放在书桌抽屉内,配有线、纽扣和针；茶叶 6 包，红茶、绿茶、花茶各 2 包，放在茶盅里；咖啡、伴侣、糖各 2 包；洗衣袋 2 个，放在衣柜或书桌抽屉中；礼品袋 2 个，放在书桌抽屉中；铅笔、圆珠笔各 1 支；便笺夹 1 个；洗衣单 2 份；电视节目单 1 份；宾客意见书 2 份；"请清洁"牌 1 张；大信纸 6 张；小便笺 1 本；信封 2 个；赔偿价目表(纪念品价目表)1 张；明信片 2 张；"请勿吸烟"和"祝您晚安"牌各 1 张；"环保节能卡"1 张及各类宣传印刷品等。

六、客房特色楼层类型

(一) 无烟楼层

无烟楼层是指饭店专门为非吸烟的宾客设置的禁烟楼层。为有效地满足市场需要，饭店无烟楼层的设置应立足市场，以消费者的需求为标准。完善的无烟楼层应做到全过程、全方位、全人员。电梯及客房内有专用标志。

随着社会的发展与进步，世界饭店业将更加关注绿色理念在饭店的应用，着力倡导"无烟饭店"的理念。可以预见，未来的饭店将朝着全店禁烟的方向发展，这已成为国际趋势之所向。

(二) 行政楼层

行政楼层也称为商务楼层，是饭店为特殊高端宾客提供 24 小时开放服务的场所。行政楼层的设施主要包括客房设施和楼层的公共设施两部分。

第一，行政楼层的客房设施不仅仅追求设备的豪华和装修的高档，更重要的是客房提供的各项用品的完善和舒适性。这就要求行政楼层的客房比普通楼层的房间面积更大，而且要配备便于工作的各种办公用品、灯具、桌椅、多媒体电脑、带传真的电话、激光打印机、宽带网络、视频会议、IP 语音通话等相应的服务。

第二，楼层的公共设施也更强调配套的完善性，完备的商务功能是行政楼层服务的基本要求。服务内容包括入住登记、结账服务、餐饮服务、会议服务、翻译服务、管家服务、信息服务、休闲服务等。服务的内涵是个性化和尊严感，要求做到高效、准确、方便、舒适，富有针对性。

第三，行政楼层应有行政酒廊，设置服务台、小会议室、餐饮区、阅读区、商务区、卫生间、餐饮操作间等基本功能区域，行政楼层餐饮区域餐位数应不小于行政楼层客房数的三分之一。

第四，行政楼层装修装饰应与饭店整体风格协调。

第五，应宾客要求可提供个性化、无缝隙链接的管家服务。管家服务是展示饭店高品位、高质量、个性化服务的标志。它将饭店中分项烦琐的服务集中到一个高素质的人员身上，要求服务人员不仅具备良好的服务意识和对饭店各部门综合业务技能的熟练掌握，还应拥有丰富的工作经验、超凡的亲和力以及灵活的应变能力。

（三）女性楼层

时下，个性化的女性客房、女性楼层颇受青睐。一家酒店在开设女性客房时曾做过市场调查：通常，酒店入住率达到70%～80%时，女性楼层的入住率会达到100%。实践证明，女官员和女老总等对女性客房青睐有加。

"安全、卫生、温馨、方便"，是女性客人入住酒店时最为关心的问题。因此，女性客房必须体现以上特点。

女性大多比较胆小、敏感，加之单身女性独来独往的习惯，更需要饭店尽量为她们提供一个安心、称心、舒心的住宿环境，确保其个人人身、财物、心理与隐私等各个方面的安全，并在接待服务的各个细节上感受到尊重和理解。女性客房特点是：客房内设置紧急呼叫按钮，具备良好的隔音效果。客房内放置针对女性客人的安全提示说明，客房内放置精美的时尚杂志，供客人休闲时翻阅。客房中每日准备各种鲜花干花，视需要提供时令水果。浴室内配备品牌洗浴用品及女性专用卫生包，以体现对女性客人的照顾体贴。客房中放置为女性客人"度身定制"的送餐菜单，为不愿到餐厅用餐的单身女性客人提供方便。

第四节　客房服务与设施设备的新发展

一、客房服务彰显个性化

我们现在强调的还是客房服务的标准化、规范化的服务，但是现在许多饭店的客房服务已经提出要从标准化、规范化的服务，发展为个性化的服务，有很多管理制度，有很多技术措施，来研究个性化的问题。之所以很多客人对饭店不满意，但是又觉得提不出意见，就是不了解这是规范化、标准化服务所致。从这点来说，觉得没有什么意见好提，但是从个性化的要求来说，又确实没有达到个性化的要求。所以有些方式现在就需要调整。

首先是从比较标准的规范化到更注重实用的规范化，再进一步发展就是个性化。从现在开始，尤其在客房服务方面一定要做文章，一定要研究透。比如，客房里物品家具的布置，从小冰箱里所提供的内容，到墙上需装饰何种艺术品，甚至床上应放置什么样的枕头都要视客而定，这就需要提前对市场进行了解，熟悉客人的品位，然后根据不同的客人布置好房间摆设，视情况增减有关物品。在注重客人个性化需要的同时，有制度化的保证，这种制度化的保证和个性化结合在一起是一种比较好的方式。进一步是要发展到超值服务，比如家庭化服务。现在有些酒店客房部已经有了这样的项目，管家服务、秘书服务、托婴服务等都已经产生了，使客人感觉到一种超值的服务。从成本概念看，类似项目花不了多少钱，真正需要的是一种服务经营和技巧。再进一步是金钥匙服务。金钥匙服务的基本理念是，只要客人提出的要求在合法的范围内都能得到满足。从 1929 年开始，金钥匙服务就建立了国际组织，这个国际组织现在有 5 000 多个会员，这些会员都是以个人身份参加的，是饭店前厅部的最佳代表，也是饭店服务水平的最高体现。中国已经有了 60 多个金钥匙会员。金钥匙服务是进一步发展的更高的要求，也形成了服务体系的顶端。

如果说服务的标准化、规范化是保障酒店服务质量的基础，那么，个性化服务就是服务质量的灵魂。要提高客房服务质量，必须为客人提供更加富有人情味的、突破标准与规范的个性化服务，这是服务质量的最高境界，是酒店服务的发展趋势。

二、突出客房产品的特色

实际上，毫无特色、千篇一律的客房已很难满足市场的需求，主题客房设计已屡见不鲜了。比如某些饭店在进行客房设计时以汽车为主题，即在客房中张贴着各种不同产地、品牌、型号汽车的图片，或者在橱窗中摆放一些汽车的模型，摆放汽车杂志及有关汽车的介绍，深受汽车爱好者的欢迎；以足球为主题，客房中张贴着一些球员、球队的照片，摆放一些足球杂志与足球报以及足球赛事预告等，并以足球图案进行一些装饰，使爱好足球的客人在此能找到共鸣。以某种时尚及兴趣爱好为主题的客房对具有这些方面兴趣的客人具有很大的吸引力，客人在这种主题客房住宿的同时，也满足了其在兴趣爱好方面的需求，享受了一个丰富的夜晚。还有的是以邮票为主题，客房中挂有各式邮票镜框，并附有简介，供爱好集邮的客人欣赏。以网络为主题或以书为主题，客人可根据客房内的书单向服务中心借阅心仪的书籍，补充精神食粮。个性化实际上不是一个人，个性化是一个群体市场，所以要注重的是一个个性化群体。随着竞争的发展，这种突出的个性化将会成为大家普遍追求的一个目标。《旅游饭店星级的划分与评定》(GB/T 14308—2010)明确提出："某些与本标准的规定要求有所区别，但又具有浓郁地方特色或个性化的高档饭店，可以根据情况向国家级饭店星级评定与检查机构直接申报，由国家级饭店星级评定与检查机构单独予以审查和确认。"新的星级标准提供了 3 组特色选择项目群，不同类型的饭店可以根据实际情况进行选择，而对任一类别特色选择项目的选择率达到 70%以上的饭店可以加 3 分。这些正是鼓励饭店在星级标准之上要形成自己的个性和特色。

三、电脑走进酒店客房

随着电脑的普及以及人们对电脑的依赖和需求程度的增加，越来越多的酒店，特别是商务酒店(或酒店的商务楼层)，将在其客房不仅为住店客人提供互联网接口，而且直接摆放电脑，供客人使用或上网聊天、游戏、收发 E-mail 等。对于很多商务酒店而言，电脑将成为其必不可少的客房设备。

四、客房设备科技含量继续加大

持续的科技进步和酒店业的日益发展使新世纪的酒店客房更趋向于由客人设计而不是酒店来设计。当前，已有许多对未来数字生活场景的畅想和描述：从网络冰箱到媒体服务中心的数字家庭，从智能手机到眼镜式OLED显示器的数字旅行，从视频会议到WLAN的数字办公，这些并非空想，它们大多基于部分已实现或可见的技术。例如，希尔顿花园酒店的267号房间布置了一大堆最先进、最稀罕的数字设备，如光线唤醒，由于许多人习惯根据光线而不是闹铃声来调整起床时间，新的唤醒系统将会在客人设定的唤醒时间前半小时逐渐增强房间内的灯光，直到唤醒时刻的灯光亮得像白天一样；无钥匙门锁系统，以指纹或视网膜鉴定客人身份；虚拟现实的窗户，提供由客人自己选择的窗外风景；自动感应系统，光线、声音和温度都可以根据每个客人的喜好来自动调节；“白色噪声”，客人可选择能使自己感到最舒服的背景声音；客房内虚拟娱乐中心，客人可在房间内参加高尔夫球、篮球等任何自己喜爱的娱乐活动；客房内健身设备，以供喜爱单独锻炼的客人使用；电子控制的床垫，可使不同的客人都得到最舒服的床上感受；营养学家根据客人身体状况专门设计食谱。即使对思想很前卫的人来说，它们也充满着令人有些眩晕的神秘和幻想色彩。因此坦率地说，这种客房离现实生活还比较遥远。然而，当您在其间舒舒服服地住上一宿后，想长期拥有这种生活环境的渴盼之心，大概会在晨曦中油然而生。

另外还有一些其他高科技产品也将会在未来酒店客房采用，如体热激活和温控系统，即当客人进入客房时，这些控制器将打开，当他们离开以后立即关掉。使用这项技术，酒店将提高效率、降低成本，客人不必在黑暗房间内走动，而且，当他们离开时，他们不必担心忘记关灯、暖气或空调。又如手持式住客探测器：这些电子设备被酒店职员用以判断住客是否在房间。使用手持式住客探测器的侍女或管道工，将通过它知道客人房间是否被占用，并将据此选择在另外的时间来此做杂务。使用这项技术，酒店将获得更多直接效益，节省酒店职员的时间。此探测器阻止客人被酒店职员打扰，改善酒店与顾客之间的关系。像无线联网系统，不久的将来将在一些更大的酒店内应用酒店宽带无线网络，通过它可以监控酒店职员之间、职员和客人之间的所有事务。例如，完成客房清洁的侍女，只需轻触手持式设备的一个按钮，管家部和前台立即就知道该房间是干净的。当然酒店客房不能纯粹为商务或休闲旅行者而设计，并不是每位酒店客人都能拥有房间电话或膝上电脑，并不是每位客人都想要在酒店使用高技术产品。客房必须依据人们今天的生活方式以及人们出行旅游的需求而设计。最成功的手段不再仅仅是满足休闲旅行者，其功能也指向社团组合和商务旅行者。总之，“未来客房”的目标是尽量满足所有客人——他们可以有不同的旅行目的(商务或度假)、不同的年龄、不同的健康状况、不同的职业——对客房的要求。

五、卫生间成为客房设计的重点

客房卫生间是体现酒店整体硬件标准的最重要特征之一。客房卫生间的设计原则除了完整的功能和方便、卫生、安全的因素之外,还要考虑格局的创新、空间的变化、视觉的丰富和照明光效的专业化标准等。卫生间设计趋向是:功能上的多元化、设施的现代化、空间的扩大化、用品的环保化、采光自然化。例如香港丽晶酒店的“21 世纪卫生间”便成为丽晶酒店客房设计的突破点。它把通常为 12.8 m^2 的卫生间扩大为 36.8 m^2,卫生间里镶嵌粉色大理石、落地玻璃镜面,大大提高了常规照明强度。传统的“三大件”也有很大改变,增设了淋浴池,特制了一批低位扶手以照顾残疾或行动不便的客人。抽水马桶上加设了预热坐垫,人们不会再有热屁股碰上冷板凳的尴尬。浴盆的面积超大无比,可以在短短的几秒钟内迅速灌满水,足以供两人同时使用,还有独特的按摩功能。卫生间里还增设了化妆镜、洗衣台、吹风机、体重自测仪等许多设施。最让客人欣赏不已的是可以直接在浴室里远眺维多利亚港的迷人景色。丽晶酒店的超级卫生间被誉为“21 世纪卫生间”,出人意料地成为酒店最成功的“卖点”。

六、注重客房的环保性、安全性

当前,在现代环境、能源、人口等世界性的问题不断恶化之时,注重环境意识、实现酒店业的可持续发展已成为共识,酒店业必须走一条可持续发展之路。绿色饭店顺应了可持续发展的时代潮流,是国际饭店业发展的趋势。在第三版的星级标准的选择项目中,出现了多个关于绿色环保的选项,比如为客房内床上用品及卫生间一次性客用品、客用布件的再次使用设有征询客人意见牌;客房卫生间有大包装、循环使用的洗发液、沐浴液等;设有无烟楼层。这些新选项的出现,预示着未来绿色饭店客房的发展潮流。

在创建客房乃至绿色饭店时也应注意以下两个方面的问题:一是绿色饭店必须以确保服务质量为基础。绿色饭店有一条减量化原则(Reducing),其精髓是减少不必要的资源浪费。但一些地方的饭店却片面理解减量化原则,以此为由减少饭店对住房客人应有的星级饭店服务内容,例如,前段时间全国许多媒体报道某些饭店打着与国际接轨的旗号,全部取消“六小件”,造成消费者的不满,以致对推广绿色饭店产生误解。绿色饭店标准中要求尽可能减少一次性用品,在环保理念上是正确的。但是,减少浪费不等于减少服务,更不能降低服务质量。创建“绿色饭店”必须以确保服务质量为基础,任何不能保证服务质量的“绿色”做法都是没有根基的,不应提倡。二是防止将创建绿色饭店庸俗化。不少饭店以为只要开展几项与环保有关的工作，就可以成为绿色饭店，甚至单纯从经济角度考虑，打着“绿色”、“生态”的幌子，做名实不符的生意招徕。这些都会使绿色饭店的创建走向庸俗化。其实，创建绿色饭店是一项跨专业、多学科、综合性的系统工程，包括的内容涵盖了设计、建造、用材、光环境、气环境、水环境、声环境、绿化、客房及配套服务、饭店用品使用和采购、资源合理利用、废弃物处理、安全管理、行为规范等多个方面，任何环节的偏废，都可能使“创绿”的效果大打折扣。

七、客房的装修和布置将更加注重文化品位

21 世纪，世界范围内的市场经济将日趋成熟，竞争也将更加激烈，但竞争的层次将不断提高，酒店的竞争将从低层次的价格竞争逐渐转向高层次的文化和品牌竞争。有文化品位、有鲜明的个性和特色的酒店将受到顾客的青睐，因此，酒店客房在装修、布置和服务方面，将注重文化、艺术品位，追求个性和特色。与此相适应，客房的结构、家具的设计和摆设、色彩和灯光的运用等将突破传统，更为大胆，那种千篇一律的、毫无个性和特色的酒店客房将被市场所抛弃。

案例 1-1

新概念客房

全球饭店业经营的难度越来越大，设计师、业主和管理者都绞尽脑汁，既追求标新立异，又讲究舒适实惠，种种新概念客房层出不穷。

喜达屋(Starwood)集团下的威斯汀(Westin)酒店品牌经过近两年的努力，已把“天堂之床”(Heavenly Beds)的客房打出名气。而希尔顿集团在美国洛杉矶富豪区的比华利山的酒店推出自己的特色概念“睡得香客房”。这一客房中用加厚的床垫，高雅而又不透光的艺术窗帘，闹钟铃响时台灯自动开启，按各人生活习惯设置的生物钟可调灯箱等，博得了高级商务客人的青睐。

不久前，希尔顿集团又推出两种新概念客房，即“健身客房”(Health-fit Room)和“精神放松客房”(Stressless Room)。客房内增设一系列设施，如按摩椅毯、放松泉池瑜伽术教学录像带等。希尔顿集团先在全美 8 家酒店推出一间样板房，观察市场反应。客人的反馈意见是：新奇、舒适、印象深刻，有益于身心健康，睡眠效果确实好，为此支付稍高一点的房价也值得。市场的认可使希尔顿集团信心倍增。

著名的雅高集团在巴黎的索菲特(Sofitel)这一高档品牌的酒店中，率先尝试“高科技好客房”的创新，这是雅高集团的第一间新概念客房。客房中，床比特大号的(King-size)还宽，卫生间更大，照明也更好，采用可旋转的液晶显示电视屏幕、遥控芳香治疗系统、环绕音响系统和独具创新的三角形陈设。目的只有一个，那就是让客

人感受到非同一般的舒适、安全和快乐。值得一提的是芳香系统,这是在全球酒店业中首先推出"嗅觉识别"的新概念。客房有床头计算机显示屏告知客人多种香型任意选择,只要一按键,客房里就释放出客人偏爱的香味飘弥全室:客人在这些特殊配方的香味"熏陶"中,既得到一种保健的治疗,又因香味投其所好而睡得香甜。

案例 1-2

上海金茂君悦大酒店所有客房的浴室都不设窗帘

上海金茂君悦大酒店最低层的客房也在55层,用一个字来概括它的特点就是:高。它的客房装修设计巧妙地利用了这个优势,特别注重浴室的细节处理,所有客房的浴室都不设窗帘,而且一反惯例,把所有的浴缸都用台基升高至窗台高度,为的就是让客人泡浴的时候可以舒舒服服地一抬头就一览外滩、浦东璀璨的夜景……

本章小结

客房部负责饭店客房产品的生产,是饭店的主要创利部门,同时也是经营管理的一个关键部门,客房服务与管理水平的高低,直接影响着客人对饭店的满意程度。了解掌握客房部在饭店中的作用、主要任务、不同于其他部门的业务特点以及客房的主要种类及客房功能设计等是本章的主要内容。

客房是酒店的主体部分,也是客人在饭店逗留时间最长的地方。客房部作为饭店的支柱部门,承担着饭店接待客人住宿,加快客房周转,负责饭店布件的洗涤、收发及公共卫生的清洁保养等工作,任务重,责任大。和其他部门相比,客房作为一种特殊的商品有着自己鲜明的特点。客房部的业务范围广,且随机性强,要求尊重客人的隐私权,保护客人的人身及财产的安全,另外在进行客房的功能设计时也应根据酒店自身的特点合理布局。客房部在未来的经营管理中还将朝个性化、科技化方向,以满足宾客需求和可持续发展的经营理念发展。

复习思考题

1. 客房部在饭店管理中承担的任务主要体现于哪些方面?
2. 客房商品具有哪些特性?在客房管理中如何顺应其特性开展工作?
3. 了解客房的主要类型。
4. 标准间在进行客房功能设计时,将客房划分为哪些空间?
5. 试述最新客房服务与设施设备的发展趋势。

第二章

客房部日常管理

学 习 目 标

- 了解客房管理系统和组织机构
- 掌握客房部主要岗位职责
- 掌握客房部的日常管理制度
- 掌握客房部的人员配备

客房部管理是有规可循的，科学的、先进的客房部日常管理能使日常工作顺利进行，达到饭店企业的预期效果，将造就饭店的兴旺发达。作为饭店管理人员，必须明确客房部日常管理所应具备的基本条件：管理系统、组织机构、岗位职能、人员配备等，才能实现客房部的平稳与高效运作。

第一节　客房管理系统和组织机构

现代旅游饭店是一个综合性很强的服务性企业组织，客房管理要实现其目标，首先必须确立合理的管理系统。在明确系统管理关系的基础上，设计组织结构，这样才能适应饭店客房管理需要，达到预定目的。

一、饭店客房管理系统

管理系统是一种有规律的互相作用和互相依存的事物组成的统一体。一个现代饭店企业就是一个管理系统，客房管理系统则是这个系统中最重要的一个分系统。尽管它服从于饭店企业管理系统，但又有相对的独立性。这是由客房商品的特点和营销过程中的特殊矛盾运动决定的。客房商品生产过程和消费过程的同一性，决定了其生产和消费必须结为一体，成为同一个系统。生产过程中的输入部分不仅有物资、能源，还必须有顾客，这和其他企业生产、销售、消费分阶段进行的状况不同。因此，确立客房管理系统必须适应客房商品本身的特点和旅客投宿活动规律，将预测、销售、生产服务、个人消费结为一体，形成一个完整、合理的饭店客房管理系统。

饭店客房管理系统是由客源市场预测、计划、决策、执行，客房商品生产和反馈这几个环节构成的，如图 2-1 所示。

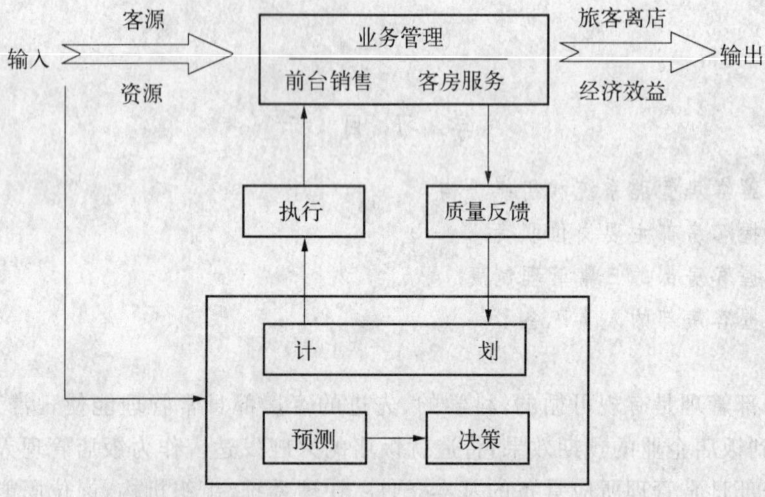

图 2-1 饭店客房管理系统图

这个系统的输入不仅有客房物资设备(渐进消耗，提供使用价值而不发生所有权的转让)和水、电等能源消耗，还有客源，否则，客房商品生产无法进行，客房服务就没有对象。输出即指旅客离店，同时获得经济效益。而饭店客房管理系统控制则是根据客源市场预测，在综合平衡、统筹安排的基础上作出决策；制订客房部门管理计划方案，中心是贯彻部门经济责任制；然后由前厅部、客房部贯彻执行，将客房商品销售、生产和个人消费结合起来，将旅客住店后的反映形成质量反馈，发现问题，作出新的决策。

在客房管理系统中，一般来说，有三个不同层次的思维角度，这就是战略角度、策略角度和执行角度。在客房商品营销活动中，饭店业务经理(有的直接由总经理负责)处于战略地位，他最关心的是饭店的计划目标、经营方针、管理体制、部门经理人才和经济效果。客房管理机构处于策略地位，它所关心的是部门经济责任制的贯彻执行，是客源状况、客房销售、物资定额以及经济收入如何同部门经济责任制结合起来。管理员则处于执行地位，他们所关心的是如何执行部门计划给自己规定的任务，保证服务质量。但是，如果问题改变，管理级的地位也会随之发生变化。例如，我们只谈客房商品生产，这样客房部就处于战略地位，管理员处于策略地位，客房班组处于执行地位。饭店客房管理系统中这种和某一问题的战略、策略和执行地位相对应的管理级都可以组成一组，这就是饭店客房管理三元组(表 2-1)。管理人员的作用就在于明确自己在不同三元组中的地位，从而灵活驾驭相应的管理职能，实现管理目标。

表 2-1 饭店客房管理三元组

	三元组(1)	三元组(2)	三元组(3)
战略地位	饭店经理	客房部	管理员
策略地位	前厅部、客房部	管理员	班组
执行地位	管理员	班组	服务员

二、饭店客房管理组织机构

饭店客房管理系统是建立客房管理组织机构的基础。客房的管理组织机构设置必须与管理系统相适应。组织管理系统的创始人巴克斯先生说:"领导的职责就在于成功地设计一种组织，并委派最恰当的人选，然后力求按照组织原则促使大家去达到目标。"饭店客房管理要完成计划任务，必须设计这样的组织机构。这些组织机构有的是平行的，其相互关系是分工协作关系；有的是垂直的，其相互关系是领导和隶属关系。但它们并不是简单的凑合，而是一个有机的统一体，服从于饭店客房管理的总目标。

客房组织机构是饭店客房管理系统的体现，是提高管理效率的组织保证。因此，设立饭店客房管理组织机构必须遵循以下几个原则：

(一) 层次分明，职权制度化

饭店客房管理是一种系统管理，客房商品生产、销售和个人消费密不可分，因此，机构设置必须将它们融为一体，形成一个层次分明的组织系统。但这个组织系统中要做到逐级授权、分层管理，因此，职责和权限要制度化。这包括两个方面：一是各部门、各班组、各环节要根据旅客投宿活动的规律和实际需要设置，不能因人设事。管理人员配备要精干，人员数量要少，避免人浮于事。人数和各部门、各班组、各环节的关系要形成制度，一经确定，就不能随便变动。这样才有利于保证领导关系的连续性和稳定性。二是要明确规定每一层管理人员的管理职责，同时赋予完成这一职责所不可缺少的管理权限，职责和权限保持协调一致。有职无责会助长瞎指挥、滥用权力的官僚主义；有责无权或权限太小又会束缚管理人员的积极性、主动性，实际上不能负起应有的责任，等于虚设。所以，只有层次分明，职权制度化，才能各得其所，人尽其才，提高管理工作效率。

(二) 幅度合理，指挥统一化

幅度是指管理幅度，即一名上级领导直接指导多少下级人数。影响管理幅度的因素包括企业规模，组织机构的类型，管理人员的能力、素质等几个方面，因此，管理幅度的大小，往往因时、因地和管理层次、饭店客房数量的多少而变化。

确定管理幅度是为了更好地指挥。为了提高管理实效，还必须指挥统一化，这也包括两个方面：一是组织机构本身就是一个统一的管理系统，必须实行统一指挥，部门、班组在执行经济责任制和部门经济责任制的过程中又必须有相对的独立性，给下级机构一定的权限，实现权、责、利的统一。二是一个好的客房组织机构不允许员工同时有多头领导，否则，令出多门，各唱各的调，各吹各的号，相互矛盾、互相推诿，下属人员就无所适从，很难达到预想的效果。

(三) 渠道畅通，管理工作效率化

渠道是指信息渠道。现代社会化大生产和科学技术、管理技术的广泛发展，使企业管理对信息的要求越来越高，管理工作的效率取决于信息传递的速度、数量及质量。信息可以是数据、图像、设计图纸、传票、作业卡、计划表、统计表等；也可以通过开会、电话、电传和利用电子计算机的传递来获得。信息流不断反映物质流的状况，指挥物质的运动。物质在企业中不断地改变其状态，信息也就随之变换其形式。管理者的职责就是通过信息流来控制物质流。所以，用一句精辟的话来说：管理的艺术在于驾驭信息。

饭店客房管理是一种微观经济管理，以执行信息为主，对信息传递的速度和质量要求更迅速、更准确无误。否则，一个有几百间、上千间客房的现代化饭店，管理者对每时每刻客房的出租状况心中无数，必然造成大量客房闲置或旺季时的应接不暇。前者造成永远也无法收回的经济损失，后者影响服务质量和客房商品信誉，这样就根本谈不上管理效率了。所以，渠道畅通，管理工作效率化，是设立客房管理组织机构的最高原则。

三、客房组织机构中的管理关系和职责范围

组织机构只是完成客房管理任务的一种组织保证，管理人员能否完成任务是由多种因素决定的。就饭店客房管理来说，有三个问题必须首先解决：一是明确管理关系；二是管理人员的素质；三是客房管理的职责范围。只有解决好这三方面的问题，才能更好地完成管理任务。

(一) 客房组织机构中的管理关系

饭店客房管理人员处在一定的组织机构中，要提高服务质量和工作效率，完成管理任务，获得好的经济效益，首先必须明确自己在组织机构中的地位和管理关系。

在现代旅游饭店中，任何一个组织机构，都是由四种不同地位的人组成的，即高层管理人员、中层管理人员、基层管理人员和服务员。高层、中层和基层并不是绝对的，组

织系统层次发生变化，管理人员的层次地位也随之变化。任何管理人员在饭店客房组织机构中，一般都要遇到以下三方面的问题：一是管理方面的，即清楚地了解组织机构的职责、权限和管理原则；二是实务操作方面的，即明确工作程序、工作标准和工作操作细节；三是人际关系方面的，即管理人员不仅要善解上级的意图，还要了解下属人员的要求和工作态度，善于发现问题，及时解决，设法增强下层的事业心和责任感。这三个方面的问题形成错综复杂的管理关系，但对同一组织机构中不同层次的管理者要求又有所不同。明确其相应的要求程度，客房管理人员就有了明确的指导思想和管理原则，便于有重点地完成管理任务。这种管理层次关系如图2－2所示。

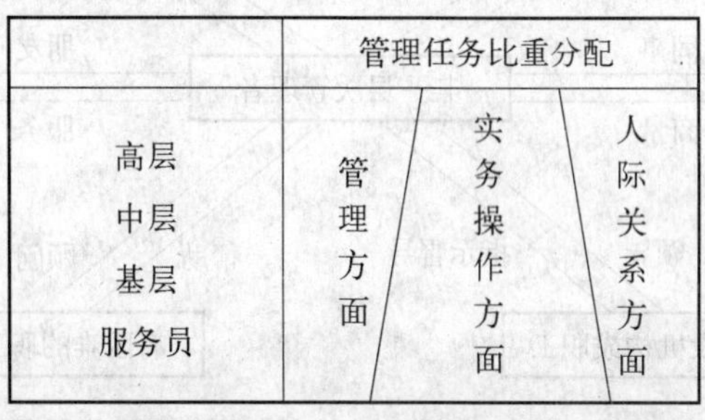

图 2－2　客房组织机构管理层次任务分配图

饭店客房管理人员除了要正确处理这种关系以外，还要处理好另外两种管理关系：一种是管理人员所担负的具体工作任务和来自各方面的要求、压力之间的关系，只有处理好这种关系，才能完成任务。这种要求和压力主要来自四个方面（图 2－3）。例如一名客房部经理，对上要对饭店总经理负责，对下要组织、指导和督察管理员努力按计划完成管理任务，对外要处理市场销售方面的关系和应付其他部门及家庭甚至社会方面的压力。只有灵活处理这些关系才是一名出色的客房部经理。

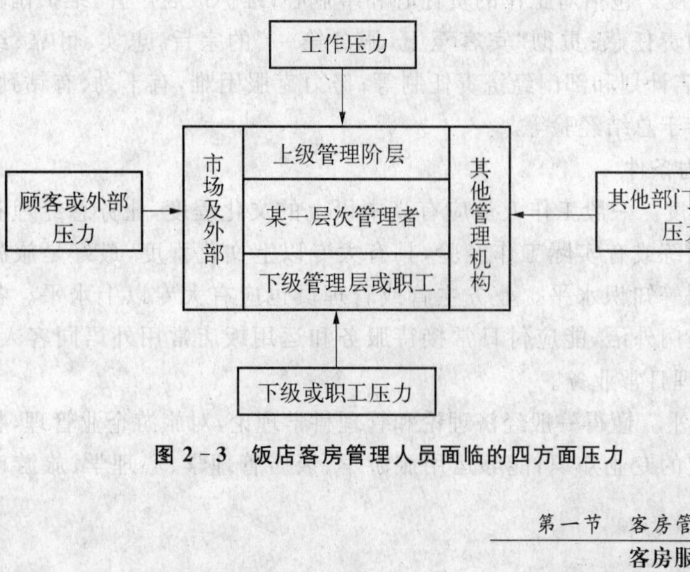

图 2－3　饭店客房管理人员面临的四方面压力

另一种是管理人员为了完成工作任务，采取一定的原则和方法去组织、指导和督察有关人员努力工作而经常遇到的人事关系和工作关系。这种关系因接触的人员不同，关系的性质和应该采取的态度也不相同，如图 2－4 所示。只有正确处理这种关系，才能充分调动员工的积极性和主动性。

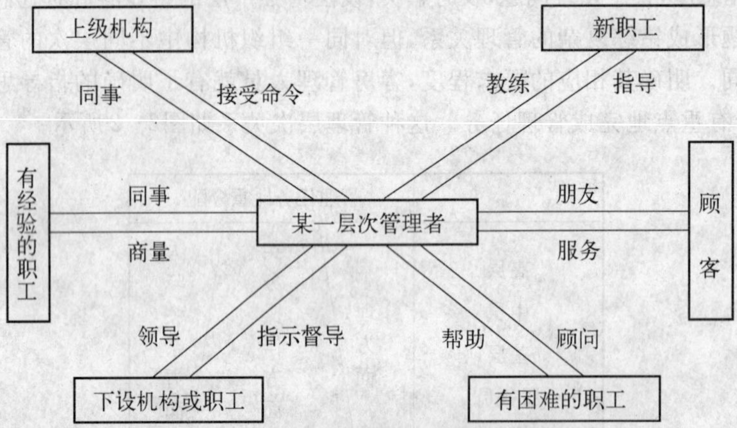

图 2－4　管理人员遇到的人事关系和工作关系

(二) 饭店客房管理人员的基本素质要求

饭店客房管理人员须具备以下三个条件：

1. 政治素质条件

(1) 政策水平。主要是指政治理论修养，对外政策、侨务政策、旅游方针政策水平，外事纪律，维护国家声誉的责任感。还包括国家经济政策、对外经济开放政策水平。

(2) 工作态度。包括对工作的责任心和事业心；维护饭店声誉，维护国家财产和企业经济利益的责任感；贯彻“宾客至上，服务第一”的宗旨，忠实、可靠、组织观念强；贯彻执行饭店计划和部门经济责任制等；努力克服困难，有干劲、有钻劲；团结协作，紧密配合，善于总结经验等。

2. 业务能力条件

(1) 文化程度。一般工作人员应有高中以上的文化程度，业务总经理和部门经理应受过专业训练或有实际工作经验，具有大专以上文化程度，最好是旅游专业院校毕业或具有同等知识水平。业务主管或管理员也应有大专以上水平。各级管理人员都应懂得一门外语，能应付日常接待服务和运用饭店常用外语同客人谈话，交流思想感情，处理日常业务。

(2) 专业水平。懂得一般经济理论和管理科学理论，对旅游企业管理，特别是饭店管理应有一定的专业知识，能够运用旅游学、饭店管理学、心理学、旅游市场学等知识为饭店管理服务。

(3) 实际工作能力。包括管理经验,业务推销能力,业务工作能力,收集、处理和传递信息能力,指导和督察能力,应变能力和处理复杂事务的能力等。

(4) 计划能力。上层管理人员要懂得经济责任制和部门经济责任制,善于根据饭店计划分解经济指标,做好财政预算,并结合本部门实际情况将权、责、利结合起来,调动员工积极性。中层和低层管理人员能认真执行计划。整个组织机构能实行计划管理。

(5) 组织指挥能力。中层以上管理人员能根据业务接待需要和计划任务,合理组织人力、物力和财力,降低成本消耗,工作有预见,善于协调各方面的关系,做到知人善任,将各种力量纳入同一轨道。

3. 心理及身体素质条件

(1) 智力条件。要求头脑灵活,反应快,有自信心和幽默感,还包括理解能力、业务谈判和推销能力、判断能力、逻辑性和记忆力等。

(2) 心理素质。包括工作的主动性、创造力,完成任务的坚韧性和必要时的忍耐精神,处理问题的果断性等。

(3) 身体素质。要求身体健康,高层管理人员年龄不能太大。各级管理人员和服务员都应有一定的仪态、仪表和服装、发式等要求。

上述对饭店客房管理人员的要求是就一般情况来说的。管理者在组织系统中的层次不同,要求的侧重点和程度也不一样,且人的思想觉悟、业务能力和心理素质总是随着知识的增长、工作经验的积累而发展变化的,因此,饭店总经理和前厅部、客房部经理首先要重视人员选择和配备,同时要重视考察和提高。

(三) 客房管理的职责范围

饭店客房管理的职责范围是由它的管理任务决定的,是通过客房组织机构实现的。在规模庞大、组织细密、经营复杂的现代旅游饭店里,我国客房管理的主要职责范围是:

(1) 在饭店总经理领导下,积极贯彻党的路线、方针和政策,特别是国家有关经济政策,用社会主义市场经济的经营思想、经营作风教育客房管理干部和员工。

(2) 在总经理领导下,认真贯彻中央改革精神,以经济责任制为中心,结合饭店管理计划,研究制订客房部门经济计划,并确定计划实施方案。

(3) 建立各项规章制度,将权、责、利结合起来,以保证客房部门经济计划的完成。

(4) 掌握客源市场动态,根据情报资料处、预订处、接待处等有关资料分析客源市场,预测客源市场变化,切实抓好客房商品销售工作,提高客房出租率。

(5) 认真组织客房商品生产，做好客房服务，为客人提供合格的使用价值和劳务。

(6) 合理组织资源(包括人力、物力和财力资源)，降低成本消耗，重点是劳动力的配备和物资消耗定额，并确定实施检查方案。

(7) 抓好财务控制和监督，以计划指标和消耗定额为标准，每天检查实行情况，通过数理统计报表和原始记录统计分析制度来监督控制。

(8) 认真抓好客房出租信息传递，搞好订房管理，通过报表制度指挥客房商品的销售工作。

(9) 加强业务培训，提高管理人员和服务员素质及业务水平。

(10) 重要客人住店，前厅部经理和客房部经理要亲自出面迎送。国外旅游团住店期间要登门拜访，以便同国外旅行社经理、领队等建立业务联系，扩大客源市场，提高饭店客房信誉。

(四) 客房部的机构设置

1. 客房部的组织机构形式

科学合理地设置组织机构是客房部工作正常有序运转的重要保证。客房部的组织机构应是一个统一指挥、专职分工、层次分明、沟通顺畅的有机整体。饭店应遵循精简、高效、分工明确的原则，并结合本饭店实际情况，考虑饭店的规模、等级、经营管理方式等因素来具体确定，各饭店之间存在一定的差别，并没有固定不变的模式。

2. 客房部的业务分工

(1) 经理办公室。客房部经理办公室主要负责处理客房部的日常事务，负责文件和档案管理，以及与其他部门的沟通协调等事宜。如果经理室与客房服务中心设在一起，经理室的一些日常事务就可以由客房服务中心的人员来承担，从而无需再设置专职内勤或秘书的岗位。

(2) 客房服务中心。中外合资饭店及由外方管理的饭店通常都设有客房服务中心。客房服务中心既是客房部的信息中心，又是对客服务中心，负责统一调控对客服务工作，掌握和控制客房状况，领取和分发客房用品，管理楼层钥匙，保管和处理客人的遗留物品，协助有关管理人员进行人力和物资调配，收集和处理客情信息，与其他部门进行联络、协调等。

(3) 客房楼层。客房楼层是客房部的主体，由各种类型的客房组成，是客人休息的场所。其职能是负责客房及楼层走廊的清洁保养和对客服务工作；管理客房及客房楼层的设施、设备；负责客房内用品的替换、设备的简易维修和保养，并为住客和来访客人提供必要的服务。

我国的大部分饭店，特别是国有饭店，一般都设有楼层服务台，配备专职的台班服务员，为客人提供面对面的服务，同时加强对楼层的安全管理。不过，设有客房服务中心的饭店则可不设楼层服务台。当然也可以根据业务需要灵活掌握。

(4) 公共区域。负责饭店各部门办公室、餐厅(不包括厨房)、公共洗手间、衣帽间、大堂、电梯厅、各通道、楼梯、花园和门窗等公共区域的清洁卫生工作。

(5) 布件房。负责饭店所有工作人员的制服，以及餐厅和客房所有布件的收发、分类和保管。对有损坏的制服和布件及时进行修补，并储备足够的制服和布件以供周转使用。

(6) 洗衣房。负责洗涤员工制服和对客服务的所有布件，并为住店客人提供洗衣服务。洗衣房的归属，在不同的饭店有不同的管理模式。大部分饭店都归客房部管理，但有的大饭店，洗衣房则独立成为一个部门，并且对外服务；有些小饭店则可不设洗衣房，而是将饭店的洗涤业务外包给专业的洗衣公司。

大、中型饭店的客房部组织机构如图 2-5 所示。小型饭店的客房组织机构如图 2-6 所示。

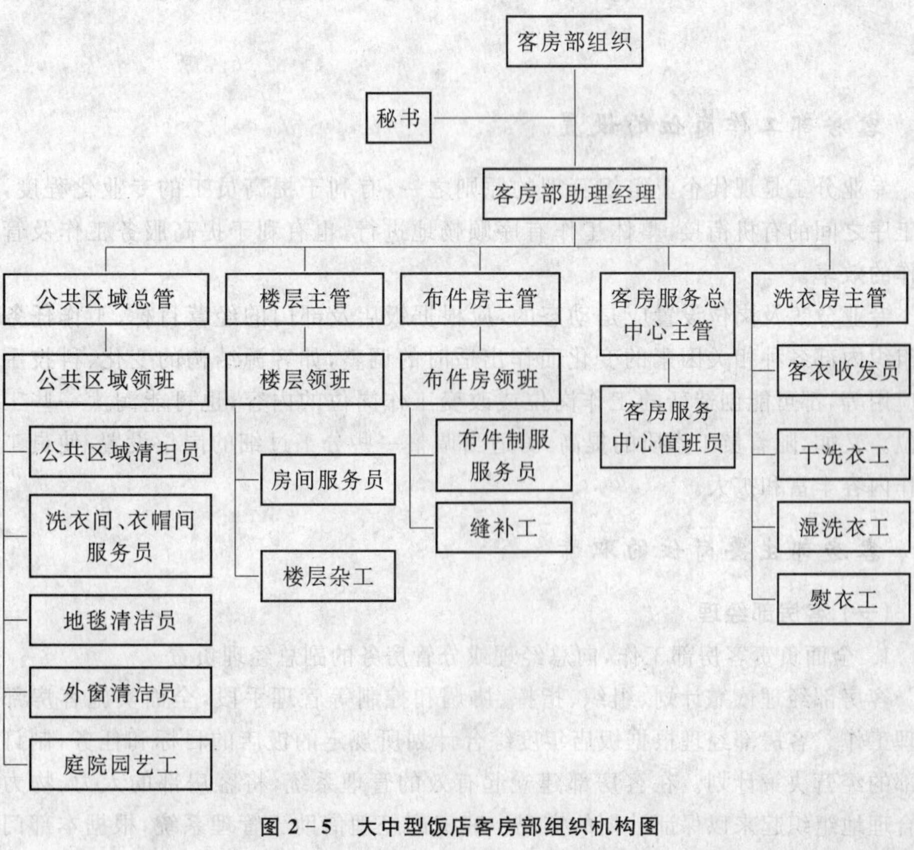

图 2-5 大中型饭店客房部组织机构图

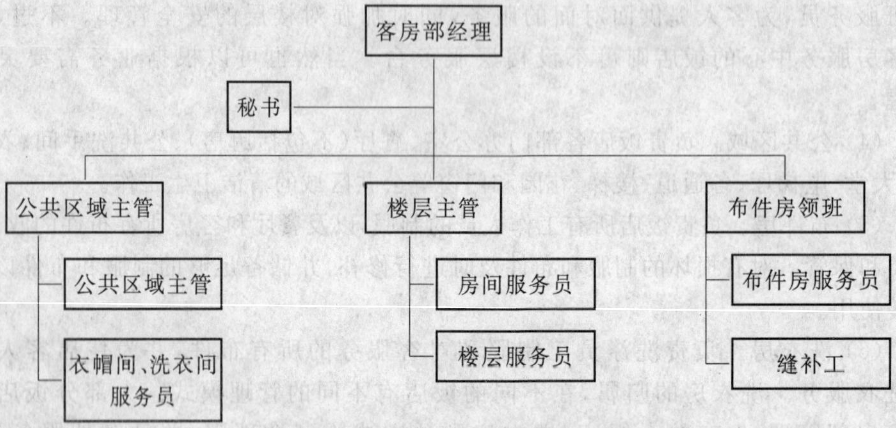

图 2-6　小型饭店的客房部组织机构

第二节　客房部工作岗位设置及职责

一、客房部工作岗位的设置

专业分工是现代企业组织管理的原则之一，有利于提高员工的专业化程度，上下工序之间的有机衔接，整体工作有序顺畅地进行，也有利于提高服务工作及管理工作的效率。

专业分工及岗位设置应是动态的，应根据饭店及部门的经营目标、工作任务以及组织内部各种相关因素的变化而作出适时的调整，如客源结构的变化、科技手段的应用等，都可能创造新的工作岗位或改变工作岗位的内容，也可能淘汰一些工作岗位。又如，随着员工素质的提高，可适当调整一些分工过细的岗位设置，使员工的工作内容丰富和扩大。

二、客房部主要岗位的职责

（一）客房部经理

1. 全面负责客房部工作，向总经理或分管房务的副总经理负责

客房部经理依靠计划、组织、指挥、协调和控制等管理手段，全面实施客房部的管理工作。客房部经理根据饭店年度综合计划所规定的饭店的目标和任务，制订客房部的经营决策计划。在客房部建立起有效的管理系统，将客房部的人力、物力资源合理地组织起来以保证计划的实现。客房部经理借助于管理系统，根据本部门的

计划，对下级部门的管理人员及员工下达任务、布置工作，并进行指导和监督。通过检查、考核、评估员工的工作情况及接受客人投诉等方式，将各项工作的进展情况和执行计划的结果与计划目标进行对比，找出偏差，分析产生偏差的原因，制定纠正偏差的措施并予以落实，使客房管理活动形成一个循环过程。

2. 负责制定本部门员工的岗位职责及工作程序

客房部经理负责建立、健全本部门各级人员的岗位责任制，将本部门的管理工作、服务工作落实到各个岗位，明确各岗位的职责范围和具体工作任务，规定每项基本要求及达不到要求应承担的责任，并赋予为履行职责所必需的权力。

客房部经理根据饭店的等级及质量要求，制定本部门服务工作的规格和标准及达到规格和标准所需的规范化的工作程序，以保证客房服务质量。

3. 负责本部门员工的聘用、培训及工作评估

客房部经理根据工作需要及劳动定额，科学地确定人员编制，并对各工作岗位进行职务分析，确定各岗位人员的素质要求。在此基础上，向饭店人事部提出聘用人员的数量及质量要求，配合和参与人员聘用过程。客房部经理制订本部门员工的培训计划，监督培训计划的实施，以提高员工的素质。客房部经理还必须制定员工工作评估的办法，以评估的结果来奖惩员工，检查培训的效果及客房部的工作状况。

4. 对客房部的物资、设备进行管理和控制

客房部经理审核本部门物资、设备的采购计划，提出饭店各类布件和员工制服的制作及选用方案，并把好验收关及报废关，制定物资设备的管理制度，明确各级人员在这方面的职责，合理使用物资，对设备进行认真的保养和管理。在满足客人使用需要、保证服务质量的前提下，努力降低成本、减少支出。

5. 提出客房陈设布置的方案及更新改造计划

客房的陈设布置要求以科学合理的使用功能及美好的艺术形式来为客人创造一个美观、舒适的生活环境。客房部经理应是这方面的专家，能根据客人的需求及便于服务人员清洁整理的原则，提出客房陈设布置的专业性方案。此外，客房部经理还应根据客房使用的年限及市场需求的变化，提出客房更新和改造的计划，其中包括客房种类的调整、陈设布置的变化，每年有计划地更新改造一部分客房。

6. 制定房务预算，控制房务支出

客房部经理根据预测的客房出租率及本部门各种费用支出及物品耗用量的历史资料，科学地制定房务预算。房务预算包括：购置布件及制作员工制服的预算，购置客房供应品、清洁工具及清洁用品等物品的预算，客房修理、改建、更新内装修及家具、设备的预算。预算制定后，一旦经总经理批准，客房部经理应严格将本部门的各种费用支出控制在预算之内。

7. 巡视和检查本部门的工作状况

客房部经理要经常巡视饭店，检查公共区域和客房的清洁卫生质量、服务水平及设备、设施完好的情况，了解和督导属下的管理人员及服务人员的工作，并认真做好记录。另外，巡视中还要重点检查贵宾客房，探视宾客及长住客人。

8. 对客房服务质量进行管理和控制

客房部经理要善于运用日常检查的结果及客人的反馈意见，用定性和定量的手段来分析研究目前客房服务质量的状况，发现普遍存在的质量问题与个别存在的质量问题，找出影响客房服务质量的因素，及时采取措施，保证客房服务质量的稳定和提高。

9. 保持与其他部门的联络和合作

客房部经理作为本部门的负责人要经常主动与其他部门的负责人联络，沟通情况，取得各部门对客房部服务工作、管理工作的支持和合作。

10. 不断改进和提高客房管理工作的水平

客房部经理应有强烈的进取心，在实施严格管理的同时，要善于学习、认真思考、精心策划，在提高员工素质、提高客房服务质量和科学管理水平上下工夫，谋求客房管理工作的不断进步和发展。

(二) 楼层总管

(1) 主管客房楼层的清洁卫生及对客服务的一切工作。

(2) 督导楼层领班及服务员的工作。

(3) 控制客房楼层清洁卫生及对客服务的标准。

(4) 巡视客房楼层范围，检查贵宾客房，抽查已清洁完毕的客房。

(5) 处理住客的投诉及突发事件。

(6) 与前厅部密切配合，核实客房状况差异，提供准确的客房状况。

(7) 完成楼层工作日志。

(三) 客房服务中心领班

(1) 编制本部门员工排班表，记录考勤；检查所属员工的仪表、礼节礼貌、劳动态度及工作效率。

(2) 建立失物招领档案，保管客人的遗留物品，监督遗留物品处理程序的实施。

(3) 统计、核实客房酒吧酒水的消耗量，并报有关部门。

(4) 填写服务中心物品需求领货单，并到库房领取；对服务中心的物品、设备进行编号建档，定期核对；检查为客人提供特殊服务的物品数量和完好率。

(5) 随时掌握客房状态的变化，向前厅部、财务部提供准确的房态资料。

(6) 培训员工，定期进行业务考核，督导员工为住店客人提供各项服务。

(7) 联系工程部，解决客房维修事项，建立工程维修档案；向客房楼层主管和工程部提供每日维修房的房号。

(8) 向楼层主管报告贵宾房号、到店时间及要求。

(9) 严格执行客房“万能钥匙”的管理制度，监督“万能钥匙”的收发工作。

(10) 定期召开班组会，传达店内、部门内的指示和文件。

(11) 准确无误地接听电话，详细记录客人交办事务，并立即通知有关部门办理，内部事务按程序办理。

(12) 填写工作日志，记录特殊事项和交接工作，办理物品外借手续。

(四) 客房服务中心服务员

(1) 接听电话，答复住客的咨询和要求，及时向有关方面传递相关信息并做好记录。

(2) 记录楼层服务员对住店客人酒水耗用量的报账并输入电脑，随时与前台及财务部联系沟通信息。

(3) 与其他部门沟通联系及传递信息，并将有关信息通报本部门员工。

(4) 接到外线打来的员工私人电话只做记录，不能转接。

(5) 负责对客人遗留的物品进行登记、保管、寄发、上缴等工作。

(6) 负责楼层钥匙(包括“万能钥匙”)的点收、控制、保管，严格执行借出和归还登记制度，对因工作过失造成的遗失负责任。

(7) 管理各种表格。

(8) 协助部门对员工上下班考勤情况进行检查及监督，发现员工不遵守考勤管理规定应及时向部门反映。

(9) 负责保管、借出、回收专门提供给客人使用的服务设备(如熨斗、熨板、电器插座、变压器等)，借出、归还均要有详细的记录。

(10) 记录酒水使用情况。

(11) 负责报纸的派发和控制，并做好领发记录。

(12) 根据楼层服务员的报告，对墙纸、地毯、沙发的维修保养情况做好详细记录，并及时通知保养班员工。

(13) 负责安排客人要求的看护婴儿服务或其他特别服务项目。

(14) 做好开门情况的记录，做好各种交接及一切工作记录。

(15) 保管、维护本部门的电脑等有关设备，保持工作环境卫生清洁。

(16) 及时通知楼层领班即将抵店或离店的贵宾、旅行团的房号。

(17) 完成主管和部门经理临时安排的其他工作。

(五) 楼层领班

(1) 督导客房服务员及楼层杂工的工作。

(2) 负责所管辖楼层员工的工作安排和调配。

(3) 巡视所管辖的楼层,检查客房清洁卫生及对客服务的质量。

(4) 检查客房的维修保养事宜,安排所管辖楼层的客房大清洁计划。

(5) 检查所管辖楼层各类物品的储存及消耗量。

(6) 留意住客动态,处理客人投诉。

(7) 掌握及报告所管辖楼层的客房状况。

(8) 负责对所属员工的考勤与考绩。

(9) 填写领班工作日志。

(六) 客房服务员

(1) 清扫与整理客房,并补充客房供应品。

(2) 为住客提供各项服务。

(3) 报告客房状况。

(4) 检查及报告客房设备、物品损坏及遗失情况。

(5) 报告客人遗留物品情况。

(6) 清点布件。

(7) 负责开启房门,让有关部门的员工进房工作。

(8) 填写客房清洁工作报表。

(七) 公共区域主管

(1) 主管全饭店公共区域的清洁卫生工作。

(2) 督导下属领班及清洁工的工作。

(3) 巡视公共区域,检查清洁卫生质量。

(4) 指导和检查地毯保养、虫害控制、庭院绿化、花卉布置、外窗清洁等专业工作。

(5) 安排公共区域大清扫计划。

(6) 控制清洁剂、清洁用品的消耗量。

(7) 完成公共区域的工作日志。

(八) 公共区域领班

(1) 督导属下员工的工作。

(2) 安排属下员工的工作及调配,全面完成各项清洁卫生工作及服务工作。

(3) 检查公共区域的清洁卫生及服务情况。

(4) 检查及报告公共区域内设施、设备、用品的损坏情况。

(5) 检查衣帽间及洗手间的清洁和服务状况。

(6) 控制清洁剂及清洁用品的消耗。

(7) 填写领班工作日志。

(8) 清点布件。

(9) 负责开启房门,让有关部门的员工进房工作。

(10) 填写客房清洁工作报表。

(九) 布件房主管

(1) 主管全饭店的布件及员工制服。

(2) 督导属下的领班及员工的工作。

(3) 控制布件及制服的运转、储藏及损耗。

(4) 定期报告布件及制服的损耗量,制定预算,提出补充或更新计划。

(5) 与餐饮部、洗衣房及客房楼层保持密切联系与协作。

(6) 填写布件房工作日志。

(十) 布件房领班

(1) 负责属下员工的工作安排和调配。

(2) 负责属下员工的考勤与考绩。

(3) 协助主管控制布件及员工制服。

(4) 监督所有布件、制服的收发、分类和储存。

(5) 填写领班工作日志。

(十一) 布件、制服服务员

(1) 负责所有布件、制服的接收、送洗、发放、清点及记录工作。

(2) 负责搬运及储藏布件和制服。

(3) 对洗烫完毕的布件和制服进行检查,发现问题及时报告。

(十二) 缝补工

(1) 负责修补布件、制服、窗帘、软垫套等。

(2) 负责客衣的小修小补。

(3) 将报废的布件、制服改制成其他有用的物品。

第三节 客房部的管理制度

客房管理的规章制度是客房全体员工的行动规范和准则,是落实管理计划、检查工作的依据,它们对客房商品经营效果和服务质量起着十分重要的作用。现代饭店客房管理关系复杂、涉外性强、分工细,要组织好客房商品营销活动,提高客房出租率,取得好的经济效果,必须建立健全各项规章制度。

饭店客房管理的规章制度主要有以下三种:

一、部门经济责任制

客房部门经济责任制主要有三点内容:

（一）部门经济责任

部门经济责任即客房管理应该承担的经济指标。由于当前我国饭店的收入主要来源于客房，而客房成本支出又相对比饮食部门少，所以饭店利润的绝大部分也来源于客房，因此指标数额要相对高于饮食部门。这种指标应大部分上交饭店，作为饭店上交利润税金的主要来源，及财务、工程、安全、人事等部门的部分费用，少部分留给客房，作为成本费用和员工奖励基金。这一精神对于饮食、综合服务部门都是相同的，因为企业的改造基金、发展基金必须归饭店统一使用。至于具体比例和数额，应视各饭店的具体情况而定。部门经济指标确定以后，客房管理人员必须据此制订部门管理计划和实施方案。这就要分析客源市场，确定出租率，制定能源、物资消耗定额，运用科学的管理手段和各项规章制度来保证部门管理计划的完成。

（二）部门管理权限

给客房确定经济指标，还必须同时授予客房管理人员相应的管理权限。这种管理权限虽然是相对的，但必须是实实在在的。一般权限涉及四个方面：一是经营决定权。即客房管理人员为完成部门计划指标，必须有编制计划，客房出租管理权，服务项目、服务方式决定权等。二是设备物资管理权。包括设备物资的选择、配备、装饰布置、消耗定额等。三是人事支配权。客房管理和服务是靠人去完成的，为了实现客房管理计划，客房部应该有权在内部配备人力，培训和考核员工，有权拒绝接受不合格的员工和建议对本部门的员工进行必要的奖励或惩罚。四是资金支配权。确立部门经济责任制后，饭店给客房确定一定的周转资金，规定合理的周转速度，归财务部客房会计掌管。客房部有权根据业务经营活动需要，实行专款专用，不得随便挪用。客房管理完成上交任务后的利润留成应归客房部门作为奖励基金。

（三）员工分配方式

部门经济责任制应将权、责、利结合起来。在饭店总经理领导下，根据具体情况，采用合理的分配方式，将员工工作表现、贡献大小和个人经济利益结合起来，切实贯彻各尽所能、按劳分配、多劳多得的原则。各饭店客房应根据饭店总的分配体系，因地制宜、实事求是地决定分配方式。除工资分配外，关键是奖励基金的分配方式，如采取小集体核算、自负盈亏和消耗定额节约奖等形式。目前，部分饭店客房采用的论分记奖方式，由于管理不善，多数还是平均分配，流于形式。比较好的办法是将奖励基金和工资结合起来，实行浮动工资制。这种办法将部门留成利润、员工的部分工资和劳动表现三者结合起来，既能找出差别，调动员工积极性，又不会出现新员工个人收入普遍高于老员工的现象。实行浮动工资制的部门，为了节约成本开支，还应该提出少量金额作为单项奖。但单项奖的项目不宜太多。应以一年为限，以原始记录和物资消耗定额为标准，在全面完成指标而有节约，并保证服务质量的条件下，以节约数额确定分配比例。否则，单项奖太多，冲淡了浮动工资制，不便于管理。

总之，客房部门经济责任制要和管理实效以及部门经济效果结合起来，管理人员本身要首先承担经济责任。就全饭店来说，客房部收入多、利润高的部门，客房部个人表现好、贡献大的员工的经济收入应该多于其他部门和员工的收入。

二、岗位责任制

岗位责任制是保证部门经济责任制得到贯彻执行的一种主要的规章制度。岗位责任制将部门经济责任制所要求的权、责、利统一起来，通过定岗位、定工作、定人员、定责任和经济利益，把饭店客房管理中的政治、经济、业务技术等方面大量的、常见的具体事务落实到人，做到"事事有人管，人人有专责，办事有标准，工作有检查"。这样，分工细致，责任明确，就可以充分调动每个干部和员工的积极性、主动性，使客房业务工作衔接紧密，从而把客房管理各部门、各班组、各环节的活动有效地控制起来。所以，岗位责任制是部门经济责任制的保证，是其他规章制度的核心。岗位责任制是一种综合性的责任制度，饭店客房管理中由于各人的岗位不同、任务不同、职责权限不同，所以内容和要求也不一样，但是，一般说来，制定岗位责任制时，应该注意以下几个方面：

（一）权、责、利相结合

在岗位责任制中，不仅要有岗位人员的职责，而且应规定相应的权力和经济利益，这是保证贯彻岗位责任制的重要条件和解决经济动力的措施。过去的岗位责任制一般只有职责和权力，而无利益。将经济利益融入岗位责任制具有法律性质和文字依据，增加了管理干部必须贯彻执行的压力，也有利于取信于民。

（二）要照顾到各工作环节的协调关系

岗位责任制要以本岗位为核心，通过岗位责任制把客房商品营销运动中各部门、各班组、各环节的工作有机地结合起来，形成一个整体，通过各个岗位人员的工作，共同完成客房管理任务。这里要特别注意信息传递，规定信息传递的时间界限、方式和接口处有关人员的责任，否则，客房商品出租信息瞬息万变，时间一过，信息迅速老化或过时，直接造成经济损失。

（三）岗位责任和检查制度相结合

岗位责任制中要明确规定各岗位人员的工作责任，同时要规定完成任务的时限和检查措施，这样才有利于工作检查，保证岗位责任制的贯彻执行、提高管理人员和服务员的素质。岗位责任制的贯彻执行，必须坚持严格的考核和监督制度。没有严格的考核就没有科学合理的依据去监督执行，没有严格的监督，岗位责任制必然流于形式。结合当前我国饭店客房管理情况，考核监督制度需要解决两个问题：一是要建立原始记录制度。如客房服务员要建立原始记录报表，将每天的工作情况记录在案，由管理员或班组长检查实行情况，评定情况，本人签字认可；物资消耗也要建立领用、报废制度等。二是设立饭店客房管理统计员，将原始记录收集整理，做好统计分析，定期公布结果，作为贯彻部门经济责任制的客观依据。这样，岗位责任制度就落到了实处。同时，执行岗位责任制，要以奖为主，奖罚结合，对模范执行责任制、工作有突出成绩的人应该给予必要的精神鼓励和物质奖励，对于玩忽职守，屡教不改，造成重大政治影响和经济损失的人，应该追究责任。

三、客房管理的其他规章制度

客房管理的其他规章制度主要指接待服务过程中的业务技术规程。它们是岗位责任制的补充，同样是贯彻部门经济责任制所不可缺少的。这些制度主要有：

（一）礼节礼貌制度

礼节礼貌反映一个国家的精神文明和道德风尚，也是饭店服务质量的重要体现。所以，礼节礼貌制度要规定接待客人时应注意的动作、语言、仪表仪态和程序、要求等。

（二）客房卫生操作规程

客房卫生是客房商品质量的直接反映，是服务质量高低的一个侧面。当前，外国旅游者对我国饭店管理的批评大多是针对清洁卫生和服务态度提出的。饭店的清洁卫生绝不能和居家过日子相提并论，它是客房商品享受因素的必要条件。因此，客房卫生操作规程应规定打扫卫生的时间、方法和程序，中式铺床、西式铺床的方法和要求，环境卫生、公共卫生、内庭绿化等应该达到的质量标准。

（三）家具、生活用品、能源等设备物资的使用保养和消耗制度

饭店客房的家具和生活用品很多，这些东西散放在饭店各处，给管理工作带来了困难。为了降低消耗、节约成本开支，就必须规定消耗定额，制定保养、领用、报废制度，严格按标准发放。制定节约分成制度；从制度和经济动力两方面培养员工的节约思想和责任感，才能保证部门经济责任制的贯彻执行。

（四）员工培训制度

为了不断提高客房员工的业务水平，员工培训制度规定对客房管理的业务知识和外语知识的培训时间、要求、方法和执行考核措施等。现在部分饭店已实行奖励旅游和奖励学习制度，即规定对表现好的先进员工和有发展前途的优秀管理人员和服务员，每年免费到外地饭店参观学习和旅游，或到旅游学院或大学旅游系进修，这样既培养了人材，又起到了奖励作用，实在是一种好方法。

（五）交接班制

客房服务一天 24 小时不断，为了保证服务工作的连续性，饭店客房一般有正常班、早班、中班、夜班、跟班、倒班等多种上班形式。交接班制规定交接班的内容、注

意事项，特别要规定客房出租信息交接，使上下班之间互相衔接，出了问题责任清楚。交接班制一般由管理员或班组自定。

（六）考勤制

由于班次较多，人员流动频繁，而饭店客房工作又要求衔接紧凑，因此考勤工作显得极为重要，客房部应严格制定具体的考勤方法和奖惩制度。

第四节　客房部人员配备和安排

客房部的人员配备和安排不仅关系到日常工作能否顺利进行，而且其配备人数的多少及能否有效地使用，还直接影响到整个饭店的劳动力成本，关系到整个饭店的经济效益。

一、客房服务模式的确立

客房服务通常有两种模式，即客房服务中心制和楼层服务班组制。前者注重用工效率和统一调控，因而对降低客房部门的劳动力成本支出有着重要意义；而后者则有利于做好楼层的安全保卫工作。两者在人员的配置数量上有较大差别，因此，饭店必须根据本身的管理水平及安全设施的情况，确定客房部门的机构组成类型，确立客房部门的对客服务模式，在此基础上确定岗位的数量。

二、预测客房工作量

在确定了客房服务模式之后，就要对客房部所需承担的工作量做一预测。为便于分析，一般把工作量分成固定工作量和变动工作量两个部分。所谓固定工作量，是指那些只要饭店开门营业就必须完成的日常例行事务，它主要用以维护饭店既定的规格水准，如所有公共区域的日常清洁整理、计划卫生和定期客房保养工作。固定工作量往往反映了一个饭店或部门工作的基本水准。变动工作量则随饭店业务量等因素的改变而变化，如客房的数量、贵宾服务、特殊情况的处理等。虽然住客率的高低、客人成分的差异、季节的更替甚至天气的变化都可能对这部分工作量产生影响，但一般都以平均开房率为轴心测算工作量。如某饭店开房率最低可达40%，最高可达100%，全年平均开房率为70%，则一般以70%作为计算工作量的基础。

三、确定员工劳动定额

确定劳动定额时，必须考虑下列因素：

(一) 人员素质

除了人员的年龄、性别等差异外,其性格、文化程度、专业训练水平等方面的差别都将影响劳动定额的确定。因此,应当首先了解员工的素质水准,作为制定劳动定额的依据。

(二) 工作环境

鉴于饭店建筑和装潢风格的不同、客房类型的不同和客人生活习惯及员工工作环境的千差万别,定额的制定也应具体情况具体分析,切忌生搬硬套。

(三) 规格要求

客房布置规格的高低对定额的影响是显而易见的,因此,首先要根据饭店的档次合理制定客房的布置规格,然后使定额的制定适合布置规格的要求。

(四) 劳动工具配备

必要的劳动工具是提高工作质量和效率的保证。客房部门应根据工作内容及操作程序的要求,配备合适的劳动工具,并测算在一定工具配备的条件下各项操作工作的时间标准,以此作为制定定额的依据。

(五) 程序设计

工作程序设计是否合理,将直接影响工作效率,从而成为制定劳动定额必须考虑的因素之一。

四、确定员工配备的数量

客房部门的员工配备通常以岗位设置和班次划分作为测试依据。首先,要确定客房部门管辖区域内所有的岗位或工种设置,如客房清扫员、值台服务员等。其次,要明确各工作岗位的班次划分。最后,根据工作定额和工作量的预测,确定每个班次的员工数及整个客房部的员工数。在具体的应用中,可依据工种及岗位性质,分别采用效率定员、比例定员、岗位定员、设备定员等不同的定员方法,并利用下面的公式最终确定员工及管理人员的配备数量:

$$客房部所需员工数=\frac{全年所需工作量/工作定额}{有效开工率}$$

式中,

$$有效开工率=\frac{员工一年中实际工作天数}{365}\times 100\%$$

$$=\frac{365-双休-国定假日-年假-病假}{365}\times 100\%$$

例:某酒店有 800 间客房(均折成标准间),分布在 5 到 24 层,其中 5 到 13 层为内宾房,设早、晚值台班,服务员各 1 名/层。客房清扫员的定额为:日班 12 间,中班

48 间。领班的工作定额为：日班 60 间，中班 120 间。假定酒店年平均开房率为 80％，员工每天工作 8 小时，每周工作 5 天，享受国定假日共 10 天（元旦 1 天，春节 3 天，清明节 1 天，劳动节 1 天，国庆节 3 天，中秋节 1 天），年假 7 天，一年中人均可能病事假 7 天。设部门经理、经理助理和主管三级管理人员。试计算上述客房部人员总数。

解：

员工一年中实际工作天数＝365－(365÷7)×2－10－7－7＝237(天)

则

$$有效开工率=\frac{237}{365}\times100\%=65\%$$

(1) 服务人员数(效率定员)：

$$日班清扫人员人数=\frac{工作量}{工作定额}\div有效开工率$$

$$=\frac{800\times80\%}{12}\div0.65=82(人)$$

$$中班清扫人员人数=82\div4=21(人)$$

$$台班服务员人数=\frac{2(班次)\times9(层)\times365(天)}{237(天)}=28(人)$$

(2) 领班人数(效率定员)：

$$日班人数=82\div5=15(人)$$

$$中班人数=82\div10=8(人)$$

(3) 主管人数(比例定员)：

按领班与主管 6∶1 的比例确定，主管人数为 4 人。

(4) 经理、助理人数(岗位定员)：

各设 1 名，共 2 人。

则上述客房部人数总计为 161 人。

五、劳动力安排及劳动力成本控制

(一) 妥善安排劳动力

客房部员工数的计算公式如下：

$$客房部门所需员工数=\frac{工作量预测}{工作定额}\div出勤率$$

如：某饭店有 500 间客房，预测出租率为 80％，白班清扫服务员工作定额为 10

间，晚班清扫服务员工作定额为40间，每周实行5天工作制（暂不考虑其他节假），则客房部所需清扫服务员的人数可作如下计算：

$$白班清扫服务员=\frac{500(间)\times 80\%}{10间}\div\frac{5}{7}=56(人)$$

$$晚班清扫服务员=\frac{500(间)\times 80\%}{40(间)}\div\frac{5}{7}=14(人)$$

$$客房部所需清扫服务员=白班清扫服务员+晚班清扫服务员$$
$$=56(人)+14(人)=70(人)$$

虽然事先经过仔细的斟酌和计算，但由于种种原因，劳动力定额和实际需求之间通常不是自然吻合的，这就要求在实际工作安排中做好调节，使其具有“弹性”。

(1) 根据劳动力市场的情况决定用工的性质和比例。如果劳动力较为饱和，则制定编制时应偏紧，以免开房率较低时造成窝工而影响工作氛围；而在旺季开房率较高时，则可征招临时工缓解矛盾。反之，则要将编制做得充分些，以免在开房率较高时造成工作质量下降。

通常，为了控制正常编制，减少工资和福利开支，许多饭店愿意使用临时工来做一些程序比较简单、技能要求不太高的工作。这对于增强人员编制的弹性、降低培训费用等较为有利。但这种编制弹性应限制在可控范围内，同时不能因此而放松对合同工的技能和观念的训练，以便掌握劳动力安排的主动权。

(2) 了解客源市场动向，力求准确预测客情。客源情况是不断变化的，因而由客房部承担的那部分可变工作量也在不断地变动着，而掌握了客情的大致动向后就可以做好应对准备，以免到时措手不及。

客房部除了要作出年度及季度的人力预测外，更应做好近期的劳动力安排。这样，掌握客情预测资料就成为一项十分重要的工作。客情预测资料主要包括每周预测表、团队和会议预订报告、每日开房率及客房收入报表、住客报表和预计离店客人报表。

(3) 制订弹性工作计划，控制员工出勤率。客房管理者必须通过制订工作计划来调节日常工作的节奏。

如：计划卫生的周期性工作和培训的穿插进行等，做到客人少时仍有事可做，工作忙时又有条不紊。控制员工出勤率的方法有许多，除了利用奖金差额来控制外，还可通过合理安排班次、休假等来减少缺勤数或避免窝工。对于一些特定的工种，可灵活安排工作时间，采用差额计件制等各项行之有效的方法。

(二) 劳动力成本控制

关于客房部劳动力成本的控制除按上述定员方法进行科学合理的定员以外，还应注意以下几点：

(1) 必须遵循以岗定人的原则。另外,在饭店的日常运转中,还应根据饭店的星级档次和客源构成等情况,考虑对某些岗位是否能合并或取消。

(2) 做好年出租率的预测工作。必须对饭店的年出租率情况有一个比较精确的预测,因为这是测定客房实际工作量的重要依据。

(3) 做好有关的计划和研究工作。必须科学合理地制定工作程序,进行动态研究,以期达到提高工作效率、节约劳动力成本的目的。

(4) 必须符合饭店所规定的员工数应在饭店人均营业收入或工资成本预算线以内的原则。

(5) 合理安排合同工与临时工的比例。根据饭店营业的淡、旺季,合理安排合同工与临时工的比例,做到"忙时有人干,闲时无人余"。

(6) 充分利用旅游职校的实习生。尽管这会给饭店人事工作带来一些麻烦,但只要饭店和企业合作得好,仍不失为一种节约劳动力成本的好方法。

第五节　客房部的工作计划安排

客房部的管理主要是通过各种制度和计划,将客房服务工作科学地组织起来,完成预定的目标。因此,客房部在日常工作中,要根据具体情况制订出各种计划。常见的计划有:《资金投入计划》、《客房产品质量计划》、《客房清洁保养工作日常计划》、《客房清洁保养工作长期计划》、《客房设备维修计划》、《客房更新改造计划》、《员工培训计划》、《环境保护与安全生产计划》等。

任何管理计划都不是十全十美的。在客房管理过程中可能会出现事先没有估计到的情况,特别是计划指标分解后,客源市场突然发生变化。例如,每年 2、3 月份按常规出租率很低,但这时如果在本地举行大型国际会议,或其他专业会议,如国际性体育运动会等,出租率就可能提高,月计划就要作相应的修订或调整。所以,客房管理必须随时掌握市场动向,根据实际情况修订计划,做好调配和组织工作,这是执行客房部门计划时经常遇到的事情,管理人员应给予足够的重视。

案例 2-1

丽景大酒店圆满完成"抢房"任务

内容提示:

客房部经常会因前厅部入住登记客人数量的变化,而出现临时性的"抢房"任务。某晚 8 点多钟,羽毛球大赛组委会在客房部中班服务员交班后,临时要求增加 5 间客房,并说没有 OK 房,故障房也可以。对于一家星级酒店来讲,故障房是不能出售给客人的。

本案涉及：

(1) 客房部与前厅部的关系。

(2) 员工的团队精神。

案例正文：

1994 年 11 月中旬，555 中国羽毛球公开赛在大连举行，来自 12 个国家的运动员、领队和组委会成员 100 余人下榻在四星级的丽景大酒店。

15 日晚 8 点多，客房中班领班小贾和其他几名服务员做完了常规工作，然后又为参加羽毛球赛事的客人做好了夜床准备，小姐妹们开始更衣梳洗准备下班。

正在此时，客房部值班经理急匆匆来到服务室，告知大家："总台紧急通知，因临时增加 10 名陪同人员，羽毛球大赛组委会要求加房，没有 OK 房，故障房也可以。客人马上就要到达。"

大家听后不由得一愣，虽然正好有 5 间故障房已经维修完毕，但尚未清理过，其中有几间原是常客用房，家具还没来得及更换，备品也还没有安置，况且离客人抵店已没多长时间了，任务十分艰巨。小贾一班人别无选择，只有下定决心立即行动。

中班几名服务员与夜班办完交接手续，有的已经下班走了。为了满足顾客的紧急需求，小贾立即把他们全部召回，经简明交代任务后，大家便兵分三路，投入到紧张的故障房恢复工作中去。晚 10 点 40 分，在中、夜班服务员的通力合作下，5 间故障房变成了 OK 房。20 分钟后，客人住进房间，他们全然不知前两个小时前，这儿还是另外一副模样。

评析

酒店服务员的劳动强度是很大的，做完一个班 8 小时后，员工普遍感到腰酸背疼，筋疲力尽。下班时间一到便巴不得早早回家倒在床上休息。丽景大酒店的小贾及客房部的几位服务员，为了使客人住得干净、舒服，付出的辛劳是可想而知的。值得深思的是，这种工作劲头从何而来？

(1) 丽景大酒店各部门之间有着良好的协调关系。客房部的任务之一是配合总台销售，提高客房的利用率。客房部相对前厅部而言，前厅部是一线部门，客房部是二线部门。因为前厅部是接待客人的第一站，客人往往也把前厅部视为饭店管理机构的代表。前厅部发出的信息反映了宾客的需求，其他部门的员工负有为前厅部服务的责任，均应尽量满足前厅部的要求，积极配合前厅部做好各项工作。丽景大酒店客房部员工毫无怨言地加班加点"抢房"，既表现了丽景大酒店的管理水平和员工的团队精神，又充分显示了酒店内部各部门之间良好的协调关系。

(2) 丽景大酒店的领导以身作则，身先士卒，这是店内员工甘心不辞辛劳为客人服务的主要动力之一。大酒店的张总经理于 1989 年 5 月底上任，正碰上旅游业最不景气的年头。当时,偌大一个酒店才7个客人。张总亲自率领员工举着牌子到车站、码头招徕客人,到毗邻的虎滩乐园零售盒饭、冷饮。正是这种艰苦奋斗的创业精神激励着每个员工,并证明在市场经济下,领导的示范作用仍是十分有效的。

(3) 员工的团队精神还来自培训。现在国内有些饭店对新入店员工进行军训,请解放军指战员来店讲课。这种训练看上去只是教几个动作,有些参加军训的员工也是这样的想法,其实际意义却远非如此。酒店如同军队,员工必须像军人一样有服从命令听指挥的强烈意识。本例中总台的紧急通知就是一道命令,员工除了无条件接受并执行外,没有别的选择。客房部小贾等人能够不辞劳苦,积极投身于紧急任务之中,正是丽景大酒店员工纪律性的体现。

本章小结

客房部管理是有规可循的。科学的、先进的客房部日常管理能使日常工作顺利进行,达到企业的预期效果,将造就饭店的兴旺发达。管理人员必须明确客房部日常管理所应具备的基本条件:管理系统、组织机构、岗位职能、人员配备等,才能实现客房部的平稳与高效运作。

本章重点研究分析了客房部管理系统是由客源市场预测、计划、决策、执行、客房商品生产和反馈等几个环节所构成的。阐述了客房部组织机构的形态,因饭店的类型、规模档次、客源市场、建筑设计、服务模式、员工素质等诸多因素的不同而各异,但组织机构的设置必须符合现代化管理的要求,即小型化、扁平化。确认了客房部各岗位的基本管理职能,重点解释了客房部经理在客房部工作中的组织作用。客房部各项规章制度的制定与执行实施是客房部各项计划完成的保证,要提高客房出租率,取得好的经济效益,必须建立健全各项规章制度。员工配备涉及员工录用、挑选,以及员工工作安排。员工配备并非只是简单地将一种常规做法付诸实现就行,而是要求客房部经理工作有灵活性、创造性,建立自己的员工配备模式。这种模式能在有限的预算范围内实现本部门的目标。

复习思考题

1. 如何理解客房管理系统是一个相互作用和相互依存的统一体?
2. 解释客房部管理系统中三元组的变化关系。
3. 客房部的组织机构如何设计才能适应饭店现代化管理的需要?
4. 制定人员配备原则的目的是什么?
5. 影响员工劳动定额的因素是什么?

第三章

客房设备和用品管理

学 习 目 标

- 了解客房设备与用品的分类
- 掌握客房固定性用品的管理
- 掌握客房周转性用品的管理
- 掌握客房消耗性用品的管理

客房设备和用品管理是客房部管理的重要内容，对客房商品营销活动及其经济效益等有着重要作用。管理好客房设备和用品，能够有效地促进客房商品生产和销售、保证经营活动的顺利进行，能够满足客人的需要，保证客房服务的质量，体现饭店的等级水平。

第一节 客房设备与用品的分类和选购

一、客房设备与用品的分类

据统计，一座现代化饭店客房管理系统的基本设备和用品有两三百种之多，为了便于管理，根据饭店的统一规定，目前的饭店设备及用品分为两大类：一是高值耐用品，即价值在500元以上、使用年限在一年以上的用品设备；二是低值易耗品和物料用品。这一类物品在使用年限上又有规定：价值为5元以上、500元以下的物品，使用年限应在一年以上，价值为5元以下的物品使用年限应在一年以内。

根据客房设备和用品使用性质分类，可分为固定性客房设备和用品、周转性客房设备和用品及消耗性客房设备和用品三大类。

(一) 固定性用品

凡单位价值较高、品种少、使用年限一年以上的机器设备、电器影视设备、娱乐设备、家具等均视为固定性客房设备和用品。此类用品品种占总数的10%～20%左右,资金额占总量的绝大部分。

(二) 周转性用品

周转性用品指因经营需要而必须保持一定库存周转数量的消耗用品,如银器、不锈钢器具、瓷器、玻璃器皿、布件、宾客租借物品等。此类品种占总数的20%～30%,资金额占总数的30%左右。

(三) 消耗性用品

消耗性用品指价值较低,使用周期短或一次性使用的物品,如清洁剂、一次性消耗用品等。此类品种占总数的60%左右,资金额占总数的一小部分。

二、客房设备与用品的选购原则

客房设备选购的基本原则是:技术上先进,经济上合理,符合饭店的档次,适应客人的需要,有利于提高工作效率和服务质量。

(一) 档次性与实用性相结合

现代客房设备的购置和更新要根据经济合理的原则,选择与饭店的档次相适应,并在同类级别饭店中较为先进和良好的设备。设备等级低,影响饭店档次;设备等级高,影响经济效益,均不可取。以空调器为例,窗式空调器既耗电,噪声又大,就不宜作为客房设备。在不具备安装中央空调的条件下,选择壁挂式空调器为好。有的饭店为了争取上星级,但资金又有困难,于是购买高星级饭店已废弃的窗式空调做摆设,这是不足取的。

选择设备还要考虑实用性。凡是直接或间接作为客人享用的设备,要以满足客人的生活需要为主,同时提供相应的享受功能。而生产性、服务性设备要以提高工作效率和服务质量为主,便利员工操作,并考虑宾客使用方便和耐用。

(二) 针对性与协调性相结合

根据客房的不同等级和服务项目,选择不同的设备。例如,总统套房、标准间、经济间的设备就应分档次配备,这就是针对性。

设备的大小、造型、外观色彩、质地等必须与客房相协调,整个房间应有一个统一的主色调。如果整个房间的陈设布置对比反差太大,会给人一种东拼西凑之感。另外,某一用途的设备要自身配套。如果房间地面铺设地毯,与之相配套的应有浴帘、地巾、吸尘器等,否则地毯的保养就成了问题。

(三) 节能性与安全性相结合

设备的选择要考虑节能效果。电热水瓶、电热淋浴器等虽然使用方便而且美观，但耗电量太大，对大多数饭店来说是应该放弃的。方便性也是节能性的表现，如清洁设备要选择使用简便、易于维修保养、工作效率高的，而不提倡多用途设备。

安全是住店客人的基本要求。设备的选择和购置要考虑是否具有安全可靠的特性及装有应急设施。例如，家具饰物的防火阻燃性、冷热水龙头的标志、电器设备的自我保护装置，甚至包括防滑、防静电、防碰撞、防噪声污染的要求，等等。此外，商家有无售后服务也是设备安全的重要保证。

第二节　客房设备的管理

一、客房设备的分类

根据用途，客房设备分为电器、卫生洁具、家具、安全装置、地毯等。

（一）电器

客房内配备的电器设备主要有电视机、空调、电冰箱、灯具、音响等。空调有中央空调和分体空调之分。饭店大多使用中央空调。房内配有控制器，以调节室内温度。一些高档客房还配有自动熨斗和衣架，以方便客人熨烫衣物。

（二）卫生洁具

客房卫生洁具主要有浴缸、淋浴器、坐便器、洗脸盆。高档客房内还装有净身器等。

（三）家具

客房内主要应配有床、床头柜、写字台、靠背椅、沙发、躺椅、电视机柜、行李柜、衣橱等家具。

（四）安全装置

为了保证客人的安全，客房内必须配备安全装置。如消防报警装置，有烟感器、温感器及自动喷淋，其他安全装置有窥镜和防盗链等。高档次客房在房内还配有小型保险箱。

（五）地毯

地毯具有保暖、隔音、装饰、舒适等作用。饭店通常把地毯作为客房地面的装饰材料。

二、客房设备的使用

客房设备的使用，主要涉及员工与客人两方面。客房部要加强对员工的技术培训，提高他们的操作技术水平，使他们懂得客房部设备的用途、性能、使用方法及保养方法。

客房的设备是以租借形式供客人使用的。为了使用设备件件完好，客房服务人员在引领客人进房时，须按照服务规程介绍客房设备的性能和使用方法。客房服务员要按规程对客房设备进行日常的检查与维护保养，发生故障要及时和有关部门联系进行修理。如遇宾客损坏设备，要分清原因，适当索赔。同时，要培养客房服务人员爱护设备的自觉性和责任心，鼓励员工不仅要高质量、高水平地搞好服务接待工作，而且要高质量、高水平地把客房设备保养好、管理好。

三、客房常用家具的保养

(一) 床的保养

1. 床架

经常注意检查床架各部件是否安全，再摇动一下，有无响声，若有，必须及时报修；床架各部分的活动走轮和定向轮由于使用频繁，一旦出现脱落和破损，应及时报修和更换；床架同其他木质家具一样，需要注意防潮、防蛀、防水、防热，应注意经常保持清洁光亮；靠卫生间的床应注意与墙保持 4 cm 以上的距离，既可防潮，又便于操作。

2. 床垫

床垫上加铺一层床褥，要注意松紧带是否脱落；定期翻转床垫；经常检查床垫弹簧的“固定钮”是否脱落，如果脱落，弹簧会移动，必须及时修理，否则床垫易损坏，客人睡眠会感到不舒服；若发现床垫四周有积灰，应及时用小扫帚清除；在客房使用率低时，用吸尘器清洁床垫。

(二) 沙发的保养

发现沙发面层有污点时，及时用清洁剂去除；经常翻转沙发坐垫，以保证坐垫受力均匀；经常对沙发吸尘，以保持其清洁；定期对沙发面料进行洗涤(干洗)。

(三) 木质家具的保养

1. 防潮

家具放置一般要距墙壁 5～10 cm，并要注意经常通风换气；不要把受潮的物品，如毛巾、衣服等搭放在木质家具上；擦拭家具的抹布不能用带水的抹布擦洗，而只能用软质的干布轻轻擦拭，才能保持家具的光洁度。

2. 防水

清扫房间时，见到水迹要及时擦干，若沾上难以擦拭的污垢，可用抹布蘸少许饭店多功能清洁剂或少许牙膏擦拭，然后用湿润的抹布去除；如果是胶合板制成的家具，沾上污垢可用多功能清洁剂擦拭，严重的污渍还可用掺有甘油酯的清洁剂擦除。

3. 防热

应避免烈日暴晒。

4. 防虫蛀

放些防虫香或喷洒防虫剂，以防止虫蛀。竹制家具用花椒水擦洗可以防止虫蛀。

5. 定期打蜡上光

使用时间长的家具会失去光泽，因此必须定期打蜡上光。保养的办法是将油性家具蜡倒些在家具表面或干布上擦拭一遍，约 15 分钟后再重复一次，第一遍在家具表面形成一层保护层，第二遍则可达到上光效果。

6. 轻搬轻放家具

如家具需移动，必须轻搬轻放，切忌在地上硬行拖曳。搬动时还要注意不要碰撞到其他物品和墙面。

（四）客房常用陶瓷、玻璃器皿的保养

1. 新购进玻璃器皿、瓷器的消毒

凡新购进的玻璃器皿和瓷器，都必须洗涤干净和消毒后使用。上面贴有商标纸的，必须洗涤干净。

2. 使用与洗涤

凡有破损和裂纹的玻璃器皿和瓷器一律不准发往客房，使用时轻拿轻放。瓷器和玻璃器皿应分别洗涤，防止瓷器碰坏玻璃器皿，同时，一次放入洗涤槽的器皿应适量，以免造成相互碰撞破裂。擦干水迹时，应用专用杯布擦拭干净。其具体做法是：将杯布打开放在左手上，将湿杯正面放在左手杯布上；右手拿着杯布的另一端，将其推进杯内；以右手的拇指配合左手的杯布，顺时针方向转动，直至杯子内外全部干净；把杯子对着灯光照射，检查杯子是否干净。摆放在工作车上时应疏密适中，尤其是玻璃器皿不要呈叠罗汉式摆放，以免重压碎裂、倒落和在杯内留下划痕。

3. 分类与保管

陶瓷、玻璃器具的存放保管要按类别、品种摆放，同时摆放的地方要干净和密闭，防止器皿的再污染。

（五）客房常用电器的使用与保养

1. 电视机

电视机在长期不使用时，夏季应每月通电一次，时间为两小时以上；冬季则三个月通电一次，时间在三小时以上，以驱逐湿气；用柔软的干布擦净机壳外表。若要使用清洁剂，应用中性清洗剂，切勿使用稀释或挥发性汽油、香蕉水等强烈溶剂，以免失去外表光泽；发现图像或声音不清，应立即打电话通知工程部维修人员。

2. 电冰箱

电冰箱长期不使用时，应拔下电源插头，切断电源，取出饮料食品，并清洁干净。

箱体内部应经常清理，以防异味产生，内部附件可用浸有温水或中性清洁剂的软布擦洗，但塑料件绝对不可接触开水、酸、苯、石油等有机溶剂，否则会使塑料体老化、变形。箱体外表可用柔软干布蘸上中性清洁剂擦拭，再用干布擦净。当蒸发器表面结有一定厚度(约 5 mm)的冰霜时，应及时除霜，否则影响制冷效果。

3. 空调

(1) 空气滤尘网的清洁滤尘网至少每两周清扫一次，否则滤尘网堵塞，既影响运转效果，又浪费电力。当指示灯亮时，需要立即清扫空气滤尘网；若室内尘埃多，应每周清扫一次。

(2) 机组、遥控器的保养。停止机组运转，并拔下电源插头，用柔软的布擦拭脏污的地方，用 40℃以下的温水沾湿，拧干后擦拭。切勿用开水、稀释剂、腐蚀性粉末或强烈溶剂来清洗滤尘网。切勿用水冲洗机组，否则将造成漏电和电击。

(3) 停止使用时的保养。用半天时间转动电扇，以排除机械内的湿气，避免发霉和产生气味。停止空调器运转和拔下电源插头，使用空调器专用电路时，要先断开安全开关；清扫空气过滤网，按原样装上。

四、客房设备的管理

客房的设备用品和工业企业不同，工业企业的设备是直接用来创造物质产品的，使用者仅仅限于企业员工，比较容易管理。客房的设备用品是消费性质的，就是说，这些设备用品大多是物质消费品，是供客人消费的。由于采用出租的形式，客人来自四面八方，因而使用者又具有广泛的社会性。使用过程中是客房员工负责加工整理、维修保养，使其不断恢复使用价值，客人则在消费过程中不断破坏和耗损使用价值，造成了客房设备用品管理的复杂性。客房部要对本部门的设备情况有明确的了解，正确掌握设备调进调出和使用的状况，为此有必要对设备进行管理。

(一) 客房设备的标准量数量配备

客房部根据自身规模和清洁要求，在保证客房部正常运转的前提下，配备各类客房设备。而对专业性强、使用较少的设备，可采取租用或购置的方式，在饭店总经理的帮助和指导下，客房部经理可确定储备的机器与设备的种类和数量，并保存一份完整的清单，列出客房部储存的一切机器与设备，以便对客房部设备的监督使用和控制管理。

(二) 客房设备的资产管理

1. 建立设备账卡

客房的设施设备购进后，首先要给客房部使用的每件主要机器和设备建立库存卡片，登记建档，把物品名称、型号与序号、制造商、供应商、购买日期、货价、预期使用寿命(一般以小时为单位)、保修信息及本地维修点信息等记载明确，并把该机器一起使用的所有附件、备件也一一登记，同时注明该设备、附件及备件的正确工作区域或储存区。

2. 建立设备维修档案

客房设备在使用过程中发生维修、损坏等情况，都应在档案卡片上做好登记，记录相关信息：设备送修日期、什么问题、维修者姓名、修理情况、更换的部件、修理费用及该物品已停止使用的时间等。这些记录有助于确定向维修代表交代设备存在的问题。客房部经理还可根据这些记录，估算维修费用及机器与设备因维修而造成的停工期。

3. 建立设备日志簿

客房设备在日常使用过程中，要建立设备日志簿，应确立设备发放程序，由专人负责管理设备的发放和归还手续。日志簿上应注明日期、发放的设备名称、发给谁、设备在饭店何处使用及归还的时间。领取设备者应在领取与归还时分别签名备案。

4. 建立定期检查设备制度

客房部使用的所有设备和实物库存品，应每季度进行一次清点。清点时，应查看库存品卡片，并核实所有物件的准确储放地点。清点所有的附件与设备，并将结果记在相应的库存品卡上。并对所有客房设备进行检验，了解客房设备的运行现状，有问题的要一一记录，以便改善和解决，确保客房设备处于良好的状态。

5. 专人管理，保证设备仓储的安全

客房设备的储放，要建立专人负责管理制。设备闲置时，应将其妥善存放并关门上锁。不允许将客房部的设备携出饭店。设备借给其他部门使用时，客房部经理应做详细记录，并对借出的设备进行跟踪，确保得以归还。

（三）客房设备的更新改造

客房部应与工程设备部门一起制订固定资产定额，设备的添置、折旧、大修和更新改造的计划以及低值易耗品的摊销计划，减少盲目性。

一切设备无论是由于有形磨损还是由于无形磨损，客房部都应按计划进行更新改造。在更新改造设备时，客房部要协助设备部门进行拆装，并尽快熟悉设备的性能和使用、保养方法。

为了保证饭店的规格档次和格调的一致，保持并扩大对客源市场的影响力，多数饭店都要对客房进行计划中的更新，并对一些设备用品实行强制性淘汰。这种更新计划往往有以下规律：

1. 常规修整

这项工作一般每年至少进行一次。其内容包括：

（1）地毯、饰物的清洗；

（2）墙面的清洗和粉饰；

（3）常规检查和保养；

(4) 室内修饰；

(5) 窗帘、床罩的洗涤；

(6) 油漆。

2. 部分更新

客房使用达5年时，应该实行更新计划。它包括：

(1) 更换地毯；

(2) 更换墙纸；

(3) 沙发布、靠垫等装饰品的更新；

(4) 窗帘、帷幔的更换；

(5) 床罩的更换。

3. 全面更新

这种更新往往10年左右进行一次。它要求对客房的陈设、布置和格调等进行全面彻底的改变。其项目包括：橱柜、桌子的更新；弹簧床垫和床架的更新；桌椅、床头板的更新；灯具、镜子和画框等装饰品的更新；地毯的更新；墙纸或油漆的更新；卫生间设备的更新，包括墙面和地面材料、灯具和水暖器件等。以上所列的计划应根据各饭店的具体情况予以提前或到期进行；若延期进行，则应警惕可能出现补漏洞式的跑马工程和饭店规格水准的下降或不稳定。

（四）客房设备配置的新趋势

客房作为饭店出售的最重要的有形商品之一，设备设施是构成其使用价值的重要组成部分。科学技术的发展及宾客要求的日益提高促使酒店客房的设备配置出现了一些新的变化趋势，这些变化趋势主要体现在人本化、家居化、智能化、安全性等几个方面。

1. 人本化趋势

作为现代化的酒店，在客房的设备配置上也应贯彻以人为本的原则。以人为本就是要从宾客的角度出发，使客人在使用客房时感到更加方便，更加舒适。比如，传统的床头控制板即将被淘汰，取而代之的是"一钮控制"的方式，也就是说，客人晚上睡觉时只需按一个按钮就可将室内所有需要关掉的电器、灯光关掉。又如，客房中的联体组合型家具不但使用起来不方便，而且使得饭店客房"千店一面"；而分体式单件家具使客房独具特色，而且住宿时间稍长的宾客还可按照自己的爱好、生活习惯布置"家居"，营造家的气氛。

2. 家居化趋势

家居化趋势主要体现在以下几个方面：

首先是客房空间加大，卫生间的面积更是如此。其次是通过客用物品的材料、色调等来增加家居感。比如多用棉织品、手工织品和天然纤维编织品；普遍放置电熨斗、熨衣板；卫生间的浴缸与淋浴分开，使用由电脑控制水温的带冲洗功能的恭桶。另外,度假区的酒店更是注重营造家庭环境,客房能适应家庭度假、几代人度假、单身度假的需要;儿童有自己的卧室,电视机与电脑相连接等。

3. 智能化趋势

可以说智能化趋势最为淋漓尽致地体现了人本化的理念。因为在智能化的客房中,宾客可以体验如下的美妙感受:将为客人提供网上冲浪等互联网服务,客人所需的一切服务只要在客房中的电视电脑中按键选择即可;客人更可以坐在屏幕前与商务伙伴或家人进行可视的面对面的会议或交谈;宾客可以将窗户按自己的意愿转变为美丽沙滩、辽阔大海、绿色草原的框景;还可在虚拟的客房娱乐中心参加打高尔夫球等任何自己喜爱的娱乐活动;房间内的光线、声音和温度都可根据客人的个人喜好自动调节。

4. 安全性日益提高

安全的重要性是不言而喻的,因此它需要更加完善的设施加以保障。比如,客房楼道中应用微型监控系统;客房门上设置无钥匙门锁系统,客房将以客人的指纹或视网膜鉴定客人的身份;客房中安装红外感应装置,服务员不用敲门,只需在工作间通过感应装置即可知客人是否在房间,但却不会显示客人在房间中的行为。另外,床头柜和卫生间中安装紧急呼叫按钮,以备在紧急情况下酒店服务人员与安保人员能及时赶到。这些设施大大增强了客房的安全性,同时又不会过多打扰客人,使客人拥有更多的自由空间而又不必担心安全问题。

第三节　客房周转性用品的管理

客房周转性用品又称日常客用品,主要是供客人使用的生活资料。在客房部的费用中,客房用品的耗费要占较大的比重,但伸缩性却很大。因为它涉及的品种多,使用的频率高,数量又大,再加上这些用品具有很强的实用性,是每个人都用得上的生活资料,故容易损失的环节也多。所以,加强对客房用品的控制,是客房物资用品管理最重要的一环。

一、客房周转性用品的分类

(一) 客房备品

这类物品是放在客房或在客房内使用的,一般不允许客人带走,但却常常被客人当作纪念品带走。客房备品包括:布件、衣架、卫生间防滑垫、棉织品、茶水具、酒具、烟灰缸、服务夹等。

(二) 宾客借用物品

这类物品一般不放在房内,而是存放在客房服务中心,供客人临时需要而借用的。有不少客人，特别是女客，常会向饭店借用各种用品，如吹风机（现有不少饭店已在房内配备）、熨斗、熨衣板、冰袋、急救袋、泡沫枕头、床板等。因此，客房部应准备这类物品，以满足客人的需求，同时需有一套制度，以保证这些借用物品的归还。

二、客房布件的管理

（一）布件的分类和选择

布件又称为布草或棉织品。在饭店的经营活动中，它不仅作为一种日常生活必需品提供给客人使用，而且用于装饰环境、烘托气氛等。

1. 布件的分类

按照用途来划分，饭店的常用布件可分为四大类。

（1）床上布件，包括床单、枕套等。

（2）卫生间布件，包括方巾、面巾、浴巾、地巾等。

（3）餐桌布件，包括台布、餐巾等。

（4）装饰布件，包括窗帘、椅套、裙边等。

2. 床上布件的选择

床上布件主要指床单和枕套，对其的选择主要在于质量与规格。一般情况下，饭店宜选用全白的床单与枕套（漂白或本白），这不仅是因为白色看起来清洁和舒适，还因为易于洗涤和保养。如果选用了有色高级布件，则应考虑到其使用成本的问题，包括洗涤剂的选用等。

（1）质量要素。床单和枕套的质量主要取决于以下因素：

① 纤维质量。如果所用的纺织纤维比较长，则纺制出来的纱就比较均匀，条干好，强力高。这反映在使用上即为耐洗、耐磨。

② 纱的捻度。纱纺得紧一些，则使用中不易起毛，强度也比较好。

③ 织物密度。密度高而经纬分布均匀的织物则比较耐用。用作床单的织物密度一般为 288×244 根/10 cm^2，高级的可超过 400×400 根/10 cm^2。

④ 断裂强度。一般情况下，织物的密度较高则其强度就高。

⑤ 制作工艺。卷边要平整、够宽，针脚要直而密，缝线的牢度要够，通常床单和枕套的针脚密度应分别达到每 5 cm 16 针和 28 针。其针脚牢度可用针挑试，特别是枕套要能耐反复装拆枕芯的拉扯。

此外，床单和枕套的舒适与美观是选购时所关注的一个重要方面。一般来说，50/50 与 65/30 的涤棉混纺床单不仅具有棉布的舒适性，而且易洗快干、抗皱挺括，其耐洗性能也大大提高。

（2）规格尺寸。床单和枕套的规格尺寸主要依据床及枕芯的大小来决定，同时也受到质地和用户的爱好等因素的影响。

① 床单。即使是同一种类的床单，其尺寸也可能有所不同，因此，为了简化对布件的管理，提高工作效率，不少饭店都尽可能地减少床单不同的规格种类，如将大号床单与双人床单合二为一。为便于识别不同规格的床单，要求厂商在床单边沿做不同颜色的记号等。

下面是四种不同规格的床单的常用尺寸：

单人床单：1.6 m×2.44 m 至 1.82 m×2.64 m；

双人床单：2.09 m×2.64 m；

大号床单：2.29～2.79 m×2.92 m；

特大号床单：2.74～2.79 m×2.92 m。

需要指出的是，如果可能的话，尽可能不要选用太大的床单，这样不仅节省资金，而且方便了铺床操作和洗涤保养。一般情况下，床单的长和宽只要多出床垫规格的 60～70 cm 即可。

② 枕套。通常，枕套的宽度要比枕芯多出 2～5 cm，长度要多出 20～23 cm，这可使枕芯易于装入并可将多余的枕边反折进枕套里，以使枕套显得比较饱满和挺括。下列枕芯、枕套的规格可能比一些饭店使用的要宽一些，但却比较舒适及符合欧美人的生活习惯：

标准号枕芯：51 cm×66 cm，枕套：53 cm×89 cm；

大号枕芯：51 cm×76 cm，枕套：53 cm×99 cm；

特大号枕芯：51 cm×92 cm，枕套：53 cm×112 cm。

当然，为了方便管理和减少规格品种，可不必按照床的大小来做不同规格的枕芯和枕套，而只需增加使用数量即可。

3. 卫生间布件的选择

传统的卫生间布件是面巾、浴巾、披巾三件套，但现在讲究一点的饭店还要加放小方巾，这样，加上地巾就组成了卫生间“五巾”。由于它们基本上属毛圈织物，故都可统称为毛巾。饭店业有一种说法，即房价跟着毛巾走。姑且不论其是否完全确切，但越高档的饭店所用的毛巾越舒适和讲究。

(1) 质量要素。卫生间毛巾的质量要求基本上可以用六个字来概括：舒适、美观、耐用，而要达到这一要求则主要取决于以下因素：

① 毛圈的数量和长度。通常，毛圈多而且长，则其柔软性好，吸水性佳；但毛圈太长又容易被钩坏，故一般毛圈的长度在 3 mm 左右。因为毛越长则分量越重，所以人们往往用分量来作为衡量毛巾优劣的一个要素。

② 织物密度。毛巾组织是由地经纱、纬纱和毛经纱组成的。地经纱和纬纱交织成地布，毛经纱则与纬纱交织成毛圈，故纬线愈密则毛圈抽丝的可能性也越小。

③ 原纱强度。地经纱要有足够的强度以经受拉扯变形，故较好的毛巾地经纱用的是股线，毛经纱是双根无捻纱，这就提高了其吸水性和耐用性能。

④ 毛巾边。毛巾边应牢固平整，每根纬纱都必须能包住边部的经纱；否则，边部很容易磨损和起毛。

⑤ 缝制工艺。与床单和枕套一样，也要查看其折边、缝线和针脚等。

(2) 规格尺寸(单位为 cm)。

① 方巾。这是一种正方形的小毛巾，又名汗巾，适宜作擦手、擦脸之用。它有如下规格可供选用：20×20，26×26，28×28，30.5×30.5 及 33×33 等。需要说明的是，方巾在使用过程中极易流失且淘汰较快，故选用时应考虑到营业成本。

② 面巾。这是一种以洗脸为主的长方形毛巾，又称为毛巾。其规格尺寸有：32×76，34×78，32×92 等。

③ 小浴巾。主要用来淋浴擦洗，与面巾外形相仿。尺寸有许多种可供选用：28×46，40×65，46×64，46×92，34×100 等。

④ 大浴巾。大浴巾主要用来浴后擦身、遮体，因而又被称为“披巾”。其吸水性能要求特别高，规格尺寸也有多种：51×102，56×112，61×122，68×137，76×152，96×132 等。

⑤ 地巾。地巾称为脚巾、脚垫。它是采用粗号纱织制的高密度、高厚度毯状织物，用于卫生间地面，起清洁、防滑、保温、装饰作用。地巾有毛巾与簇绒地巾之分，常见的有长方形和椭圆形的，单面绒毛的地巾往往还涂有乳色背胶。一般尺寸为：40×70，50×70，50×80 等。

(二) 客房布件的管理

1. 客房布件的配置标准

客房纺织品的配置数量必须以满足客房正常运转的需要为前提，同时考虑突发事件时的添加补充。

(1) 总量标准。饭店开业前所核定的纺织品采购量即为总量标准。确定总量标准要考虑以下因素：

① 饭店应有的纺织品储备量。应有的纺织品储备量是指饭店按 100%出租率营运时对纺织品的需要量而配备的纺织品数量。此为基础总量。

② 饭店洗衣房工作运转是否正常。确定纺织品的配置数量必须考虑洗衣房的运作情况，即重点看洗衣房设备的完好情况、能源环境情况是否会影响正常的洗涤，保证正常周转。

③ 纺织品是否送专营店洗涤。现在送专营店洗涤纺织品的饭店呈增多趋势。专营店的服务也在不断完善。但是由于运送路途等方面的原因，凡送专营店洗涤纺织品的饭店，储备总量也应有一定比例的增加。

④ 根据星级标准衡量，预计更新补充的周期。星级高、标准高的饭店，纺织品的更新周期较短，因此，储备总量也应适量增加。

⑤ 贮存条件和资金占有的益损分析。纺织品的贮存要求很高，饭店是否具备良好的贮存条件，也是确定总量的因素之一。另外，在确定总量时，还必须权衡资金占用的利与弊，一般应在对资金占用进行益损分析后再作决断。

上述五点只是在确定纺织品总量标准时应考虑的主要因素。最终确定总量还应广泛地进行调研，以避免少了不够用、多了有烦恼的情况。一般情况下，床单、枕套、毛巾等，通常所需更换洗涤的纺织品配置量为 3 套；毛毯、被褥、枕芯的配置量为 1.5 套；窗帘、床罩为 1.1 套。

(2) 分点配置标准。饭店正常运转后，纺织品的存放点有布件房、楼层工作间和客房，将总量标准合理分配至上述分点，以利管理，方便使用。

① 布件房的配置量。布件房是纺织品的存放中心，除存放在楼层工作间、客房以及洗衣房外，剩余的均存放于此。一般来说，每日需更换的纺织品应有 1.5 套以上方为合理。

② 楼层工作间的配置量。楼层工作间除存放一些备用纺织品，如毛毯、枕芯、被褥等外，主要存放日常更换的床单、枕套和毛巾等，存放的目的是为了保证日常清扫客房时使用，通常为 0.5～1 套(与出租率有关)。

③ 客房的配置量。客房纺织品的配置量与客房的出租率无关，属全套配置。

2. 客房布件用品库存的管理

为了有效地管理布件库存品，客房部经理需制定规范的实施细则，设计好有关的工作程序，确定有关的控制方法，以便控制好布件的数量和质量，以及如何通过洗涤周期，监督与控制布件用品的流动。

(1) 布件存放。布件存放的仓库应选择干燥、卫生、通风的场所，室内的存货架应光滑平整，不会发生钩拉织物纤维的情况。布件种类有序排列摆放。布件储存室要建立规范的钥匙控制程序。对未曾使用过的新布件用品，应采取专项的安全措施。客房部布件的储放地点，有客房部主储藏室、洗衣房附近的分发室、楼层布件用品仓库。洗净的织物用品，在使用前至少应在储物处放置 24 小时，这有助于增加织物的使用寿命，并使耐久定型织物的皱痕得以舒展平整。

(2) 布件分发。客房部要求领用布件，必须填写申领单。领用数量控制的原则是送洗多少脏布件和换洗多少干净布件。所以，送洗的数量应填表列明，洗衣房收到并予以复算后签字认可，申领者方可去中心布件房领取相同品种和数量的干净布件。如果申领者要求超额领用，应填写借物申请并经有关人员批准。如果中心布件房发放布件有短缺，也应开出欠单，作为以后补领的依据。在日常布件的送洗和分发过程中，布件房要逐件清点检查，在保证进出的布件数量正确的同时，要把好质量关。在每天清点布件的过程中，凡是有污点或破损的布件都要及时送还重洗或作报废处理，以保证布件的质量。洗衣房送来的布件要分门别类堆放整齐，以方便发放和清点存货。

(3) 布件的更新。更新率是指布件每次替换数量占原有布件总数的百分比。由于饭店的等级不同，服务水准和规格不同，布件更新率不可能完全一样。饭店的规格越高，对布件的要求也越高。布件更新的时候，一般采用以旧换新的办法，为了便于识别，可在布件上印字，注明更新的批次。布件房收回旧的布件后，要视情况分别予以处理，凡能利用的就要加以利用，但不能和在用的布件混杂在一起。报废的布件可以改制成小床单、抹布、枕套、盘垫等(报废记录单如表 3－1 所示)。

表 3－1　布件报废记录单

品名：　　　　　　　　　　　　规格：　　　　　　　　　　　　填报人：

报废原因	数量					报废总数
年限已到						
无法缝补						
无法去迹						
其他						

(4) 定期进行存货盘点。布件房应对布件分类，同时登记实物数量和金额，并设“在库”和“在用”科目，分别控制实物和楼面在用数量。在设立账卡的基础上，布件房要每月或每季度进行一次存货盘点。这个制度不仅是为了控制布件的数量，而且也是为了方便会计核算。在对布件盘点的基础上进行统计分析，能及时帮助客房部管理人员发现存在的问题，堵塞漏洞，改进管理工作(表 3－2)。

表 3－2　布件盘点统计分析表

部门：　　　　　　　　　　　　盘点日期：　　　　　　　　　　　　制表人：

品名	额定数	客房		楼层布件房		洗衣房		中心布件房		盘点总数	报废数	补充数	差额总数	备注
		定额	实盘	定额	实盘	定额	实盘	定额	实盘					

三、宾客借用物品的管理

向客人提供所需的各种常用设备是饭店的一项宾客服务内容。它根据宾客的要求出借物品，且不收费。通常客房部负责储备、出借及收回宾客借用物品。

(一) 宾客借用物品的种类

各个饭店向宾客出借的物品种类可有不同。一般出借的物品包括熨斗、熨衣板、针线包、头发吹风机、闹钟、童床、床板及变压器。其他物品有电热垫、雨伞、冰袋、剃刀、电动剃须刀、卷发钳、不引起过敏的枕头、加热毯、羽绒盖被、折叠行军床及玩桥牌的桌椅。另外，供宾客使用的物品还有手杖、T 字形拐杖与轮椅。

(二) 确定宾客借用物品的标准量数量

饭店出借给宾客的物品种类通常取决于饭店的服务水平及典型客户的需求，而出借物品的库存量则取决于饭店的规模及预期的宾客需求量的大小。宾客借用具体物品的频度，因饭店的类别、开房率水平、宾客当日到店与离店的模式及饭店某一时间段住店客人的类别的不同而不同。客房部经理需要与饭店总经理和市场营销部合作，确定饭店宾客借用物品的种类与数量。客房部经理有责任为满足宾客的要求备足物品，做好借用物品的供应工作。

(三) 宾客借用物品的控制

客房部经理要制定各种程序，这些程序涉及保存宾客借用物品库存品的正确记录，应按宾客的要求，跟踪出借的物品，以及确保借出的物品及时归还。

客房部经理应有本部储存的一切宾客借用品的完整无误的清单。库存品记录上反映出每项物品的名称、制造商、供应商或售货商、购买日期、货价、保修及存放地点的信息。记录还注明各项物品的标准量数量。当破旧物品不再使用及新的物品投入使用时，该宾客用品库存品总表应相应更新。

有必要制定对宾客借用物品的发放及使用情况跟踪的具体规定与程序。程序的制定将根据饭店通常接待的客户的性质及饭店过去借用物品丢失或被窃的记录来完成。不论使用哪种方法去跟踪出借物品，都必须在控制饭店损失及提供优良宾客服务这两个方面取得一种平衡。

客房部经理可使用记录簿对宾客借用物品要求加以监督，用它记载借出物品的种类、客人的房号及要求的物品、借出物品和归还物品的时间。同时还注明预期客人结账离店日期，这有助于跟踪如特殊枕头与床板这样的物品，这些物品通常在客人住店期内出借和使用。客房部经理通过该记录簿的使用，就可推测何时要求借物的宾客人数最多，何时要求借用某项物品，以及不同物品借用时间的长短。该记录簿还有助于客房部经理跟踪使用物品的地点，并确保所有物品得以归还。有些饭店要求宾客签单借用物品。当员工把借用物品送至客房时，应在签单上记录物品的种类、宾客姓名和房号及物品送达的日期和时间。员工应让借用者签名。

另外，有些饭店要求借用物品的客人付押金，押金大小视借出物品而定。在此情况下，员工将出借物送至客房时，应向客人说明，如果发生借用物品不能归还的情况，押金款将记入其住店账内。有些饭店规定，不享受价格优惠的预付客人须交付现金押金方可借用物品。此种情况，应要求客人去总服务台付押金。客房部人员或行李员决不能擅自收取或处理现金押金。押金收据应送至总服务台，放入客人账单中，但此时不应将押金数额登入账单。借用物品归还后，切记将此收据从账单中抽出，并马上销毁。否则，客人虽然归还了借用的物品，其账上仍可能有一笔借用物品的账。

其他一些有关控制宾客借用物品的程序也应视作是必要的。如果可能，应给每一位借物品的客人打一个跟踪电话，确认客人已收到物品，并询问是否需要别的帮助。当物品送至宾客房内时，应要求客人当日晚些时候电话通知客房部去取回物品。如果客房部几个小时后仍未接到客人的电话，应给客人打个电话，查问借用物品是否使用完毕。多数情况下，借用物品不应过夜不还。应定期检查各项宾客借用物品，保证物品处于正常状态且可以安全地使用。物品出借当日也应测试，确保客人使用该物能达到预期的目的。对破旧、受损或破碎的物品，应根据需要加以更新。

第四节　客房消耗性用品的管理

一、客房消耗性用品的分类

(一) 客房供应品

客房供应品即上面所说的一次性消耗用品。客房消耗性用品是客人可以带离饭店的东西，包括香皂、洗衣袋、礼品袋、鞋擦、文具、一次性拖鞋、洗浴液、洗发液、牙具、淋浴帽、梳子、卫生卷纸、火柴、面巾纸、茶叶、针线包、圆珠笔、明信片等。

不同饭店对客房供应品的范围作了不同的规定。有些豪华饭店的供应品还包括指甲具、一次性剃须刀、糖果、鲜花等。

(二) 客房清洁用品

客房清洁用品有清洁剂、一次性的清洁工具等。

二、客房一次性消耗性用品的选择原则

由于客房物品的种类繁多，因而在选择时必须坚持以下四项原则。

(一) 经济实用

客房用品是为了方便客人的住店生活而提供的,因而要做到物尽其用。

(二) 美观大方

美观而大方的客房用品布置在清洁舒适的客房里,其本身就令人赏心悦目。反之,如果做不到这一点,则有粗糙、贬值之感。

(三) 耐用适度

客房用品应能够体现饭店的档次并突出其风格,而不是越坚固耐用越好。

(四) 价格合理

现在,客房用品的供应商越来越多,作为用户选购客房用品可以从好中选优、优中选廉。因为客房用品的耗用量很大,故价格因素不能忽略。

根据这些原则,我们可以总结出一些购买客房消耗性用品的经验。香皂的重量一般要达到 20 g 以上,最好在 30 g 左右;太小的香皂使用起来不方便,可能会给客人带来不好的印象;此外,应选用质地细腻、无刺激性及不易受潮发软的香皂。牙具应选用牙膏、牙刷配套包装的,而嵌装式接柄牙刷因不便使用而应予以避免。垃圾桶以选用拒水、阻燃材料的为佳。剃须刀与指甲具易受潮生锈,如果有必要设此类用品,则应考虑其防锈性能并注意进货量和存货期。擦鞋布以口袋形的较受欢迎。衣架数应达到每位客人不少于 6 个,其中设 3 个西服衣架、3 个可挂裙装的衣架,如果有带夹子的衣裳架当然更佳;此外,为减少损耗,挂槽式衣架颇为理想。信封的规格应掌握好,无论是平邮还是航空信封,其规格最大为 120 mm×235 mm,最小为 90 mm×140 mm;国内用的信封还应在其左上角印有六个红色的邮政编码格。明信片的规格范围为 90 mm×140 mm~105 mm×145 mm。服务指南除了内容要尽可能齐全外,其格式最好采用阶梯式长短页,以突出目录,查看时更为清楚和方便。烟灰缸宜选用直壁式浅底的,以方便清洗。火柴划着后不应有烟尘漂浮,规格大小以 35 mm×55 mm 左右为宜。针线包应备有红、白、黑色等多种颜色的涤纶丝线。针的号数不宜过小,否则穿线困难;此外,应注意针较易生锈,故不宜大批量和长时间地贮存。

总之,客房用品不仅种类多,而且也处在不断筛选和改进中,在选择时应遵循上述四条原则,并结合工作经验和具体情况来进行。有时,别出心裁的选择可以收到意想不到的效果。如南京金陵饭店在客房中提供了小袋装的洗衣粉,这不仅为客人洗内衣等小物件解决了困难,同时还节省了香皂的发放量。

三、客房消耗性用品的配备

(一) 客房消耗品的总配备量

客房消耗性用品是非循环性客用品,它的使用量与开房率和物品使用率有关。实际使用量可能远大于根据房间配置需求量预算的标准储备量。如果消耗性客用品仅是根据租出房标准量配置需求量，就会导致严重的物品短缺。所以，要保证消耗性客用品的正常供应，必须通过确定最小库存量与最大库存量来设置和控制。

最小库存量，是根据从订货至交货间隔的时间中需使用的物品数量与该项物品已确定的有保障的库存量之和来确定的。最小库存量，指始终应备存的最小物品购置件数。购置件数一般以物品运输的容积为单位，如箱、纸盒、桶等。现有的消耗性客用品的数量绝不能低于该项物品确定的最小储备量。

最大库存量是通过将两次订货量的天数除以 1 件(箱)物品可使用的天数，再加上最小库存量得出的。

就拿浴皂为例，看看如何确定它的最小与最大库存量。现假定每 1 箱含 1 000 块浴皂，首先计算饭店在营业高峰期间平均每天消耗多少块浴皂。假定饭店高峰期间客房平均租出量为 200 间，而且每日每间用掉 1 块浴皂，那么饭店客人每天将用掉 200 块浴皂。第二步确定饭店客人用掉一个标准箱的浴皂需要的天数。因为每箱内有 1 000 块浴皂，且每日饭店将用掉 200 块浴皂，因此 1 箱浴皂可供饭店使用 5 天。这表示每 5 天将用掉 1 箱浴皂。第三步确定最小库存量即始终应备存的整箱浴皂的最低件数。宾客供应品的最小量，是根据从订货至交货间隔的时间中需使用的物品数量与该项物品已确定的有保障的库存量之和来确定的。假定客房部经理确定浴皂恰当的有保障的库存量是 1 箱浴皂，或 5 天的供应量，5 天的供应量已足以应付各种紧急情况、损毁情况或延迟交货的情况。还要确定订货与交货期间浴皂的需求量，客房部经理须考虑从饭店处理购物申请到批准购物申请要花多少时间，以及供应商要花多长时间处理订单并送达所购的物品。假定客房部经理确定后者花 5 天时间处理好订单并交货。由于 5 天的浴皂使用量是 1 箱，客房部经理将最小库存量定为 2 箱(1 箱有保障的库存量＋1 箱订货到交货期间使用量＝2 箱)。这样，当浴皂只有 2 箱库存量时，就须重新订购浴皂了。第四步确定浴皂的最大库存量，即始终应备存的整箱浴皂的最高件数。除对储存空间及节省饭店库存品现金开支的考虑外，影响浴皂最大库存量的主要因素是订购该物品的频度。最大库存量的计算是通过将两次订购间的天数除以 1 箱浴皂可使用的天数，再加上最小库存量得出的。假定客房部经理每月订购一次浴皂，两次订购间隔 30 天，由于 1 箱浴皂可使用 5 天，30 天就会用掉 6 箱浴皂。加上前面已确定的最小浴皂库存量为 2 箱，这样，浴皂的最大库存量可确定为 8 箱。在浴皂箱数降到库存最小量时，客房部经理应给浴皂下订单，使库存水平恢复到最大量水平。当浴皂供应品只剩下 2 箱时，客房部经理应订购 6 箱浴皂，从而使库存达到 8 箱的最高水平。所有的宾客用品与方便用品的最小与最大库存量可使用类似的方法加以确定。影响计算结果的主要因素是：开房率水平、物品使用率、储物空间、可使用的现金以及重新订购供应品的频度。应根据需要密切注意和调整宾客用供应品的库存品水平与使用率。出于对一些因素的考虑，客房部经理可能会对宾客用供应品与方便用品的最小与最大库存量作出调整。开房率的季节性变化是需要考虑的因素，开房率低时，供应品的需求就下降了。由于各个月份的开房率会有差异，客房部经理可根据开房率预测，计算出月度宾客用供应品与方便用品的标准量水平。

(二) 客房消耗品各分发点的配备量

楼层客房用品应有一定的储备量，制定一个合理的储备量既能满足对客服务的需要，又不会过多占用流动资金。

1. 客房配备标准

客房配备标准详细规定了各种类型及等级的客房用品配备及摆放位置，并将其以书面形式固定下来，最好附有图片，以供日常发放、检查及培训之用。这是控制客房用品的基础。

2. 工作车配备标准

工作车配备标准一般以一个班次的耗用量为基准，如早班清扫员每天清扫12间客房，就以12间客房的耗用量来配备各类物品。

3. 楼层工作间储备标准

楼层工作间一般备有一周的客房用品储存量，储存量应列出明确的标准置于工作间，以供申领时对照。

4. 客房部库房储备标准

客房部库房通常储备一个月的客房用品。它既可供各楼层定期补充，又可满足楼层因耗量过大而造成的临时领料。目前有一些饭店为了加强对物品的管理、减少人员开支，通常只设总库房(一级库)，各部门不另设库房，即二级库。总库房分早、中、晚班，以备领料。

四、客房消耗品的发放和日常管理

(一) 客房消耗品的发放

客房用品的发放应根据楼层工作间的配备标准和消耗情况，规定使用周期和领发时间，一般是一周发放一次，固定在某一天。这样不仅可以方便库房的工作，也可使楼层日常工作条理化，减少漏洞。在小型饭店，客房用品的领发和保管一般由楼层领班兼管，大型饭店可设专人负责。领班每天汇总楼层物品的消耗量(表 3-3)，每周汇总一周的消耗量，再根据楼层的存量开出物品申领单(表 3-4a、表 3-4b)，到库房领取。

表 3-3　楼层每日消耗用品汇总表

统计人：　　　　　　　　　日期：

楼层 / 名称	3F	4F	5F	6F	7F	8F	9F	10F	11F	12F	13F	14F	15F	16F	总数
圆珠笔															
便　笺															
针线包															
擦鞋纸															
意见书															
明信片															
礼品袋															
洗衣袋															
……															

表 3-4a　物品申领单

楼层：　　　　　　　　日期：

客用物品							
事项		要求	供应	事项		要求	供应
1	信纸			14	服务意见书		
2	信封			15	文具夹		
3	航空信封			16	行李贴		
4	电传／电报表格			17	圆珠笔		
5	介绍册／价目表			18	便笺		
6	明信片			19	清洁牌		
7	洗水单(洗衣)			20	针线包		
8	干洗及熨衣单			21	火柴		
9	房间酒水单			22	浴帽		
10	早餐门卡			23	洗发液		
11	客房餐牌			24	沐浴液		
12	服务指南			25	护发素		
13	“请勿打扰”及“请即打扫”牌			26	香皂(18 g)		

续 表

客 用 物 品							
事	项	要求	供应	事	项	要求	供应
27	香皂(50 g)			31	剃须刀		
28	面纸			32	牙刷套		
29	厕纸卷			33	拖鞋		
30	化妆棉球			34	鞋拔		
……	……			……	……		

表 3 - 4b 物品申领单

楼层：　　　　　日期：

清 洁 用 物 品							
事	项	要求	供应	事	项	要求	供应
35	调酒棒			52	尼龙刷		
36	餐巾纸			53	厕所泵		
37	购物袋			54	胶手套		
38	洗衣袋			55	喷水瓶		
39	卫生袋			56	家具蜡		
40	杯袋			57	洗洁精		
41	浴袍袋			58	空气清新剂		
42	垃圾袋			59	洁厕剂		
43	擦鞋袋			60	地毡水		
44	茶包			61	玻璃水		
45	热水瓶			62	铜水		
46	垃圾铲			63	工程维修单		
47	地拖			64	遗失损坏表		
48	竹扫把			65	布件交换表		
49	扫把			66	房间检查报告表		
50	清洁棉			67	早班 / 中班服务员工作表		
51	厕所刷			68	早班 / 中班督导员工作表		
……	……			……	……		

（二）客房消耗品的日常管理

这是客房用品控制工作中最容易发生问题的一个环节，也是最重要的一个环节。客房部对客用品的日常控制，一般采取三级控制的方法。

1. 楼层领班对服务员的控制

这是客房部对客用品的第一级控制。

（1）通过工作表控制服务员的消耗量。楼层领班通过服务员的做房报告控制每个服务员领用的消耗品，分析和比较各个服务员每房、每客的平均耗用量。服务员按规定的数量和品种为客房配备和添补用品，并在服务员工作表上做好登记。领班凭服务员的工作表对服务员领用客用品的情况进行核实，防止服务员偷懒或克扣客人用品据为己有。

（2）检查与督导。领班通过现场指挥和督导，减少客用品的浪费和损坏。领班督导服务员在引领客人进房时，必须按服务规程介绍房间设备用品的性能和使用方法，避免不必要的损坏。督导和检查服务员清扫房间的工作流程，杜绝员工的野蛮操作。例如，少数员工在清洁整理房间中图省事，将一些客人未使用过的消耗品当垃圾一扫而光，或者乱扯乱扔客房用品等，领班应及时对其加强爱护客用品的教育，尽量减少浪费和人为的破坏。

2. 建立客用品的领班责任制

各种客用品的使用主要是在楼层进行的，因此使用的好坏和定额标准的掌握，其关键在领班。建立楼层客用品的领班责任制，是客房部对用品的第二级控制。

（1）楼层配备客用品管理人员，做到专人负责。楼层可设一名兼职的行政领班和一名专业领班。行政领班负责楼层物资用品的领发和保管，同时协助业务领班做好对服务员清洁、接待工作的管理。小型饭店则不设行政领班，而由楼层领班兼管物资用品的保管和领发工作。

（2）建立楼层家产管理档案。平时如有家产增减或移动，必须由楼层主管或经理批准，并由楼层主管在家产登记卡上进行更改，以加强领班的责任心。

（3）领班每天汇总本楼层消耗用品的数量，向库房报告。

（4）领班每周日应根据楼层的存量和一周的消耗量开出领料单，交客房中心库房。

（5）每月底配合客房中心库房的物品领发员盘点各类用品。

（6）随时锁好楼层小库房门，工作车按规定使用。

3. 客房部对客房用品的控制

客房部对全饭店各楼层客房用品的控制，可以从两个方面着手：一是通过客房中心库房的管理员（物品领发员）负责整个客房部的客用品领发、保管、汇总和统计工作；二是楼层主管应建立相应的规范和采取措施，使客用品的消耗在满足业务经营活动需要的前提下，达到最低限度。这就是第三级控制。

(1) 中心库房对客用品的控制。设立客房部中心库房的饭店，可由中心库房的物品领发员或客房服务中心对客房楼层的客用品耗费的总量进行控制，负责统计各楼层每日、每周和每月的客用品使用损耗量。结合客房出租率及上月情况，制作每月的客用品消耗分析对照表。

(2) 楼层主管对客用品的控制。楼层主管或客房部经理对客用品的控制主要是通过制定有关的管理制度和加强对员工的思想教育来实现的。客房用品的流失主要是员工造成的，因此加强管理、做好员工的思想工作很重要。楼层领班要通过服务员每日清扫房间的数量来控制其物品消耗，并分析比较每个服务员每间客房的平均耗用量。另外，要加强现场检查和督导，以减少客房用品的浪费和损耗。如有些员工图省事，将客房棉织品当抹布使用，或者将客人未使用过的消耗品当垃圾一扫而光，发现这些现象，领班要批评教育，必要时给予一定的经济处罚。

饭店要给员工创造不使用客房用品的必要条件，如在工作间、更衣室及员工浴室配备员工用的挂衣架、手纸、香皂等，以免员工拿用客房用品。

楼层闲杂人员、住客及其他部门的员工也有拿取客房用品的现象，所以楼层库房门要随时上锁；工作车最好能装门柜，以便上锁，或者用布将物品罩住；控制闲杂人员及饭店无关人员进入楼层。

另外，饭店应制定相应的制度，如员工上班不能带包到工作岗位，上、下班必须走员工通道，主动向值班保安人员展示自己的包。

(3) 防止客人的偷盗行为。这就要求饭店实行访客登记制度，尽可能少设置出口通道，对多次性消耗用品，如烟缸、茶杯、茶叶盒等可标上饭店的标志，管理好工作车，将衣架固定起来等。

(4) 客房用品的正确存放。客房用品有许多是印刷品及纸盒包装的，还有洗发液、沐浴液等瓶装液体。在领发时要注意小心操作。工作间的存放环境要干燥、整洁，配有存放柜，摆放要整齐，避免受重压，瓶装液体不能倒置或横摆，以免液体外流，造成不必要的损耗。工作车同样要整洁干净，重物在下，轻物在上，分类摆放。

案例 3-1

交接班问题

7 月 10 日早上，八楼楼层服务员交班的时候，8316 房的故障原因没有具体注明。8:55 分接班人员打电话给交班人员问 8316 的情况，交班人员告之 8316 少 2 条面巾。下午接待员通知该房客人入住，入住后客人发现无浴巾，服务员马上给客人补上了。

评析

交接班问题是饭店的老问题了，首先大家要明确交接班的意义，就是把上一班次的信息作好传递。我们经常发现,有些事情交班交不下去,有些事情交班无落实,养成了一种被动的工作习惯,等到事情来了才去看交接班记录。交接班是为传递各种信息以及上一班次没有完的工作,或下一班次需要注意的地方,不能只是抄抄就完事,而要真正地对各种事情做到心中有数,合理安排一些工作,落实工作。

另一方面,是饭店的人员对问题的态度,饭店的"三个不放过"中讲:查不出问题的原因绝对不放过,交接班没有弄清的问题以及没有完成的工作绝不放过。对待任何问题我们该做到心中有数,作为台班应该时刻了解房态,对于一些拿不准的故障原因该让主管查一查,不知道房间故障的真正原因,饭店绝不应该放过。这些我们都不放过,同样我们也绝对不放过出现劣质服务的事情。

案例 3-2

酒店服务质量问题实例

今年初的一个晚上,我和一个朋友约好晚上 8:30 左右到他下榻的某五星级酒店拜访。结果我提前 10 分钟到达,行政楼层的职员问我找谁,我说了房号和客人姓名,并说是和客人约好的。服务员说:"客人刚下楼吃饭",我吃了一惊,是我记错了时间,还是我的朋友把这个约会忘了,怎么他这时才吃饭?刚去吃饭,起码要等半小时到一个小时。

我看到服务员并没有招呼我的意思,于是我对服务员说:"我在休息室等一下。"服务员不置可否,我于是索性就走到行政楼层的休息室里,找了一个灯光比较亮的位置坐下(因为这里有一张画,配了镜前灯,其他地方相当昏暗,没有设阅读的灯光,不知道设计师是否想营造一个浪漫的气氛,但书架上的报纸和杂志现在看来只能是摆设)。

这时,我想象如果有一杯茶就好了,这不是行政楼层应该有的服务吗?很遗憾,没有。我在这个舒适的环境里坐了 5 分钟,期间有一个主管来巡楼,有一个修理工来维修,走过的时候还和他认识的行政楼层的小姐聊了几句,我什么都没留意,但他最后以一句粗话结束了谈话给我留下了深刻的印象,更令我吃惊的是没有人感到我的存在。

我忍不住问服务员,是否可以帮我找一下我的朋友?当然是想通知他我来了,您吃饭快一点,掌握好时间(以我的工作经验,要找一个酒店的 VIP 客人是不难的)。果然,楼层服务员很快就给我一个答复:这位先生已经在餐厅结账了。我又吃了一惊,我的朋友难道是吃快餐,刚去餐厅 10 分钟就吃完了一顿晚饭?(我顿时有受骗的感觉,但我并不生气,因为我想我不用等半小时以上了。)我以为服务员下一句是:我已经替您通知您的朋友了。又是一阵沉默,我足足等了近 5 分钟,既没有等到服务员送给我的下一句,也没有等到我的朋友回来。这时,我真的有点生气了,便补充问了一句，您已经告诉我的朋友，我在这里等他了吗？服务员似乎有点不好意思，马上又给餐厅打了一个电话，结果餐厅说，我的朋友已经走了。我听到这个答案又是一惊，我的朋友肯定是饭后逛花园去了，起码还要等15分钟。（服务员反应速度还算快，但惜字如金，不肯给我说多一句话。）这时我不但不感谢她，反而觉得这座五星级酒店商务楼层的服务尚且如此，其他地方就不用看了。

就在我正要做一回老师的时候，真正的老师，我朋友回来了。

评析

在五星级酒店泡了十年，使我患上了职业病——服务敏感症，到哪里都喜欢观察和评论，但也发展成为一名“不受欢迎”的顾客，现在已乐此不疲，不能自拔。下面让我们来挑挑刺，这个案例发生在五星级酒店的行政楼层，真是一种灾难。

一是服务常识问题。服务员一次又一次地犯了同一个错误，没有把客人当成客人，或者没有把客人的客人当成酒店的客人，但或许这是更重要的客人，因为他很容易影响酒店的直接客人对酒店的评价。服务员似乎没有基本的服务常识，我估计如果这位服务员家里来了客人，她一定不会这样。酒店都说宾客至上，服务第一。到底有几家能真正做到？基础服务还没做好，更不用提个性化服务了。

二是流程设计和管理督导有问题。管理人员到场时没有对服务进行现场督导，没有达到补救效果，或者就是操作流程设计根本没有招呼客人的客人的程序，这是管理层的错。

三是没有给予客人足够的重视与关注。这是培训问题，即使没有流程规范，也应该表现出友善与关注，让客人知道你经常关注他，随时乐意为他服务，这时，技巧成为次要的东西。

四是深层次的企业文化对服务的影响。酒店业的企业文化直接影响着员工的价值观和职业操守，有什么样的观念就有什么样的行动。因此，这是“小事”管理中的“大事”。我认为现在酒店中只有两种文化：一是以老板为中心的文化，另一个是把顾客看成老板的文化。两种不同文化培训出不同的员工，因此就给客人以不同的感受。以上案例中服务员的表现不言而喻就是以老板为中心的文化的产物。

行政楼层按道理说是一家酒店客房服务的精华，代表着酒店日常客房服务的最高水平（总统套房例外）。如果这里的员工被证明缺乏有效的管理和培训，就可以推断出整个酒店的管理和服务存在较大的问题，甚至可以怀疑这个酒店的总经理的管理水平。

我有幸认识一位前辈，他多年来因为在中国酒店界勇敢地坚持做“敢说真话的人”——一针见血地挑酒店服务质量的小刺，终于成为业界公认的酒店服务审核专家，其江湖地位比一些经院派的教授不知高出多少。敬佩之余，从中也悟出一点道理：人们不一定愿意承认错误，但却会尊敬敢于常常指出自己错误的人。服务的事虽然小，但其中每一个环节都充满了学问，一旦钻进去，乐趣无穷。

服务，简单说来就是让客人满意。为此，人类发明了很多种方法去控制产品和服务的质量，从ISO9000系列到在美国GE公司大获成功的6西格玛质量管理法，都是通过对顾客的需求进行分析，形成一套可测量、受控制的服务流程，进一步对人实现控制来控制服务质量。不少酒店把这些方法引进到酒店服务管理中获益匪浅，但服务质量的好坏最终是落实到人，而活生生的人是最难控制的。我们必须找到一种东西与这些质量管理方法互相配合，让人主动地、积极地去服务，除了宗教，就只有文化才有此力量。研究服务质量，就是研究控制人、激励人的工作，从这个角度看，做小事要实现控制又是大学问。

酒店业的发展史虽然可以追溯到公元前，人类存在就一定要衣食住行，但是这个古老的行业总是没有什么轰轰烈烈的“大事”，因为人们要求服务专注于“小事”。酒店业中所有的大集团都无一例外地因为做好了小事而成大器。入了这个行业，我们就必须经历这样一个痛苦的过程：从立志做大事到甘于做小事；如果把小事做到最好，一不小心可能就成为大事；但如果小事也做不好，却很有可能成为你不想发生的大事。

本章小结

客房的设备用品是客房员工赖以从事客房商品生产的物质保证和技术保证。它是饭店生产力水平的体现，而设备用品效率的高低和经济效益的优劣，就完全取决于客房的管理水平。客房部管理除了管理“人”之外，重要的管理就是管理“物”了。因此必须加强客房设备和用品的管理，从选购、配置、储藏、领发、使用消耗、更新等诸多环节进行控制。在体现饭店档次、保证满足宾客需求的前提下，尽量降低消耗，延长物品的使用寿命，节约成本投入，才能取得最大的效益。本章把客房的所有设备和用品划分为三大类：固定性客房用品、周转性客房用品、消耗性客房用品，由于三类客房用品性质不同，所以在选择配置、使用、更新等方面都不尽相同。

客房设备和用品管理是客房部管理的重要内容，对客房商品营销活动及其经济效益等有着重要作用。管理好客房设备和用品，能够有效地促进客房商品生产和销售，保证经营活动的顺利进行，才能满足客人的需要，保证客房服务的质量，体现饭店的等级水平。

客房商品生产并不创造实物产品，而只是将客房基本设备和用品科学合理地组织起来，向客人提供使用价值和劳务。而组织的过程就是管理的过程。客房作为一种高级消费品，客人付出了数量可观的金钱来购买其使用价值，客房部合理配备各种设备和用品并调配好，维护管理好，使各种设备和用品始终处于完好的状态，才能保证客房商品的质量，满足客人的需要，使经营活动正常进行。加强客房设备和用品的管理，可以提高设备用品的使用效率，减少浪费，降低消耗，从而降低成本开支，获得优良的经济效果。

复习思考题

1. 客房设备的使用与保养规程有哪些？
2. 客房设备的管理制度有哪些？
3. 客房消耗性用品的配备标准是什么？
4. 选购客房布件要考虑哪些因素？
5. 客房纺织品的储存和保养有哪些要求？
6. 怎样才能做好客房布件的控制工作？
7. 为了环保要求，客房纺织品的使用与管理有哪些好的做法？

第四章

客房部卫生管理

学习目标

- 掌握客房日常卫生清洁的工作程序、标准和技能
- 了解公共区域卫生清洁的工作内容
- 掌握计划卫生的内容和工作程序
- 掌握客房部卫生清洁工作计划和安排的方法
- 掌握客房部卫生清洁工作监督和检查的方法

卫生清洁与管理是客房部的主要工作。卫生清洁与管理的好坏直接影响到客人对饭店产品的满意程度及饭店的形象、气氛和经济效益，因此，客房部必须采取有效的措施保证卫生清洁的工作质量。

第一节　客房的日常卫生清洁

许多客人入住饭店，不一定经常在饭店就餐，但会天天使用客房。客房的清洁程度是客人入住饭店最关心的问题之一，也是客人选择饭店的标准之一。明亮清洁的房间、优雅的环境能让客人产生一种宾至如归的感觉，因此，服务员必须按时、按服务规程和标准的要求，认真、高效地清扫客房。

从实际操作的角度来看，客房的卫生清洁工作分为两部分：一部分是每天都要进行的客房清扫，如床铺的整理、房间的除尘、卫生间的清理等，称之为客房的日常卫生清洁。而另一部分是客房的计划卫生，这些工作又称做房，它包括三个方面内容：清洁整理客房，更换添补物品，检查保养设施设备。为了使清扫工作能够有条不紊地进行，同时避免过多的体力消耗和意外事故的发生，客房服务员应根据不同状态的房间，严格按照清扫的程序和方法进行清扫，使之达到饭店规定的质量标准。

一、客房清扫工作流程和工作内容

对于客房部的楼层服务员来说，其一天的客房日常卫生清洁工作流程为：整装投入工作⟶接受工作任务⟶员工早会⟶巡楼、查房⟶检查工作车⟶准备吸尘器⟶客房的卫生清洁⟶汇报工作。

（一）整装投入工作

服务员上班后，应换好工作服，将工作牌佩戴在规定地方，梳理好头发，对着镜子检查仪容仪表，女服务员可进行适当的化妆，保持清洁整齐的外貌仪表到客房中心签到，了解有关客房清扫的规定。工作注意事项如下：

(1) 例行的客房大清扫工作，一般应于客人不在房间时进行；客人在房间时，必须征得客人同意后方可进行，以不干扰客人的活动为准。

(2) 养成进房前先思索的习惯。客房服务员的主要任务是让客人住得舒适、安宁，像在家里一样方便。因此，服务员在进房前，要尽量替住客着想，揣摩客人的生活习惯，不要因清洁卫生工作或其他事情干扰了客人的休息和起居。同时，还应想一想，是否还有其他事情要做。例如，客人在房间里用早餐，去整理房间时，就应想到顺便把托盘带上及时收拾餐具。这样做，既是为客人着想，也减少了不必要的跑路。

(3) 注意房间挂的牌子。凡在门外把手上挂有"请勿打扰"(Don't disturb!)牌子或有反锁标志，以及房门侧面的墙上亮有"请勿打扰"指示灯时，不要敲门进房。如果到了下午2时，仍未见客人离开房间，里面也无声音，则可打电话询问。若仍无反应，说明客人可能生重病或发生其他事故，应立即报告主管。

(4) 养成进房前先敲门通报的习惯。每个饭店的员工都应养成进房前先敲门通报，待客人允许后再进入房间的习惯。被客人叫进房间时，要把门半掩或完全打开；客人让座时，服务员也不能坐下；同时不要与客人谈与饭店无关的事情。

(5) 清扫住人房时，服务员不得乱动客人的东西，不得使用客房内的电视、电话和卫生间，除非饭店有特殊的规定。

(6) 床上用品和毛巾不能作为擦洗的清洁用具。

(7) 任何服务人员不得为他人打开宾客的房间。

(8) 服务人员只能使用工作电梯。

（二）接受工作任务

听取楼层主管的工作安排，领取"客房服务员工作日报表"和客房钥匙，根据分配的工作任务分析房态。楼层主管要根据当天客房的使用情况，在上班后向客房服务员分配房间，并向他们发放"客房服务员工作日报表"(表4-1)和钥匙。钥匙必须保存在钥匙柜内。发放钥匙的主管必须在上班和下班时签领和签还，领取钥匙的服务员也必须在当天签领和签还。

表 4-1　客房服务员工作日报表

楼层：________　姓名：________　日期：________

房号	房况	时间		入住人数	补充用品																备注
		入	出		肥皂	卷纸	浴帽	洗发液	沐浴液	牙具	梳子	剃须刀	指甲刀	卫生袋	圆珠笔	拖鞋	购物袋	针线包	擦鞋器	浴袍	

案例 4-1

塑料卡钥匙

目前，越来越多的酒店采用电脑化的客房门锁。服务员和工程师可以将输入密码的塑料卡插入门锁，以此代替金属钥匙。假如钥匙卡有正确的输入密码，门就会被自动打开。假如没有正确的密码，门就打不开。不同类型的钥匙卡的密码设置是不一样的，所以管理层就可以随时掌握，谁进过房间，在什么时间，一共几次，在一个特定的时间段，一共有多少人进过房间。在当天结束工作时，密码就会被更换。服务员拿到的钥匙只能打开他们当天所要清洁的房间，这样就没有必要给服务员提供万能钥匙。

接到工作任务后，客房服务员要分析和了解其负责清洁的客房状况。客房状况又简称为房态，主要有以下几种：

1. 住客房(Occupied，简写 OCC 或 O)

住客房表示客人正在租用的客房。

(1) 请勿打扰房(Do Not Disturb，简写 DND)。表示该房客人不愿被服务人员或其他人员打扰。

(2) 请即清扫房(Make Up Room,简写 MUR)。表示该客房的住客因会客或其他原因需要服务员立即清扫客房。

(3) 外宿房(Sleep Out Room,简写 S/O)。表示该客房已被租用,但住客昨夜未归。为了防止发生逃账等意外情况,应将此种客房状况即时通知总台。

(4) 无行李房(No Baggage,简写 N/B)。表示该客房的住客无行李。同样应及时把这一情况通知总台,以防逃账的发生。

(5) 轻便行李房(Light Baggage Room,简写 L/B)。表示该客房的住客行李数量很少。为了防止逃账,应即时通知总台。

(6) 贵宾房(Very Important Person,简写 VIP)。表示该客房的住客是饭店的重要客人。在饭店的接待服务过程中应优先于其他客人,给予特别的关照。

(7) 长住房(Long Staying Guest,简写 LSG)。即长期由客人包租的客房,又称之为"长包房"。

(8) 加床房(Extra Bed,简写 E)。表示该客房有加床服务。

2. 走客房(Check Out,简写 C/O)

(1) 准备退房(Expected Departure,简写 E/D)。表示该房住客应在当天中午 12 点以前退房,但现在还未退房的客房。这种客房应在客人退房前先进行简单的整理,等客人退房后再作彻底的清扫。

(2) 未清扫房(Vacant Dirty,简写 VD)。表示该房住客已结账并已离开客房,但还未经过清扫,服务员可以按规定进房整理。

(3) 已清扫房(Vacant Clean,简写 VC)。表示该客房已清扫完毕,可以重新出租,许多饭店也称之为 OK 房。

3. 空房(Vacant,简写 V)

空房即指昨日暂时无人租用的 OK 房。

4. 维修房(Out Of Order,简写 OOO)

维修房亦称待修房,表示该客房因设施设备发生故障,暂时不能出租。

(三) 员工早会

任务安排之后,行政管家、楼层经理、主管和服务员集中在一起,召开早会。早会一般由楼层经理主持,时间为 5~10 分钟,传达如下信息:客房部当天一共要清洁多少个房间,入住率是多少,哪些房间要提前清洁出来,有多少间住客房,是否有特殊要求,比如需要加床或者特别的枕头,酒店下发的最新信息、通知、培训内容。早会的内容简短,比较长的讨论一般在行政管家主持的员工会议上进行。

(四) 巡楼、查房

客房服务员必须先到相关楼层巡查、核实其要打扫的住客房的具体状况,然后根据开房的急缓先后、客人情况或主管的特别交代,决定房间的清扫顺序。

1. 不同类型房间的清扫要求

客房状况不同，对其清扫的要求和程度也有所不同。一般来说，对于暂时没人居住，但随时可供出租的空房，服务员只需要进行简单清扫或小扫除；对于有客人住宿的住客房间以及客人刚刚结账离店、尚未清扫的走客房间，需要进行一般性清扫或中扫除；而对于那些长住客人离店后的客房以及将有重要客人光临的客房则要进行彻底清扫或大扫除。

2. 不同类型房间的清扫顺序

客房的一般清扫顺序为：

(1) 挂有“请清理房间”的客房，或有口头要求清扫的客房；

(2) 总台或领班指示打扫的客房；

(3) VIP房，此类房间须在接到清扫通知的第一时间清扫，并按饭店规定的礼遇规格要求进行布置；

(4) 住客房；

(5) 走客房；

(6) 空房。

合理安排清扫顺序，其目的在于既满足客人的特殊需求，又要优先考虑加速客房出租的周转。因此，以上清扫顺序不是一成不变的，如遇特殊情况可作灵活变动。如果在旅游旺季，或酒店客房入住率较高的情况下，先打扫走客房，再打扫住客房，使客房能尽快重新出租。

3. 客房清洁卫生质量标准

客房的清洁卫生质量标准，一般说来包括两个方面：一是视觉标准，即客人和员工凭视觉或嗅觉等感受到的标准；二是生化标准，即防止生物、化学及放射性物质污染的标准——往往由专业卫生防疫人员来作定期或临时的抽样测试与检验。

(1) 视觉标准。关于视觉标准，客人与员工、员工与员工之间看法都不尽一致。要确定好这一标准，只有多了解客人的需求，从中总结出规律性的东西。不少饭店将其规定为“十无”和“六净”。

①“十无”：

● 四壁无灰尘、蜘蛛网；
● 地面无杂物、纸屑、果皮；
● 床单、被套、枕套表面无污迹和破损；
● 卫生间清洁，无异味；
● 金属把手无污渍；
● 家具无污渍；
● 灯具无灰尘、破损；

● 茶具、冷水具无污痕；

● 楼面整洁，无“六害”（老鼠、蚊子、苍蝇、蟑螂、臭虫、蚂蚁）；

● 房间卫生无死角。

② “六净”指清扫后的房间要做到：四壁净，地面净，家具净，床上净，卫生洁具净，物品净。

（2）生化标准。客房的清洁卫生质量光用视觉标准来衡量是不够的。例如，一只光亮的杯子是否清洁卫生，无法加以肯定，还必须用生化标准来衡量。客房清洁卫生的生化标准包括以下内容：

① 茶水具、卫生间洗涤消毒标准：

● 茶水具：每平方厘米的细菌总数不得超过 5 个；

● 脸盆、浴缸、拖鞋：每平方厘米的细菌总数不得超过 500 个；

● 卫生间不得查出大肠杆菌群。

② 空气卫生质量标准：

● 一氧化碳含量每立方米不得超过 10 毫克；

● 二氧化碳含量每立方米不得超过 0.07%；

● 细菌总数每立方米不得超过 2 000 个；

● 可吸入尘每立方米不得超过 0.15 毫克；

● 氧气含量应不低于 21%。

③ 微小气候质量标准：

● 夏天：室内适宜温度为 22℃～24℃，相对湿度为 50%，适宜风速为0.1～0.15 米/秒；

● 冬天：室内适宜温度为 20℃～22℃，相对湿度为 40%，适宜风速不得大于 0.25 米/秒；

● 其他季节：室内适宜温度为 23℃～25℃，相对湿度为 45%，适宜风速为 0.15～0.2 米/秒。

（五）检查工作车

工作车是客房服务员清扫整理房间的重要工具。工作车一般在楼层服务员当天工作结束时补充和准备好。在第二天进行房间卫生清洁前，对工作车只是检查，查看工作车上需要的物品和清洁工具是否和前一天工作结束时准备的一样，然后把干净的垃圾袋和布件袋挂在挂钩上。做好准备工作之后，服务员应再检查一下自己的仪容仪表，然后就将工作车推到自己负责的清洁区域，注意把车停放在走廊靠墙的一侧，避免影响客人行走。

（六）准备吸尘器

吸尘器是客房清扫不可缺少的清洁工具，使用前，要检查各部件是否严密，有无漏电现象，如有问题要及时修好，还要检查蓄尘袋内的灰尘是否倒掉。

（七）客房的卫生清洁

1. 走客房的清扫

走客房的清扫流程为：进房──→撤床──→整理器皿──→收拾垃圾──→清理卫生间──→铺床──→抹尘──→补充物品──→吸尘──→关门──→登记日报表。

（1）进房。清洁整理工作是从进房开始的，客房是客人入住后的"私人场所"，服务员在任何时候进入客人的房间，都必须遵守一定的规程。

① 观察门外情况。进房前要注意客房门把上有无挂着"请勿打扰(DND)"牌或反锁标志，房门侧面的墙上有无亮着"请勿打扰"指示灯。如有则不能敲门，而应轻轻地将工作车推走，离开此房间。

案例 4-2

对"请勿打扰"牌的真正理解

曾经有位客人在一块"请勿打扰"的牌子上写着："这是对你说的！"发生此事的饭店专门为此事召集人员开会，就"请勿打扰"牌子到底是什么含义进行检讨。该牌子不是说"请敲门"，或"将该牌子藏在你的小车里，大声敲门"，或"在我门旁的走廊里喧闹"；它说的是"别打扰，请稍后再来"。为确保不打破客人所需要的安宁，可考虑采取下面的一些做法：

◆ 在结账离店时间以前，不要惊动"请勿打扰"的牌子。

◆ 若已过了结账离店时间，告诉主管客房门上仍挂着"请勿打扰"的牌子。主管会给该房内的客人打电话，询问客人是否需要服务。假如该房内无人接，主管将与总服务台进行查对，核实该房的房况。

◆ 假如该房的客人已结账离店，客房服务员可以进入该房。

◆ 如果发现该房住的是延住客人，应在门下塞一张纸条，上面写着：

亲爱的客人：

出于对您门上"请勿打扰"牌子的尊重，我们今天未进入您的房间。如果您需要干净毛巾或其他服务，请拨分机×××。

谢谢。

◆ 假如对该房的房况有疑问，经理应去敲门并进入房间。

② 敲门。敲门三下或按门铃，不要用手拍门或用钥匙敲门。敲门应有节奏，轻重适度。然后通报"客房服务员"或"Housekeeping"。

③ 等候。敲门后应等候客人反应 3～5 秒，同时站在门前适当位置眼望门镜，以方便房内客人观察。敲门后切勿立即开门，或连续敲门，也不能通过门镜

向房内窥视。此时，若房内客人有回应，服务员应再通报，并征求客人意见，如客人不同意此时清扫客房，服务员应向客人道歉并轻轻离开此房；或视情况征询客人何时清扫较方便，并把客人要求清扫客房的时间记录在“客房清扫日报表”上，以免遗忘。

④ 开门进房。将房务工作车横放在客房门口，调整好工作车的位置，工作车开口向着房内，为了客人财物安全应用工作车堵住房门。

案例 4-3

清洁房间时应该开着门还是关着门？

按照惯例，饭店培训员工时总要求他们在清洁房间时将做房工作车尽可能靠近开着的房门。多年来业界持这样一种看法，认为洁房时开着房门既能提高客房服务员自身的安全，也能保障宾客私人财物的安全。开着房门，服务员受到攻击时喊叫就能被别人听到。业界私下里还说，洁房时让门开着，将减少员工偷窃客人财物的可能性。

但是有不同的声音开始质疑和挑战传统的“开门洁房”规定了。

问题一：是否是对宾客个人财物的保护？

实行开门洁房规定的饭店培训计划中往往含有以下内容：

◆ 客房服务员洁房时应要求走进房间的任何人出示房间钥匙；

◆ 客房服务员应核实此钥匙是否为该房间的钥匙；

◆ 客房服务员还可以要求进入房间者报出姓名，以便与前台核实是否是该房的住客。

但是，实际中有时候他们不这样做。饭店对员工进行宾客服务的培训中有一条，即要他们相信顾客永远是对的，这种教育造成员工不敢大胆去核实进入房间者的身份，以避免冲撞客人。另外，有些饭店的员工对使用英语与客人交谈感到为难。这两种情况造成的结果都是客人能够说服服务员同意他们拿走房中的物品，或让服务员离开，等晚些时候再来清洁房间。

问题二：是否是对客房服务员的保护？

小车拦住客房的入口并不能充分保护客房服务员。服务员可能在虚掩着门的浴室里擦洗浴缸，开着的水龙头哗哗响，或背对着门使用吸尘器在房中吸尘。有很多情况服务员都不会注意到有人推开小车进了房。实际上，闯入者可进入房间，关上门伤害服务员，而没有人对关着的门引起注意。

结论：把门关上清洁房间。

为了防止上述问题的发生和加强对客房服务员的安全保护，建议客房服务员清洁房间时把门关上。采取这一做法后，首先没有钥匙就无法进入客房，从而避免了服务员为核实身份向客人提问或进行验证的麻烦。由于门是关着的，这就切断了走廊上歹徒进屋作案的可能性，客房服务员有了更好的人身保护。

⑤ 拉开窗帘、打开窗户或调整空调开关。每天清扫客房卫生时，应关上空调、拉开窗帘、打开窗户，使房内光线充足、空气流通。拉窗帘时应检查帘子是否有脱钩或损坏现象。

⑥ 关掉房间内所有的灯，只开卫生间的灯。

(2) 撤床。撤床主要指拉床、撤换床罩、枕套等床上用品及撤走脏布件。

① 拉床。服务员站在床尾，屈膝下蹲，用手将床架连床垫慢慢拉出至容易整理的位置。

② 撤床罩、枕套、护单、床单、羽绒被或毛毯，把床罩、枕头、羽绒被或毛毯放置在沙发上。

③ 撤走脏布件。按规定的程序将脏床单、枕套放入房务工作车上的布件袋内，带进相同数量的干净布件放在一边待用。在撤床过程中，若房内有两张床，先撤一张床，脏布件可暂放在撤空的床的一角；撤另一张床时，将羽绒被或毛毯、枕芯等放在第一张床上，最后将棉织品全部一次性拿出去，并注意不要离自己的脸太近。

(3) 整理器皿。

① 如果客人在房内用过餐，则先将房内的送餐车、餐具等移至指定地点。

② 将烟灰缸内的杂物倒入垃圾桶内，放入卫生间备洗。清理烟灰缸时必须检查烟蒂、火柴梗有无熄灭(不可倒入恭桶)。如有，应熄灭后再倒。

③ 撤换脏的茶具、饮具、酒具，倒空热水瓶或电热水壶。把茶具、饮具、酒具放到工作车上的指定位置。

(4) 收拾垃圾。将纸篓内的垃圾连同桌面、地面及其他地方收拾起的垃圾一起倒进工作车上的垃圾袋内，用抹布把纸篓里外擦拭干净，换上干净垃圾袋。

(5) 清理卫生间。

① 进入卫生间，打开换气扇，将清洁桶置于卫生间地面中央。

② 放水冲净恭桶，在恭桶内喷上清洁剂。

③ 撤走用过的布件，撤出垃圾，换上干净垃圾袋。

④ 将烟灰缸、皂碟清洗后放回原处。

⑤ 清洗面盆、梳妆台、浴缸、恭桶。

⑥ 卫生间抹尘。从卫生间门开始依次用半湿抹布擦拭卫生间门的内外、镜面、洗脸台四周瓷壁、电话副机等处，再用干抹布将镜面、金属器件擦亮。

⑦ 将干净布件按照规定办法折叠、摆放。摆放时店标均应朝外。

⑧ 补充卫生间各种客用低值易耗品，并按照规定摆放整齐。

⑨ 清洁地面。用专用湿抹布从里到外，沿墙角平行擦净整个地面。

⑩ 检查有无遗漏之处。撤走清洁用具，关掉电灯和换气扇，将卫生间门虚掩。

（6）铺床。按照铺床的程序换上干净的床单、枕套，铺好其他床上用品。西式做床是传统的做床方法。做床是客房清扫的主要步骤，程序如下：

① 放平床垫。将床垫、衬垫拉平放正，检查衬垫四角的松紧带有无脱落，注意衬垫的卫生状况，如有污迹应撤换上干净的，并留意床垫角落所写月数是否符合本月标记。

② 铺第一张床单（垫单）。站在床的一侧居中位置或站在床尾，两手分开，用拇指和食指捏住床单的第一层，其余三指拖住后三层，将床单正面朝上朝前方甩开，待其落下时，利用空气浮力调整好位置，使中折线居床的正中位置，均匀地留出床单四边，使之能包住床垫，然后把床头、床尾四角包成直角或斜角。

③ 铺第二张床单（盖单）。用同样的手法将床单铺在垫单上，第二张床单要求正面朝下甩开，中折线应与第一张床单重合，床单上端多出床垫 5～10 cm。

④ 铺毛毯。将毛毯甩开铺在盖单上，床两侧下垂部分应相等，中线与床单重合，床头部分毛毯与床垫齐平，毛毯的商标须在床尾，商标朝上。

⑤ 铺第三张床单（护单）。在毛毯上铺第三张床单，要求顶端与毛毯拉齐，正面朝上，中折线与毛毯中线重合。一般四、五星级酒店铺护单。

⑥ 包边、包角。将盖单多出部分反折盖住毛毯和护单，再将盖单连同毛毯、护单一起反折 25 cm，两侧下垂部分也入床垫后，再将床尾下垂部分掖下床垫，将床尾两角包成直角和斜角，包紧包好。

⑦ 装枕，摆放枕头。张开枕套，用力一抖，放平，一手张开枕套，另一手将枕芯装入枕套尽头，将枕芯两角推入枕套角部，将开口部分整理好，并把枕芯和枕套的四角对齐、塞满。装枕时，不能用力拍打枕头。将装好的两个枕头叠放在床头的正中，枕头的中线与护单中线重叠，不露枕芯，枕套口反向于床头柜，双人床的枕套口方向互对。

⑧ 铺床罩。将床罩放在床尾，双手掷床罩头部将其抛至床头，床罩两侧下垂部分均等，床罩尾部自然下垂。移至床头，用床罩把枕头罩好，剩余部分插至两枕头之间，将床罩理平、拉挺。

⑨ 将床复位。借助腿部力量，将床慢慢推回原处，床与床头板对齐，再检查一遍是否铺得整齐美观，修整。

目前，越来越多的饭店不再沿用铺盖单、毛毯的西式做床法，而采用铺羽绒被或云丝被的中式做床法，这种做床法得到了客人的认可且客人感到舒适，国内的四、五星级酒店都全面采用,已是一种趋势。在程序上,省去了铺盖单、护单和毛毯以及它们的包边包角,改成将羽绒被装入被套。其他步骤不变。

(7) 抹尘。抹尘时应从房门开始,按照环形路线、顺时针和逆时针方向从上到下,用干、湿抹布依次把房内家具、设备、用品等擦净擦亮。抹尘时,要做到不漏项、不重复,注意踢脚线的擦拭,同时检查房内需要补充的客用品、宣传品品种数量是否齐全充足,检查房内设施设备尤其是各种开关是否正常,如有故障,立即报修,并做好记录。

推荐一种房间抹尘的顺序:房门──→衣橱──→行李架──→电视机──→写字台、化妆台──→客房小酒吧──→窗台──→沙发、茶几──→床头板──→床头柜──→空调开关。

(8) 补充房间用品。补充卫生间内的用品,按照统一要求整齐摆放。其中,面巾纸、卷纸要折角。摆放物品时,不要对房间造成二次污染。

(9) 吸尘。吸尘时应本着由里及外的原则,特别注意房间的四边、沙发上、窗帘后、墙角、床底等处。吸完尘后把家具复位,然后关好窗户,拉上纱窗帘,并整理好电线后把吸尘器放到房门口一侧。

(10) 检查。离开客房前自我检查一遍,查看家具用品摆放是否整齐、是否干净,清洁用具是否遗留在房内。如发现有不妥之处,应及时处理。

(11) 拔出节能电源的取电牌、关门。拔出节能电源的取电牌,退出房门,轻轻把门关上。

(12) 登记客房清洁整理情况。每间客房清扫完毕后,要在日报表上认真填写清扫的时间,客房用品的使用与补充情况及需要维修的项目和特别工作等。

案例 4-4

维修单的作用与用法

某酒店工程维修单

Repair/Maontenance Request

<table>
<tr><td rowspan="2">ORDERED
申请维修</td><td>PHONE
电话形式</td><td></td><td rowspan="2">DATE
日期</td><td rowspan="2">DEPARTMENT ISSUING
申请部门</td></tr>
<tr><td>WRITTEN
书面形式</td><td></td></tr>
<tr><td>REC. ENG.
工程部接收</td><td>DATE
日期</td><td></td><td>TIME
时间</td><td>REQUESTER'S SIGNATURE
申请人签字</td></tr>
<tr><td colspan="5">LOCATION OF WORK
工作地点</td></tr>
</table>

续表

WORK DESCRIPTION(维修内容):	ROUTINE 普通	
	URGENT 紧急	
	P. R. MAINT 检修	
	GUEST IN ROOM 客人在住	
CHARGE TO ACCOUNT 计账		

WORK STARTED 开始工作	DATE 日期	TIME 时间	DONE BY 维修人
WORK COMPLETED 完成工作	DATE 日期	TIME 时间	DONE BY 维修人
WORK CHECKED 检查工作	SUPERVIOR 主管	TIME USED 所用时间	DATE POSTED 交付日期

维修通知单的作用：通知工程部维修项目并作备忘。

维修通知单的用法：

(1) 客房服务员发现问题后应记录并汇报，由领班或指定人员负责填报。

(2) 维修单一式三份。两份送工程部，最后一份留底。

(3) 紧急维修可先用电话通知再补单，但需在单上注明联系人与时间。

(4) 维修完成并检查合格后，再给予签名确认。

(5) 客房中心每天要制作一份维修报表，每周送一份到工程部。如报修项目迟迟不见回音，则应由客房部经理与工程部交涉，以求得到解释再作安排。

2. 住客房的清扫

走客房清扫一般是先撤床，再清理卫生间，这样可以让床垫和毛毯等有一定时间透气，达到保养的目的，而住客房清扫一般要求先清理房间，再清理卫生间，这是因为住客随时可能回来，甚至带来访客，所以先将房间整理好，可使房间外观整洁，给客人以舒适感，这时服务员再清理卫生间，也不会有互相干扰之虞。

住客房具体清扫方法与走客房基本相同，但应注意以下事项：

(1) 客人在房间时。

① 应礼貌地问好，询问客人是否可以清洁房间。

② 操作要轻，不要与客人长谈。

③ 若遇到有来访客人，应询问是否继续进行清洁工作。

④ 清洁完毕，应询问客人是否有其他要求，然后向客人行礼退出房间，轻轻地关上房门。

(2) 客人中途回房时。在清理客房时，若客人回来，服务员应先礼貌地请客人出示客房钥匙或房卡，确定是该客房的住客后，询问是否可以继续整理。如可以，应尽快整理好，以便客人休息；如不可以，应及时退出。

(3) 房间电话铃响时。房间电话是客人主要的通讯工具，使用权属于客人，为了避免误会和不必要的麻烦，在清洁过程中，如电话铃响了，不能去接听。

(4) 清扫时，客人物品的处理。客人的文件、报纸、书刊等可以稍加整理，但不能弄错位置，更不准翻看，客人的照相机、计算机、笔记本、钱包之类的物品不能随意触摸；女性用的化妆品即使用完了，也不得将空瓶和纸盒扔掉。总之，除放在纸篓里的东西外，即使是放在地上的物品，也只能替客人作简单的整理，千万不要自行处理。

① 客人放在椅子上或床上的衣服，外衣可挂在衣橱里，内衣、睡衣简单折叠后放在床上。女宾住的房间，不要轻易动其衣物。擦拭衣橱、行李架时，不要将客人的衣物弄乱弄脏，也不要挪动客人的行李，一般只要擦去大面积的尘土即可。

② 若发现房内有大量现金，服务员应及时通知主管，由大堂副理在保安人员及主管的陪同下，将房门反锁，等客人回来后，由大堂副理开启房门，并请客人清点现金，提醒客人使用保险箱。

③ 对于长住房，清扫时要记住客人物品的摆放习惯。

(5) 其他问题。清理客房时，如发现客人在房内使用电器或烧香拜佛，应礼貌地劝阻客人，向客人说明存在的不安全因素，并及时将情况报告主管或大堂副理。若房内有加床，整理完毕后，应添一份客用品，不能遗漏。

案例 4-5

东京帝国饭店——客房组将宝贝和垃圾同等对待

与其说，我们在饭店工作的人的意识里，“垃圾”的概念和一般人不一样，不如说，我们不能用自己的价值观来判断什么是“宝贝”、什么是“垃圾”。

在饭店的客房内，可以当成“垃圾”的，只有垃圾箱里的东西。帝国饭店客房里的垃圾箱是纸制的专用箱。除了被扔在垃圾箱内的东西，哪怕是一块碎纸头儿、一个空火柴盒都不能当垃圾处理不用说，握得皱皱巴巴的纸团儿也不可擅自收拾。这是帝国饭店清扫客房的一项原则。因为我们不能判断，对顾客来说，什么是重要的，什么是不重要的。比如，有时空火柴盒上印刷着的餐馆的电话号码对某一个人来说是至关重要的。

以前，实际上发生过这么一件事儿，一位年老的孀妇来住店，第二天，我们清扫客房时从枕头底下发现了一个纸团儿，负责清扫的人想："可能是昨天晚上擦鼻涕用的吧。"就把它当"垃圾"给处理了。前台接到了从老夫人那里打来的电话，声音显得十分慌张、不安，原来，她回到房间后发现纸团儿不见了，问是怎么回事儿。"我放在枕下的，特别要紧的东西不见了！"这才知道，那纸团儿里包着的是她过世的丈夫的遗发。夫人外出旅行时，总是把遗发当守护，随身携带，晚上藏在枕下进入梦乡。

还有一件事，也是一位住店的女顾客。客房组清扫时，发现烟灰缸里有一团儿手巾纸，清扫的人推测"大概这位顾客不抽烟，就把烟灰缸当成放垃圾的给用了吧。"便顺手将纸团儿扔进了清扫用的大垃圾袋里，可谁想到，烟灰缸哪里是当垃圾箱用了，而是当宝石箱用了——手巾纸里包着的是一只价格昂贵的钻石戒指！幸亏帝国饭店的客房组有一项规定，就是将每天收集的垃圾，分楼层保管一整天之后再作最终处理。谢天谢地，遗发和戒指就从保管的垃圾中找了出来。

以上这两件事，对我们来说，至今都是特别难得的教训。从那以后，我们更强化执行了一条工作规定：顾客的东西，凡是被扔在垃圾箱里的，或是贴着"请扔掉"的指示的可以算垃圾处理，除此之外，都要放置原地不动。在离店顾客的客房中，没拿走的东西当"遗忘品"处理。

这样一来，连吃了两三口剩下的点心、用过一点儿的化妆品，都成了"遗忘品"。"遗忘品"的保留时间，从最短的一天到最长的两年都有。另外，我们将垃圾箱倒空时，也尽量留心察看，床单、浴衣拿去洗之前，一定在房内平展开，看看有什么裹在里面没有。这么做的结果是帝国饭店的"遗忘品"一天达100件之多！也有的时候，顾客提意见问："为什么没把丢在垃圾箱边儿上的啤酒瓶子收拾掉啊!?"这时，我们向顾客说明帝国饭店的想法，请顾客理解我们。

3. 空房的清扫

空房的整理虽然较为简单，但必须每天进行，以保持其良好的状况。

(1) 每天进房开窗、开空调，通风换气。

(2) 用干抹布除去家具、设备及物品上的浮尘。

(3) 每天将浴缸和脸盆的冷热水及马桶的水放流1～2分钟。

(4) 如果房间连续几天为空房，则要用吸尘器吸尘一次。

(5) 检查房间有无异常情况；检查浴室内"五巾"是否因干燥而失去弹性和柔软度，必要时，要在客人入住前更换。

4. 夜床服务

夜床服务就是对住客房进行晚间寝前整理，又称“做夜床”或“晚间服务”。夜床服务是一种高雅而亲切的服务，其作用主要是方便客人休息，整理干净使客人感到舒适，表示对客人的欢迎和礼遇规格。

夜床服务通常指晚上 6 点以后开始，因为这时客人大多外出用餐而不在房内，既可避免打扰客人，又方便服务员工作。夜床服务的基本程序是：

(1) 敲门进入房间，敲门时报称“客房服务员”。如客人在房内，先礼貌地询问客人是否要做夜床，征得同意后方可进入。客人不需做夜床的，要向客人表示歉意，并道晚安。若房内无人，则应启门进入房间。

(2) 开灯，将空调开到适宜温度上，轻轻拉上窗帘。

(3) 清理烟灰缸，整理废纸杂物。同时查看热水是否备妥，物品有无短缺。

(4) 做夜床(开床)的步骤是：

① 将床罩取下，折叠整齐，放于规定的位置。

② 将床头柜一侧的盖单和毛毯(或羽绒被)一起向外掀起，折成 45 度角。一室二床的房间，如住一位客人，尤其是住一位女宾时，一般开内床(即靠墙壁的一张)，或按客人习惯开床。不要同时开两张床。

③ 拆松枕头并将其摆正，如有睡衣应叠好放在枕头上，同时摆好拖鞋。

④ 按饭店的规定在床头的枕头上放上晚安卡、小礼品等。

(5) 整理卫生间，冲洗马桶，擦洗脸盆、浴缸等，撤换 VIP 房用过的毛巾、杯具等，其他客房稍作整理。

(6) 补充房间茶叶、热水和其他用品。

(7) 检查。检查一下房间及卫生间，查看是否有纰漏，除床头灯、廊灯之外，将灯全部关掉。最后退出房间，关好门。若客人在房间，要向客人道声“打扰了，晚安”，将门轻轻地关好。

(8) 填写晚间服务记录。

案例 4-6

清扫作业的标准时间

清扫作业的标准时间是客房管理者确定服务员工作定额和进行客房定员的依据。

打扫一间客房需要花费的时间，取决于：

- 服务员体力的大小；
- 服务员工作经验的多少；
- 服务员劳动熟练程度的高低；

● 服务员做床方法的科学与否；

● 客房面积的大小；

● 床的大小；

● 客房状况的不同(空房、走客房、VIP 房等)；

● 客房类型的不同(单人房、双人房还是套房)；

● 住客素质的高低(外宾住过的房间易整理，而很多内宾住过的房间则需要较长时间去整理)。

一般而言，各种不同类型的客房所需要的清扫时间大致如下：

双人房：30～40 分钟，单人房：20 分钟，套房：50～60 分钟。

按照一般的标准间计算：

走客房：30～40 分钟，住客房：15～20 分钟，空房与做夜床约 5 分钟。

为了提高工作效率，节约人力资源开支，适应竞争的需要，我国目前楼层服务员的标准工作定额为独立完成 13 间标准间/人·天。

5. 小整服务

小整服务的内容大致与夜床服务相似，主要是整理客人午睡后的床铺，必要时补充茶叶、热水等用品，使房间恢复原状。有的饭店还规定对有午睡习惯的客人，在其去餐厅用餐时应迅速给客人开床，以便客人午休等。

小整服务一般是为 VIP 客人提供的。是否需要提供小整服务，以及小整服务的次数等，各饭店应根据自己的经营方针和房价的高低等作出相应的规定。

(八) 汇报工作

楼层服务员做完一天的工作，最后把填写好的日报表核对、检查后，向楼层主管汇报当天客房卫生清洁的总体情况。

发现下列问题需立即报告：

(1) 客人损坏设施、设备和用具。

(2) 客人遗留物品。

(3) 已通知是走客房，但房间内留有行李。

(4) 客人生病。

(5) 水电设备发生故障。

(6) 房内有异常情况。

(7) 房间内发现有害虫和鼠类。

(8) 客人携带违禁物品。

(9) 客人开了房但未使用过。

(10) 空房有人住过。

(11) 损坏了客人的物品。

(12) 住客人数、性别等和入住记录不符。

(13) "请勿打扰"房超过下午2时。

二、客房的消毒工作

消毒和除虫害是饭店清洁卫生工作的一项重要内容,是预防各种疾病流行、保证宾客健康的重要措施。在客房的消毒工作中,每个服务人员必须加强责任心,明确消毒目的,了解基本原理,熟悉常用的消毒方法。

(一) 客房消毒的要求

1. 房间

房间应定期进行预防性消毒,包括每天的通风换气、日光照射以及每星期进行一次紫外线或其他化学消毒剂灭菌和灭虫害,以保持房间的卫生,预防传染病的传播。

2. 卫生间

卫生间的设备、用具易被病菌污染,因此,卫生间必须做到天天彻底清扫,定期消毒,经常保持整洁。

(1) 每换一位旅客就必须进行严格消毒。

(2) 每周对地面喷洒杀虫剂一次,尤其注意对地漏处的喷洒。

3. 茶水杯、酒具

(1) 走客房的杯具必须统一撤换,进行严格的洗涤消毒。

(2) 住客房用过的杯具每天都必须撤换,统一送杯具洗涤室进行洗涤消毒。

(3) 楼层应配备消毒设备和用具。

4. 客房工作人员

(1) 严格实行上下班换工作服制度,让工作服起到"隔离层"的作用。

(2) 清洁卫生间时,应戴好胶皮手套。

(3) 每天下班用肥皂清洁双手,并用消毒剂对双手进行消毒。

(4) 定期检查身体,防止疾病传染。

(二) 常用的消毒方法

消毒方法很多,大致可以分为物理消毒、化学消毒和生物消毒三大类。下面介绍几种常用的方法。

1. 通风与日照

(1) 室外日光消毒。利用阳光的紫外线,可以杀死一些病菌。例如,定期翻晒床垫、床罩、被褥,既可起到消毒作用,又可使其松软舒适。

(2) 室内采光。室内采光是指让阳光通过门窗照射到地面,以杀死病菌。例如,冬季有 3 小时日照，夏季有 2 小时日照，即可杀死空气中大部分致病微生物。

(3) 通风。通风不仅可以改善空气环境，而且可以防止细菌和螨虫等孳生。因此改进客房的通风和空调效果，应是客房消毒常用的方法。

使用空调器应注意定期更换空调器的滤膜，防止细菌的孳生繁殖。因为在适宜的湿度和温度中，一些致病微生物(霉菌)会在空调器内繁殖生长。

2. 物理消毒

(1) 高温消毒。高温消毒可分为煮沸消毒与蒸汽消毒两种。其原理是在高温中，菌体内的蛋白质凝固致使其死亡。

① 煮沸消毒。将洗刷干净的茶水具置于 100℃的沸水中煮 15～30 分钟即可。此法适用于瓷器，但不适用于玻璃器皿。

② 蒸汽消毒。将洗刷干净的茶水具、酒具及餐具等放到蒸汽箱中，蒸 15 分钟即可。

(2) 干热消毒。主要是通过氧化，破坏微生物细胞原生质，致使其死亡。

① 干烤。多采用红外线照射灭菌，目前客房楼层常用的消毒柜多属此类。操作程序是将洗刷干净的杯具放入消毒柜中，然后将温度调至 120℃，干烤 30 分钟即可。

② 紫外线消毒。可用于卫生间的空气消毒。一般安装 30 瓦灯管一支，灯距地面 2.5 米左右，每次照射 2 小时，可使空气中微生物减少 50%～75%，甚至 90%以上。

3. 化学消毒剂消毒方法

化学消毒剂能使微生物菌体内的蛋白质变性，干扰微生物的新陈代谢，抑制其快速繁殖，以及溶菌。

(1) 浸泡消毒。浸泡消毒一般适合于杯具的消毒。使用浸泡消毒法，必须先把化学消毒剂溶解，同时严格按比例调制好，才能发挥效用。如果浓度过低，达不到消毒的目的；浓度过高则易留下余毒，伤害人体。

浸泡消毒的操作方法是：将洗刷干净的杯具分批放入消毒溶液中浸泡 5 分钟，然后用净水冲净并擦干即可。常用的化学消毒剂溶液有以下几种：

① 氯亚明：配制浓度为 3‰，配好的溶液只能使用一天。其对金属器皿有退色和腐蚀作用。

② 漂白粉：配制浓度为 3‰，搅拌均匀后使用。

③ 高锰酸钾：配制浓度为 1∶2 000 水溶液。水溶液为紫红色，如果溶液变成黄褐色，则应更换新液。可用于杯具和水果消毒。

④ "八四肝炎"消毒液：配制浓度为 0.2%～0.5%水溶液。能快速杀死甲、乙型肝炎、艾滋病、脊髓炎病毒和细菌芽胞等。

⑤ TC－101：配制浓度为 0.2%～0.5%水溶液(每千克水放 2 片 TC－101)，须浸泡 15～20 分钟。

(2) 擦拭消毒。即用药物水溶液擦拭客房设备、家具，以达到消毒的目的。

① 房间的擦拭消毒。服务员打扫完卫生后即可用化学消毒溶液进行擦拭消毒。例如，用10%浓度的石炭酸水溶液、2%浓度的来苏水溶液擦拭房间家具、设备。

② 卫生间的擦拭消毒。用2%～3%的来苏水溶液或"八四肝炎"消毒剂擦拭卫生间洁具。消毒完毕，紧闭门窗约2小时，然后进行房间通风。

化学消毒溶液对人体有一定的腐蚀作用，因此在进行消毒时应注意采取防护措施。如有接触用清水冲洗即可。

(3) 喷洒消毒。为了避免对人体肌肤的损伤，可采用喷洒方法消毒。例如，用浓度为1%～5%漂白粉澄清液对房间死角和卫生间进行消毒。但禁止将漂白粉与酸性清洁剂同时使用，以免发生氯气中毒。

喷洒消毒以采用快干型的消毒剂为好，例如空气清新剂、"杰雪"消毒剂("杰雪"的有效成分是戊二醛，无刺激气味和不腐蚀金属，对皮肤无刺激，能迅速杀死甲肝、乙肝等病毒)。

第二节　公共区域的卫生清洁

客人在房间内度过的时间比在饭店任何地方度过的时间都多，但是大多数客人是在他们打开行李之前就已经形成对饭店的印象了。客人对饭店最原始的印象来自饭店的公共区域，特别是入口、大堂和餐厅。

公共区域(Public Area，简称PA)是指公众共有共享的活动区域。饭店客房部一般都下设公共区域组，专门负责除客房以外的所有公共区域的卫生清洁。

一、公共区域的范围

饭店的公共区域可划分为室内部分和室外部分。室外公共区域是指饭店的外围区域，包括饭店的外墙、花园、前后大门等。室内区域又划分为前台区域和后台区域两部分。其中，前台部分通常指专供宾客活动的场所，包括饭店的入口、大堂、电梯、洗手间、总服务台、餐厅、会议室等。后台部分通常指饭店员工工作、生活的区域。

二、计划安排公共区域的清洁

安排公共区域的卫生清洁与安排客房清洁工作是不一样的，公共区域的清洁程序标准比较不统一，最典型的是，前台区域中白班的工作主要是为了保持公共区域的清洁，公共区域的彻底清洁或是说大量的清洁工作是在夜间开展的。前台区域中有些场所的清洁必须反复进行，甚至是每小时反复清洁。

三、公共区域主要部位的清洁内容

(一) 大堂的清洁

大堂通常是宾客接触饭店最早的区域,也是宾客进入饭店的必经之路。由于大堂的人流量大,大堂的面积也较大,因此,保持大堂的卫生清洁必须一整天连续进行。日班主要进行约1～2小时循环一次的"保持性清洁",而晚上10点半以后至早上7点以前,进行深层次的清洁工作。

1. 大堂日间的清洁

(1) 推尘。大堂多是硬质地面,白天客人来往频繁,必须不停地拖拭地砖等硬质地面,为地毯吸尘。

(2) 倾倒和擦拭烟缸、垃圾桶。公共区域的烟灰缸应及时替换,且缸内烟蒂最多不得多于三只。

(3) 抹尘。要不断巡视大堂各处,抹去浮尘,包括大堂电话机、各种指示牌、总服务台、台面灯座、饮水器、花盆、玻璃门、扶手、门侧柱和门轨。

(4) 整理座位。大堂休息处的沙发、茶几、台灯等,由于客人使用频繁,必须及时整理归位,地面上、沙发上的果皮纸屑及时清理。

2. 大堂晚间的清洁

大堂进一步的清洁工作,一般都在晚上进行,这是因为晚上来往人员减少,给客人带来的不便最少,同时员工也可以不受或少受干扰地集中精力打扫。大堂晚间的清洁内容包括:吸尘、清扫地面、用拖把拖洗大门外的地面,洗刷地毯,家具除尘,倒净并擦净烟灰缸和垃圾筒,擦净墙面、木器、金属面、门、把手等处的指印和污点,用桐油或不锈钢清洁剂擦净擦亮所有铜及不锈钢器具,洗净擦亮所有的玻璃门和镜面。

(二) 电梯的清洁

电梯的使用量非常大,因此需要频繁清洁。对客用电梯的清洁一般分午、晚、深夜三次进行。清洁项目主要是天花板、灯、墙面、镜面、电话机除尘及地面吸尘,要特别注意对金属部分或镜面的除渍保养,对电梯按钮也要经常用干抹布擦拭,保证无水印、无脏迹。电梯内的地毯是最难保持清洁的,因为磨损比较集中,四壁容易留下指印和磕碰的痕迹,封闭的环境中这些显得更加明显。但是电梯内地毯吸尘的时间要尽量控制得短,减少电梯停止工作的时间。有些饭店采用每天更换星期地毯的办法解决清理问题,但要注意星期地毯应在每日零时准时更换。饭店内还有员工电梯、餐梯、货梯等,应参照客用电梯的清洁方法进行清洁。

(三) 公共洗手间的清洁

在有些高级饭店中,洗手间有专职服务员负责随时清洁和为客人放洗手水、递毛巾及开门等,这的确是一种高规格的服务模式。实际上,客人对于洗手间的清洁卫生要求一向都很高，但是大多数酒店要考虑到成本支出，不可能长期安排专职服务员。公共洗手间一般要求每隔一小时小清理一次；每日夜间或下午客人活动低峰（一般下午 3、4 点），各安排一次彻底清洁。

1. 公共洗手间小清理程序

(1) 检查洗手间设备有无损坏，如有，及时报修。

(2) 倒空所有垃圾容器，冲净客人用过未冲的恭桶。

(3) 抹净台面、地面及恭桶上的水迹、污迹。

(4) 擦净镜面和水龙头等镀铬件。

(5) 补充用品，如洗手液、卷纸、小毛巾等。

2. 公共洗手间彻底清洁程序

(1) 检查洗手间设备有无损坏。

(2) 倒空所有垃圾桶，换上干净垃圾袋。

(3) 放水冲净恭桶、便池等，倒入恭桶清洁剂。

(4) 用浸泡过消毒剂的抹布擦拭面盆、冲净、抹干。

(5) 擦净擦亮镜面、金属器件。

(6) 用刷子清洁恭桶，用消毒剂擦拭恭桶座圈、外壁、水箱，再洗净、抹干。用同样的方法刷洗地面。

(7) 配齐物品，如洗手液、卷纸等物品。

(8) 拖净或擦净地面，使地面无水迹、无污渍。

(四) 餐厅、舞厅和多功能厅的清洁

这些地方需要仔细地清洁。客人落座之后，难免会左顾右盼，座椅和地面附近的清洁是容易关注的，因而，在开餐之前要仔细检查。

由于餐厅营业时间长短不一，客房部要妥善安排好各餐厅的清扫时间并主动争取餐厅员工的积极配合。在餐厅营业时间内有清理需要时，必须及时给予处理，否则，不仅有碍观瞻，而且可能造成硬地打滑或地毯上的污迹不易清除。有些饭店考虑到工作的便捷和方便，规定其正常清洁工作由各营业部门自行解决。

餐厅的全面清洁通常在夜晚停业之后至次日开餐之前进行。通常的工作内容有：

(1) 清除餐椅上的食物碎屑及污渍。

(2) 清洁桌椅腿、窗沿及通风口等。

(3) 清洁吧台、账台及电话机等。

(4) 擦亮金属器件。

(5) 地面吸尘或磨光。

(6) 完成计划卫生，如为家具、灯具打蜡，座椅和墙面的清洗。

舞厅和多功能厅的清洁任务和要求基本上和餐厅相同，只是舞厅通常上午清扫，而多功能厅的清洁工作往往在活动前后进行。

(五) 地面的清洁与保养

饭店在建造中将大量资金用于地面材料的选购和铺设。开业后客房部又会将大部分的时间、人力和财力用于地面的清洁和保养方面。之所以如此，是因为地面装潢如何、保养的好坏直接反映饭店的档次和管理水准。忽视了地面的装潢与保养，会使整座饭店黯然失色。因此，对地面材料进行必要的了解，继而选用恰当的材料和清洁保养方法是每位专业人员所应掌握的一门知识和技术。

1. 大理石地面的清洁保养

饭店常用的硬质地面材料有天然大理石和人造大理石。天然大理石是石灰岩经过地壳内高温高压作用形成的变质岩，属于中硬材料，主要由方解石和白云石组成，主要成分为50%以上的碳酸钙。主要用于大厅地面的装饰和高档豪华客房卫生间地面的铺设。因其含有杂质，碳酸钙在大气中受二氧化碳、硫化物、水气的作用也容易风化和溶蚀，而使表面失去光泽，故不宜用作室外铺设材料。

人造大理石表面光洁度很高，其花色或模仿大理石、花岗岩或自行设计，均很美观、大方，富有装饰性，具有良好的耐久性、可加工性。表面抗油污性能也很好，对醋、酱油、食油、鞋油、口红、红墨水、蓝墨水、红药水、紫药水等都不着色或着色很轻微，碘酒痕可用酒精擦去。由于价格明显低于天然大理石，所以人造大理石现已是饭店大量使用的较理想的地面装饰材料。

(1) 日常清洁。先用笤帚扫除地面脏屑，后用拖把或排拖(视被清洗场地面积的大小而定)进行除尘。由于牵尘剂的作用，清洗后的地面光亮无灰尘。也可使用吸尘器进行日常清洁，优点是省时省力。但由于大厅大理石地面需不断地除尘清洁，吸尘器噪声太大，而且虽然配有专门的用于硬质地面的吸头，但地面并非绝对平滑，吸头与地面之间的吻合度不会是100%，自然有吸不干净的地方，所以常规仍使用拖把和排拖。

有一些豪华饭店严格的管理者要求每晚必须用磨光机对大理石地面进行一遍磨光，可使地面光亮如新。

(2) 定期清洁。饭店一般都规定有洗涤大理石地面的周期，主要视脏的程度而定，目的是清洗掉地面上较深的脏垢和用拖把无法清理的脏迹。清洗地面前将所有物件搬离，做好一切准备工作，通常在晚11点后进行。将稀释好的清洗液倒入洗地机内，开机操作，从后向前行进，按直线行走，这样可避免遗漏；同时开吸水机开关，边擦洗边吸除污水。对洗地机无法洗到的地方可用拖把泡清洁液拧干后擦洗或人工用海绵擦洗。然后按同样方法用清水再洗一遍，吸干水分即告完成。

(3) 打蜡。对大理石地面进行打蜡是保护面层的最佳方法,既美观又可延长使用寿命。这是一项技术要求极高的工作,应由经过专门训练的人员负责,方能保证其效果。

(4) 晶面处理。晶面处理即通过机械将化学剂加热浓缩并压缩成结晶膜铺在地面上,这层透明的无色薄膜光亮、坚固。

打蜡对于石质地面有较好的保护作用,但对于鞋底及沙砾等硬物则难以抵御,而且蜡层会随日常的清洁和磨损而消失。晶面处理弥补了普遍打蜡的不足,它可使石质地面变得更平滑、光洁,保护石质地面不受任何酸碱物质的侵蚀,抵御坚硬物质的磨损,使地面经久长新。

2. 木地板地面的清洁保养

饭店的舞厅、酒吧、会议室和一些老式客房常使用木质材料作为地面饰板。它由软木树材(松、杉等)和硬木树材(杨、柳、榆等)加工而成,可做成契口板或拼花板。优点是具有一定的使用耐久性,自重轻,导热性能低,有弹性,舒适度好;缺点是容易随温度及湿度的变化而引起裂缝和翘曲,耐火性差,清洁保养不善容易腐朽。现在,新型的复合地板已成为室内装修的优质材料,它是在木材基础上用特种耐磨塑料贴面工艺制成的,耐烟火烫、耐污染、耐磨、易清扫、抗重压,是很好的地面饰材。

木地板地面的清洁保养方法与大理石基本相同,只是木质地面更娇气些,下面仅就其不同之处作说明。

(1) 木地板地面的日常清洁宜用牵尘剂浸泡过的拖把,不宜用排拖,原因是木地板地面平整度略逊于大理石,面积通常也较小。

(2) 清洗地面污垢不宜用洗地机,只能用拖把和稀释过的中性清洁剂拖洗。

(3) 木地板地面所用的封蜡和面蜡应用油性的。

(4) 大理石地面可上封蜡也可不上,因其表面密度和光洁度均很高;而木地板的表面有气孔,需上封蜡渗透填充来增加光洁度,最好上两层封蜡。

(5) 木地板地面再次打蜡前去除陈蜡的方法是:用磨砂机干磨,而后用吸尘器吸去陈物,因为木地板地面不宜用水反复清洗。磨砂机可用洗地机和抛光机替代,换上钢丝绒软垫即可。以前这项工作均为手工操作,即用钢丝绒手擦方式进行,称之为砂擦。当然,对于机器擦不到的地方仍需手工擦。

3. 地毯的清洁保养

地毯是客房的高级装饰品,具有舒适、清洁、美观、安全、保温、吸音的特点。地毯的品种有羊毛和化学纤维地毯等。羊毛地毯高雅名贵,但造价高,一般在豪华级房间铺设。目前国外大多数饭店使用化学纤维地毯,这种地毯美观、价廉、易洗。

地毯清洁保养的内容一般包括:

(1) 吸尘。彻底地吸尘是保养地毯最重要的工作,吸尘器吸尘可吸除聚集在地毯内的尘埃、沙砾,避免它们在人来人往时,由于摩擦而在地毯纤维与沙砾之间做切割运动,从而割断纤维。而且吸尘可减少洗涤地毯的次数,恢复地毯纤维的弹性,从而延长其使用寿命。因此,必须每天吸尘,行人多的地方一天要吸好几次。一般用普通吸尘器,必要时用滚擦式吸尘器彻底吸出地毯根部灰尘和杂质,可将其列入计划卫生内容。

(2) 及时清除地毯上的污迹。地毯污迹形成的原因是多方面的,有些是房内用餐的汤汁泼洒,有些是呕吐物等,还有些是客人不小心以及服务员工作失误造成的。污迹种类很多,可用专门的清洗剂清除,但必须及时,避免其渗透扩散留下永远无法清除的脏迹。用地毯除渍剂进行清理后要用尼龙刷将纤维梳理以恢复原状。

(3) 定期对地毯进行彻底的清洗。饭店客房部一般配备专门的地毯清洗工负责对所有地毯的清洗,因为这是一项专业性很强而且劳动强度较大的工作。根据情况可半年或一年对地毯进行一次大面积的清洗。清洗方法有三种:干泡擦洗、旋转式擦洗和温水抽吸洗涤。

4. 卫生间地面的清洁保养

卫生间地面材料要求抗水性好、易清理、美观,所以一般选用瓷砖、缸砖和大理石材料。这几种材料的清洗保养方法大体相同。在常规做法中,大理石地面需打蜡保护,但由于经打蜡后的地面不能沾水,所以铺设在卫生间的大理石地面都不打蜡。现在的大理石加工技术越来越先进,先期抛光效果很好,保护层也很牢固,而且客人大多穿拖鞋或赤脚进入卫生间,对地面的磨损也很小,所以不打蜡是完全可以保持原有光洁度的。

常规的清洁保养方法是:每日打扫房间时用专用抹布擦干擦净地面,看其脏的程度决定是否要用清洁剂。清洁剂只用中性的。酸性清洁剂会侵蚀地砖表面及接缝,使其失去光泽和发生脱落,甚至会造成大理石表层爆裂;过多地使用碱性清洁剂,也会使大理石表层碎裂和失去光泽。禁止使用粉状清洁剂,因摩擦时会损伤地砖表层,形成划痕和使地面失去光泽。用中性清洁剂清洗后,必须用清水冲洗并擦干地面。比较麻烦的是地砖接缝,时间一长会变黄变黑,影响美观和清洁,装潢施工时就应考虑和注意该问题,拼接缝要窄和均匀,白水泥镶缝要牢要平,这样可避免积攒脏垢。日常擦洗时一定要将接缝处擦干。计划卫生可安排定期用牙刷蘸清洁剂擦洗接缝。这些如果能坚持,卫生间地面就会长久如新。

(六) 墙面的清洁与保养

与地面材料一样,墙面的装潢也是日新月异,装饰材料品种繁多。因为墙首先作用于人的视觉,它的好坏直接影响到客人对饭店的印象和评价,因此饭店要投入大量资金用于墙面的装饰,以使饭店更具特色和吸引力。

1. 硬质墙面的保养

硬质墙面与硬质地面有许多近似的性能。常用的有瓷砖墙面和大理石墙面。作为墙饰面的瓷砖都施釉且花形图案多样。一般大理石多作大厅饰面材料，瓷砖多为厨房和客房卫生间的饰面材料，主要是因为它具有防水、防污、防火性能及一定的装饰性能。

硬质墙面与硬质地面的保养有所不同，因为作为墙饰面摩擦少，主要是灰尘、水珠等浅垢；如果在大厅，则主要是灰尘。清洁保养方法是每天掸去表面浮灰；定期用喷雾蜡水清洁保养，该蜡水既具有清洁功效，又会在面层形成透明保护膜，更方便了日常清洁。如果是卫生间的墙面，则应定期使用碱性清洁剂清洁，洗后一定要用清水洗净，否则时间一久，会使表面失去光泽。

2. 贴墙纸墙面的保养

贴墙纸是目前应用最广的墙面饰材，主要被用于客房、会议室和一些餐厅。所有墙纸墙面的正常保养是定期对墙面进行吸尘清洁，将吸尘器换上专用吸头即可。日常发现特殊脏迹要及时擦除。方法是，对耐水墙纸可用中、弱碱性清洁剂和毛巾或牙刷擦洗，洗后用干毛巾吸干即可；对于不耐水墙纸可用干擦法，如可用橡皮等擦拭，或用毛巾蘸些清洁液拧干后轻擦。总之要及时清除污垢，否则时间一长即会留下永久斑迹。

3. 软面墙面的保养

软墙面是用锦缎等浮挂墙面，内衬海绵等。墙面的装饰效果、织物所具有的独特的质感和触感以及其别致的色贴方法，是其他任何墙饰面所无法比拟的。特点是具有温暖感，格调高雅、华贵，立体感强，吸音效果好等，是高档客房的理想饰料。

软面墙面的保养主要是吸尘，可定期进行。如果能保持房间的相对湿度则不会有太大的清洁保养难度。因为软饰面被衬海绵等填充物，水擦后不易干透，甚至会留下较明显的水斑，故不能经常用清洁剂洗擦脏斑。因此，宜在 1 m 以下处用木板墙贴面，1 m 以上处用软墙饰，这样既能增强装饰效果，又方便了清洁保养。

4. 木质墙面的清洁保养

木质墙面中现有微薄木贴面板和木纹人造板两种，常被用于大厅、会议室、餐厅、客房的装饰。木质墙面平时可用拧干的抹布除尘除垢。定期上家具蜡可减轻清洁强度。对于破损处则需维修人员修复上漆。

5. 涂料墙面的保养

涂料可分为溶剂型涂料、水溶性涂料和乳胶漆涂料三种。溶剂型涂料生成的涂膜细而坚韧，有一定耐水性，缺点是有机溶剂较贵、易燃，挥发后有损于人体健康。水溶性涂料是以水溶性合成树脂为主要成膜物质，会脱粉。乳胶漆涂料是将合成树脂以极细微粒分散于水中构成乳液（加适量乳化剂），作为主要成膜物质，其效果介于前者与中者之间，其色泽千变万化，价格较低，不易燃，无毒无怪味，也有一定的透气性；缺点是天气过分潮湿时会发霉。这种墙料因施工简单，色彩变化大，客房仍可使用，若每年粉刷一次，会有意想不到的效果。

涂料墙面的日常清洁是掸尘。墙面一出现霉点即用干毛巾擦拭。橡皮是较好的除斑用具，但需掌握技巧，否则同样会留下擦痕。

(七) 饭店后台区域的清洁

饭店后区虽然不直接面对客人，但是也必须做到清洁无尘。后区的清洁标准应该和前区一致，强调这样一个信息：不仅客人的要求应该被尊重，员工的需求也应该被尊重。只有搞好后台区域的清洁卫生，为员工创造一个良好、舒适的环境，才能促使员工为客人提供优良的服务。

后台公共区域包括员工通道、员工电梯、更衣室、员工浴室、员工餐厅等场所，其清洁内容可参照前台公共区域来清扫。后台公共区域中行政办公区的清洁是一项不同于前台的清洁工作。

行政办公区的清洁工作主要有：

(1) 检查各办公室内的卫生情况，发现不卫生随时清理。

(2) 定时收拾办公室台面的文件、报纸、杂志，并擦拭台面及椅子。

(3) 倒空纸篓并清洁，然后放回原处。

(4) 清洁冷热饮水器。

(5) 擦抹窗台、门、矮墙、装饰画、地脚线等。

(6) 办公室内地毯及时吸尘(吸尘时，不准动电脑插座，以免丢失电脑内储存资料)；办公室外面走廊地面进行拖抹，保持地面干净、无尘。

行政办公室的清洁卫生工作一般由公共区域组在办公人员下班后进行。应注意的是清理完毕后一定要把办公室的门锁好。

(八) 公共区域主要部分的清洁标准

(1) 大堂及走廊。随时保持清洁。早中班每小时一遍地面推尘、倒烟灰、座位整理、扶手与平台抹尘，清除地毯及水中垃圾。夜班作全面清洁。

(2) 客用电梯。早中班每 4 小时清扫一次，夜班作全面清洁。

(3) 客用洗手间。早中班每 1～2 小时进行一次清理。下午及后半夜各作一次全面清洁。

(4) 餐厅和舞厅。每日营业结束后进行全面清洁维护。

(5) 多功能厅。每日清洁一次，需要时可随时清洁。

(6) 行政办公室。每日下班后清洁一次。

(7) 员工更衣室。每日早中班各清洁一次。

(8) 员工通道和电梯。每班清洁一次。

(9) 外围。每日早晚清扫两遍，其他时间由外围服务员随时保持其清洁。

第三节　客房部的计划卫生

日常清洁不能够将客房部负责的所有清洁项目都进行得彻底,因此客房部需要组织计划卫生补充进行彻底的卫生清洁。

所谓计划卫生是指客房部在日常清洁卫生的基础上,拟订一个周期性清洁计划,采取定期循环的方式,将平时不易做到或不易做彻底或不必每日都做的卫生项目进行彻底的清洁和维护保养,以保证客房部负责区域的洁净,维持设施设备处于良好状态。根据客房部管理的区域,客房部的计划卫生分为两部分,分别是客房计划卫生和公共区域计划卫生。

一、客房计划卫生的分类

计划卫生的项目及时间安排,各饭店要根据自己的设施设备情况和淡旺季进行合理的安排。同时,工程部也应利用这个机会,对某些设备和家具进行彻底的维修保养。

(一) 单项计划卫生

由于人力的安排、开房率高低等因素的影响,客房清扫服务员每天清扫客房时只能有所侧重。因此,清扫服务员在完成规定的客房清洁之后,领班还应安排适当的单项计划卫生,以弥补其平时工作的不足。

例如,客房服务员除完成每天10～13间客房的清扫任务外,每天彻底大扫除其中的一间客房,这样经过10～12天就可以完成由他负责的所有客房的计划卫生任务;或者采取每天对这些客房的某一部位进行彻底清扫的方法,经过若干天对不同部位和区域的彻底清扫,也可以完成所有客房的计划卫生工作。

(二) 客房周期大清洁

这是一项通过专人、专职负责的对客房卫生进行周期性、全面、彻底的清洁计划。单凭单项的计划卫生较难维持客房的格调,所以应安排专人对客房卫生进行周期性的清洁,以确保客房处于清洁如新的状态,使客房的卫生质量保持和达到较高水平。

具体做法是:一般以一季度为一个工作周期,保证在一周期内至少对全部客房完成一次周期大清洁。

(三) 季节性或年度性大扫除

这种大扫除不仅包括家具,还包括设备和床上用品、窗帘、沙发等。一个楼层通常要进行一周,因此只能在淡季进行。客房部应和前厅部、工程部取得联系,以便前厅部对某一楼层实行封房,维修人员亦可利用此时对设备等进行定期的检查和维修保养。

二、客房计划卫生的项目

根据客房部管理的区域，客房部的计划卫生分为两部分，分别是客房计划卫生和公共区域计划卫生。

（一）客房计划卫生项目

（1）通风口除尘。

（2）家具背后除尘。

（3）排风扇机罩和风叶除尘、除迹。

（4）电话机消毒。

（5）电冰箱消毒。

（6）墙纸、墙布除尘。

（7）天花板除尘。

（8）家具上蜡。

（9）酒篮、鞋篮除尘。

（10）门顶除尘。

（11）金属器件除锈、抛光。

（12）床垫翻转。

（13）地毯、沙发、床头板的清洁。

（14）皮革制品的抛光。

（15）毛毯、床罩、床裙、褥垫、被套的清洁。

（16）枕芯的清洁。

（17）窗帘的清洁。

（18）工艺品、装饰品的除尘。

（19）百叶门、顶板的除尘。

（20）卫生间顶除迹。

（21）冰箱、便器除垢。

（22）下水口及管道喷药、除污。

（23）浴帘的清洁。

（24）镜柜除锈、上油。

（25）大理石面上蜡。

（26）植物养护。

（27）顶灯的除尘。

（28）玻璃窗的擦拭。

（29）阳台的除污除迹。

(30) 其他项目。

在实际工作中，以上这些项目应根据具体情况，对所有周期性清洁保养的项目进行分类，采用不同的频率或周期。客房月计划卫生表如表 4-2 所示。

表 4-2　客房月计划卫生表

月份：　　　　　　　　　　　　　　　　　　　　　楼层：

日期	项　目	1	2	3	4	5	6	7	8	9	10	11	12	13	14	15	16
1～3	地脚线																
4～5	地毯边缝																
6～7	家具后吸尘																
8～10	灯罩、灯具																
11～13	垃圾桶内外																
14～15	内窗槽																
16～17	冰箱内外																
18～20	空调口清洁																
21～22	浴缸、面盆塞																
23～26	镜面过水																
27～29	卫生间墙面																
30	电视机下																
	清洗浴帘																
	马桶水箱																
	家具上蜡																

(二) 公共区域的计划卫生

公共区域范围广、项目多，如果没有一个分期分批逐级清洁的计划，则日常工作就会显得手忙脚乱和无从着手。

公共区域分块多，各处的使用情况有别，环境要求也不同，因此，公共区域的计划卫生以各区分列为宜。下面以某饭店的前台公共区域的计划卫生为例加以说明。

1. 前台公共区域每周一次的清洁工作

(1) 清洁电话间与电话亭。

(2) 木器家具打蜡上光。

(3) 清洁窗台。

(4) 对百叶窗进行吸尘。

(5) 用装有长吸管的吸尘器对天花板通风口除尘。

(6) 用装有清洁缝隙设备的吸尘器对踢脚板进行吸尘。

(7) 大厅地面清洗并打磨抛光。

(8) 擦拭应急灯等设施。

(9) 清理各处死角的卫生。

(10) 公共洗手间的彻底清洁。

2. 前台公共区域每月一次的清洁保养工作

(1) 对软面家具和窗帘进行吸尘,如灰尘堆积得很快,则应根据需要及时吸尘。

(2) 对灯座及各种装饰性摆设进行清洁、打蜡,使其减少灰尘堆积。

(3) 干洗休息区域的地毯。

(4) 窗户每月轮洗一次,平时若有脏迹应及时清洁。

(5) 对门的侧柱及门锁进行除尘。

(6) 对公共区域尤其是大厅的墙面进行清洗。

(7) 走廊灯、吊灯、吸顶灯的清洁。

(8) 金属、石料的清洁、打蜡。

3. 前台公共区域每季度进行(或视需要)的清洁保养工作

(1) 软面家具的彻底清洗。

(2) 窗帘、帷幕等的清洗。

(3) 湿洗地毯。

(4) 其他。

上述清洁卫生的间隔周期、项目内容由各饭店根据人员的配备、客流频率等因素而定,并非固定不变。

第四节 客房部卫生质量管理

如前所述,客房部负责饭店公共区域和客房的卫生清洁工作。饭店的卫生质量是饭店服务质量的基础。从心理学角度来看,整洁、卫生的饭店可以给客人一种安全感和舒服感。因此,做好客房部卫生质量管理对于提高客房产品质量、满足客人需求具有头等重要的意义。

一、客房清洁保养的控制

(一) 树立正确的清洁保养观念

客房部员工应成为清洁保养方面的专家,掌握正确的清洁保养技术,在进行任何清洁工作的同时，必须考虑到保养问题。清洁保养工作是客房部为饭店其他部门提供的一种服务，需要各相关部门的配合。因此，客房部员工必须善于与有关各部门沟通，共同做好饭店的清洁保养工作。

从清洁保养工作本身而言，客房部应成为专业清洁保养的部门，但饭店内的每位员工，无论是总经理，还是普通员工，都应具备清洁保养意识，都有责任保持饭店环境的整洁。

（二）制定科学的清洁保养规程

清洁保养规程是进行清洁保养管理的依据，也是规范化管理的基础，所以客房部应在树立正确的清洁保养观念的基础上，根据方便宾客、方便操作、方便管理的原则，针对所负责的区域范围、饭店的设施设备、各种面层材料的状况，制定科学的清洁保养规程。服务规程应合理、详细、具体，可操作性强。其内容应包括客房区域的清扫服务规程和公共区域的清洁保养规程。

（三）制订合理的清洁保养计划

清洁保养规程使员工明确清洁保养工作的具体步骤和方法，而清洁保养计划则让员工明确清洁保养工作的时间安排。如客房计划卫生和周期性清洁计划就是使员工在特定时间对平时不易清洁彻底的项目进行清洁或保养，使之保持正常状态；而公共区域的分期保养计划则是将所有需要清洁保养的区域，按营业时间或客流量的大小以及面层材料所需保养的间隔时间等，使公共区域的清洁保养工作有序地分批、逐级进行。

（四）创造有利的清洁保养条件

在饭店的清洁保养工作中，有三个必不可少的条件，即精良适用的清洁设备、安全有效的清洁剂和训练有素的员工。因此，客房部应根据饭店的具体情况选择适用的清洁设备与清洁剂，这是做好清洁保养工作的物质基础。同时，应对员工实施专业化的培训，使员工能够熟练掌握清洁保养的各种知识和技能，并培养其良好的职业习惯。

此外，客房部还应为饭店其他部门提供相应的培训，如各种污渍的去除方法等。只有在其他部门员工也掌握相应的清洁保养知识与技能的前提下，清洁保养工作才能取得成效。

（五）进行有效的清洁保养控制

客房部在日常工作中应根据清洁保养规程和计划，督导、激励员工正确地使用清洁剂、清洁设备，做好各项清洁保养工作，同时还应加强检查，如客房检查、公共区域的巡视检查等，及时了解客房及各公共区域的清洁保养状况，从而保证整个饭店的清洁保养质量达到标准，并作为对员工进行考核、评估和再培训等的依据。

（六）制定科学的清洁保养标准

客房清洁保养的控制，就是制定相应的标准，采取有效措施，对客房清洁保养工作的过程和结果加以控制，提高清洁保养工作的效率，保证清洁保养的质量。

要进行质量控制和管理，首先应有相应的标准，有了标准就使客房清洁保养工作有了明确的目标，检查和评价就有了一定的依据。客房清洁保养的标准主要有三个方面的内容：一是操作标准，用于对过程的控制；二是时效标准，用于对进程的控制；三是质量标准，用于对结果的控制。制定上述标准的总体原则是：以饭店经营方针为指导，以市场需要为导向，以有关行业规定为参考，以实现三大效益（经济效益、社会效益、环保效益）为目标。

1. 操作标准

与客房清洁保养有关的操作标准有多方面的内容，它们都以饭店的经营方针和市场行情为依据。

（1）进房次数。进房次数，指服务员每天对客房进行清扫整理的次数，是客房服务规格高低的重要标志之一。按传统做法，国内大多数饭店一般都实行一天三进房的做法，即全面清扫整理、午后小整理、晚间做夜床。这种做法也符合大多数客人尤其是内宾的生活习惯。有些高档饭店（四、五星级）也采用一日数次进房的做法，也就是只要客人动用过客房，服务员在认为方便的时候就进房进行清扫整理。但在一些外资、合资饭店，则大多实行一日两次进房的做法，即全面清扫整理和做夜床，不提倡午后整理。国外有些饭店只是在客人要求整理时，服务员才进房清扫。这些饭店通常在房内床头柜上放置提示牌，提示牌的大体内容是：尊敬的宾客，为了不打扰您的休息，我们尽量减少进房次数。若您需要服务，请将“请清扫房间”牌挂在门外，或电话通知，号码为×××，我们将随时为您提供服务。

一般来说，进房次数多，不仅能提高客房清洁卫生的水准，还能提高客房服务的规格。但是，这并非说进房次数越多越好，因为进房次数是与成本费用成正比的，也与客人被打扰的机率成正比。因此，饭店在确定进房次数时，要综合考虑各种因素，包括本饭店的档次、住客的习惯和需求、成本费用标准等。当然，在具体执行时还要有一定的灵活性，通常只要客人需要，就应尽力予以满足。

（2）操作标准。为了使各项工作有条不紊地进行，避免操作过程中对物品和操作人员时间及体力的浪费，防止安全事故的发生，便于管理人员对工作进程的控制，保证工作质量，饭店应制定出一整套操作标准并不断进行修订和完善。制定操作标准时，应重点考虑如何省时省力，快捷高效，是否安全，是否经济，能否达到规定的质量标准。因此，操作标准中通常应包括操作步骤、方法、技巧、工具用品等。制定出操作标准后，应用最有效的方式帮助员工熟悉和掌握标准，如将操作要领和标准制成图片或录像予以张贴或播放，制成图表、文字说明人手一份，供培训及日常工作对照检查。通过多种方法使员工养成遵守操作标准的良好习惯。

(3) 布置规格。布置规格指客房设备用品的布置要求,客房内所配备的设备用品的品种、数量、规格及摆放位置、形式等,都须有明确规定、统一要求,以保证饭店同类客房规格一致、标准统一。总的要求是:实用、美观、方便客人使用及员工操作。具体的标准可以用直观和量化的方法加以规定和说明。为便于员工掌握,可将各类客房的布置规格制成图片、图表、文字说明,张贴在楼层工作间、客房服务中心。

(4) 费用控制。为有效地控制客房费用,获得理想的经济效益,饭店应根据客房档次、房价等具体情况,制定客房费用标准。通常,客房档次高,费用标准相应高;反之则低。

2. 时效标准

为了保证应有的工作效率和合理的劳动消耗,饭店应规定客房清洁保养工作的时效标准,实行定额管理,如规定铺一张西式床、清扫一间住客房的时间,客房服务员每天应完成的工作量等。所制定的时效标准必须科学合理。有了这些时效标准,一方面可加强员工的责任心和进取心;另一方面便于管理人员检查督导,控制整个工作的进程,评价员工的工作表现。

时效标准受到多方面的影响,在制定时通常应考虑以下几个因素:

(1) 工作职责安排。由于各家饭店在服务员工作职责安排上的指导思想和具体做法不同,服务员所能承担的工作定额也就不同。有些饭店,客房清洁保养尤其是日常性的清洁保养工作由专职清扫员负责,有些饭店则要求客房服务员负责,并要求服务员兼做一些其他工作,这就要考虑其他工作所占用的时间。

(2) 质量标准。通常客房清洁保养质量标准定得越高,需要服务员清扫整理所花费的时间越多,那么定额也就应相对降低。

(3) 客房的分布。客房的分布情况对时效标准也有一定的影响。如果客房比较集中,服务员在清扫整理过程中就可以省去一些时间。所以,饭店进行楼层设计时,就要充分考虑此问题。在日常运行中,安排人员和分配任务时,应尽可能使服务员清扫整理的客房相对集中,尽量避免跨楼层。

(4) 工作区域的状况。工作区域包括客房本身及周围的环境等。客房面积的大小、家具设备的繁简、装修材料的种类、周围环境的好坏等,对清扫整理的工作量都有一定的影响,在制定时效标准时必须予以考虑。

(5) 住客情况。住客的来源与类别、身份地位、生活习惯都会影响客房清洁卫生状况及清扫整理的时间和速度。

(6) 劳动工具的配备。清扫整理客房必须有相应的劳动工具,劳动工具是否齐全、先进,在很大程度上影响工作效率。

(7) 服务员素质。服务员是否爱岗敬业,是否具有良好的工作习惯和熟练的操作技能，也是影响工作效率的因素。

3. 功能性标准

功能性标准指客房清洁保养工作要求达到的效果，即客房清洁保养的质量标准。其总体要求是体现饭店及客房的档次和服务的规格，满足客人的要求。具体的标准根据内容及要求可分为三大类，即感官标准、生化标准和微小气候标准。

(1) 感官标准。指饭店员工及客人通过视觉等感觉器官能直接感受到的标准。这方面的内容主要包括：客房看起来要清洁整齐，用手擦拭要一尘不染，嗅起来要气味清新，听起来要无噪声污染。当然，客人与员工、员工与员工之间的感官标准不可能完全一致。要掌握好此标准，只能多了解客人的要求，并以客人要求为出发点，总结出规律性的标准。

(2) 生化标准。生化标准与感官标准不同，它所包括的内容通常是不能被人的感觉器官直接感知的，需要利用某些专门的仪器设备和技术手段才能测试和评价。生化标准的核心要求是客房内的微生物指标不得超过规定要求。

(3) 微小气候标准。客房微小气候标准要求客房内的温度、湿度、采光照明、噪声及风速等，符合人体的最佳适宜度。

二、检查客房的程序和标准

客房清洁整理标准的制定，使客房的清扫工作有了明确的标准和规范。但这些标准和规范是否得到执行，是否奏效呢？同时，我国一些饭店客房部职工的总体素质水平不是很高，这就要求客房部的管理人员必须抽出 2/3 以上的时间深入现场，加强督促检查。这是客房质量控制的关键所在。

(一) 客房的逐级检查制度

检查客房又称查房。客房的逐级检查制度主要是指对客房的清洁卫生质量检查实行领班、主管及部门经理三级责任制，也包括服务员的自查和上级的抽查。由于员工的检查方法和标准会有差异，采用逐级检查制度是确保客房清洁质量的有效方法。

1. 服务员自查

服务员在清扫整理客房的过程中和工作结束后，对客房内的设备、用品、清洁卫生状况等进行检查。为了使这种检查真正落到实处，在客房清扫整理的操作程序中应加以规定和要求，每一个服务员都应该养成自我检查的良好习惯。服务员自查有利于加强员工的责任心和质量意识，提高客房清扫整理工作的合格率，减轻客房部管理人员查房的工作量，充实员工的工作内容，增进工作环境的和谐。

服务员每整理完一间客房，应对客房的清洁卫生状况、物品的摆放和设备家具是否需要维修等作自我检查。

(1) 检查的侧重点。客人直接使用和能看到的部位和用品、消耗品及家具设备是否按布置规格定量、定位。

(2) 检查的方式。采用边擦拭灰尘边检查的方式,同时在清扫房间完毕,准备关门前,应对整个房间进行一次回顾式检查。

2. 领班普查

领班普查是服务员自查之后的第一关,常常也是最后一关。因为领班负责 OK 房的报告,总台据此就可以将该客房向客人出租。客房部必须加强领班的监督职能,让其从事专职的客房某楼面的检查和协调工作。有的饭店既让楼层领班担负客房清扫的检查工作,又给其规定一定数量的客房清扫任务,使其检查的职能往往流于形式。

(1) 领班查房数量,不同的饭店有不同的规定。例如,有的饭店规定,日班领班一般应负责 60～80 间房的工作区域,每天要对负责的全部客房进行检查并保证清洁质量合格。有的饭店领班工作量较重,要负责带 6～8 个服务员,检查 80～100 间客房,至少也应检查 90%以上的房间。夜班领班的工作量一般为日班领班数量的两倍,要负责 120～160 间客房的工作区域。

(2) 普查与抽查的房间:

① 日班领班必查的房间:首先检查那些已列入预订出租的房间;尽快对每一间整理完毕的走客房进行检查,合格后尽快向总台报告;检查每一间空房和 VIP 房;检查每一间维修房,了解维修进度和家具设备状况;检查每一间外宿房并报告总台。

② 日班领班抽查的房间:日班领班原则上应对其所负责的全部房间进行普查,在特殊的情况下才对下列房间进行抽查:住人房;优秀员工所负责清扫的房间,以示鞭策和鼓励。

③ 夜班领班的查房:夜班领班查房的重点是对其负责区域的每一间空房和夜间清扫完毕的走客房,以及维修房进行检查,同时抽查夜床服务情况。夜班领班还要负责对楼面公共卫生、安全情况以及夜班服务员工作状况进行检查。客房部经理要充分发挥夜班领班的作用。

(3) 检查的方法:

① 查房时应按环形路线循序渐进,发现问题及时记录和解决。

② 注意对新员工进行跟踪检查。只要领班的工作方法得当,这种检查可以起到在职培训的效果。

③ 领班查房时,对服务员清扫客房的漏项和错误,应开出返工单,令其返工。

(4) 领班查房的意义:

① 客房清扫质量控制的关键。

② 现场督促指挥。

③ 执行上级的管理意图。

④ 反馈信息。

⑤ 拾遗补漏。

3. 主管抽查

客房主管是客房清洁卫生任务的主要指挥者。主管只说不做不行，只做不说也不行。加强服务现场的督导和检查，是客房主管的主要职责之一。

(1) 主管抽查数量。楼层主管对客房清洁卫生质量实行抽查，数量一般为领班数量的15%～20%。

(2) 检查的重点。主管检查的重点是：检查领班实际完成的查房数量和质量；抽查领班查过的房间，以观察其是否贯彻了上级的管理意图；检查领班掌握检查标准和项目的宽严尺度是否得当。主管在抽查客房卫生的同时，还应对客房楼层公共区域的清洁，员工的劳动纪律、礼节礼貌、服务规范进行检查，确保所管辖区域的正常运转。

(3) 检查的方法：

① 检查每一间 VIP 房；抽查长住房、OK 房、住人房和计划卫生的大清洁房。

② 检查每一间维修房，促使其尽快投入使用。

(4) 主管抽查的意义。抽查的意义在于事先并未通知，是一种突然袭击，所以检查的结果往往比较真实。这种检查方法能有效地促进本部门各项基础管理，让领班扎扎实实地做好工作。具体有：

① 检查督促领班工作，建立楼层合格的骨干队伍。

② 保证客房部经理管理方案的执行。

③ 为客房部管理收集信息。

4. 经理抽查

楼层服务是客房部工作的主体。客房部经理也应拿出1/2以上的时间到楼面巡视和抽查客房的清洁卫生质量。这对于掌握员工的工作状况、改进管理方法、修订操作标准、更多地了解客人的意见，具有十分重要的意义。

(1) 抽查数量。经理抽查房间每天应保持一定的数量，并特别注意对 VIP 客房的检查；同时，客房部经理还应定期协同饭店其他有关部门经理，例如房务总监和工程部经理等对客房内的设施进行检查。

(2) 检查方法。客房的逐级检查制度应一级比一级严，所以，经理的查房要高标准、严要求，亦即被称为“白手套”式的检查。经理的检查宜不定期、不定时，检查房间的重点是房间清洁整理的整体效果，服务员工应建立与之相关的领班查房周小结的例会制度。

5. 总经理抽查

旅游饭店总经理要控制客房的服务质量，也必须充分运用检查这一职能。其检查的方式为不定期和不定时，或总经理亲自抽查，或派大堂副理或值班经理代表自己进行抽查，以获得客房部管理水平和服务质量信息，激励客房部经理的工作。

6. 定期检查

定期检查是一种有计划的公开检查，一般事先有布置，有明确的检查时间和检查内容，目的是制造声势、创造气氛、促进工作。饭店对客房的定期检查，一般采取由总经理办公室主任、质检部经理、工程部经理、前厅部经理及大堂副理组成检查小组，由总经理或住店经理带领的方式，每月定期对客房清洁卫生进行检查，或选择重要任务来临前进行检查。

（二）店级检查体系

店级检查的形式多样，主要有大堂副理检查、总经理检查、联合检查、邀请店外同行明察暗访。这种检查看问题比较客观，更容易跳出部门检查的固定工作框架，能发现一些客房部自身不易察觉的问题，可以帮助客房部改进工作。

1. 大堂副理检查

大堂副理可以代表总经理对一些客房特别是对贵宾房进行检查，通过检查，可以保证客房的质量标准和接待服务规格。

2. 总经理抽查

饭店总经理也应经常亲自对客房进行检查。通过检查，可以了解客房的状况、客房楼层的工作状况、员工的思想状况、客人的意见及建议等，对于加强沟通、改善管理、提高质量、掌握决策依据都是一种很好的方法。

3. 联合检查

饭店定期由总经理室召集有关部门，包括前厅部、工程部、营销部、安全部、大堂对客房进行联合检查，有利于促进客房的工作，保证客房及客房服务的质量，加强部门沟通与协调。

4. 邀请店外专家同行明察暗访

饭店管理专家、同行看问题较为客观，往往能发现饭店自己不能觉察的问题。不少饭店定期或不定期地邀请店外专家同行到饭店进行明察和暗访，帮助饭店找问题、挑毛病，收效颇佳。

（三）其他检查方式

1. 邀请第三者检查

饭店聘请店外专家、同行、住店客人，检查客房的清洁卫生质量乃至整个饭店的服务质量。这种检查看问题比较客观，能发现一些饭店自己不易觉察的问题，有利于找到问题的症结，是值得推广的一种有效方法。

2. 拜访客人

客房部经理定期或不定期地拜访住店客人，可以及时发现客房服务中存在的问题，了解客人的需求，便于进一步制定和修改有关清洁保养的标准和计划。

3. 客房设置意见表

为了及时征求客人意见，让客人有机会对客房质量发表意见，并以此作为考核服务员工作好坏的重要依据，客房部和饭店可在客房放置意见表。客房意见表应简单易填，统一编号，月底收集汇总，禁止乱撕乱扔。

（四）检查的其他相关内容

员工的工作状态、劳动纪律、操作规范、礼节礼貌等都影响其工作的效率和效果，因此，管理人员在检查时不仅要注重员工的工作进程、最终质量效果的检查，而且要重视对员工工作状态、劳动纪律、操作规范、礼节礼貌等方面的检查。

1. 工作状态

员工工作状态主要指员工上班时是否心情愉快、身体健康、精神饱满、态度良好，是否能很快进入工作角色。管理人员应主动关心、爱护员工，若发现员工工作状态不佳，应设法及时了解原因，有的放矢地做好员工的思想工作。

此外，从饭店到部门、班组，都应为员工创造一个良好的工作环境。如有些饭店在属后台区域的员工通道、员工更衣室、员工食堂、工作间等处张贴标语，内容诸如："××（指饭店名称）是我家，我爱我家"；"微笑、问候、让路"；"宾客至上，员工第一"等。

2. 劳动纪律

遵守饭店有关劳动纪律是做好客房清洁保养工作的前提条件。经理人员须每天检查员工的出勤情况、仪表、仪容，有无串岗、脱岗等违反劳动纪律的现象，如有此现象，应及时指出并加以纠正，情节严重的应给予必要的处罚。

3. 操作规范

多数饭店都有操作规范，规定了具体工作的步骤、方法、技巧、工具用品、标准等内容，但在实际工作中，有些员工不遵守操作规范，工作随意性大，以至影响服务质量。因此，管理人员须将操作规范列入检查范围之内，如服务员清扫整理客房时是否按操作标准进行敲门、通报；清洁工具用品的使用是否合乎规定等。如果发现员工的操作不符合标准，管理人员应立即指出，并采取针对性的整改措施，使员工养成自觉遵守操作规范的良好习惯。

4. 礼节礼貌

礼节礼貌不仅反映员工个人的素质，也反映其工作态度，影响客房工作的效果。管理人员应检查员工能否礼貌服务，能否使用规范的礼貌用语等。

5. 工作进程

客房清洁保养的任务重、技术高、时间紧、工作量变数较大，不易控制。尤其是旅游旺季，客房部经常要组织人力突击清扫客房。所以，工作进程应列为管理人员查房的一项重要内容。工作进程的检查可分为两个方面：一是要检查员工现有的工作进程如何，二是要检查按现有的工作进程，员工能否保质保量地如期完成工作。如发现问题，应及时调整。

6. 最终的质量效果

最终的质量效果，是指客房清洁保养的质量标准，也是客房检查的最终目的。客房日常清洁保养质量应有明确的检查内容及标准。标准应逐项分解、细化、量化，以利于对照检查、考核、培训。

7. 落地烟缸

位置摆放正确，清洁无迹。

8. 消防器材

消防器材、安全指示灯正常完好，安全门开闭自如。

各个饭店由于设施设备条件不一，检查标准和项目会略有差异。随着饭店业的发展，检查表的内容会更加丰富。不过，对于业务熟练的管理人员来讲，在检查过程中做些记录或许更省事和有效。

三、整理、检查客房常用的表格和报表

（一）表格和报表的作用

客房部的管理，主要是通过各种制度和计划，将客房的服务工作科学地组织起来，完成饭店预订的目标。因此，客房部在日常工作中要及时掌握情况，制定、检查和调整各种计划和措施。所有这些都离不开原始的记录。表格和报表的重要作用就在于，它们是实行规范化管理的一种定型和定式化的手段，供人们及时具体地记录各种原始数据，为客房部的管理者考核职工业绩、控制营业费用提供准确的信息。

1. 实行规范化管理和操作的保证

客房整理、客房检查的表格和报表，是按照客房部规定的服务质量标准设计和制作的。客房各级管理人员和员工在进行整理、检查客房的工作中，都必须填制必要的表格和报表，这样就可以使他们按服务标准、服务程序和方法办事。另一方面，由于表格和报表都是用事实和数据说话，可以定性定量地反映客观事实，用以评估客房整理和检查质量的高低，揭示客房部运转的规律，从而及时发现服务和管理中存在的问题，为客房部实行科学管理提供客观依据。

2. 考核的依据

客房整理和检查的表格和报表是关于客房楼层服务和管理活动的各种原始数据和事实的忠实记录，是对客房部员工进行评估和考核的依据。

3. 控制营业费用的手段

从饭店的实际情况来看，客房的费用中，消耗品的费用占较大比重，却伸缩性很大。客房部可以通过服务员工作报表和领班报表控制每个服务员及楼层的消耗品使用，达到既满足客人需要，又降低营业费用的目的。

（二）常用的表格和报表

饭店的等级、规模以及管理者管理风格的不同，表格和报表使用的种类常有差别，但常用的应有以下几种：

1. 服务员工作表

(1) 用法：

① 客房卫生班服务员签到上班后由领班发给一份工作表。

② 表上写有待整理客房号、客房状况及要求完成的其他工作，包括计划卫生项目和优先整理的房号等。

③ 服务员要随身带表工作，一般置于工作车上指定的地方，每做一间客房都应按要求填写有关内容，准确登记进出房的时间。

④ 领班和主管巡查时，应随时了解服务员工作表上反映的情况，以便及时处理和查房。

⑤ 下班时，服务员将填写好的工作表与钥匙一起上交客房中心。

⑥ 领班或主管在检查、整理好这些工作表后，呈客房部经理查阅并存档。

(2) 作用：

① 领班给服务员分派工作任务的派工单。

② 记录客房状况。

③ 客用品添补数量原始记录，控制消耗，保证客人需要。

④ 处理意外情况的凭据。

2. 房务报告表

(1) 用法：

① 每天早班服务员上班后及傍晚做夜床时各查一次客房状况。

② 除请勿打扰房和双锁房之外，如果每房必查，则需由客房服务员来填写，然后由领班将其管辖区域楼层的报告表交到客房中心。

③ 若只查空房、维修房及走客房，则可由领班填写。

④ 设立楼层服务台。实行三班倒的饭店，则可由台班服务员专职填写。

⑤ 每份房务报告表一式两份，一份送总台，一份留底，以备查询。设立客房中心的，由客房中心汇总各楼层报告表；设楼层服务台的也可由各楼层分别送总台，或由客房部办公室汇总。

(2) 作用：

核实前台的客房状况，通报最新房态信息。

3. 周期清洁表或计划卫生表

周期清洁表或计划卫生表的作用，在于使平时不易清洁彻底的项目和需定期保养的设备家具都能在规定时限内完成，同时也为工作安排和检查督促提供依据。

4. 领班查房表

(1) 用法：

① 在客房服务中心领到查房表后，首先了解本区段客房状况并在表上做相应的标记。

② 根据服务员的工作进度确定检查顺序并及时检查，随查随记(查房表正反两面，可查 64 间房)。

③ 确保每间必查房被查到并尽快申报 OK 房。

④ 下班时将全部项目填写完毕，交客房中心或办公室。保存期通常为一年。

(2) 作用：

① 作为工作凭证，防止忙中出错。

② 考核的依据。

5. 做客房返工单

(1) 用法：

① 此表为空白式返工单，具体列项可视客房情况设计，也可临时填写。

② 将检查不合格的较大的漏项列出或圈出，交服务员补漏。

③ 小的漏项，领班可及时补漏，但若重复出现，应返工并追究。

④ 完成后，服务员将此单交还领班。

⑤ 领班凭此单进行复查。

⑥ 保留返工单，备查。

(2) 作用：

① 指示服务员该补做的项目。

② 业务总评估的依据。

6. 房客维修意见表

(1) 用法：

① 此表一式两份，最好采用无碳复写式。

② 客人填写后可交总台或留房中，也可直接交客房中心。

③ 接表后立即查实。

④ 一份送工程部，一份留在客房部。其他程序与维修通知单相同。

(2) 作用：

① 客人有机会发表意见，可弥补饭店工作的不足。

② 让客人感到饭店对其住房状况的重视。

7. 维修通知单

(1) 用法：

① 本单一式三份。两份送工程部，最后一份留底。有的饭店为一式四份，即再送一份给质检部，以便协调和督促。

② 紧急情况可先电告工程维修部再补单，但需在单上注明联系人与时间。

③ 客房中心每天汇总客房维修报表，并每周送一份给工程部；每月制作一份维修报表，呈总经理。

④ 如果维修项目迟迟不见回音，则客房部经理应与工程部经理定期协调，以求得解释和采取相应的协调措施。

(2) 作用：

通知工程部维修项目及备查。

8. 综合查房表(表 4-3)

供客房部经理作"白手套"式检查，以及会同工程部经理作定期全面检查客房状况时用。

案例 4-7

综合查房表

综合查房表的作用：供客房部经理全面检查客房状况

表 4-3 综合查房表

房号：

	完好	清洁	更换	油漆	维修	遗失	备注
门——里面							
——外面							
——把手							
——锁							
——开关灵便							
——门框							
——窥眼(门镜)							
——安全链清洁							
——位置完好							
——房卡							
——疏散图示							
电灯开关							

续 表

	完好	清洁	更换	油漆	维修	遗失	备注
门碰(门吸)							
空调机箱——外部							
——里面							
——锁定							
——滤网							
壁橱——外面							
——里面							
——底面							
——横杆							
——衣架数量							
位置正确							
干净无尘							
空调器——设定正确							
——网格							
行李架							
活动行李架							
床头柜及抽屉							
床——铺得好							
——床罩							
——毛毯							
——枕头							
——床垫衬							
——床垫							
——有标识并已翻转							
——床垫布							
——床架							
——床头板							
电话机——话筒除臭							

续 表

	完好	清洁	更换	油漆	维修	遗失	备注
——电话线							
——功能							
总开关							
台灯							
画框							
窗帘——位置正确							
——外观							
——拉线和轨道							
窗户——清洁							
——框子							
——窗户							
电视机							
电视机架							
写字台和抽屉							
靠背椅——饰布							
——框架							
字纸篓							
梳妆台和抽屉							
镜子							
概况							
地毯——特别是床下							
踢脚线							
天花板							
灯——瓦数正确							
——位置正确							
——清洁							
——灯罩							
——接触							
家具位置正确							

续 表

	完好	清洁	更换	油漆	维修	遗失	备注
电线隐蔽							
霉湿							
气味							
连通间锁定							
卫生间门——外部							
——内部							
——框架							
——门碰							
——挂钩							
——疏散图示							
开瓶器							
垃圾桶							
电源插座							
梳妆镜							
搁架							
电灯							
梳妆台							
洗脸池							
塞子——清洁							
——有效							
龙头——清洁							
——出水							
毛巾架							
面巾纸盒							
手纸架							
挂钩							
座厕——冲水							
——座沿							

续表

	完好	清洁	更换	油漆	维修	遗失	备注
——座基							
——厕盆							
风孔							
浴帘							
——杆							
——钩							
晾衣绳							
浴缸							
——状况							
——防滑							
——龙头							
——气缸							
——拉手							
——塞子							
——清洁							
——淋浴器							
——毛巾架							
——墙壁							
——地面							
——天花板							

日期：________　　　　检查者：________

案例 4－8

OK 房不 OK

一辆进口大型豪华面包车在华北某一刚评上三星级的新饭店门前厅停下。车上 50 余位德国客人鱼贯而下。大堂里接待员、行李员、保安员互相配合，客人很快便被一一安排进了房间。

20 分钟后，大堂副理接到 612 房一位老太太打来的电话，投诉说洗手间马桶水箱里没水。大堂副理答应马上派人前去修理。不过 5 分钟，一个工程维修人员出现在房间。他先代表饭店向客人道歉，接着便熟练地动手干起来。一支烟工夫，故障就全部排除了，水箱里很快便注满了水。

大堂副理作出修理安排后又立即与客房部联系，了解该房情况，后查明此系一领班的责任：把非OK房报了OK房。

这个德国团队早在两周前就在该饭店预订了房间，前厅部在前一天已作了安排。612房原住着一对西班牙夫妇，今天中午前办了离店手续。早上服务员清扫过房间后，领班也按程序检查过了，但她未发现抽水马桶水箱无水问题，便报告说这间走客房一切正常。中午客人走后，前厅部又一次通知客房部，证实612房确为走客房，要求再检查一遍，岂知领班又把水箱给疏忽了。领班两次查房均未发现洗手间水箱的问题，最后导致客人投诉，情况是严重的。事后，大堂副理赶到612房，再次郑重地向德国老太太致歉，同时要求客房部按程序再认真检查一遍所有客房，并把该事情经过写进当天的大事记录本中。

案例4-9

湿洗惹的祸

江苏省某市一家酒店住着某台湾公司的一批长住客。那天一位台湾客人的一件名贵西装弄脏了，需要清洗，当服务员小江进房送开水时，便招呼她说："小姐，我要洗这件西装，请帮我填一张洗衣单。"小江想客人也许是累了，就爽快地答应了，随即按她所领会的客人的意思，帮客人在洗衣单湿洗一栏中做了记号，然后将西装和单子送进洗衣房。接手的洗衣工恰恰是刚进洗衣房工作不久的新员工，她不假思索地按单上的要求对这件名贵西装进行湿洗。不料，在西装口袋盖背面出现了一点破损。台湾客人收到西装后，发现有破损，十分恼火，责备小江说："这件西装价值4万日元，理应干洗，为何湿洗？"小江连忙解释说："先生，真对不起，不过，我是照您的交代填写湿洗的，没想到会……"客人更加气愤，打断她的话说："我明明告诉你要干洗，怎么硬说我要湿洗呢？"小江感到很委屈，说："先生，实在抱歉，可我确实……"客人气愤之极，抢过话头，大声嚷道："你真不讲理，我要向你上司投诉！"

客房部经理接到台湾客人投诉——要求赔偿西装价格的一半2万日元时，吃了一惊，立刻找到小江了解事情原委，但究竟是交代干洗还是湿洗，双方各执一词，无法查证。经理十分为难，他感到问题的严重性，便向主持酒店工作的常务副总经理作了汇报。常务副总也感到棘手，便召集酒店领导反复研究，考虑到这家台湾公司在酒店有一批长住客，尽管客人索取的赔款大大超出了酒店规定的赔偿标准，但为了彻底平息这场风波，稳住这批长住客，最后他们还是接受了客人的过分要求，赔偿2万日元，并留下了这套西装。

本章小结

卫生清洁工作是客房部的一项主要任务,也是饭店各项服务工作的基础和前提。本章从实际操作的角度,介绍了客房卫生清洁工作的整套工作流程和操作方法、公共区域的卫生清洁内容以及客房部计划卫生的内容和工作规程,讲述了客房卫生质量控制的方法和要求。

复习思考题

1. 如何确定清洁客房的顺序?
2. 什么是饭店客房部的计划卫生?包含哪些内容?
3. 饭店内哪些是公共区域?
4. 简述公共区域的日常清扫工作。
5. 如何做好客房卫生清洁的质量控制?
6. 掌握清扫客房的具体操作规程,并独立完成。
7. 掌握清扫卫生间的具体操作规程,并独立完成。
8. 掌握铺床程序,并能独立操作。

第五章

客房部服务管理

学习目标

- 了解饭店宾客的主要类型、特点及服务要求
- 熟悉客房服务中心工作内容,掌握房务中心工作程序及标准
- 熟悉各项对客服务工作的操作规程
- 掌握接受和处理客人投诉的程序和技巧

客房服务的内容可分为清洁卫生服务和接待服务两部分,有关客房的清洁卫生服务,已在上一章讲述过,这里主要介绍客房部服务中心的工作,以及楼层对客服务的内容。客房服务是饭店服务的核心内容,其质量好坏直接影响饭店的服务质量和客房出租率。

第一节 宾客类型

旅游饭店的顾客来自四面八方、各个阶层,由于他们的身份地位、文化修养、兴趣爱好、生活习惯、社会背景等各不相同,因此,对酒店的服务有不同的要求。将心理学原理运用于客房管理和服务中,就是要研究旅客的类型,了解自己的服务对象,采取与之相适应的服务方法为其服务,这是提高饭店服务质量的重要课题。

一、按旅游动机划分的宾客类型和服务细节

(一) 观光旅游型

宾客特点:这类客人以游览观光为主要目的,对自然风光、名胜古迹最感兴趣,最大的要求就是住好、吃好、玩好。他们携带物品不多,一般手头有钱,喜欢购买旅游纪念品,喜欢照相,委托服务较多。

服务细节:注意做好早晚服务工作,如清晨注意叫醒,提前送水,提醒客人带好

照相机，晚上在客人回店前，茶水要备足(最好不要太烫)，室内空气调节好。要主动介绍自然风光，名胜古迹，风味餐馆和本地区、本城市及饭店商品部的工艺美术品，土特产品和旅游纪念品等，便于客人购买。办理委托服务如洗熨衣服、擦皮鞋、冲洗胶卷等要主动热情、保质保量、及时周到。

(二) 疗养旅游型

宾客特点：这类客人多借旅游之机看病或疗养，一般有某种慢性病，住店时间长，喜欢安静，活动有规律，对药物、矿泉和优美恬静的自然风光感兴趣。他们一般都希望居留处起居方便，能够得到热情周到的照顾。

服务细节：尽量安排僻静的房间给他们，服务员要勤下客房，询问他们有什么要帮忙。他们常在客房用餐，服务员要尽量满足他们的要求，及时供应饮食。客人休息时不要打扰他们，保持楼道、客房安静。

(三) 商务旅游型

宾客特点：这类客人有公务在身，常要早出晚归，有的长住户则在客房办公，住店时间一般较长。这类客人的文件较多，且要求严格保密，来访客人较多。他们有钱，对生活的要求较高，晚上需要娱乐活动，常利用公务之余外出游览参观，委托服务多。一般住店时间较长，对礼仪要求严格；讲究身份地位，住房条件甚高。

服务细节：商务客人的房间，设备设施应充分考虑办公条件，如先进的通讯设备(如网络接口)、传真机等。尽量向他们推销高档客房和高级饮食，为他们提供洗熨衣服、擦皮鞋等服务速度要快。服务员不要乱翻他们放在房内的文件，否则会引起抱怨。有客人来访，要事先征得其同意。对于敌对国家或商业竞争对手，不要将他们安排在同一层楼。茶水供需要及时。他们最怕打扰，工作时保持安静。他们外出活动时要注意叫醒。有客人来访要事先通知，做好茶水、毛巾供应。有舞会或其他夜间娱乐活动不要忘记告诉他们；可向他们介绍工艺美术品、文物复制品和土特产品，因回国前他们往往要大量购买。

(四) 蜜月旅游型

宾客特点：新婚夫妻同行欢度蜜月，对自然风光、风景名胜感兴趣。他们讲究仪表、喜欢照相。对旅游纪念品最感兴趣，因为这是他们新婚的纪念品，可以长期保存供欣赏和回忆。他们希望能为品尝风味饮食、购买纪念品提供方便。

服务细节：尽量为他们安排“蜜月”房。客房卫生一定要做到整齐、美观、恬静。按照客人的要求、风俗习惯，布置好洞房。房间布置要气氛热烈、美观、大方。举行婚礼时要送结婚纪念品、组织客人和服务员表示祝贺。要多向他们介绍优美的风景区、旅游纪念品商店和风味餐馆的地理方位和交通情况，以便于客人外出活动。

(五) 会议旅游型

宾客特点：人数较多，住店时间长，客人活动集中、有规律；会场使用多；时间抓得紧,客房服务任务重,要求严格。这类客人身份地位一般较高、有专长,多属高级知识分子或政府官员,生活上要求高级享受,爱买旅游纪念品,会议间隙或晚上要求有娱乐活动。

服务细节:分房要根据主办单位要求,尽量售予高级客房,但要集中,一般要安排在同一楼层或按组别安排房间。办理住宿手续要快。会议期间,要分派有关人员和客房班组专门负责,讲清任务、要求、方法等,妥善安排好会议室或会场出租。有时一天同时召开若干小组讨论会,会出现会议室周转不开的情况,饭店客房要充分挖掘潜力,利用客房或公共场所临时布置代替。要根据人数和需要,安排好茶水,放好桌椅,布置好主席台,做好通讯和扩音设备工作。清洁卫生要先清扫整理好会议室。两次会议间隙,要做好清扫工作,保持会议室清洁整齐。客房布置打扫要及时,保证茶水供应和房间整洁,并随时留意房间内信封、信纸、笔等文具、用具的配备。客人用过的会议文件和抄件要严格保密,不得随便乱翻乱动。遇有在会议室或客房签订合同时,服务员要事先布置好,主动增添桌椅。夜晚有娱乐活动不要忘记告诉他们,以便调节客人生活。平时多介绍名胜古迹、旅游纪念品(包括工艺美术品、文物复制品)和其他高档商品。

二、按年龄划分的宾客类型和服务细节

(一) 青年旅游型

宾客特点:这类客人多为日本、中国香港和其他国家或地区的大、中学生,一般为增长见识和写作论文而来华参观学习,以暑假期间来的最多,往往三五人结伴而来。他们精力旺盛,白天多外出活动,晚上也喜欢出去走走看看;手里钱不多,对饮食和住宿条件要求不高,一般要求参观游览的地方较多,客房为他们服务的速度要快。

服务细节:分房以中下等为主,要注意叫醒服务。他们对外文书店或某种专业资料较感兴趣,服务员要多做介绍。住店期间,有的客人爱打听国内的有关事情,服务员要有多方面知识,正确回答问题,同时又要注意保密。

(二) 老年旅游型

宾客特点:此类客人动作迟缓,行动不便,手里有钱,要求舒适,爱买纪念品,大多带回去送给儿孙,对历史古迹最感兴趣。他们要求服务周到、环境安静、尽量多品尝中国的名酒名菜。

服务细节:客房以出售高档安静房间为主,住店期间要热情迎送,帮拿行李;上下楼服务员要多搀扶,多介绍著名历史古迹和美酒佳肴。

三、按宾客国别划分的宾客类型和服务细节

(一) 外国客人

在生活习惯方面,外宾习惯于晚睡晚起,对窗帘的遮光效果要求较高;对客房的

卫生设施、设备非常敏感,喜欢淋浴,24 小时热水供应对他们来说是一种必需;对室内的温度要求也较高,大多数外宾夏天喜欢把室内温度调得很低,很多人一年四季食用冰块;在消费方面,习惯于享用饭店提供的洗衣服务、房内用膳服务、房内小酒吧等服务。从事外宾接待工作,对客房服务人员的语言有一定的要求,同时还要求服务人员尊重客人的不同文化。

(二) 国内客人

一般以公务散客为主,在旅游旺季时,观光旅游团队也占很大比例。他们习惯于随叫随到的服务方式,希望楼层有值台服务员。相当一些内宾有午睡习惯,不希望在中午被打扰。此外,内宾喜欢在客房内会客,访客较多。

(三) 港澳台地区客人

此类客人基本上分商务型、探亲型和旅游型,接待中要注意有热情的态度、周到的服务,如介绍当地的风土人情、购物场所等,给他们以宾至如归的感觉。

四、按宾客逗留时间长短划分的宾客类型和服务细节

按宾客在饭店的逗留时间长短,可以分为长住客人和短期逗留客人。在饭店入住达 1 个月以上的客人,为长住客人。各饭店也可根据其接待政策自行定义。饭店通常把长住客人视为贵宾接待,接待他们时要注意客房的清扫尽量安排在客人非办公时间进行;提供足够的衣架及其他用品;谨慎处理房内垃圾,不要随便挪动客人的办公设备和办公用品;注意亲疏有度。另外,还要定期征询此类客人的意见,这对客房管理有很大的帮助。除长住客人以外,大多数客人为短期逗留客人。在接待短期逗留的客人时,要注意提供针对性的服务,给客人留下深刻美好的印象,争取将他们发展为饭店的忠实顾客。

第二节　客房服务中心工作内容

客房服务中心,也叫“房务中心”(Guest Service Centre),是客房部对客服务的另一种模式,是国际惯用的客房服务模式。它将客房部各楼层的对客服务工作集中在一起,从而大大提高了酒店对客服务的效率,节约了客房部人力资源的成本和费用,克服了楼层服务台的诸多弊端,同时也提高了酒店客人特别是外国客人的满意度。所谓客房服务中心,是指客房楼层不设服务台和台班岗位,而是根据每层楼的房间数目分段设置工作间。工作间在形式上是不对外的,也不担任接待客人的任务,而是由行李员引客人进房间。客用钥匙的管理由前厅部的前台接待负责。客人需要找客房服务员时,可以拨内线电话通知客房服务中心,由客房服务中心用通讯工具

通知离客人房间最近的服务员。这种模式使客房服务符合以“暗”的服务为主的特点，保持了楼面的安静和尽量少打扰客人。

客房服务中心的位置设在员工更衣室和员工电梯之间的同一层面上，具有同时接听两个或两个以上电话的电信装置，以确保信息的畅通。为了及时了解和处理客房服务和管理中随时出现的各种问题，掌握宾客和员工的动态，客房管理人员，特别是主管，应将自己的办公室设在房务中心内。有一些客房主管将自己“隔离”起来，根本不管每天发生什么事情，也不知道宾客中、员工中每小时发生的各种各样的问题，这样非常不利于管理工作。

一、客房服务中心的职能

除了对客服务这一基本功能以外，客房服务中心还可以发挥其他职能。客房服务中心的主要职能如下：

（一）信息处理

凡有关客房部工作的信息几乎都要经过客房服务中心的初步处理，以保证有关问题能及时得以解决或分拣、传递。

（二）对客服务

客房服务中心统一接收客房服务信息，并通过电话机、对讲机等现代化手段，向客房服务员发出服务指令，为客人提供及时的服务。这样，即使客房服务中心不能直接为客人提供有关服务，也可以通过调节手段来达到这一目标，如保管和租借给客人用品，同时还负责为重要客人准备礼仪物品。

（三）出勤控制

所有客房部员工的上、下班都要到此签名，这不仅方便了考核和工作安排，而且还有利于加强员工的集体意识。

（四）钥匙管理

客房部所使用的工作钥匙都统一集中于客房服务中心，由客房服务中心负责签发、签收和保管。

（五）失物处理

整个饭店的失物和储存都由客房服务中心负责，这大大方便了失物招领工作的统一管理，提高了工作的效率。

（六）档案保管

客房服务中心保存着客房部所有的档案资料，并必须作及时的补充和更新整理，这对于保持有关档案资料的完整性和连续性具有十分重要的意义。

二、客房服务中心的工作内容

客房服务中心通常由一名主管来负责日常事务。全天 24 小时进行服务，服务中心的工作人员要求具备楼层工作经验，并受过良好的训练，有妥善处理各种日常事务的能力，并将客房服务中心信息与相关部门沟通联系，进行工作督促和处理。

（一）接听电话询问

客房服务中心24小时为客人提供服务，主要是通过接听电话来协调处理客人的需求，以及酒店各部门工作的联系和配合。可设一名领班或主管负责日常事务。客房服务中心每天三班倒，根据酒店规模的大小和客房数量的多少，每班可设两位或两位以上接听电话及处理相应问题的服务员，另外，当然也要设相应的专职对客服务人员。

客房服务中心的主要工作是接听客人有关客房服务需求的电话，因此，在客房服务中心工作的员工必须具备话务员的素质，能够用礼貌、悦耳的声音接听客人电话，回答客人问讯，否则必将影响服务质量，损害酒店的形象。

案例5-1

"你的声音听上去太硬……"

今年5月，我因为身体的原因从楼层调到了客房服务中心工作。初来客房服务中心时，我想自己在楼层工作五六年了，而客房服务中心也是客房部的，应该没什么问题。谁知，没多久主管就找我谈话了，非常委婉地对我说："客房服务中心虽然只有简单的三部电话，但却像窗口一样反映了整个客房部的精神面貌，声音的把握和调节非常重要。你的声音听上去太硬、太直了，回去调整一下好吗？"

初听主管的话，我心里还挺疑惑，觉得不可能吧！？但回到家以后，我利用手机的呼叫拨号功能，把声音录下来听了一下，天哪！竟有一些"大老爷们儿"的感觉。知道自己的问题后，我就在业余时间利用手机不停地练习与调整。慢慢地，我从中总结出了一些心得：如果音调过高，会给人不成熟及情绪冲动的印象；声音太弱，会给人不肯定的感觉；语速过快，会减低人们的重视程度；发出呼吸声，会让人有不稳重的感觉；粗声粗气，会给人粗俗之感；语调末尾上升会给人信心不足、有恳求他人的感觉；声音颤动（有时因呼吸不规律而造成）会让人误以为你紧张或害羞。

而要想克服以上的问题，就要注意：

- 音调适中，不可过高或过低；
- 声音浑厚，不要很轻弱；
- 说话清晰，要毫不含糊；
- 要有节奏感，不单调。

当把这些心得运用到工作中以后，我再去询问主管的意见。从主管的微笑中，我已知道了答案。

(二) 送还客衣

一般情况下,洗干净的客衣必须马上送还给客人。但服务员送还客衣时,常常发现房间的“请勿打扰”灯亮着。在酒店设有服务台时,服务员能及时确认该房是否已取消“请勿打扰”,并及时将客人衣物送还。设立客房服务中心后则可能存在客人已取消“请勿打扰”,但不能及时收到客衣的问题。这时,可采取打电话通知客人或将书面通知送入房内的做法。其他类似情况,也可采取同样的办法。

(三) 为忘记带房卡客人开门

由于楼层上取消了值台服务,如客人忘记把钥匙带在身上或钥匙在同房间同伴身上(每个房间只有一把钥匙),要想进房就比较困难。针对这一情况,可采取每楼层保留一个服务台(不配备服务员),服务台上放置一部电话和一块精美的告示牌,写明“客房服务请拨 14 或 15(客房服务中心电话),谢谢!”这样,客人可用电话与客房服务中心联系,客房服务中心即可通知客房服务员在 3 分钟之内到达楼层为客人开门。

(四) 在接待客人的高峰期服务

有时,楼层接待的客人可能比较多,或客人可能需要服务的次数比较多时,可临时安排服务员在楼层值台一段时间。以会议代表为例,他们所需要的服务比较集中,可在客人散会时,由会议室的服务人员通知客房服务中心,再由客房服务中心通知楼层服务员去会议代表所住楼层,进行半小时左右的值台服务,以满足会议客人的各种需求。

(五) 楼层的信息处理

客房服务中心是楼层信息的统计者,也是其他部门为楼层传递信息的“二传手”,在工作中通过部门内的沟通获取信息,并进行信息处理。

(1) 要获得楼层实际房态时:发现前厅与服务中心电脑房态有差异时,可呼叫楼层领班或服务员亲临房间进行检查核实。

(2) 客房维修、保养时:客房的工程维修事项、地毯清洗及各类坏房不能开出时,要详细记录,并通知相关人员前往处理(维修事宜要下单通知工程部维修,地毯、沙发的清洗要通知 PA 部领班处理)。

(3) 前厅报 C/I、C/O 时:要立即记下对方工号、房号、时间并立即通知楼层,不得延误。在 C/O 时要根据时间做相应的跟踪、跟催工作。

(4) 客房有遗留物品、损坏事项时:如果客人未离开酒店,应立即通知前厅派人至楼层将物品拿到前厅交与客人,不可延误并做好记录;如果客人已离开酒店则应立即通知领班交到客房服务中心登记保管,有损坏事项时,须立即记录并通知领班前往处理。

(5) 收到客人服务信息时:要问清客人的房号、姓名、要求,并立即做好记录;马上通知该区域服务员提供服务；在规定的 3～5 分钟内须再确认一次此服务是否完成。

(6) 接到会议订单时：要根据订单时间、级别、要求、人数等通知楼层领班做茶、饮具(茶杯、杯垫、纸杯、纸巾、茶叶、茶壶、托盘、电热壶)及派员准备，通知 PA 部领班做卫生、台、椅、派员等准备；会议结束时，要提醒领班检查会场。

(7) 接到 VIP 入住及特殊人员入住时：要通知楼层领班了解信息，按要求派发鲜花、水果、赠品并及时做检查、迎送、布置等工作。

(8) 天气变化，遇到大风、阴雨、潮湿、闷热时：大风及下雨时要提醒楼层员工关窗，提醒领班到酒店外围观察、检查在住客人的窗户及外挂物，并及时做好相关布置工作。

(9) 上级有关指令通过客房服务中心传达到楼层时：应立即做好记录，通知楼层员工和领班予以执行。

(10) 为楼层发放酒水时：要在下午 3 点准时通知一名楼层领班到前厅收银拿酒水消耗单，然后由两名楼层领班到楼层酒水仓库按酒水单上所耗酒水领取、发放到各楼层；客房服务中心收回酒水单做当日酒水统计时，要进行核对。

(六) 与酒店其他部门沟通联系

1. 与前厅的沟通协调

(1) 客房服务中心接到前厅各类订单时：预览订单、表格上各个项目是否填写完整，了解各类注意事项后，在订单、表格上签名，并写上签名时间，然后归类挂在信息板上，根据时间、日期对相关人员作提示、布置。

(2) 前厅为客人查询遗留物品时：迅速查阅遗留物品登记本，根据客人反映的时间、品名、特征，检索登记本上的结果。如果检索到有此客人描述的物品，则按遗留物品处理程序进行处理；如果没有检索到此客人描述的物品，应请客人再稍等一下，向其他人员(如楼层领班、员工、主管)了解情况；如确实没有，则应向主管报告，同时请客人留下联系电话，待次日把主管的处理结果向客人反馈。

(3) 接到前厅送来的报纸、杂志时：点清数量并检查是否分类，然后签上时间、名字以作签收；如在规定的时间内没送来，应跟进并问明原因。

(4) 收到前厅送来客房服务中心需中转给客人的物品时：检查中转单上的物品名称、数量、对方客人姓名、留言、资料是否齐全，与实物是否相符，核实无误后签收、暂存(不明物品及违禁物品一律不得转递、暂存)，再根据单上资料、时间通知领班作相应的转递处理。如果在注明的时间内未能中转到指定的对方，则应立即反馈到前厅，由前厅联系客人、请示意见。而客房服务中心对中转三天内无结果的，要暂存登记到客人的遗留物品簿，以便追溯并记下时间、工号、序号及有关内容。对 VIP 鲜花、水果派送也属中转之列，应及时通知领班、主管跟进。

(5) 前厅向房务中心报 C/O、C/I 时：要求重述房号、工号给对方，以免听错，然后迅速通知楼层，在规定的时间内(3 分钟)完成。如楼层没完成，则必须重催、跟进，以免延误客人时间而被投诉。

(6) 接到入住紧张需要赶房的信息时：立即与楼层领班沟通，反馈房态情况供前厅参考，并通知主管组织人力跟进。

2. 与 PA 部的沟通协调

(1) 调拨、借送较多、较重物件时：呼叫 PA 部领班提供协助，告知对方的沟通对象、地点、时间、所需人力等情况(此情况暂限于客房部本部)。其他部门有此情况需要协助时，可告知对方与本部门主管、经理沟通协调。

(2) 楼层及其他部门报洗地毯、沙发时：做好专用记录，把地点、性质转告 PA 部领班，经 PA 部领班确认后，回复对方处理时间和需要协助的有关事项。

(3) 接到有关区域来电请求清洁的信息时：了解对方人物、地点、事物性质并做好记录，立即把详情通知 PA 部领班做好准备，派员前往处理。若中班无领班，先通知楼层领班跟进，再直接通知 PA 部员工到达现场。

(4) 有会议或团体接待或团体用餐、上级来店检查、督导时：有会议接待时，提前通知 PA 部领班按要求摆设台椅、借齐物件(如台布、围裙)并备齐用品，搞好卫生间和会场卫生；团体用餐时要提醒餐厅洗手间岗位储水、重点清洁；上级或团队来店参观检查、督导时，应提前提醒 PA 部领班尽快搞好各岗位卫生，做好检查完善工作，做好重点岗位(大堂、外围、洗手间)巡查保洁。

3. 与工程部的沟通协调

(1) 有会议接待时：根据会议要求，检查灯光、电器设备，通知工程部调试音响、麦克风，调试视听设备，悬挂横幅，开启空调设备，以保证会议召开期间设备运转正常。

(2) 客房部维修项目：客房的维修项目，影响开房的要在当班时间内跟踪并提醒领班跟进后转 VC 房。通知工程部尽快搞好并报告主管，以免维修房过夜。在住房产生的维修，要第一时间通知楼层领班和工程部前往查看维修处理。不能在短时间内解决的，要征求客人意见与前厅协商是否换一个房间，尽力满足客人。其他公共区域的维修，要及时传达到工程部，做好记录和跟踪。

4. 与餐厅的沟通协调

(1) 有会议接待时：有些会议安排餐厅服务员或大堂吧服务员，做茶水服务，借用围裙、台布等布置用品。客房服务中心要提前通知餐厅管理人员做好物品及派员准备。在会议召开期间，该员工用餐及离岗时一定要通知楼层领班或主管调配人员顶替，方可离岗。

(2) 接到客人要求送餐的电话时：在餐饮营业时间内先建议客人参考服务指南

中的点餐单，如没有合意的餐式，则可了解客人房号、姓名，请客人稍等，说明马上派人为其点餐，并做好记录；立即打电话到餐厅，由餐厅派部长或致电到房间为客人点餐；5 分钟内再致电餐厅咨询此事是否办妥；客人用餐后立即通知餐厅人员前去收餐具，无餐厅人员时可叫楼层服务员收餐具。如果客人未通知收餐具，应在送餐进去后的 1 小时左右，致电该客人，询问什么时候方便可以进来收餐具。尽量在客人用餐后收出餐具、残羹，以防食物异味在房间过夜而影响环境。

5. 与保安部的沟通协调

(1) 接到楼层有醉酒客人的信息时：无论醉酒客人是在通道上还是在客房内，都应在接到此信息的第一时间把情况告诉保安部，由保安部派人上楼层协助楼层服务员和领班处理问题，保障员工的安全和客人安全。加强巡视并预防破坏事故、消防事故的发生。

(2) 接到楼层有闲杂人员逗留或房间内有聚会，人员过多或嘈杂时：通知保安部派人至该区域了解情况，对闲杂人员或嘈杂声要立即制止；房内聚会或人员过多时，要重点巡视管理，了解情况，防止安全事故发生。

(3) 深夜有客人叫女服务员进房服务时：在通知服务员的同时要通知保安部立即派人陪同服务员前去服务，服务员进房时，保安员可在门外观察，遇有客人关门而服务员仍在房内时，要婉言制止不让关门。服务员服务完毕后，保安员方可离开。

6. 与财务部的沟通协调

(1) 酒水统计报表与房态表：客房服务中心须在每日上午 10 点前核实此两项报表并呈送财务部，对于财务审计出的问题，要认真解答并找出原因予以修正。

(2) 申请购买物件和领料时：下申请购物单要列明物品的规格、生产商、数量、使用部门，对可能混淆的物品要在备注栏内说明清楚，并与采购部沟通讲明，对急用物品在三天内未购回的，要询问采购原因并上报本部门经理，以免误事。

(3) 物资、酒水报损事宜：须在食品、酒水过期日的前 1 个月将其撤出，提醒楼层每月 1～3 日做此项工作，过期未撤出报损的，由楼层负责按进货价认购。物资破旧不能用时，每月 5 日前集中填写报损单，经部门经理核实并签署后交副总经理认可，然后由财务部派人鉴定。对报损后另作他用的应打上“已报损”标志，并与其他物资分开，以免混淆。报损后作废品处理的，在盘点报表相应栏目内作消数处理。

三、沟通技巧

(一) 沟通的原则

客房服务中心是客房部的控制指挥中心，很多工作内容需要与部门内以及部门外的各个岗位进行沟通协调。客房服务中心与其他部门、岗位的沟通与协调应遵循以下原则：

(1) 当与对方无法沟通、协调时,应与其上一级主管沟通,如服务员通知不到,信息阻塞、中断等,应与上一级领班沟通协调。领班沟通不到时,再与更上一级主管沟通,以此类推,直到沟通有效为止。同时,要说明与更上一级沟通的原因,以免双方误会(与其他部门沟通也一样)。

(2) 与对方沟通时,提供必要的帮助。沟通协调前,要尽量掌握对方的职责能力,并提供必要的帮助,以防止因对方事情处理不妥而引起麻烦。

(3) 保持良好的沟通态度,心平气和,有耐心。无论任何情况,沟通的态度必须心平气和,有耐心,尽量多用"请"字、"谢"字并使用商量的口吻,即使对方不耐烦,态度不好,也不要受其感染,仍然要保持冷静,以免事态向不好的一面发展。

(4) 遇到沟通障碍时,先解决问题,不可推卸责任。遇到沟通协调的事情难以分清责任时,要先尽力解决,而后报告上级进行区分,千万不要在有能力处理的情况下不处理或推卸责任。

(二) 沟通的方法

客房服务中心协调和沟通的对象很多,沟通讲究的是迅速和愉快,如何才能做到这两点呢?

首先,客房服务中心人员要把自己当作一名内务公关员来看待。面对各种各样的人物,为了达到沟通愉快、有效的目的,就得采取不同的应对手段。很多酒店的客房服务中心人员不要说有什么手段,其自身的心理素质这道门槛还没有跨过,害怕、畏缩、妒忌、不服气、不愿受委屈、喜欢斗气、相互攻击、出言不逊、不耐烦、易受不良情绪感染等不健康的心理因素还未能消除,房务管理者应该鼓励客房服务中心员工平时多看一些自助、励志方面的书籍、资料,把沟通、协调的对象当客户看。其次,要向酒店的公关人员学习,掌握为与客户或相关人员的沟通畅顺、愉快而应采用的基本、必要的公关手段。掌握了这些手段以后,即便今后离开此岗位,也会在自身的人际交往中受益匪浅。

第三节 客房部工作程序与标准

一、客房服务中心

(一) 早班工作程序(07:30～15:30)

(1) 07:30～08:00 阅读"工作记录本",清点各类钥匙,继续完成上一班未完成的工作,重大或特殊事情及时向客房部经理或有关部门反映,督促早班服务员为客人服务,打扫在08:30以前要求进行打扫的房间,查看清点物品是否与账目相符,催促服务员归还楼层借用物品，打扫服务中心卫生，整理表格。

(2) 08:00 监督楼层服务员按领用钥匙规定领取钥匙，把维修房表、前厅预报表和房态表上交主管，监督服务员领取工作报告表，向领班分发对讲机和各班组维修表，收取服务员的更衣柜钥匙。

(3) 准确无误地接听各种电话，保证客人与酒店、部门与部门、上级与下级的业务联络，并做详细的电话记录。

(4) 上午 10:00 以前将领班完成的实际房态经过核对后输入电脑，随时与前厅保持密切联系，做好主管下达的各项工作，提醒当班主管注意 VIP 房间和其他重要事项，并适时向工程部报送“工程维修单”，与洗衣房交接放在服务中心的待洗衣物。

(5) 12:00 以前报离店房及可出租房的房号。

(6) 14:30 监督中班服务员签到。

(7) 15:00 与下一班次交接早班遗留的工作，清点服务中心物品是否与账目相符，催促楼层归还借用物品，登记遗留物。

(8) 15:15 随时通报换房房号、贵宾通知单及各种外送表格。

(9) 15:30 回忆早班工作，编写工作报告及交接事项后下班。

(二) 中班工作程序(14:00～22:00)

(1) 14:00 阅读“工作交接本”和“值班记录”，完成早班未完成的工作，清点服务中心物品是否与账目相符，整理各种表格，清点钥匙柜的钥匙。

(2) 准确无误地接听电话，随时向主管、领班通报换房单、贵宾通知单及其他表格的信息，并向工程部报送“工程维修单”。

(3) 完成主管下达的各项任务，提醒主管注意 VIP 房客人和其他重要事项。

(4) 15:30 检查误差房态，离店房变可出租房，修改电脑中的房态。

(5) 准备中班所需用的各种表格。

(6) 16:30 配合领班检查白班服务员签离，归还钥匙并签字，收回领班的对讲机，记录白班服务员交接的特殊情况，登记服务员上交的遗留物。

(7) 检查白班客房维修情况，及时与工程部联系晚间工程维修。

(8) 监督中班服务员领取、归还钥匙，核对中班完成的房态，结算晚间的酒水并登记在酒水消耗表上。

(9) 21:55 检查钥匙、对讲机是否齐全，与下一班次交接工作，清点服务中心物品是否与账目相符，催促借出物品的归还。

(三) 夜班工作程序(22:00～次日 07:30)

(1) 21:55 阅读“工作交接本”和“值班记录”，与中班详细交接，特别注意清点各类钥匙、对讲机，记录本班次的员工姓名及工作时间，清点服务中心物品是否与账目相符，整理各种表格。

(2) 对客人提供优质服务，与值班经理保持密切联系，夜间发生的特殊事件要及时汇报，并详细记录。

(3) 夜班收回的早餐预定卡要用电话通知房膳服务。

(4) 23:00～24:00 统计次日预期离店客人人数和房号。

(5) 认真填写各种表格，填写撤出和配入酒水的房号及日期，注明领班及服务员，并填写在客房楼层酒水分布表中。

(6) 07:30 与下一班交接未完成的工作，清点服务中心物品，催促楼层归还借用物品，写出交接班报告，然后下班。

(四) 客人遗留物品处理程序

(1) 客房服务中心文员在接到捡拾物品后，在客人遗留物品记录簿上需注明日期、房号、物品名称及拾物者姓名。

(2) 贵重物品(如首饰、现金、相机、手表等)应送到前厅存入保险箱中，一般物品按月分类存入服务中心遗留物品柜中。

(3) 如客人回来认领时，需报清遗留物品的名称、数量，提供其当时的居住房号，并持有效证件(身份证)，核对无误后，请客人在遗留物品记录簿上签字、领回。若是贵重物品，还应记录下客人的身份证件号码及联系地址。

(4) 贵重物品保留期超过一年的，应转至保安部收存。

(5) 一般物品，保留期超过 3～6 个月的，可经行政管家签字同意，发放给拾物者。

(五) 服务中心规范

(1) 每天早上准备好客房的房态表、住客表、预期走客表、领班查房表及员工清洁房间日报表、员工签到表、领钥匙表。

(2) 接听电话。

① 铃响三声之内，拿起电话。

② 用清晰、热情、礼貌的语调问候客人，报自己所在的部门、岗位，并告诉客人，乐意为客人提供帮助。

③ 仔细倾听客人的陈述，必要时重复主要细节，以获得客人的信任。

④ 回答客人要准确简洁。解决不了的问题要及时上报，然后给客人一个满意的答复，并将事情概要记录下来。

(3) 维修单处理。

① 检查维修单两联是否齐全。

② 在维修单上写清部门、地点、需维修的项目、报告人、时间。

③ 紧急维修项目，立即电话通知工程部，然后送维修单。一般维修单一小时送一次。

④ 在记录本上随时记录维修的解决情况。下班前，尚未解决的问题在记录本上注明，交代下班跟办。

(4) 钥匙及钥匙卡的保管与控制。

① 钥匙及钥匙卡平常应锁在钥匙(卡)柜内。

② 领取钥匙时，先在领钥匙表上签字，将更衣柜钥匙交给中心文员，方可领取钥匙(卡)。

③ 中心文员发放钥匙要仔细认真核对无误后，方可发给员工。

④ 员工领取的钥匙(卡)，按规定要保管好，不得丢失。

⑤ 只能为维修工、洗衣房、送餐员、送衣员开门。开门时，服务员要守候在一旁直至他们离开，再锁好房门。

⑥ 下班时，将所领取钥匙交回服务中心，并在钥匙领取表上签还，注明时间，得到确认后，再领回更衣柜钥匙，方可下班。

二、客房楼层服务程序

(一) 楼层白班领班工作程序

(1) 08:00 到服务中心签到，领取钥匙、对讲机和房态表。

(2) 巡视所管楼层区域。

(3) 08:10～08:30 开领班会，记录有关事项及客人的特殊要求，接受管家部指派的工作。

(4) 08:20～08:30 开管区员工会，传达有关指令，并检查员工的仪容仪表及工作准备情况。根据房态，合理调配人员。

(5) 检查楼层公共区域及可出租房的卫生。

(6) 检查记录维修房的维修进展状况。

(7) 检查督导员工的做房程序、清洁卫生的步骤方法是否符合规定标准。

(8) 检查管区所有走客房和部分住客房的卫生。

(9) 跟查当日计划卫生的落实情况。

(10) 报房态。

(11) 收取员工做房表，记录未办事项和客人的特殊要求。

(12) 16:20 开下午领班例会，交接班。

(13) 16:30～16:50 开班后会。

(二) 楼层中班领班工作程序

(1) 13:30 签到。

(2) 注意了解当时客情房态状况，了解部门交班记录内容。

(3) 检查中班员工仪容、仪表。

(4) 合理安排人力,以保证楼层公共区域的卫生清洁。

(5) 注意跟查当日的计划卫生项目。

(6) 巡视检查楼层公共区域的安全、卫生。

(7) 16:20～16:30 开下午领班会,进行交接班,记录白班未完成的事项和客人的特殊要求。

(8) 17:00 中班员工会,安排中班服务及有关跟办的事项。

(9) 17:10 巡视楼层。

(10) 19:00～20:00 督导检查开夜床的服务质量标准。

(11) 督导员工做楼层其他清洁工作和安全巡视。

(12) 17:55 服务中心收做房表,记录有关问题、事项,交接班。

(三) 楼层白班服务员工作程序

1. 房间清洁次序

(1) 一般情况下应按照此顺序: VIP 房⟶挂牌清洁房⟶住房⟶长住房⟶走客房⟶空房。

(2) 若开房较紧张,顺序稍作变动: VIP 房⟶挂牌清洁房⟶走客房⟶住房⟶长住房⟶空房

(注: VIP 房的卫生应在接到通知或客人离开房间以后,第一时间打扫。)

2. 走客房的清扫程序

(1) 房间:

① 按门铃一次(响两声)后报 Housekeeping 开门,记录进房时间。

② 开空调,把厚窗帘拉开。

③ 倒垃圾并注意检查是否有客人遗留物,撤床单、枕套。

④ 按酒店规定的标准做床。

⑤ 擦尘。从房门框开始按顺序擦,由上至下,由里向外擦一圈。(注意边、角及底部都要擦到。)

(2) 卫生间:

① 开排风扇、灯。

② 撤垃圾、脏毛巾、脏杯子。

③ 按顺序刷洗浴缸、淋浴间、恭桶。

④ 擦洗大理石墙面、玻璃门、镜面。

⑤ 刷洗脸盆。

⑥ 补充卫生间各类用品。

⑦ 擦地面。

(3) 吸客房地毯,擦卫生间地面。

(4) 最后检查一遍。

(5) 关电源、关门,并记录出房时间。

3. 住客房的清扫程序

住客房同走客房清洁次序相同,但应注意:

(1) 清点客房的物品,包括巾类(酒店的财产)。

(2) 客人的书本、文件、杂志等稍加整理。

(3) 不得随意扔掉放于桌上、床头柜或床上的每片纸张。

(4) 睡衣、裤、袍叠好放于枕边,西服用衣架挂好。

(5) 贵重物品不要动。

(6) 禁止翻动客人物品、杂志或其他用品。

(7) 绿色植物三天浇一次水。

(8) 拖鞋放于床边。

(9) 检查电器。

(10) 鲜花每日要浇水。三日后花谢了,要撤出;酒店送给客人的水果坏了,要及时撤出。

(11) 注意补充迷你吧酒水,耗用量要报到库房。

(12) 注意收取住客房内的客衣。

4. 空房清洁规程

(1) 把"正在清洁"牌挂于门框上。

(2) 拿一湿一干抹布抹家具(和住客房清扫程序相同)。

(3) 卫生间恭桶放水,地漏冲水排异味。抹卫生间浮尘,浴缸水龙头、花洒隔两三天应放锈水一次,并注意清洗抹干。

(4) 检查房间规格、设备情况,检查天花板有无蜘蛛网,地面有无虫子,把空调调至适当位置,熄灯,取回"正在清洁"牌。

5. 小整理

目的是为体现酒店的服务水平,确保客人每次外出回到房间都有一个良好的印象,我们要求为 VIP 客人提供此项服务:

(1) 更换卫生间用过的"四巾"、杯具。

(2) 刷洗客人用过的浴盆、淋浴间、恭桶、脸盆。

(3) 清倒垃圾和烟灰缸。

(4) 客人睡过的床铺要重新整理,盖回床罩。

(5) 复原家具,关衣柜门,拉回窗帘。

(6) 清捡地面杂物(如有污渍应立即清洁)。

(7) 清点耗用过的酒水,报酒水组。

(8) VIP 房使用过的香皂应予以更换。

6. 做床程序

(1) 从清洁工作车上取下铺床所需的干净床单、枕套。

(2) 将干净的床单、枕套放在沙发上。

(3) 将床拉出,依次撤下被子、枕套、床单。

(4) 撤下用过的床单、枕套时,检查有无客人遗留物品。

(5) 调整床垫,拉平床褥。

(6) 铺第一张床单:争取一次甩单到位,在床头或侧面甩单均可。床单正面朝上,中线居中,四周垂下部分相同,平整,不褶皱,包好四角,做成直角或斜 45°角,将四周垂下部分塞进床架与床垫之间,绷紧床垫。

(7) 铺第二张床单:床单正面朝下,床头端的床单边超出床头 10 cm,中线居正,平铺在床上。

(8) 铺毛毯:将毛毯抖开,正面朝上,毛毯商标应在床尾处,床头端的毛毯边与床头平齐,平铺在床上。

(9) 将第二张床单床头处余出的 10 cm 反折,包住毛毯,然后连同毛毯一起折回 25 cm,并将其两边一起塞进床垫与床架之间,要求绷紧,做好床头。

(10) 到床尾,调整好第二张床单,拉平毛毯,将第二张床单与毛毯一同塞进床垫与床架之间,包好两角,做成直角或斜 45°角,再将床单两边塞好。

(11) 把干净枕套套在枕芯上,要求四角充实。做好枕套口,摆放在床头正中,两床的枕套口朝向外侧。

(12) 盖上床罩,包好枕头,多余部分塞在枕头之下。

(13) 将床推回原位。将撤下的床单、枕套卷好,放在清洁工作车的专用布件袋中。

(四) 楼层中班服务员工作程序

1. 13:30 工作任务

13:30 在服务中心签到,注意着装,听从领班分配任务。

2. 13:40～16:00 工作任务

(1) 做当日楼层计划卫生。

(2) 吸楼道地毯、清理花盆杂物。

(3) 清理职工电梯厅的地面。

(4) 开房紧张时,协助白班做房。

(5) 清理楼层垃圾,并送至垃圾房。

3. 夜床服务工作程序

17:00 在服务中心,听从领班安排,领取做房表,记录有关事项,备好各类物品,领取钥匙、对讲机，上楼开始夜床服务。

(1) 按门铃一次（响两声），报 Housekeeping，再将门轻轻打开。

(2) 进房后，要清理垃圾桶及刷洗客人用过的杯子。

(3) 将客人的物品摆放整齐，原则上客人物品的位置不能移动。

(4) 将厚窗帘拉上。

(5) 根据住客人数开床，床罩放于壁柜内，早餐卡放于床头反折的位置。

(6) 补充物品，冰块应达到冰桶的 2/3。

(7) 进卫生间要清理垃圾，刷洗客人用过的杯子、浴盆、脸盆、恭桶、淋浴间。

(8) 更换用过的巾类，补充物品。

(9) 地巾铺于淋浴间门口。

(10) 有浴帘的浴缸，应将浴帘合上 2/3，下垂部位放进浴缸。

(11) 最后检查一遍。

(12) 关门，填写出房时间。

(13) 晚 20:00 要完成夜床服务。

(14) 进行楼层的安全巡视。

(15) 为客人提供其他服务（如客人需用易耗品、毛巾等）。

(16) 注意收取挂于客房门把的送洗衣物，送至服务中心。

(17) 21:55 在服务中心交钥匙、对讲机，做房表，交接班。

（五）楼层夜班服务员工作程序

(1) 22:00 服务中心签到，领对讲机与中班交接。

(2) 记录当日白、中班遗留的事项，并注意跟办。

(3) 22:15 楼层安全巡视（22:15～次日 06:00 每隔 2 小时巡视一次）。

(4) 00:00 送酒水报表至结账处，从前厅领取次日的房态及走客信息表。

(5) 巡楼注意收取挂于门外的早餐预定卡，通知服务中心。

(6) 为客人提供服务（如客人需要冰块、毛巾或易耗品等）。

(7) 08:00 以前检查散客、团队结账的客房迷你吧酒水饮料。

(8) 08:00～08:10 交接班。

（六）楼层临时工工作程序

(1) 早晨到岗后需先清理立式烟缸内的烟头和杂物。

(2) 进行楼道地毯的吸尘。

(3) 擦拭客用区域的木制墙板、家具、客梯门、安全防火门。

(4) 消毒、清洗服务员撤出的杯具。

(5) 清洁职工区域的卫生，刷洗消毒间、职工卫生间，清理职工电梯厅的地面。

(6) 用桐油擦拭立式烟缸、铜制指示牌。

(7) 清洁安全通道。

(8) 楼层临时缺少物品,应及时去库房领取。

(9) 进行楼道地毯、墙壁的除迹工作。

(10) 擦拭灯饰。

(11) 巡视负责区域,随时保持客用公共区域和职工区域的卫生,发现有需维修的设施要汇报给当层领班。

(七)客房检查工作程序

1. 检查离店客人房间

(1) 是否有客人遗留物品。如有,立即送交客人;如果客人已经离店,应将遗留物品交客房中心,按工作程序进行登记保管。

(2) 查看客人在房间内使用小酒吧情况,如有饮用,应立即用电话通知前厅收银,并报酒水组。

(3) 检查房间内的设备物品是否齐全或有无损坏,发现缺少或损坏物品,立即通知前厅收银和客房领班。

(4) 是否有安全隐患。

2. 检查住店客人房间

(1) 查看客人是否有待洗衣物,检查是否有违章使用电器现象。

(2) 每天例行检查小酒吧酒水饮用情况。

(3) 检查客房卫生状况。

3. 检查空房

(1) 房门门禁是否妥善,防盗链是否安全;门锁转动是否灵活,开门有无声响,门后是否贴有防火图;房门可否停在定开状态,能否自动关闭;双重锁是否操作正常。

(2) 屋顶是否有灰尘、蜘蛛网、裂缝、爆皮及水迹。如有,及时通知工程部维修,维修期间由客房服务中心将维修房号报给前厅接待部,输入电脑。

(3) 墙纸和墙边护壁板是否有灰尘或破裂;电灯开关有无指印或污渍。

(4) 空调温度是否适中,风口是否发出声响及藏有灰尘。

(5) 薄、厚窗帘是否清洁、悬挂美观;窗玻璃是否明亮并无破裂;窗锁是否关闭安全;窗帘钩有无松脱,拉动是否自如。

(6) 电视机图像是否清晰,有无电视节目单;收音机和音响操作是否正常;电灯是否完好,灯罩有无积尘,灯罩接缝是否在背面。

(7) 电话是否正常,电话上讯号灯有无故障;电话机和电话线是否清洁。

(8) 床铺是否铺叠完好,保持干净;床罩是否清洁卫生,无破损;床底有无尘土。

(9) 床头柜是否清洁;记事本是否齐全,摆放位置是否正确;是否有“请勿在床上吸烟”小牌,是否放在规定的位置上。

(10) 桌、椅有无破损，是否光洁；沙发扶手是否牢固，坐垫下面是否有纸屑、灰尘和杂物；酒吧台、梳妆台、桌面是否干净光洁；写字台上的文具夹内各种文具、书刊、报纸是否齐全。

(11) 壁柜内有无备用毛毯，是否摆放整齐；衣架数量是否短缺；是否有洗衣袋、洗衣单、浴袍；拖鞋是否配齐。

(12) 垃圾桶内是否清洁；烟灰缸是否清洁；玻璃杯是否清洁光亮。

(13) 墙面画框是否悬挂端正，有无浮尘。

(14) 冰箱内饮料、酒、小食品是否齐全；冰箱内外是否干净并无异味；是否有酒水单。

(15) 地毯有无破损；清洁程度如何，是否有积尘、污迹、咖啡渍、茶渍、口香糖胶等。

(16) VIP 房间是否根据不同级别提供相应的鲜花、水果、点心、酒等。

4. 检查浴室

(1) 浴室门锁转动是否灵活，开门时是否有响声，门的表层有无破损的弯曲现象；门框是否积尘；双重锁是否操作正常；门后挂衣钩是否牢固。

(2) 镜子有无积尘和污渍，有无破损和水银脱落。

(3) 天花板有无积尘，风口是否清洁，有无爆皮和水迹。

(4) 恭桶盖是否清洁，排水系统是否操作正常，恭桶内外壁有无污渍，水箱开关是否太松或太紧。

(5) 脸盆是否干净，脸盆塞是否灵活，所有金属器如水龙头、把手等是否清洁光亮，冷热水管有无故障，排水系统是否正常，盆内排水孔是否积有毛发，皂盒是否积有碎肥皂或肥皂渍。

(6) 浴缸是否清洁；浴缸塞是否灵活；浴帘有无污渍；浴室内的面巾、手巾、厕纸、擦手纸、卫生袋是否齐全，摆放整齐。

(八) 客房酒水管理程序

1. 离店房酒水管理

(1) 客房服务中心接到前厅收银员客人结账电话通知后，立即将客人房号通知楼层服务员，并将离店房号、通知时间、楼层接电话人姓名记录在登记表上。

(2) 楼层服务员根据客房服务中心下达的离店房房号，要及时进入房间检查酒水、房内设备，留意客人是否有遗留物品。

(3) 楼层服务员将离店房内酒水检查结果用电话速报前厅收银员，记下客人取用酒水的种类和数量，写上接电话收银员姓名、报酒水时间，并通知酒水组。

2. 住客房酒水管理

(1) 白班和中班做夜床时检查两次，如遇挂有“请勿打扰”牌或上双锁的房间，应随时注意检查。

(2) 及时通知酒水组住房房号、酒水种类、数量及检查人姓名。

(3) 酒水组根据酒水单为楼层补足酒水数。

(4) 中班酒水管理人员每日应做"酒水销售表",将消耗酒水种类、数量填写在表内,以便每日盘存。

(5) 楼层服务员应经常检查冰箱内饮料,撤出即将过期的饮料。

3. 注意事项

(1) 服务员在领用酒水时,一定要检查酒水的质量,酒水发出之后,质量由服务员负责,因服务员工作过失导致酒瓶结冰、爆裂的报损,由服务员负责。

(2) 因工作过失,造成酒水跑单,由服务员负责。

案例 5-2

叫醒失误的代价

小杨是刚从旅游院校毕业的大学生,毕业后到某酒店房务中心工作,目的是为了从基层开始锻炼。今天是他到房务中心上班的第二天,轮到值大夜班。接班没多久,电话铃响了,小杨接起电话:"您好,房务中心,请讲。"

"明天早晨5点30分叫醒。"一位中年男子沙哑的声音。

"5点30分叫醒,是吗? 好的,没问题。"小杨知道,叫醒虽然是总机的事,但一站式服务理念和首问负责制要求自己先接受客人要求,然后立即转告总机,于是他毫不犹豫地答应了。

当小杨接通总机电话后,才突然想起来,刚才竟忘了问清客人的房号! 再看一下电话机键盘,他吓出一身冷汗,这部电话机根本就没有号码显示屏! 小杨顿时心慌,立即将此事向总机说明。总机告称也无法查到房号,于是小杨的领班马上报告值班经理。值班经理考虑到这时已是三更半夜,不好逐个房间查询,再根据客人要求一大早叫醒情况看,估计十有八九是明早赶飞机或火车的客人,现在只好把希望寄托在客人也许自己会用手机设置叫醒,否则,只有等待投诉了。

早晨7点30分,一位睡眼惺忪的客人来到总台,投诉说酒店未按他的要求叫醒,使他误了飞机,神情沮丧且气愤异常。早已在大堂等候的大堂副理见状立即上前将这位客人请到大堂咖啡厅接受投诉。

原来,该客人是从郊县先到省城过夜,准备一大早赶往机场,与一家旅行社组织的一个旅游团成员会合后乘飞机出外旅游。没想到他在要求叫醒时,以为服务员可以从电话号码显示屏上知道自己的房号,就省略未报。

酒店方面立即与这家旅行社联系商量弥补办法。该旅行社答应可以让这位客人加入明天的另一个旅游团,不过今天这位客人在旅游目的地的客房预付订金270元要由客人负责。接下来酒店的处理结果是:为客人支付这笔订金,同时免费让客人在本酒店再住一夜,同时免去客人昨晚的房费。这样算下来,因为一次叫醒失误,酒店在经济方面一共损失了790元。

评析

因为一次叫醒的失误,酒店竟为此付出790元的代价,可谓"花钱买教训"!

由本案得出的教训和应采取的改进措施有三:

一是缺乏岗前培训(或培训不到位)。所有新入职的员工,都应该接受部门安排的严格的入职培训,并掌握部门的服务程序、操作标准和规范。

二是所有"新手"上岗,都应当由"老员工"或领班带班一段时间,关注他们的工作情况,包括哪怕一次接电话的全部过程,都要考察他们与客人对话是否得体、完整,是否复述,是否记录等,必要时要做好"补位"工作。

三是所有接听客人服务来电的电话机都必须有来电显示屏,并有记忆功能。这样既利于提高效率、方便客人,也可防止类似事件的发生。

案例5-3

8罐牛奶红茶

一位住在北京友谊宾馆敬宾楼4楼的海南客人,给酒店的服务中心挂电话:"我是405房。我这里来了3位客人,请酒店送8罐冰冻牛奶红茶。"客人是在《服务指南》中知道服务中心电话的。

3分钟后,门铃响起,一名男服务员托着个大盘子,上面放着8罐牛奶红茶。他轻轻放到沙发间的茶几上,便退出房间。

又过了约4分钟,405房响起电话铃声。客人拎起话筒,电话里传来清脆悦耳的声音:"我是服务中心,刚才接到先生的来电,要送冰冻牛奶红茶,我想知道牛奶红茶是否已经送到?"对方似乎是位中年女性。

当她被告知客人的要求已经得到满足后,又说:"酒店的服务中心24小时为客人服务,随时恭候客人吩咐。先生如果还需要我们效劳,只要拨个电话便可。"挂上电话之前服务中心那位中年女性没有忘记祝愿客人和来访的朋友晚安。

评析

友谊宾馆为了更好地为客人服务,试行楼层不设服务台,变固定式服务为流动式服务。每个楼层派有数名服务人员不停地走动,主动寻找服务对象,帮助客人解决困难,接受客人或来访者的问询,留心解决突发或潜在的问题。此外,整幢楼还设立一个服务中心,中心的电话号码印在《服务指南》中最醒目之处,客人可以不出房门便得到一切期望的帮助。本例中的海南客人就是如此获得便捷服务的。

友谊宾馆的服务中心不是摆设,它是实实在在解决问题的。它等于一个指挥所,又是客人与酒店联系的一个窗口,传递信息,分配任务,下达命令。服务中心还是一个监督机构。据友谊宾馆介绍,他们有明文规定:中心接到电话5分钟内,有关部门必须满足客人的要求;接到电话10分钟内,他们会给客人致电,了解客人是否得到了所需的服务。

友谊宾馆的服务中心是酒店改革的产物,它以"站在客人的立场上提供服务"为基点,逐步实行和完善这个新的服务机构。为使这项改革得以顺利进行,酒店事先做了大量工作,如培训员工的服务习惯、服务意识和服务规范,制定一些新的制度,对有关人员实行专业训练等。自从增设服务中心以来,客人的投诉明显减少了。

第四节　常见的对客服务规程

客房对客服务是饭店服务的重要组成部分,客房不仅应向客人提供规范、标准的服务,还应为客人提供个性化的服务,以满足客人的各种合理要求,使客人满意。因此,有必要制定科学合理的服务规程作为提供优质对客服务的保证。

客房对客服务工作有三个环节:住客迁入、居住、迁出。客房接待服务内容有迎客服务、送客服务和日常接待服务。

一、迎客服务规程

客房部接待服务工作的第一个环节是迎客服务,迎客服务工作包括两点:

(一) 准备客房

(1) 客房部收到前厅部送来的到客通知单后,应该详细了解来客的基本情况:客人到、离店的时间,客人的国籍、身份、风俗习惯、宗教信仰、生活特点等。

(2) 根据客人的宗教信仰、生活特点、风俗习惯,认真准备并检查房间是否按规定的标准布置清扫及配套用品。调整房内设备,铺好床,备好生活用品和卫生用品,准备好饮用热水、冰水。如果是VIP房间,还要准备水果和鲜花。

(3) 布置好房间后,再一次细致检查房内的电器、家具有无破损。如果有,要及时报修。

(4) 检查浴缸、洗面盆、冷热水淋浴,如发现水质浑浊,须放至水清为止。

(5) 对客人在宗教信仰方面有忌讳的物品,要及时从房内撤出来,以表尊重。比如,伊斯兰教客人的房间不能有猪皮带子、猪鬃衣刷等。

(6) 客人到达前,根据气温调好室温。如果客人在晚上到达,服务员要拉好窗帘,做好夜床,开亮房灯。

(二) 迎接客人

行李员引领客人到楼层后,客房服务员要热情接待。行李员引领客人进房间,服务员即应把茶水和当天的报纸送入房间，首先问候客人，再介绍客房设备及使用方法（如客人面带倦容或第二次入住则可省去），热情询问客人需要提供何种服务，祝客人住得愉快，面向客人把门轻轻关上。实际工作中，实行楼层服务台对客服务模式的酒店按照这种规程欢迎客人，而采取客房服务中心的酒店则逐步取消了客房部员工欢迎客人的环节，而是前厅部礼宾员引领客人进房间后完成后续工作。

二、送客服务规程

送客服务主要包括客人退房前的准备、离开楼层时的送别和离开后的检查三个环节。

（一）客人退房前的准备

（1）楼层服务员应通过前厅提供的有关报表或电脑了解预离客人房号、姓名、结账和离店时间。有些客人结账后并不立刻离店，而会回房间逗留一段时间离开，这样就需要二次查房。

（2）检查房内客人消费账单，在客人离店前将洗衣费、小酒吧消费等账单送到，以保证及时收款。

（3）检查客人委托事项是否已办妥，提前将客人洗送的衣物、委托维修的物品送交客人。

（4）如果客人是次日早晨离店的，楼层服务员要问清客人是否需要叫醒服务，是否在房内用餐，如客人提出服务要求，应做好记录并与有关部门联系。

（5）客人临行前，利用进房服务的机会查看客房设备有无损坏、物品有无遗失、饮料有无消耗等。

（6）客人离店前，要主动征求意见，如有投诉，应详细记录，诚恳表示感谢，欢迎客人下次再来。

（二）送别客人及行后检查

送别客人时，服务员要提醒客人有否遗忘物品，并协助行李员装运客人的行李。客人离开时，服务员应热情主动地将他们送至电梯口，代为按下电梯按钮，向客人道别，并说“欢迎下次光临”。客人离开后，应该迅速进入房间，仔细查看有无遗留物品，是否消耗或带走酒水、饮料食品，房间物品有否损坏，如果发现有，则立即报告主管作及时处理，如果发现客人有遗忘物品，应该立即派人追送或交客房办公室登记处理。有的客人因急事提前退房，委托服务员代处理未尽事宜，服务员承接后要做记录并必须履行诺言，不要因工作忙而丢在一旁。

案例 5-4

到底是谁的责任？

一位住在酒店内的客人某日中午要乘火车回乡，提早在上午10点到总服务台办理了退房手续。他认为在中午12点以前客房的使用权仍旧是他的,因此把整理好的行李仍旧放在客房内,没有和楼层服务员打招呼,便外出购物去了。

近中午时,他回酒店准备取行李,谁知客房门开着,已有新客人入住了。他发现自己的行李已不知去向,便到楼层服务员处询问,才知道行李已放到总台。

他找到楼层服务员,虽知道了行李的下落,却遭到一顿指责:"你既然已办理了退房手续,为什么不和我联系?放在客房内的行李如果遗失,你也不能怪我!"

客人听后很生气,反问道:"你怎么能开房门让新客人进入呢?我的行李为何搬动地方了呢?"

楼层服务员申辩道:"新客人是经过我和总台联系后才进去的,我好意把你的行李寄存总台,有什么不对?"

客人听后很不舒服,下楼到总台提意见,谁知总台不记得这位客人已办理过了结账手续,不同意把行李交给他。经过一番周折,客人离店时已经是下午了。他临行前愤愤地说出一句话:"我发誓,下次不住你们这个酒店!"

评析

上述案例中酒店的最大失误在于,客人虽已办理了结账退房手续,但行李仍放在房内,本人尚未最后离店。在客人对客房仍拥有使用权的情况下,不经客人允许而将其行李寄存总台,并把房间重复租给新客人住,是对客人基本权益的侵害。

三、日常接待服务规程

客人住店后的日常接待服务工作要细致。客人的要求多,服务员要做大量琐碎的工作,如果工作做不好,就会影响客房部的服务质量,乃至整个饭店的声誉。

(一)送水服务

如果房间内不具备可以自行烧水的设备或可直接饮用的矿泉水,端茶送水是饭店服务规程中的一项内容。房间饮用热水、冷水每天早上都应全部更换,上午、下午和晚上依情况而定。客人在房间会客时,亦视情况送上茶水。

(二)小酒吧服务

饭店一般为满足客人在房间享用酒水饮料的需求,同时增加饭店客房收入,中高档饭店的客房必须配备小冰箱或小酒吧,存放一定数量的软硬饮料和干果,如烈性酒、啤酒、果汁、汽水等,供客人自行取用。收费单放在柜面,一式三联,上面注明各项饮料食品的储存数量和单价,请客人自行填写耗用数量并签名。

服务员每天上午清点冰箱内饮料食品的耗用量,与收费单核对。如客人未填写,则由服务员代填。核对无误后,交客房服务中心。单据的第一、第二联转给前厅收银处,费用填入客人账单,第三联由领班统计,填写楼层饮料日报表,作为到食品仓库领取补充品的依据。

(三) 送洗客衣服务

客人在饭店居住期间,可能会需要饭店提供洗衣服务,尤其是商务客人和因公长住饭店的单身客人。

洗衣服务可分为水洗、干洗、熨烫三种。时间上分正常洗和快洗两种。正常洗为一天,多为上午交洗,晚上送回;如下午交洗,则次日送回。快洗不超过4小时便可送回,但要加收50%的加急费。送洗客衣工作由楼面台班服务员承担。

客房内有洗衣登记单和洗衣袋,客人根据需求填写"水洗衣服登记单"、"干洗衣服登记单"或"熨衣登记单"。单上有客人的姓名、房号、送洗日期和送洗衣服的名称、件数、单价。客人填好单后,连同衣物放入洗衣袋内。服务员取洗衣袋时,应点清件数,然后检查口袋内有无物件,有无严重破损或油污,如果有,应该向客人指明并在洗衣单上注清楚。洗衣单一式三联,一联留在楼面,另两联随衣物送到洗衣房。为了防止洗涤和递送过程中出差错,有的饭店规定,客人未填洗衣单的不予送洗,并在洗衣单上醒目注明。

送回洗衣也有不同方式。或由洗衣房收发员送进客房,或仅送到楼面,由台班服务员送入客房并放置在床上,让客人知道被洗的衣物已送回并可以检查衣物有否受损。

送洗客衣是一件十分细致的工作。按国际惯例,由于饭店方面原因造成衣物缺损,赔偿金额一般以洗涤费用的10倍为限。我国由于洗涤费用便宜,按10倍赔偿客人也不满意。所以要求经手员工认真负责,不能出一点差错,否则会招致投诉,给饭店造成经济损失和声誉影响。

案例 5-5

T恤衫变成了"童子衫"

某日,住在某酒店内的英国客人斯密司先生送洗了不少衣服。当天晚上他临睡以前从已经洗好的衣服中拣出一件T恤衫,准备在洗澡后换上,但一眼望去,觉得这件衣服好像不是自己的。莫非和别的客人调错了?经过仔细检查,确定衣服的确是他的,但经过洗涤后明显缩水了,已经无法再穿。

斯密司先生十分恼火地拿着那件T恤衫,向酒店值班经理投诉道:"这件衣服是我最近在意大利用180 000里拉买的,第一次由你店洗过就变成了'童子衫'!我要求你们照原价赔我。"

值班经理回答客人说:"请您稍等,我去查一下洗衣单。"值班经理在洗衣房里找到了斯密司先生的洗衣单,只见上面洗衣类别栏内填的是湿洗,但非客人填写,而且没有签名。他拿了洗衣单去问客人:"您是否事先提出过要求,例如是熨烫、干洗还是湿洗?”

客人听罢更加不高兴了,大声说:“我只知道要洗衣服,至于是怎么洗,我不懂而且没有必要去弄懂。你们酒店的洗衣工每天都在为客人洗衣服,该怎么洗,难道都不知道吗?”

值班经理耐心地回答道:“我并无责怪您的意思。我们把您的衣服洗坏了,首先要向您道歉,当然还应当对此负责。”

“那么你打算如何解决呢?”客人问。

“根据本店规定,按照洗衣费的标准,酌情予以赔偿。”值班经理说。按饭店规定,至多赔洗衣费的10倍,但值班经理故意留有余地,没有具体和盘托出。

客人接着讲:“你说的办法我不能同意,我要求你照原价赔偿。”

值班经理思考片刻,断然决定采用冷处理的办法。他征求客人的意见说:“按照具体情况,我提出一种变通办法供您参考。请您抽空到市上商店去走走,见到满意的T恤衫就买一件,费用由酒店给予报销;如果在回国以前仍购买不到合适的T恤衫,到时酒店可考虑按原价折合人民币赔偿现款。”

由于给客人留有余地,客人便接受了值班经理的建议。果然,客人离店前在外面商场买了件花纹基本上和洗坏的那件差不多的T恤衫,由酒店报销,圆满平息了这一事件。

评析

在酒店内,客人送洗的衣物通常有熨烫、干洗、湿洗(水洗)三种方法。当班服务员必须核对送洗衣物的件数,检查口袋内有无遗留物,纽扣有无脱落,有无严重污迹或褪色,布质是否脆弱不堪洗涤,有无破洞等。另外,在送洗衣物时,洗衣单应由客人自己填写后再签名。如果客人让服务员帮助填写单子,应由客人签名确认,以避免发生类似上述事例中的问题。

本事例的起因即在于酒店洗衣程序的不严密和洗衣房的不负责。不管洗衣单是客人自己填写,还是服务员代填,单上没有客人的签名,便贸然将衣服下水总是不对的。如果发生问题,酒店有无可推卸的责任。就洗衣房来说,应该对各种织品的缩水状况了如指掌,把客人的T恤衫洗成了“童子衫”,说明该酒店洗衣房技术水平不过硬。如果在湿洗之前进一步核查一下,这项事故本来也是能够避免的。

(四)会客服务

来访的客人首先要在总服务台办理来访登记,然后到被访客人所住的楼层。楼层服务员的服务态度要像对待住客一样热情有礼,在查看其访客登记单并征得住客的同意后,引领来访者进客房。服务员应该为来访者送上茶水,主动询问还需要提供何种服务，并表示愿意尽力帮助解决。

在接待访客时，要认真记录来访者的情况，如到达及离去的时间等。对晚间来访的客人，应该告知会客的时间，如果访客要留宿，要请他（她）到前厅接待处办理登记手续，同时应该保持警觉，发现异常情况要及时报告。

（五）送餐服务

客人由于生活习惯或特殊要求，如起早、患病、会客、夜餐等，有时候想在客房里用餐，饭店据此要求提供送餐服务，这项服务由酒店餐饮部的送餐服务人员完成。需要这项服务的客人可以打电话直接订餐，也可以由客房服务员向餐饮部订餐，所点之餐由服务员直接送到客房内供客人食用。客房用餐分为早餐、便饭、小吃点心、夜餐、病号饭等，以早餐最多。根据客人所点数量，可以视情况用托盘或餐车送上。

（六）托婴服务

为了方便住客，饭店提供托婴服务。客房部帮助客人照顾小孩，并收取服务费。一般饭店设有专职保育员，承担照管工作的服务员应该受过照料小孩的专门训练，懂得和掌握照看小孩的专门知识和技能，并且略通外语。在照管前，服务员必须向客人了解小孩的特点及家长的要求，确保小孩愉快、安全，使客人满意。饭店并不配备专职人员从事此项服务的，可以向社会服务机构代雇临时保育员，或是由客房部女服务员利用业余时间照管。一般以 3 小时为计费起点，超过 3 小时的，按小时增收费用。

（七）擦鞋服务

客房内通常备有擦鞋纸、擦鞋巾，以方便客人擦鞋。高档饭店还会备有擦鞋机。但真正的擦鞋服务是为客人人工免费擦鞋。

在设此项服务的饭店，客房壁橱中放置了标有房间号码的鞋篮，并在服务指南中告知客人。客人如需要擦鞋，可将鞋放入篮内，于晚间放在房间门口，由夜班服务员收集到工作间，免费擦拭，完毕后送回客房门口。

案例 5-6

又湿又脏的皮鞋

初夏，一连下了数天大雨。在哈尔滨市大庆宾馆崭新的大堂里，服务员几乎一刻不停地擦地面，所以虽然外面滂沱大雨，大堂内却洁净如常。

一天晚上 9 点左右，酒店总台接到 504 房客人来电，“有件事想麻烦一下，”一位操着山东口音的客人十分客气地说道，“我们下午到郊外去游览，遇上了大雨，皮鞋被淋湿了，我们没有备用的鞋子，明天还要去运输公司谈笔生意，不知您有没有办法把我们的皮鞋弄干？”

"没问题，你们的困难就是我们的困难，我立即与客房部联系，他们会派人来处理的。"总台接待处人员的坚定口吻使山东客人放下心来了。

电话挂后才 2 分钟，504 房的电铃响起，一位服务员出现在门前。

"两位先生的皮鞋湿了，交给我吧。听说你们明天要办事，我明晨 8 点送来不会太迟吧？"这位看上去才十七八岁的男服务员还未摆脱稚气。

当他被告知客人要到 10 点才离店，心就定了。他提着两双由于浸透水分而变得沉重的皮鞋来到楼层值班室。

服务员望着这两双皮鞋，真傻了眼，不但湿透，而且还极脏，缝隙内、针脚处沾满了泥，黑颜色成了斑斑驳驳的黄褐色。他用一块布，蘸水后擦去表面上的泥，再用旧牙刷除去缝道中的污垢，足足花了半个小时才使皮鞋再现黑色。由于鞋子实在太湿，他只得去洗衣房求助，用烘干机把皮鞋慢慢烘干，再放在风口吹冷，鞋子轻了几近一半。他提了两双皮鞋又回到值班室，找出黑鞋油，三下五除二地擦起来。没多久，皮鞋又是乌黑锃亮了。

第二天早晨 8 点，服务员按响 504 房间的电铃，当客人看到皮鞋整洁如新时又惊又喜，不相信就是自己的皮鞋。

评析

在日常的服务工作中，每个酒店从业人员都应学会"换位思考"的思维方式，即把自己的立场转移到客人那一边去，这样一来服务方面的许多问题便不难解决了。本例中的优质服务是属于好人好事一类，实际上却是按服务学的原理在办事，即充分理解客人的合理需求，让客人感到最大限度的满意，最终使酒店获得良好的经济效益和社会效益。

大庆宾馆的服务规范中并没有为客人擦净脏皮鞋的内容，但因服务员深深懂得宾馆一再强调的"客人是上帝"的真谛，所以就能融会贯通，灵活机动地执行酒店规范。每家酒店在对自己的员工进行培训时，不但要讲解规范，更要教育员工以人为本，把主动热心为客人做好事的精神融进平凡的服务工作中，让客人入店前的期望值和离店时的满意度尽可能圆满地吻合。

(八) 失物招领

客人在住店期间或离店时，难免会遗失物品，为了帮助客人找回丢失的物件，客房部有处理客人失物的规定和程序。饭店员工如果在本饭店的范围内发现客人的失物，一定要如数交到客房部。客房部设置客人失物日志，记录职工交来的失物情况(日期、品种、数量、拾物地点及拾物人的姓名等)，并妥善保管好失物。

如果客人亲自来店认领，客房部人员必须问清失物的情况，请客人详细说明物品，以防冒领。如果客人不能亲自到店，可以通过电话、书信说明上述情况，经核对属实，失物可以邮寄给客人（必须向客人说明邮资自付），也可以转托他人带上有关证件来店认领。

（九）叫醒服务

叫醒服务（Morning Call）由酒店总机室负责提供，但如果电话振铃无法叫醒熟睡中的客人，接线员必须请客房服务员前去敲门，直到叫醒为止。在低星级或非星级旅游饭店，客房服务员仍会按客人需要在早晨某一时间叫醒欲赶路的客人。在讲究细心服务的饭店，客房服务员还会应客人需要按时提醒客人与客户电话联系、外出会客、吃药、办事等，将单纯叫醒服务扩大为“提示服务”。

（十）私人管家服务

私人管家服务在国外高星级饭店很盛行，我国也在1992年由广东国际大酒店率先向住客提供此项服务。

私人管家类似于家庭中的保姆，因此又被称为“酒店保姆”。他们既是服务员，又是秘书，专责料理客人的起居饮食，为客人排忧解难。从客人入住，私人管家立即为其办理登记，引领入房，端茶送巾，详细介绍酒店情况。此后客人的生活琐事、外出交通、商务活动等也均由其一手操办，直到客人离开饭店。在生活方面，要会熨烫衣物、调酒、熟悉餐牌、嘘寒问暖、调解纠纷，工作上要能操作电脑、翻译外语、熟练打字复印等。

显然，私人管家要由高素质人员充当。一般说必须有大专以上学历，有较高的外语水平，有广泛的知识面包括丰富的社会生活知识，对饭店业务了如指掌。由于私人管家服务细致周到，体贴入微，因而深受客人信任。许多客人与曾为自己当过私人管家的服务员结下深厚情谊，为此成为饭店的回头客，并指名就要某人服务。

（十一）会议服务

在饭店功能中，会议设施及其服务愈来愈受到饭店管理者和客人的重视。无论何种星级的饭店都会设计不同数量、不同形式、不同大小面积的会议室，同时提供会议设施及其服务，以满足客人召开各种类型会议的需求。由于会议形式多种多样，参会人数有多有少，常规的会议室要应客人要求作相应的布置，并根据会议性质提供配套服务。

1. 常见的会议种类

（1）会见：身份相近的双方就礼节、政务和事务等方面的原因进行短时间的互相交流，称之为会见。

（2）会谈：双方或多方共同就某些重大的政治、军事、经济、文化、科技等方面共同关心的问题进行商谈，称之为会谈。

（3）签字仪式：双方或多方就某项具体事务达成一致，各方首席代表代表本方在文件上签署自己名字的一种仪式，称之为签字仪式。

(4) 讲座：就某专业或某专题进行阐述的一种会议形式，称之为讲座。

(5) 专业会议：就某专题有组织有领导地商讨的一种集会形式，称之为专业会议。

2. 会议前的准备工作

会议前的准备工作是会议服务的首要和必要程序。为了提供客人满意的会议服务，会议服务人员必须先明确下列问题后再做准备：

(1) 会议类型。分类型的目的是为了进行会场布置和提供相应的会议设施。例如：签字仪式的场地布置与讲座的场地布置要求就不相同；若为讲座布置，还应提供投影仪、幻灯机、放像机等。

(2) 到会人数。目的是为了准备相应的座位、会议物品、茶具等，在摆放座位时，椅子的间距应为 15～20 cm，不可挨得太紧，以免妨碍客人行动。每排座位较多时，中间及两侧应设通道。茶具应摆放在座位的右前方，茶杯把手朝向客人右手方向，离桌边约 30 cm，摆放时，每个茶杯要等距离。是否放置烟灰缸应征求会务组的意见，若放，应放置在两个座位的中间，等距离成直线。

(3) 会议时间。目的是为了安排服务人员的上下班时间。要了解会议的具体时间及日程安排，尽可能做到专人服务。

(4) 会议提供何种饮品。会务组会因会议档次而要求饭店提供会间饮品，有茶水、饮料或水果、点心等。

(5) 会议性质。有些会议具有一定的保密性，会间无关人员都要回避，因此会前准备工作应更加充分，以减少进入会场服务的次数。

(6) 会务组的序号。便于查询、沟通联系，及时获得服务信息，以提供更周到细致的服务。

(7) 特殊要求。

3. 会议过程中的服务

(1) 会议客人到达时，应打招呼问好，为客人开门，礼让入场。

(2) 客人就座后，按次序为客人泡茶并说“请”。泡茶时将杯盖反扣在桌上，再将茶杯端起，侧身弯腰将水冲进，以倒至 8 成满为止，放回桌上，杯把向右，盖上杯盖。是否送小方巾则视会议组织者要求、会议档次或到会人数多少而定。

(3) 会议中间定期更茶续水或补充饮料，更换烟灰缸。

(4) 若会议组织方要求上点心或水果时，应将点心和去皮后切成块的水果放在小盘中，放上牙签，每人一盘，以方便食用。

(5) 会议结束时，打开会议室门，与客人道再见。

4. 会议服务中的注意事项

(1) 会议室有会议时，楼层应保持安静，无关人员应回避。

（2）服务人员应配合保安人员做好安全服务。

（3）会议过程中的更茶续水不宜过于频繁，动作要轻。

第五节 特殊的对客服务规程

一、贵宾服务规程

酒店日常接待服务中，对贵宾的服务是一个重要的环节。所谓贵宾，即 VIP (Very Important Persons)，是指在散客和团体客人中，能够对本酒店的业务有极大帮助或者可能为酒店带来业务者：知名度高的外交家、艺术家、政界和商界要人、社会名流，本酒店同系统的机构负责人或高级职员，与酒店同行单位的负责人或高级职员等。酒店根据客人的身份高低、社会影响的大小及对酒店本身的利益，把贵宾分为不同的等级，不同的等级有不同的接待标准。在客房服务中主要表现在准备服务、迎接服务、住店服务和离店服务四个环节。

（一）贵宾抵达前的准备

1. 了解客情

客房服务人员通过“贵宾接待通知单”全面了解客人的基本情况，以便客人到达时，服务人员能够称其名、道其职，按其生活习惯安排工作，进而提供个性化服务，使客人真正感到宾至如归，受到与众不同的接待。

2. 清理客房

（1）接到贵宾接待通知单后，要选派经验丰富的服务员将房间彻底清扫，按规格配备好各种物品。通常贵宾房除了按照一般规程进行客房清理外，还必须做好客房的计划卫生项目。

（2）为了表示对贵宾的欢迎，一般在写字台上摆放有总经理签名的欢迎信、名片，摆放饭店的赠品，如鲜花、果篮、饮料、点心等。

（3）查房。房间要由客房部经理或主管严格检查，然后由大堂副理最后检查认可，确保万无一失。

（二）贵宾抵达时的迎接

贵宾在饭店有关人员陪同下抵达楼面时，客房部主管、服务员要在梯口迎接问候，根据情况进行适当引领和介绍，并随时做好服务工作。

（三）贵宾住店期间的服务

优质的对客服务可让贵宾在住店期间感受到特别的尊重和不同于普通客人的礼遇。

(1) 客房服务人员都能用姓或职务尊称客人,并主动问候。

(2) 根据所了解的贵宾情况和服务中观察到的客人生活习惯、爱好和工作规律,把握时机,为客人提供各种有针对性的服务。

(3) 在提供各项客房服务时应优先考虑贵宾房,务必在客人最方便时进行服务,以不打扰客人休息和正常生活起居为原则。

(4) 在客人外出期间安排小整理服务并及时更换客人用过的卫生间棉织品。

(5) 配合保安部做好安全工作,如服务中注意为客人保密,不将房号告诉无关人员等;对特殊身份的访客更要谨慎,以确保宾客的安全。

(6) 根据宾客的要求随时提供服务。

(四) 贵宾离店时的送行

(1) 楼层服务员接到贵宾离店通知后,应主动进房向客人表示问候,征询客人意见,询问有无需要帮助的事宜。

(2) 通知行李员为客人提拿行李。

(3) 客人离开房间和楼层时,应向客人道别,为客人按下电梯按钮,客人进电梯后,祝客人一路平安并欢迎再次光临。

(4) 迅速检查客房。检查客房酒水使用情况及客房设施设备有无损坏,并使用房内电话报到前厅收银员;检查有无客人遗留物品,如有应尽快归还客人。若有设备损坏,应通过大堂副理或客房管理人员给予处理。除非重大损失,一般不要求赔偿。

客房贵宾服务只是酒店服务中贵宾接待与服务的一部分内容,酒店其他各部门都应通力合作,共同完成整体的接待任务。

二、残疾客人服务规程

在残疾客人中,常见的有三种类型:一是坐轮椅的下肢有残疾的客人,二是盲人或视力不佳的客人,三是听力不佳的客人。在客房服务中应根据残疾客人行动不便、生活自理能力差等特点,予以特别的照料。在服务中应注意以下几点:

(1) 在客人进店前,根据前厅等部门提供的资料了解客人的姓名、残疾的表现、生活特点、有无家人陪同以及特殊要求等,做好相应的准备工作。

(2) 在客人抵店时,梯口迎接,问候客人并主动搀扶客人进入客房,帮助提拿行李物品等。

(3) 仔细地向客人介绍房内设施设备和配备物品,帮助客人熟悉房内环境,对盲人和视力不佳的客人,这点尤为重要。

(4) 在客人住店期间,对其进出应特别关注,并适时予以帮助,如搀扶其进出电梯、客房，提醒客人注意安全，小心滑倒摔倒等。当客人离开楼层到酒店其他区域时应及时通知相关部门有关人员给予适当的照料。

(5) 主动询问客人是否需要客房送餐服务，并配合餐饮服务人员做好服务工作。

(6) 应尽力完成客人委托事项，通过有关部门的协作及时完成并有回复，使残疾客人住店期间倍感方便、愉快。如客人需代寄邮件、修理物品等，要及时通知前厅礼宾部为客人办理，提供让客人满意的服务。

(7) 对残疾客人的服务应主动热情、耐心周到、针对性强，并且照顾到客人的自尊心，对客人的残疾原因不询问、不打听，避免言语不当而使客人不愉快。

(8) 当客人离店时，服务人员应主动征询客人意见和要求，并通知行李员帮助客人提拿行李，送客人进入电梯后方可离开。

在实际工作中，这类客人很少，且大多数都有同行者，服务中只需提供便利，做好一些辅助性工作即可，但无论如何，服务人员对这类特殊客人都应给予特别的关照。

三、醉客服务规程

对醉客服务，既要耐心、周到，又要注意安全，包括客人的安全、酒店的财物安全和员工自身的安全。客房服务人员在为醉客服务时，应做好以下工作：

(一) 发现醉酒客人

(1) 当发现客人在房内不断饮酒时，客房服务人员应特别留意该房客人动态，并通知领班，在适当情况下，与当班其他服务人员或领班借机进房查看，切忌单独进房。

(2) 客房服务人员有时会在楼层发现有醉酒客人，如果证实其为外来游荡的醉客，应请其离开，通知保安部人员将醉客带离楼层，并控制醉客的行为；若是住店客人，应通知领班或请同事帮忙，安置客人回房休息。

(二) 视客人醉酒程度给予适当的服务

(1) 若客人已饮酒过量，但尚清醒，应扶客人上床，并将纸篓放在床边，以备客人呕吐，备好面巾纸、漱口水，放在床头柜上。

(2) 征求意见后，泡一杯茶给客人放在床头柜上。

(3) 安顿客人休息后，房间要留灯，如夜灯或廊灯，然后轻轻退出房间，关好房门。

(三) 注意安全

(1) 密切注意房内动静，以防房内物品受损或因客人吸烟而造成火灾。

(2) 对因醉酒而大吵大闹的客人要留意观察，在不影响其他客人的情况下一般不予干涉。但若发现客人因神志不清而有破坏行为，则应通知保安部、大堂副理处理。若已造成设备物品损坏，应做好记录，待客人酒醒后按规定赔偿。

(3) 若遇客人倒地不省人事和有发生意外的迹象，如酒精中毒的客人，应及时通知大堂副理，同时通知医务室医生前来检查，以保证客人安全。

(4) 对醉客纠缠不休要机警应付，礼貌回避。

(四) 做好记录

在服务员工作日报表上填写醉酒客人房号、客人状况及处理措施。

四、病客服务规程

如果遇到住客生病，服务人员应给予特殊关照，并体现出同情、关怀和乐于助人的态度，将会令住店客人倍感温暖和满意。

(一) 病客服务程序

(1) 发现住店客人生病要表示关怀并主动给予帮助。

(2) 礼貌地询问客人病情，了解病因，若客人表示确有些不舒服或道出病情，服务人员应提醒客人，酒店有医务室或驻店医生服务，可前去就诊或请医生到客房出诊。

(3) 对在房内病卧客人，应把纸巾、热水瓶、水杯、纸篓等放在客人床边，加送热毛巾。

(4) 服务员要适时借服务之机进入客人房间并询问客人有无特殊要求，建议并协助客人与就近的亲朋好友取得联系，提醒客人按时吃药，推荐适合客人的饮食。

(5) 关上房门并随时留意房内动静。

(6) 报告领班或主管，并将客人房号和生病概况记录在“服务员工作日报表”上。

(7) 客房部管理人员应亲自慰问病客，并送鲜花、水果等，祝客人早日康复。

(二) 病客服务注意事项

(1) 在日常对病客的照料中，服务员只需做好必要的准备工作即可离去，不得长时间留在病客房间，病客若有需要可电话联系。

(2) 如遇危重病人应及时与医院或急救站联系，组织抢救，救护车未到前可由驻店医生给予必要的救治处理，同时要立刻逐级上报，大堂副理或酒店值班经理应亲临处理。若客人处于清醒状态，则需征得客人同意。

(3) 未经专门训练和相应考核的服务员，若发现客人休克或其他危险迹象时，应及时通知大堂副理或值班经理采取必要措施，不得随便搬动客人，以免发生意外。

(4) 若有客人要求服务员代买药品，服务员首先应婉言向客人说明不能代买药品，并推荐酒店内医务室，劝客人前去就诊。若客人不想看病，坚持让服务员代买药品，服务员应及时通知大堂副理，并由其通知驻店医生到客人房间，进而由医生决定是否从医务室为客人取药。

(5) 若发现客人患有传染病时，应做到：关心安慰客人，稳定客人情绪；请酒店医务人员为其诊治；然后将病人转到医院治疗；客人住过的房间应请防疫部门进行消毒，彻底进行清理后再出租。

第六节　宾客投诉的处理

在客房服务中，无论酒店的房间多么豪华、舒适，无论服务人员和管理人员在服务上下了多大的工夫，总会有某些客人在某个时间，对某一事、物或人表示不满，提出相应的批评和建议，这便是投诉。如何接待投诉客人，如何处理客人投诉，对于提高酒店服务质量和管理水平，赢得回头客，起着重要的作用。

一、客人投诉的原因

就客房部而言，客人投诉的原因主要集中在以下几个方面：

(一) 客房硬件设施设备出现故障，达不到标准

设施设备是为客人提供服务的基础。客人对客房硬件设施设备最基本的要求是功能齐全、完好无缺。如果设施设备出现故障，如空调不灵、卫生间水龙头损坏、恭桶漏水等，即使服务态度再好，也自然会引起客人的不满和投诉。

(二) 客房服务不到位

服务员在服务态度、服务效率、服务时间等方面未达到酒店或客人的要求与期望。

(三) 酒店管理不善

1. 客人物品遗失或被盗

这是客房服务员在日常工作中要特别关注的安全问题。不论客人的物品贵重程度如何，若出现被盗或遗失，就会给客人留下极其不安全的印象。

2. 客人休息时受到噪声干扰

客房是供客人休息的场所，尤其需要安静，如果服务员工作时动静太大，影响客人休息，常会引起客人投诉。

(四) 洗衣服务中的问题

把这一项单独列出来，是因为在高星级和豪华的酒店，这一类问题是比较常见和突出的投诉原因。这类投诉主要包括：客衣丢失、客衣破损、客衣口袋内物品遗失以及客衣洗涤方法不正确等。

二、客人投诉的方式

客人投诉的方式主要有电话投诉、当面投诉和书面投诉。在客房服务中，服务人员受理投诉最多的是电话投诉和当面投诉。当面投诉一般直接向大堂副理投诉，书面投诉多使用“宾客意见书”。

三、不同类型的投诉客人

（一）理智型

这类客人在投诉时情绪显得比较压抑，他们力图以理智的态度、平和的语气和准确清晰的表达向受理投诉者陈述事件的经过及自己的看法和要求，善于讲道理。用心理学理论来描述，这类人的个性处于成人自我状态。

（二）火爆型

这类客人很难抑制自己的情绪，往往在产生不满的那一刻就高声呼喊，言谈不加修饰，一吐为快，不留余地，动作有力迅捷，对支吾其词、拖拉应付的工作作风深恶痛绝，希望能干脆利落地彻底解决问题。

（三）失望痛心型

情绪起伏较大，时而愤怒，时而遗憾，时而厉声质询，时而摇头叹息，对酒店或事件深深失望，对自己遭受的损失痛心不已，是这类客人的显著特征。这类客人投诉的内容多是自以为无法忍耐的，或是希望通过投诉能达到某种程度的补偿。

四、对投诉的认识

一般来说，客人投诉既有积极的一面，也有消极的一面。消极的一面是可能影响酒店的声誉。因为客人通常在受到不公正待遇后，不仅投诉酒店，而且不可能再光顾，甚至还会把这个不愉快的经历告诉他们的朋友、亲属和同事。因此如果忽视了客人投诉或处理不当，将使酒店失去客人并且无法适应日益激烈的竞争环境。积极方面来说，投诉又是一个信号，告诉我们酒店服务与管理中存在的问题。形象地说，投诉的顾客就像一个医生，在免费为酒店提供诊断，以使酒店管理者能够对症下药，改进服务质量，提高管理水平，吸引更多的客人前来投宿。

五、处理投诉的程序

不同性质的投诉，在处理程序上有繁简之分，在处理速度上有快慢之分。这种区别，主要体现在：对客房设施设备失灵等投诉的处理要快速，而一些因手续不全、不清而引起的纠纷，或投诉内容带有浓厚主观色彩，或重大案件，则难以在短时间内作出处理。

1. 对投诉的快速处理程序

（1）专注地倾听客人诉说，准确领会客人意思，把握问题的关键所在，确认问题性质，可按本程序处理。切记：倾听时不要反驳客人的意见，更不要与客人争辩。

（2）必要时察看投诉物，迅速作出判断。

(3) 向客人致歉，作必要解释，请客人稍为等候，自己马上与有关部门取得联系。

(4) 跟进处理情况，向客人询问对处理的意见，作简短祝辞。

案例 5-7

法国护发液

一天晚上，一位三十开外、服饰考究的香港女客人面带怒色地来到酒店大堂俞副理前投诉说："先生，我刚才回房发现我带来放在卫生间盥洗台上的护发液不见了，肯定是让服务员给扔掉了。"俞副理马上说道："小姐，对不起，给您添麻烦了。那么您是否可以使用本酒店提供的洗发液？""不行啊，我多年一直使用那种法国的名牌护发液，所以外出旅行也带上它，其他护发液我不习惯使用。"俞副理见出现了僵局，觉得应该先到现场调查一下再说，于是他对客人说："小姐，您可以带我到房间去看看情况吗？""好吧。"客人答应道。

俞副理跟着香港女客走进她客房的卫生间，见盥洗台右角上整齐地摆放着客人的盥洗用品和化妆盒，只是没有护发液。俞副理马上把当班服务员小甘叫来，问她是否见到客人的一瓶护发液。小甘承认是她处理掉的，因为她从半透明的瓶子看到瓶底只剩一点护发液，估计客人没什么用了，反正酒店提供四星级档次的高级护发液，就把那瓶护发液收拾掉了。客人表示，恰恰这最后一点护发液是她留着最后一晚用的，明天她就要乘飞机回香港了。

到这里，事情的真相已完全搞清楚了。为了打消客人的怨气，使客人满意，俞副理当即表示："这件事确是我们酒店的过错。给您带来麻烦，实在抱歉。小姐，看来这种外国护发液在本地没有卖，是否可以这样办，我们照价赔偿，今天晚上您就使用本酒店的洗发液吧。其实，本酒店的洗发液质量是不错的，您试用后或许会喜欢的。"客人见俞副理赔礼道歉，态度诚恳，气也消了，又想到并没有受到多少经济损失，只是生活习惯受到一点影响，让酒店赔偿未免过分，便对俞副理说："先生，您这么说，我就不好意思了，赔偿就不必啦。""只是委屈您了。"俞副理歉意地说。"没关系。"客人最后完全原谅了酒店的过失。

评析

本例中客房服务员小甘原本好心帮客人处理剩余用品，没想到客人不但不领情，而且大为不满，提出投诉。客人一旦办好入住登记手续，交了房租，就形成了酒店与客人的契约关系。客人是这个房间租用期间唯一的主人和占有人，享有房间租期内的使用权，酒店方面有义务尊重客人的权利，包括清扫房间也不例外。

2. 对投诉的一般处理程序

(1) 倾听客人诉说，确认问题较复杂，应按本程序处理。

(2) 请客人移步至不引人注意的一角，对情绪冲动的客人或由外地刚抵埠的客人，应奉上茶水或其他不含酒精的饮料。

(3) 耐心、专注地倾听客人陈述，不打断或反驳客人。用恰当的表情表示自己对客人遭遇的同情，必要时做好记录。

(4) 区别不同情况，妥善安置客人。对求宿客人，需安置于大堂内稍事休息；对本地客人和离店客人，可请他们留下联系电话或地址，为不耽误他们的时间，请客人先离店，明确地告诉客人给予答复的时间。

(5) 着手调查。必要时向上级汇报情况，请示处理方式，作出处理意见。

(6) 把调查进展情况与客人进行沟通，向客人作必要解释。争取客人同意处理意见。

(7) 向有关部门落实处理意见，监督、检查有关工作的完成情况。

(8) 与客人保持联系，并再次倾听客人的意见。

(9) 把事件经过及处理意见整理成文字材料，交部门存档，并定期分析以避免同类事件的再次发生。

以上是投诉处理的粗略程序。要做好投诉处理工作，最好是有充分的准备方案，了解各种类型的投诉大致应采取何种方式处理。管理人员除了要积极收集案例资料，统计本酒店比例最大的投诉内容外，还要注意发挥自己的能动性、创造性，针对不同客人的特点，适当调整工作方法，尤其是在语言艺术方面，多加磨练。

案例 5-8

客房部员工掏垃圾找戒指

10 月 5 日夜 9 时许，成都锦江宾馆客房部小吕正在客服中心值班，骤然响起电话铃声，他忙拿起电话，听筒里传来客房部值班经理急促的声音："今天下午退房的 863 房客从北京打来长途，说她遗留了一个翡翠戒指在房内，让我们赶快去找一下，她还在北京等消息。"客情就是命令。放下电话，小吕三步并作两步迅速冲上八楼。此时，服务员刘姐和小邓已经等在 863 房内了。小邓简短追述了下午 863 房的退房情况和做卫生时的情况，说她当时并未发现有遗留的戒指。"客人还在北京等回话，大家快些再找一遍。"服务员刘姐边说边打开房间内所有的灯具，顿时房内灯光明亮。大家对可能会藏下一枚戒指的地方都一一搜索，行李柜后、抽屉内、卫生间的边边角角，甚至床下、床后全不放过，但哪里有戒指的影子呢。

正当大家准备放弃寻找时，刘姐腰间的 BP 机不停地呼叫起来，服务中心来电话说客人在北京非常着急，已经催促了几次，并说客人想起当时她是将戒指包在一张卫生纸内的，可能随手将它扔到垃圾桶内也说不定。"对，还有垃圾尚未翻过。"三位服务员不约而同地想到了一起，于是迅速走出房间，快步向北头垃圾井走去。北头垃圾井边，灯光昏暗，打开垃圾井门，黑漆漆、深深的井道内散发出刺鼻的臭味儿，大家都不约而同地皱了皱眉。想到北京客人焦急的心情，也顾不上许多了，小邓挽起袖子戴上手套，从垃圾中找到当天送来的那一大袋垃圾，小吕和刘姐也弯下腰，伸手拨弄起大袋中的一些小袋垃圾。“这袋是863房的垃圾，我记得很清楚。”小邓肯定地说。“好，快些倒出来找。”小袋中的垃圾一件件地摊放在地上，橘子皮、柿子皮、污水和着烟灰糊满了的报纸，大大小小的纸团还真不少。筛选过的垃圾越来越多地放到了一边，一个个纸团被打开，但客人的戒指在哪里呢？

找完最后一个纸团，三位员工艰难地直起腰，凑近窗户，猛吸了几口新鲜空气。“如果真的找不到，只有尽快向客人如实反映了。”小邓说……刘姐望着垃圾默想：“如此贵重的东西丢了，客人是不可能乱说的。即使记忆不准确，但它肯定还‘藏’在我们客房的某个角落里。”“会不会扔垃圾时，有些小东西掉到大垃圾袋中了？”小吕提出她的看法。刘姐恍然大悟，马上说：“有可能，再在大垃圾袋中找找看。”一声令下，他们三人再次弯下腰来，将大垃圾袋中的垃圾一件件地摊开在地上，继续寻找。突然，小邓轻声“啊”了一声，小吕和刘姐的目光几乎同时投在小邓那戴着红手套的手上。一个五分钱大小的纸团映入眼帘。只见小邓轻轻地剥开上面的一层卫生纸，一枚很大的翡翠戒指在昏暗的灯光下闪耀着夺目的光芒。“找到了，找到了。”小邓欢喜雀跃，刘姐一手轻拭着脸颊上的汗水，一手接过戒指，像是埋怨一个淘气的顽童道：“戒指呀戒指，你再不出来，真要把人急死了……走，快给客人回电话去。”

评析

成都锦江宾馆客房部员工掏垃圾找戒指的事，当晚就报到了宾馆值班总经理那里。当时正与总经理交谈的美国富顿集团亚太地区副总裁孙丽薇小姐听了此事后，非常惊讶地问总经理：“客人扔进垃圾井的东西都能找回来。你们宾馆是怎样培训员工的？”其实类似客房部员工掏垃圾井找寻遗失物品的事，在锦江宾馆不胜枚举。锦江宾馆作为一家五星级饭店，正因为有了一大批这样思想品德高尚、服务技能精湛的员工，才获得了由美国优质服务业协会(AAHS)颁发的享誉全球的五星钻石奖和国内多项质量大奖。

“五星”饭店到底该是什么样的服务标准，恐怕专家们能说出很多条款。除硬件设施够“五星”标准外，主要是加强软件建设。这便是提高对客服务的质量，以“诚”和“信”去满足每位顾客的特殊需求，创造饭店的忠诚顾客。这个问题虽然是老生常谈，但说起来容易，做起来难。客人遗失东西，应该说翻遍整个房间，饭店便已是尽到了责任，完全可以向客人交差了事，但是锦江宾馆的员工却有一种信念：“不能让客人把遗憾带走。”三位客房服务员不顾“黑漆漆的散发出刺鼻臭味”的垃圾井有多脏、多臭、多令人恶心，用真诚和智慧，急客人所急，终于使客人的翡翠戒指失而复得，使客人感受到了我国高星级饭店那种以顾客满意为中心，想方设法、恰到好处地为客人办好每一件事的细腻的服务精神。这正体现出跨入21世纪的我国现代饭店的服务特色。

本章小结

客房服务是饭店对客服务的重要内容。服务人员了解客人的需求特点，注重不同特点宾客的服务细节，才能为提高服务质量奠定基础。酒店应根据自身的条件和特点提供适合的服务模式。在客房服务中，服务人员和管理人员应掌握常规和特殊的对客服务规程，学会接受和处理客人投诉，做好客房的接待服务工作。

复习思考题

1. 客房部有哪些日常接待服务？
2. 联系实际，对比分析客房服务中心和楼层服务台的优缺点及设立条件。
3. 常见的宾客类型有哪些？各类宾客的特点是什么？
4. 如何对残疾客人提供客房服务？
5. 哪些人被视为酒店的贵宾？如何做好接待工作？
6. 讨论分析：投诉是一件坏事，也是一件好事。

第六章

客房部安全管理

学习目标

- 了解客房部的安全系统
- 掌握客房部钥匙的管理
- 掌握火灾的预防及处理
- 掌握防止盗窃事件发生的方法及事件处理方法

客房部不仅要以干净舒适的客房以及服务人员热情好客的态度、娴熟的服务技巧来满足宾客的各种需求，使其乘兴而来，满意而归，而且还要极其重视宾客的一个最基本的需求——安全。客房安全是指宾客在客房范围内人身、财产、正当权益不受侵害，也不存在可能导致侵害的因素。安全是人们外出旅行最基本的要求。客房是宾客在饭店逗留期间的“家”，宾客对其安全期望更高。客房运行的特点是每天24小时连续营业，在营业时间内如果发生各种危险或不安全事故时，服务员不仅要保护自身安全，更重要的是保护宾客安全。因此，客房安全管理工作就具有不同于饭店其他部门的特点和任务，具有格外重要的意义。

第一节　客房部的安全系统

一、客房部安全设施的配置

安全设施是指一切能够预防、发现违法犯罪活动，保障安全的技术装备，由一系列机械、仪器、仪表、工具等组合而成。当前，饭店常用的安全设施有：由多类报警器组成的自动报警系统，由摄像机、录像机、电视屏幕组成的电视监控系统，由多类火警报警器、防火门、消防泵、增压送风机等组成的自动灭火系统等。

(一) 客房安全设施配置的目的

1. 有效地预防、发现、控制和打击违法犯罪活动和各种灾害事故的发生

客房是为客人提供住宿和各项服务的地方,人、财、物比较集中。犯罪分子的犯罪活动正朝着智能化、科技化、集团化的方向发展。不法分子又都善于伪装,犯罪预谋周密,难以发现和控制,只有使用更加先进的技术装备、采用先进的技术手段,才能更加有效地发现、控制和打击犯罪活动,防止各种灾害事故的发生。

2. 满足客人的安全心理需求

客人特别是外国客人住店,首先关心自己的人身和财产是否安全,其次才关心住店是否舒适、温馨。客房配备和使用安全设施,既符合客房安全"外松内紧、预防为主"的特点,又能满足客人快快乐乐、无忧无虑的要求。客房在设置安全设备时要考虑到危害客房安全的各种因素和危险易发部位,这些部位一旦出现情况,设备要能立即实现报警及扑救。

(二) 客房安全设备的配置

1. 电视监控系统

饭店设置电视监控系统是现代管理设施的一个重要组成部分,设置的目的是提高安全效益,优化安全服务,预防安全事故的发生,保障客人的安全。它由多台电视屏幕、摄像机、自动或手动图像切换机和录像机组成。安全人员通过屏幕控制各要害部位的情况。电视监控系统主要设置在饭店公共区域、客房走廊和进出口人多而人工又不易控制的地方。

2. 安全报警系统

安全报警系统是饭店组成防盗、防火安全网络的一个重要环节。防盗重点是对非法进入者监督控制,在出现危害客人安全、偷盗财物等情况时,能够及时报警。饭店安全通道一般都昼夜畅通,但一般客人是不会从安全通道出入客房区域的。违法犯罪分子为逃避监视,会利用安全通道无人看守而出入客房区域作案。有的饭店为弥补这一漏洞,夜间采取将安全通道上锁的方法,而这样做又违反了消防安全管理规定,最好是装上监控摄像机,也可装上各种报警器。报警器的种类和性能如下:

(1) 微波报警器。微波报警器是根据微波的反射原理设计制造的。微波发射器向前发出一束微波信号,微波信号遇到障碍物就会被反射回来,然后由接收器接收,但固定目标和活动目标有差异。固定目标反射回来微波信号的频率和原来相同,活动目标反射回来微波信号的频率则有所改变。微波报警器就是利用这一频率的差异而报警的。所以微波报警器适用于发现动态目标,而对固定目标作用不大。

微波具有一定的穿透能力,将微波报警器用薄木板或塑料板罩上,不会影响微波的作用,所以比较容易隐蔽和伪装。微波的辐射一般不受温度的影响,但受气候的影响较大,下雨、下雪、大风等都会引起报警,所以微波报警器不宜在室外使用。

在室内使用时还应考虑报警视角的大小,窄视角适宜控制细长的过道。

(2) 被动式红外线报警器。任何物体都会发射红外线,物体本身的温度越高,发射的红外线就越强;反之,发射的红外线就弱。被动式红外线报警器是根据物体的这一特点研制而成的。它主要由红外线接收器和控制装置组成。接收器把控制区域内各物体发射的红外线接收过来,传给控制装置,当红外线达到一定强度时,控制装置就会报警。

被动式红外线报警器最大的缺点是受气温的影响较大,夏天和冬天气温高低相差很大。这种报警器的灵敏度会发生明显变化。夏天气温高,使一些物体发出的红外线增多,有些无生命的物体发出的红外线可能达到了控制装置的报警点,这样就会引起误报;冬天气温低,人们穿戴厚一些的衣物,发射的红外线相对减少,这样就容易出现该报不报的现象,而且在冬天低温情况下,第一次报警灵敏度非常低,甚至用手摸也不报警,需待元件自身温度提高后才恢复灵敏度。在使用它时还应考虑控制的范围,如果用它控制十几米范围,还是相当理想的,超过20米,效果就要差一些。

(3) 主动红外线报警器。这种报警器材由收、发和控制装置三部分组成。发射装置发出一束红外线,在离发射装置几十米甚至几百米处,有个和它对准的接收器,当有物体穿越时这束红外线被挡住,接收器接不到红外线,就会发出报警信号。主动红外线报警器一般受气候影响不大,控制距离长并且成线状,所以适用于室外的开阔地。

(4) 开关报警器。开关报警器是以开或关来形成报警,分为两种形式:一种是短接式,另一种是断接式。短接式就是探头线路短路时形成报警,断接式是在探头线路中断时形成报警。探头的结构形式一般有三种:微动式、磁控式和金属条断裂式。微动式探头一般适用于保险柜、贵重物品存放处等;磁控式探头一般适用于门窗;金属条断裂式探头除适用于门窗外,也可将金属条黏在玻璃上,玻璃破碎造成金属条断裂,遂发出报警,也可利用其引线形成警戒防护网。

(5) 超声波报警器。这种报警器是以多普勒效应为工作原理的报警器。它的发射装置向控制区域发出超声波,只要入侵者进入控制区域,就会立即被发现。这种报警器材受气候和外界干扰较大,适用于封闭性较好的仓库和比较安静的客房环境,冬天灵敏度比夏天高。

(6) 声控报警器。声控报警器由一个特别敏感的话筒和放大器组成。话筒能接收很微弱的声音信号,放大器将这一声音放大后送入扬声器,使值班人员能清楚听到现场活动的声音。此报警器适用于室内,具有话筒探头小、便于隐蔽和价格低廉等特点,在实际使用中和其他报警器配套使用效果更好。

3. 消防控制系统

(1) 侦烟器。又称烟雾感应器。当室内烟浓度到达8%遮光程度时,酒店内的火警控制室会收到该侦查器所发出的讯号。

(2) 感温器。又称温度感热器。即室内温度上升至一定温度后,感温器即接受讯息,并将此讯息送至酒店的火警控制室。

(3) 差定探测器。当通过探测器的气流比装置处的温度高出20摄氏度时,该探测器即能在30秒内动作,将讯息送至火警控制室。

(4) 洒水头。火灾发生时,可借由洒水头探测器之感应而启动洒水头喷水,以防止火势蔓延,是一种扑灭初期火灾的固定灭火设备。

(5) 火警指示灯。每一间客房门上方皆有一个火警指示灯,如果客房内的侦烟器、感温器产生作用,该火警指示灯即会亮起红灯,以利辨识。

(6) 消防栓。消防栓内有消防出水口,开关机、水带、瞄子及灭火器等。一旦火灾形成时,可以借此灭火设备立刻扑灭火源,避免火势扩大成灾。

(7) 火灾报知机。一般位于消防栓上方,当火警发生时,按下按钮以通知火警控制室,获得人力支援以共同协助扑灭火源。

(8) 防火阻隔门。即在走廊上等距离设置的阻隔门。一旦火警发生时,阻隔门即自动弹开闭合,以免火灾延烧至其他区段,逃生时仍可推开通过。

(9) 排烟机。一旦火灾发生时造成强烈浓烟,会对人体造成呛伤、窒息,同时烟雾弥漫也会对人造成方向感迷失,并产生恐惧感,而排烟机则适时启动,将浓烟排出,提供更多的时间以利逃生或等待救援。

(10) 紧急逃生梯。出入口有两道安全梯以确保隔离浓烟进入,是火灾逃生时的紧急通道,平日严禁堆放物品阻塞通道或上锁,以免在紧急时无法发挥作用。

4. 防盗系统

客房的门上应安装有警眼、能双锁的门锁及安全链。现在出现了许多采用高新技术的新型锁,如电子密码锁、IC卡锁等。这些电子门锁在饭店客房所显示的优点主要有四个:一是便于控制。它可以在饭店需要其失效时失效,也可以预设为一天或两天,过时再也无法打开房门。二是具有监控功能。客人和有关工作人员虽都有打开房门的磁卡,但号码不同,因此如果某客房发生失窃,管理人员只要检查门锁系统就可以得到一段时间内所有进入该房的记录。三是增设服务功能。如果将装在房门上的门锁微处理器连接到主机上,与饭店其他系统配合,将会给饭店的管理及客人带来更多的方便。例如,与能源管理系统联网,则客人在开门的同时,即可开通室内空调、照明等;如果与电视、电话系统连接起来,服务人员就不能在客房随意打电话,也不能收看客人付费的电视,因为其磁卡上的密码不同;还可将门锁系统与饭店物业管理系统相连,客人手上的门锁磁卡就像一张信用卡,凭卡就可以在饭店消费。四是不易仿制。

除了已开始采用的电子门锁系统外,现在还有一种更先进的生物门锁系统。这种系统是利用人的生理特征，如指纹、头像、声音等，作为开启门锁的信息。由于这些生理特征比密码更具有独特性，因而给客人和饭店带来更大的方便和安全。

另外，在客房内的阳台或楼层较低的房间，其门、窗应配置安全装置。楼层通道可安装闭路电视监视器。

二、客房部的各项安全制度

客房部除了注重对客房安全设备的配置外，更应制定完善的安全制度。各项安全制度的建立有助于消灭任何不安全因素，提高服务水平。

（一）住宿登记的证件查验

凡是进住饭店的客人，无论是本国人或外国人，在迁入登记时须持本人有效身份证、护照、外国人居留证等，由柜台接待人员确实核对，并发给饭店住宿证（Hotel Passport）。

（二）对来访人员进行登记

为维护店内秩序，保障旅客的安全，必须对访客进行登记工作。

（三）加强追踪检查客房

凡客人外出或退房，必须由服务员对客房作追踪检查：

(1) 房间设备物品是否有损坏或遗失。

(2) 迷你吧的酒水是否有使用。

(3) 是否有未熄烟火及其他异常情况，并记录客人外出时间、查房时间及签上检查员名字。

（四）建立巡楼检查制度

除了以电子监视系统对各重要角落进行监视外，房务员、安全警卫、值班经理（大厅副理）交叉巡楼，注意检查下列项目：

(1) 楼层是否有闲杂人员。

(2) 是否有烟火隐患，消防器材是否正常。

(3) 门窗是否已上锁或损坏。

(4) 房内是否有异常声响及其他情况。

(5) 是否有设备、设施损坏情况及是否整洁。

（五）治安事件报案制度

遇有行凶暴力、抢劫、斗殴事件，发现爆裂物或发生爆炸事件、突发性事件时，应立刻通知公安机关报案，并做好记录（案发地点、时间、过程）。控制人员，封锁现场，提供公安人员任何可能的线索。

（六）火警、火灾的预警

定期检查火警总机及消防系统，以便一旦情况发生能随时发出警告并采取紧急应变措施。饭店也应定期做消防宣传与消防演练。

(七) 遗留物品的处理

凡在饭店范围内拾获的一切无主物品均视为遗留物品。任何人拾获,必须马上登记拾获人姓名、日期、时间、地点及物品名称等,上交部门主管,由饭店统一登记造册与存放,私存遗留物品的按盗窃处理。

(八) 做好交接班工作

各当班人员必须有交班簿(表),当班人员须认真详细地填好各项交班事项,签上自己的姓名,交接班以书面形式付诸文字为准,必要时也可用口头表达清楚。

(九) 财务保管制度

贵重物品的保管,一般由柜台出纳负责处理。在新型的饭店客房中均设有电子保险箱,供客人存放贵重物品。贵重物品的保管,无论在柜台或客房,都可以有效遏止盗窃事件的发生。

(十) 员工外出的检查

员工外出必须接受安全警卫检查私有物,如有携带饭店物品或特殊之物,须持有主管签名核准的"携出物放行条",否则必须加以扣留并检查。

(十一) 设备的检查制度

落实对各项重型设备的定期及不定期检查,如电力系统、锅炉、冷气系统的维修和安检,尤其是饭店的备用发电机,应定期测试,一旦遇有停电情况,发电机能够马上衔接供电,可以避免停电造成的恐慌。

(十二) 留意住宿客人的房间情况

客房部各级职员必须注意下列房间内的情况:

(1) 是否有枪械等凶器。

(2) 是否有违禁及管制的药品、毒品。

(3) 是否在客房内烹煮食物及使用耗电的电器用品。

(4) 房内有否强烈异味。

(5) 房内有否宠物。

(6) 客人是否生病。

(7) 房内是否有大量金钱或首饰珠宝。

第二节　客房部钥匙管理

客房门锁是保护旅客人身及财产安全的一个关键。坚固和安全的门锁以及严格的钥匙控制是旅客安全的一个重要保障。为保证饭店的安全,严格的钥匙控制系统是必不可少的。

一、钥匙的种类

(1) 客房专用钥匙。只能开启某一个房间,不能互相通用,仅供宾客使用。

(2) 楼层或区域通用钥匙。可开启某一楼层或某一楼层上的某个区域内的所有客房。供客房部主管、领班及服务员工作之用。

(3) 客房全通用钥匙。可开启各楼层所有的客房,有的还包括客房部所负责的公共区域内的场所,供客房部正、副经理使用。

二、客房钥匙的管理

钥匙的丢失、随意发放、私自复制或被偷盗等都会给饭店带来严重的安全问题及损失。饭店经营者必须认真对待这个问题。饭店管理机构应设计出一个结合本饭店实际情况、切实可行的客房钥匙发放、保管及控制的程序,以保证客房的安全,保证客人人身及财物的安全。一般来说,这个程序包括以下的内容:

(1) 在客房部办公室内设有钥匙箱,集中存放各类钥匙,并有专人负责保管。每次交接班都需盘点清楚,一旦发现有遗缺,必须马上向客房部经理报告。

(2) 总服务台是发放与保管客房钥匙的地方。当一个客人办完登记入住手续后、就发给该房间的钥匙。客人能在居住期内自己保管这把钥匙,或外出时将钥匙交还给服务台,待回房时再领。

(3) 客人到总服务台领取钥匙时,应出示住宿卡表明自己的身份,总服务台人员核对其身份后方能发给钥匙。

(4) 在客人办离店手续时,前厅的工作人员应抓紧每一个合适的机会提醒客人将钥匙归还。如在客人结账、领取行李时,或走出饭店大门时,前厅各部位的工作人员都可以礼貌地询问,提醒客人不要把客房钥匙带走。

(5) 工作人员,尤其是客房服务员所掌握的客房钥匙不能随意丢放在工作车上或插在正在打扫的客房门锁上。应要求他们随身携带客房钥匙,因此,有的饭店的服务员将客房钥匙系在腰带上。客房服务员在楼面工作时,如遇到自称忘记带钥匙的宾客要求代为打开房门,决不能随意为其打开房门。如能确认的宾客可为其开门,不能确认的要礼貌查对证件,并与服务台记录核对无误,方可开门。同时,服务员也得注意不可随意为无关的工作人员打开房门。如因工作需要进房,如维修等,也要由服务员陪同进入,并记录进出房间的时间、原因。适时更换客房门锁的锁头是保证客房安全的有效措施,尤其是在丢失钥匙、私自复制钥匙等事件发生的情况下,饭店应果断地更换锁头。

(6) 须防止掌握客房钥匙的工作人员图谋不轨。区域客房通用钥匙通常由客房服务员掌管，每天上班时发给相应的客房服务员，完成工作后收回。客房部每日记录下钥匙发放及使用的情况，如领用人、发放人、发放及归还的时间等，并由领用人签字。客房部还应要求服务员在工作记录表上记录下进入与退出每个房间的具体时间。

(7) 目前，绝大多数三星级以上的酒店均采用了磁卡门锁系统。总台在为客人办理登记手续时均会为客人制作一张磁卡钥匙，每张磁卡都有一个相应的开启房门的密码，如果客人不慎丢失，只要到总台重新制作一张即可。新磁卡制作后，前一张磁卡的密码会自动失效，这就大大提高了客房的安全性。不过，对于客房清扫中的通用磁卡钥匙同样要建立严格的发放回收制度。

第三节　火灾的预防与处理

现代饭店多为防火的建筑，且受到消防法令的规范，不过火灾的潜在危险与威胁仍然存在。预防火灾的发生必须从消防设备与消防措施着手，饭店人员必须随时提高警惕，注意任何造成火灾的原因与迹象，才能够防患于未然。

一、火灾的种类

(一) 根据引起火灾的燃烧物质分类

(1) A 级火灾(一般火灾)。纸张、纤维、木料等可燃性物质着火燃烧的火灾为 A 级火灾，其特征是燃尽成灰。适用于这种火灾的灭火器上有白底 A 字标记。

(2) B 级火灾(油类火灾)。油漆、酒精、汽油、液化气(L. P. G)等可燃液体或气体着火时的火灾，燃烧后不留灰烬。适用于此类火灾的灭火器上有黄底 B 字标记。

(3) C 类火灾(电气火灾)。电视机、开关柜、电缆、电器等着火时的火灾。适用于此类火灾的灭火器上有蓝底 C 字标记。

(二) 按照火灾的受灾程度分类

(1) 一般火灾：是指物质损失在 1 元以上，不到 5 万元，或人员死亡 1～2 人，或伤不到 10 人的火灾。

(2) 重大火灾：是指物质损失 5 万元以上，不到 50 万元，或人员死亡 3 人以上，不到 10 人，或伤 10 人以上，或虽未达到上述数字，但危及首长、外宾和知名人士的安全，造成严重不良社会政治影响的火灾。

(3) 特大火灾：是指物质损失在 50 万元以上，或人员死亡 10 人以上的火灾。

二、客房火灾的原因

根据《世界饭店安全》杂志对近年来饭店火灾部位及原因进行统计分析的结果

表明，火灾多发生在客房区域，占饭店火灾的68.8%。客房发生火灾的原因很多，归纳起来主要有以下几种：

（一）吸烟造成火灾

（1）宾客卧床吸烟或酗酒后吸烟引起火灾。

（2）宾客乱扔未熄灭的火柴梗和烟蒂引起火灾。

（3）服务员将未熄灭的火柴梗和烟蒂倒入垃圾袋或吸入吸尘器引起火灾。

（4）库房内吸烟引起火灾。

（二）电器着火

（1）宾客在客房内使用电饭锅、电炉、电熨斗等电器不慎引起火灾。

（2）长住宾客违反饭店规定私自增加电器设备，使电线超负荷运转造成电源短路，引发火灾。

（3）客房内电器设备因安装不良或一次性使用时间过长，导致短路或元件过热引发火灾。

（4）宾客在灯罩上烘烤衣物引起火灾。

（三）其他原因

（1）宾客将易爆易燃物品带进客房，引起火灾。

（2）员工不按安全操作规程作业，如客房内明火作业使用化学涂料、油漆等，未采取防火措施而造成火灾。

（3）安全系统不健全、消防设施不完备等。

三、火灾的预防

（一）消防设备器材

预防火灾的发生必须从消防设备与消防措施着手。大多数饭店在各楼层皆有完善的监控预警、灭火、逃生用的各种消防安全设备，主要有：温度感应器、逃生路线图、自动洒水头、逃生方向指示牌、逃生梯、紧急出口指示牌、客房用逃生绳索、灭火器、消防栓、排烟闸门、烟雾测试器、报警器、紧急电源、手电筒。

（二）防火措施

有效的防火措施能减少灾害的发生。

（1）客房内的服务指南附有安全须知，床头柜上放有“请勿在床上吸烟”告示牌，通道、电梯口有烟灰桶。

（2）鼓励员工不吸烟及不喝酒，以便减少火灾发生的可能，并限制员工吸烟区域，便于管理及防患于未然。

（3）所有服务员都要牢记太平门、灭火器、消防栓的位置，并熟悉灭火器的使用方法。

(4) 当班服务员随时提高警惕，发现火警征兆或问题要及时采取措施，及时报告。

(5) 禁止客人在房内使用电炉，对长期住客使用自备的家电用品要特别留意，防止超负荷用电。

(6) 各部门职工人员应了解各该工作区域的空调、照明、瓦斯、水电系统的开关位置，以便于灾变发生时能迅速管制。

(7) 定期检查各项设备的功能，如建筑物内外的防火结构及使用状况，防火区、逃生区的划分，电器、机器设备，室内防火栓设备，警报设备，避难设备，避难通路引导标识(逃生方向指示牌)。

(8) 消防安全工作的组织化。成立消防安全委员会。消防安全编组应是有权有责的单位，处理火灾及其他灾害事件的发生，由总经理担任主任委员，其他各有关部门主管为委员，其职责为：拟订消防安全章程；审议消防安全计划；改善与加强消防设备。

(9) 依规定每一工作场所的灭火器数量必须充足，并定期检修其喷压与换药，保持可使用的状态。放置处所应明显而易见，四周亦不应堆积杂物妨碍取用。

(10) 易燃品的储存处所应保持良好的通风，勿置于高温或明火作业场所。

四、火灾的事故处理

饭店火灾所造成的人员伤亡大多是处理不当所造成的。因此，饭店在平时就应落实消防安全委员会的各项消防安全计划，遇有火警时亦应充分发挥消防应变指挥编组的功能，才能正确处理火警事故。

(1) 当火警发生时作为服务人员，首先要保持冷静与镇定，立即报告主管及消防编组人员。值班主管必须马上奔赴现场，组织员工参加灭火。饭店总经理(或当值最高主管)到场后，视火情严重情况决定报火警“119”及组织客人疏散并对现场及附近的安全负有责任。

(2) 注意应采取措施关闭所有电器，以免助长火势。撤离现场时不得使用电梯。帮助客人撤离时要将房门关上。特别照顾老弱病残及儿童。保护好起火现场以便查明起火原因。

(3) 掌握制变最有利时机。服务人员如果发现火势尚为星星之火或是未酿成灾的小火足以控制，应立刻把握时机，以最接近的消防器材或代用品，直接将火扑灭。

五、火灾逃生要领

客房服务人员应了解火灾发生时的逃生要领，以便在火灾中及时给予宾客适当的指导和帮助，尽量减少火灾中的人员伤亡。

(1) 离开客房时，应关好房门、带好钥匙，如有可能，用橡皮筋将钥匙环绕在手腕上，以备疏散路线中断时退回到客房自救，并等待外面救援。

(2) 离开客房时，随身携带一条湿毛巾，经过烟雾区时用湿毛巾捂住口鼻，以减少呼吸量；经过浓烟区时，要弯腰或爬行前进。如能自备小电筒，更利于黑暗中逃生。

(3) 要搞清前进方向，从与风向相反的远离着火点的方向疏散。高层饭店的宾客无法下楼层时，可往上跑。跑到楼顶后，应站在逆风一面，等待营救。

第四节 防止盗窃

保证饭店及住店客人的财产安全不受到损失是客房部安全管理中的重要任务。因此客房部管理人员、服务人员以及安保部人员通过对客房走道的巡视以及监控系统的监视是保证客房安全的一个有力措施。在巡视及监控时，应注意在走道上徘徊的外来陌生人、可疑人及不应该进入客房层或客房的饭店员工，也应该注意客房的门是否关上及锁好。如发现某客房的门虚掩，可敲门询问，如宾客在房内的话，提醒他注意关好房门；宾客不在房内的话，就直接进入该客房检查是否有不正常的现象。即使情况正常，完全是由于宾客疏忽，事后也应由安保部发一份通知，提请宾客离房时注意锁门。要完全阻绝客人和员工的偷窃行为不是一件容易的事，但适当的预防可以避免这类事情的发生。

一、防止客人盗窃

防止客人的盗窃事件发生，可采取下列措施：

(1) 房务当班人员提高警觉，掌握客人出入情况，做好来访登记工作，注意观察进出客人携带物品情况。

(2) 房态报表、交接班簿本等对外保密。

(3) 房务员整理房间时，将工作车停在打开的客房门口，调整好工作车的位置，使工作车上的床单等物品面对客房，防止被人顺手牵羊。

(4) 对储藏室管制与上锁，不可让客人自己进入储藏室拿取备品或布巾用品。

(5) 加强楼层巡视。凡发现房门未关的，应提醒客人把门关好，钥匙插在锁头上的，要取出交还客人。

(6) 客房中较有价值的东西如挂画、灯饰等，应该采用较大尺寸，以便无法将其装入行李箱中。至于客用备品或设施如冰箱、电视等，应打上饭店的标识，有助于打消客人偷盗的念头。

(7) 客人可能带走浴巾、浴袍之类用品作为纪念品，而不视之为是一种盗窃行为。其他如闹钟、电视遥控器、文具夹等，客人顺手带走的防不胜防，则应以房间价格来适度反映这些风险。

(8) 各重要角落应全天候以监视器监视录像，加强出入口控制，防止外来人员窜入作案。

二、防止员工偷窃

饭店也存在员工偷窃的问题，如果不加以防范和正视，将影响营运的成果。其防止方法如下：

(1) 主管应以身作则，才可有立场纠正和管理员工的不良行为，并应明确制定有关偷窃的责罚规定以便共同遵守。

(2) 主管应对应聘的人员先做背景的了解，是否过去有前科或劣迹记录，可向公安机关请求调阅资料。

(3) 对储藏室做好控制管理，可减少员工偷窃念头，对各项物品的进出须做好明细账，每月至少盘点一次。如果各项物品账目有异或短少，可能就是偷窃的征兆，应积极调查清楚。

(4) 加强对员工的培训，以提高他们遵守法纪的自觉性。

(5) 员工多，尤其是流动率高的饭店，新旧员工常常更替，应积极要求佩戴识别证，作为辨识人员的基础。

(6) 设立员工专用通道，防止员工或施工人员携带饭店财物离店。理想的员工停车场应稍远离饭店建筑物，至少不要设在建筑物的隔邻，以免员工偷窃得逞，亦可减少员工非分的念头。

(7) 员工进出饭店应自觉接受安全警卫的检查，不得从营业处所进出。携出公物要有主管人员的放行证明。

三、防止外来人员偷窃

(1) 加强入口控制、楼层走道控制及其他公共场所的控制，防止外来不良分子窜入作案。

(2) 饭店不应在没有安全措施的情况下，将有价值的物品放置在公共场所。

(3) 外来的办事人员、送货人员、修理人员等只能使用职工入口处，并必须经安全值班人员问明情况后才能放行进入。这些人员在完成任务后，也必须经职工出口处离店。安保人员应注意他们携带出店的物品。

案例 6－1

“家贼”盗窃案

1997年7月18日，骄阳似火，正值上海高温季节。一家高星级宾馆依靠其优越的地理位置和一流的硬件设施，吸引着南来北往的客人。许多来沪从事商务活动的国内外客商下榻此店，其中还有不少是常住的外商驻沪机构人员。这天，宾馆像往常一样，迎接来来往往的客人。突然，匆匆走来几位身着制服的公安人员，显得格外引人注目。他们匆匆的神色和快速的脚步与大堂内悠扬的背景音乐和气氛形成鲜明的对比。只见他们直奔楼上某外商驻沪办事处的客房内。

原来，这里发生了一起特大盗窃案，客房内的手提电脑、传真机、手机、现金等大量财物遭窃，区刑警队接到报案，迅速派人赶到现场展开侦查。

经过一番仔细调查，很快排除了外来人员和客人作案的可能性，疑点集中到宾馆客房部服务员吴某身上。经验丰富的公安人员巧妙地与其周旋，终于攻破其心理防线，吴某如实交代如下：

“我在担任宾馆服务员期间，发现店内安全管理措施不严，有机可乘，于是就常常利用工作之便，在客房内偷窃客人的物品，一次次得手，从未被发现，胆子也就越来越大了，直到这次案发。”

事后，警方在吴某家搜到大批赃物，足足运了好几车，令人瞠目。其中有电脑、照相机、金首饰、信用卡等，还有用盗得的信用卡购买的空调、彩电、音响、复印机、摄像机、手表等大量高档生活和办公用品。

这起特大盗窃案，从报案到侦破，虽仅数天的时间，但作案者多次行窃，持续时间长达一年之久，盗窃的财物价值几十万元，给宾馆造成的损失无法挽回。作案者身为宾馆服务员，却从未被宾馆领导察觉，的确发人深省。

评析

宾馆是客人的“家外之家”，在“家”中，最重要的是要有安全感。

首先，宾馆应该为客人营造一种安全的氛围，把安全管理置于重要的地位，制定高效的安全管理规范和措施，以确保客人能拥有一个放心的“家”。这家宾馆一年中曾多次接到有关失窃的投诉和报案，但由于种种原因，有些没有及时处理，有些不了了之。这种不重视安全管理的做法，既危害了客人的利益又严重影响了宾馆的声誉，是宾馆经营管理中的大忌。

其次，宾馆必须制定一套严格、健全的安全管理措施，以防患于未然。如果这家宾馆的安全管理措施严密，吴某便无机可乘，难以窃得如此多的财物。他正是钻了宾馆安全管理不严的漏洞，才使客人和宾馆蒙受了重大损失。这家宾馆上至老总，下至各级领导者都应深刻吸取这一教训。

第三，加强宾馆的内部管理，提高员工素质是防“家贼”的重要环节。对宾馆从业人员经常进行培训和教育，使其既具有较高的专业技能，又具备良好的职业道德。

本章小结

安全保卫工作是客房部管理工作的重中之重，防患于未然是安全保卫工作的指导思想，制定严格的客房部安全制度是保障客房部安全的重要途径。其中对于客房钥匙的管理是防止盗窃及意外事故发生的主要手段。了解火灾的起因、类型将更有力地杜绝火灾的发生，而加强对外来人员、楼面安全的管理及员工职业道德的培训则是防止盗窃事故的主要方法。

复习思考题

1. 客房部安全制度主要包括哪些内容？

2. 客房部钥匙的种类有哪些？

3. 客房火灾的起因主要有哪些？火灾一般有哪几种类型？火灾发生时应如何处理？

4. 饭店失窃原因主要有哪些？如何采取有效措施来防止此类事件的发生？

第七章

洗衣房管理

学习目标

- 了解洗衣房规划工作应考虑的因素
- 了解洗衣房机器设备及功用
- 了解洗衣房洗涤用品的种类及作用
- 掌握不同织物的洗涤程序和洗涤方法
- 掌握洗衣房运作与管理的有关知识

洗衣房是负责饭店纺织品、员工制服和客衣洗涤与熨烫的一个部门，它既是一个为全体员工和有关部门服务的后勤部门，又是一个直接和间接地为客人服务的部门。这个部门运转和管理的好坏会直接影响到饭店的服务质量和饭店的经济效益。洗衣房的规划、机器设备与洗涤用品、织物的洗涤程序、洗衣房的运作与管理的有关知识是本章的主要内容，洗衣房管理人员和员工应加以了解和掌握。

国内一些小型饭店一般不设置店内洗衣房，常采用店外包租洗涤服务的方法，由店外洗衣房向饭店定期提供织物用品洗涤服务。这些饭店既可以拥有自己的织物用品，也可以租用洗衣房提供的织物用品。但是，国内大、中型饭店特别是三星级以上饭店开设店内洗衣房，是业界的一种发展趋势。为此，本章重点讨论店内洗衣房的管理。内容涉及店内洗衣房规划、各种织物洗涤程序、洗衣房织物洗涤流程、常用的机器与设备以及对人员配置的考虑。

第一节　洗衣房的规划

饭店一般根据自身的资金、场地和实际经营需要等综合情况，对洗衣房进行规划。洗衣房的规划包括洗衣房的设置和洗衣房的布局两方面的内容。

一、洗衣房的设置

国内大、中型饭店大多设有店内洗衣房，负责饭店棉织品、员工制服和客人衣物的洗涤与熨烫。有些饭店洗衣房设备较好，技术力量比较雄厚，还对外提供洗衣服务。

一个饭店是否配置洗衣房，一般应综合考虑以下因素：

(一) 饭店的规模

饭店内是否设置店内洗衣房，要考虑的一个重要因素就是饭店的规模。一般规模较大的饭店，布件的日常洗涤量较大，如果采用店外包租洗涤的方法，一是洗涤费用高，二是洗涤质量不易得到保证，三是布件损耗大，四是周转速度慢。因此，大型饭店一般会设置店内洗衣房，这样就能避免上述问题的发生。小型饭店通常布件的洗涤量较少，考虑到资金、场地、技术力量和人员等方面的因素，一般都不设置店内洗衣房。

(二) 饭店的场地

一般洗衣房占地面积比较大，如果饭店有足够的场地，可以考虑设置洗衣房；如果场地较小，则不予考虑。

(三) 饭店的资金

一般洗衣房投资比较大，饭店是否要设置洗衣房，必须考虑饭店的资金情况，考虑投入与产出的关系。

(四) 饭店的技术力量

洗衣房的技术要求较高，一般必须要有经过专业培训的技术人才才能使洗衣房正常运转。因此，饭店是否设置洗衣房还要考虑自身的技术力量。

如果饭店决定了需要设置店内洗衣房，则在规划洗衣房时还需要考虑以下重要问题：

(1) 店内洗衣房应该具有多大的衣物处理能力(洗涤量)。洗涤量应与客房开房率水平及餐饮部的餐具(包括台布、餐巾)套数相适应。因此设计的洗涤量应能应付营业高峰期的需求。

(2) 店内洗衣房应占有多大的场地。场地的规模将取决于洗涤需求量、设备数量与手头储备的织物用品保有量等因素，并且要为今后可能的发展留有空间。

(3) 需购买多少设备。洗涤量决定所需的设备数量。购买何种设备通常取决于饭店使用的织物用品的种类。对节能与节水的考虑也可能影响设备采购的决定。

(4) 是否开设洗熨服务。提供洗熨服务要求购置干洗设备，并为洗熨人员设置单独的场地。

二、洗衣房的布局

洗衣房应最大限度地利用空间，节约能源，提高工作效率，减少噪声污染等负面影响。在设计洗衣房的布局时，一定要充分考虑能源供应、噪声排污及方便运行等问题,要根据其功能及洗涤流程设计,方便运行,提高效率。

洗衣房一般可分成以下几个功能区:脏布件处理区、水洗区、熨烫折叠区、干洗区、内部办公区等。

(一)脏布件处理区

脏布件、脏衣物与干净的布件、衣物,应从不同的出入口进出。送进洗衣房的脏布件需要分类,所以靠近进口处应留有分拣的地方,并配有打码机和磅秤,以便衣物打码、编号和布件称重。

(二)水洗区

通常设在脏布件处理区的近旁。一般饭店配有容量不同的洗衣脱水机若干台。小型饭店如资金、场地有限,可配备两台小容量的洗衣机。洗衣机旁放置烘干机。

(三)熨烫折叠区

应靠近干衣机,以便对洗过、烘干的布件进行熨平、折叠处理。熨烫折叠区应配有熨平机、折叠机等设备。

(四)干洗区

通常在洗衣房内单独辟出一块空间,将所有与干洗有关的设备放置在一起,如干洗机、光面熨衣机、绒面熨衣机、立体熨衣机、抽湿机等。机器熨烫和人工熨烫部分相对集中在一起,最好靠近出口处。

(五)内部办公区

通常设在出口处,办公室内设有洗涤用品储存室。洗衣房布局平面图如图7-1所示。

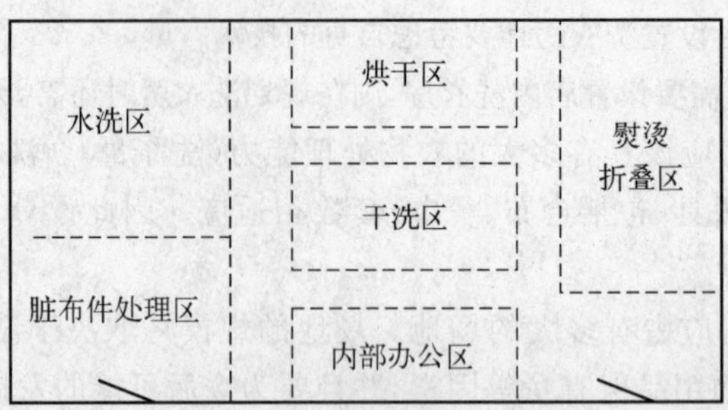

图7-1 洗衣房布局平面图

第二节 洗衣房的机器设备与洗涤用品

一、洗衣房的机器设备

饭店应根据自身规模、资金情况、洗涤业务等来配备洗衣房的机器设备,并正确使用这些设备，提高工作效率，保证洗涤质量。

（一）湿洗机

湿洗机主要用于洗涤床单、枕套、毛巾等布件，分全自动、半自动、机械操作三种，容量大小有 50 kg～140 kg。洗衣场最好能同时配备大小容量不同的湿洗机，既保证大宗布件的洗涤效率，又能满足小件衣物的洗涤需要，节省能源。

（二）烘干机

经湿洗机洗净甩干后的布件及衣物仍含有较多水分，若直接整烫，耗时、耗力，所以洗衣场应配置不同容量的烘干机。烘干机分电和蒸汽两种，饭店应根据能源供应情况选择。

（三）棉织品熨平机

专门用于熨烫床单、枕套、台布等面积较大的棉织品，其原理是通过蒸汽高温杠杆滚压，平整和干燥棉织品。新一代的熨平机只需人工将甩干后的棉织品平整送入熨平机传送带，机器便能自动熨平、熨干、折叠，有些机器还能在折叠时辨别棉织品的洗净度和破损情况，不合要求会自动剔除。

（四）干洗机

干洗机用于洗涤不能水洗的衣物，工作原理同湿洗机，所不同的是除有主洗机外，还增加了回收干洗剂的装置。另外，现在普遍使用的干洗剂为有毒溶剂，所以还附有安全装置。

（五）立体熨衣机

立体熨衣机是根据熨烫的原理设计而成的，利用蒸汽和压力共同作用来达到平整、定型衣物的效果，由于外表酷似人形，所以称立体熨衣机。该机器用于一般衣服的熨平，如西服、夹克、衬衣、运动衣等。机器的人形套袋肩膀可以根据衣物肩膀的大小进行手工调节，其胸部、腰、下摆也可以按需要调节，使用较为方便。

（六）绒面蒸汽熨衣机

绒面蒸汽熨衣机是根据熨烫原理而设计的，可以熨烫大部分的衣物，因而有万能熨衣机之称。该机器操作方便，熨烫质量好，省时省力。

（七）光面蒸汽熨衣机

光面蒸汽熨衣机是根据熨烫原理设计的，主要熨烫一些能耐一定温度和可直接加热的纤维织物，对纯棉、混纺或某些化纤类织物熨烫效果更好，具有省时、省力、效率高、熨烫质量好等优点。

（八）打码机

打码机专用于衣物的打码编号，是以加热的形式将不干胶打压到衣物上，打压的同时将编号印在不干胶片的正面，快速完成编号。打码机替代了将编号写在布条上，再缝在衣物上的繁琐工作。

（九）熨斗

几乎可以熨烫所有的衣物，特别适宜熨烫某些特殊的服装或衣物的某些部位，如肩、领。洗衣场通常选用自动调温型蒸汽电熨斗。根据蒸汽的不同提供方式，这种电熨斗可分为两类：一是外接蒸汽式，由中央蒸汽系统提供蒸汽；二是内置蒸汽发生器，使用时不断补充水源即可。

（十）地磅秤

专用于称布件重量，根据布件重量投放洗涤剂用量以达到最佳清洗效果。

除此之外，还有一些辅助工具，如熨衣台、板，去渍刷，用来熨衣物的肩、胸、袖等不规则部位的棉垫等。

二、洗衣房的洗涤用品

（一）棉织品主洗剂

目前，通用的主洗剂均为有机合成类，除含碱外，还含有表面活性剂、过氧化氢、增白剂、泡沫稳定剂、酶制剂和香精等，pH＝10。主洗剂有液体和粉状两种，液体主洗剂含有机成分多、易溶化；粉状除垢效果好（含碱量高），但不能完全溶化和均匀分布。全自动洗衣机最好使用液体主洗剂。

（二）化油剂和酸粉

化油剂是专为洗涤餐巾和台布而配置的，与主洗剂同时使用，pH＝13～14。酸粉一般为柠檬酸和醋酸，pH＝3，有粉状和液体两种，用于中和碱。主洗剂的碱性在漂洗时不容易过清，因此，在棉织品洗涤最后一次过水时，加入适量的酸粉去中和碱，能使棉织品的 pH 降至 6～6.7，以增加使用时的舒适度，延长棉织品的使用寿命。

（三）氧漂剂

过氧化氢漂白剂 pH＝3～4。专用于彩色织物，主洗时适量加入，可避免碱对色彩的破坏作用，从而保持布件原有的光泽。

（四）氯漂剂

有次氯化钠和过硼酸两种，前者 pH＝8～9，后者 pH＝10，起漂白作用，主洗时适量加入。

（五）上浆粉

上浆粉主要针对台布、餐巾、某些制服等配置的，通过上浆，能使被浆织物表面挺括，防止纤维起毛，有良好的观感，同时使被浆织物表面有一保护层面，可延长织物的使用寿命。洗衣场常用的上浆粉有淀粉和聚乙烯醇两种浆料。淀粉价格低廉，在洗衣场使用广泛。聚乙烯醇的价格为淀粉的数倍，因其对合成纤维及纤维素纤维有良好的上浆性能，所以多用于小批量衣物的上浆，一般不用于台布、餐巾的上浆处理。

（六）柔软剂

洗衣场的织物水洗属于工业形式洗涤，通过洗涤，织物可达到良好清洁度，但有明显的粗糙手感，如床单、内衣，尤其是毛巾，使用时会使人的皮肤有不舒适之感，柔软剂是为解决这一问题而配置的。在洗涤的最后一次过水时加入适量的柔软剂，可使织物表面和内部平滑，增加其柔软感。

（七）干洗剂

四氯乙烯，专用于干洗织物。目前饭店使用的四氯乙烯主要是进口的。国产四氯乙烯为工业用料，并非专门为织物洗涤而研制生产，所以杂质较多，对织物纽扣的腐蚀性较严重，不适于洗涤织物。

（八）衣领净

用于清洗衣物污渍，可洗去油斑、色斑和其他脏迹，洗前使用，不影响衣物色泽。

（九）杀霉菌剂

杀霉菌剂能在 30 天内防止织物用品长出细菌与真菌。这两种微生物都能生成损毁织物的永久性的污迹。

三、洗衣房的其他用品

（一）衣架

洗衣房应备有一定数量的衣架和裙裤架，以便挂衣。

（二）包装袋

主要用于包装客衣，分别有小包装袋（用于小件衣物）、衬衣包装袋、吊挂包装袋（用于外套）。

（三）表格

反映洗衣房运行情况的各类表格。

第三节　洗衣房纺织品的洗涤

洗衣房最主要的工作就是做好饭店的纺织品、客衣和员工制服的洗涤和服务工作，饭店纺织品的洗涤质量直接影响其使用寿命，影响客房部、餐饮部等部门的运转效率，而客衣与制服的洗涤质量直接影响到饭店的服务质量，因此，洗衣房对此应予以足够的重视，做好所有织物的洗涤工作。

一、纺织品的洗涤程序

要将织物洗涤干净，并达到高效低耗，就必须讲究洗涤方法，科学合理地设计各类织物的洗涤程序。

(一) 洗涤程序的设计原则

在设计洗涤程序时,必须考虑与之相关的一系列问题,但必须尽可能地遵循以下原则:

(1) 充分利用洗涤用品。

(2) 最大限度地清除被洗物上的污渍。

(3) 尽可能减少对被洗物的损伤。

(4) 最大限度地保持织物的色彩。

(5) 注重环保,设法节约能源,减少设备及人力资源的损耗。

(二) 影响洗涤程序的因素

在设计洗涤程序时,必须对包括洗衣设备、水质、被洗织物的种类、被洗织物上的污垢类型与污染程度、纺织品洗涤工作要求等问题进行深入的分析,因为这些问题直接关系到程序的可操作性,影响最终的洗涤效果。

1. 洗衣设备

目前,国内用于饭店纺织品洗涤的主要设备有半自动型和全自动型之分。机器的类型决定了洗涤过程中所产生的最大机械力及可控制程度。因此,在设计洗涤程序时,必须考虑洗衣设备的因素。半自动洗涤设备受人为因素影响较大,在设计洗涤程序时应将程序作一些综合性的简单化处理。如在不影响洗涤质量的前提下,将洗漂分离变成洗漂同时进行。全自动型洗涤设备自由调节范围大,可精确控制程度高,为在设计程序时追求最佳方案提供了有利的条件。

2. 水质

水质对洗涤效果影响很大。在设计洗涤程序时,必须充分考虑当地的水质状况。水质好坏表现在两个方面:一是水的硬度,二是水中铁离子的含量。

水的硬度是指水中钙、镁离子的含量。在洗涤过程中,钙、镁离子在纺织品上沉积,会使纺织品产生变灰的现象,影响白度、色度和手感,而且这种状况一旦形成,就很难再改变。因此,为取得良好的洗涤效果,必须控制水的硬度。水的硬度越低越好,通常优良的洗涤,要求水质硬度在 100 ppm 以下,如果超过这个标准,在设计洗涤程序时,就应采取相应的措施。

铁离子浓度也是衡量水质硬度高低的重要指标之一,但由于通常铁离子在水中的浓度相对较低(一般低于 0.3 ppm),而且世界上多用 EDTA 络合测定法测定水质的硬度,所以它们已不包括在水质硬度范围内。

3. 被洗织物的特征

若要设计出最佳洗涤程序,还必须考虑被洗织物的特点:

(1) 纺织品的质地。不同质地的纺织品因其纤维性能不同,对洗涤有不同的要求。饭店纺织品的质地以全棉、涤棉混纺为多，还有一些高档餐厅使用麻织物以及新型化纤织物。

棉：是星级评定标准中明确要求使用的纤维种类。棉的耐碱性好，可以使用碱性较高的洗涤剂。但棉的耐酸性较差，在使用酸剂进行处理时，需要慎重选择酸的种类并控制好酸的浓度。棉的耐热性非常好，100℃以下的温度不会影响其牢度。棉的吸水性好，需要较长的过水和脱水时间。

涤：具有较高的强度，耐热性良好。但其耐碱性受碱的浓度及温度的影响，在常温浓碱或稀碱高温的情况下可能发生水解；在溶解 $pH<5$ 的条件下，对氧化剂的抵抗力明显下降。因此，在设计洗涤程序时，要注意考虑以上因素。另外，涤的吸水性较差，因此过水和脱水时间较短。

涤棉混纺纤维：性能介于涤和棉之间，并因混纺比例不同而略有差异。

麻和棉：同属于纤维素纤维，其性能相似。两者相比，麻的耐碱性、耐热性及耐酸性均稍强于棉。但麻对氧化剂敏感，在高浓度漂液中受到的损伤比较大，在设计洗涤程序时，应避免使用高浓度漂液。

(2) 纺织品的颜色及染色牢度。纺织品的颜色及染色牢度与氧漂剂的关系密切。白色织物可以采用氧漂，也可以采用氯漂；而彩色织物尤其是染色牢度不高的织物，最好采用氧漂，如此安全性较好。另外，碱性溶液对彩色织物染色不利，因此，在设计洗涤程序时，应考虑如何尽可能消除使用碱性洗涤剂的不利影响。

(3) 污垢类型及程度。设计洗涤程序时，须分析被洗织物上的污垢类型及程度，以求有针对性地采取有效的洗涤方法。

纺织品上的污垢根据其可溶性，可分为水溶性污垢、碱溶性污垢、溶剂性污垢、酸溶性污垢及不可溶性污垢。

水溶性污垢可以通过冲洗的方式去除，包括血、尿、排泄物及某些食物等。如果纺织品上此类污垢较多，在设计洗涤程序时，可考虑编入一至三个冲洗步骤。

碱溶性污垢包括食物、脂肪、油脂污垢等，可以用碱性洗涤剂在主洗时去除。在设计洗涤程序时，需要针对具体污垢情况设定洗涤温度。

溶剂性污垢是水洗过程中最难去除的污垢，因此，在程序设计时，应编入一个浸泡或预洗的步骤，并配以含溶剂的预洗浸泡剂做处理，或在主洗阶段配上润湿剂做处理。

酸溶性污垢主要是钙、镁、铁等矿物质在洗涤过程中可通过加酸去除。

不可溶性污垢包括沙、泥土、烟灰及碳等，在冲洗、主洗过程中比较容易去除，因此，在设计洗涤程序时，无需为之做特殊的安排。

(三) 纺织品的洗涤程序

由于纺织品的质地不同，而且其受污染的程度和污渍的种类也不同，因此不同的织物用品与不同的受污种类和程度在洗涤时应考虑使用不同的洗涤程序、不同的洗涤时间、不同的水温和使用不同的洗涤用品。比如，重度受污织物洗涤的时间较长，轻度受污织物洗涤的时间较短，洗涤时间设置不当将造成洗涤不干净或引起织物不必要的磨损，而且既浪费能源又浪费水。又比如，洗净织物所需的水温应考虑从低不从高，为节省能源选择允许的最低温度，不过，有些洗涤剂与化学品只在热水中才会发挥应有的效力，且某些污迹的清除需要较高的温度，像洗涤油污的水温应在 83℃～88℃，洗涤中度污迹的水温至少应有 72℃，厨房抹布与织物用品的洗涤温度应为 60℃。只有科学合理地设计好洗涤程序，才能使洗衣房的工作做到高效节能，同时确保洗涤质量。

典型的洗涤程序包括如下几个环节：

(1) 冲洗(1.5～3 分钟)。冲洗溶解了可溶于水的污迹，从而减少后面泡沫阶段需处理的污物量。冲洗物品通常设定高水位，水温适度。

(2) 分解(4～10 分钟，可选)。加入高浓度碱性物质(分解污迹)，随即可再次冲洗。分解阶段一般设定低水位，水温中等。

(3) 在泡沫肥皂水中洗(5～8 分钟)。这是真正的洗涤阶段，洗涤剂在此阶段加入。洗涤物在热水中得以搅动与翻腾。设定低水位。

(4) 漂净残留皂沫或过渡阶段漂洗(2～5 分钟)。此阶段将污迹与碱性物质去除掉，这有助于发挥漂白工作的效力。漂洗使用热水，与上一环节水温相同。

(5) 漂白(5～8 分钟)。此时在低水位热水中加入了漂白剂。它杀灭细菌，去除织物污斑，使织物增白。

(6) 漂净(1.5～3 分钟)。设定高水位与中等温度，将织物漂洗两次或更多次，去除织物中的洗涤剂与污秽物。

(7) 过渡阶段甩干(1.5～2 分钟，可选)。一般在第一次漂洗后进行，高速旋转使清洁剂与污迹脱离洗涤的织物。第三环节洗涤结束后，一般不对洗涤物做甩干处理，因为这样做可将污物重新嵌入纤维之中。免烫织物不应做甩干处理。

(8) 酸性洗涤剂/柔软剂或上浆/胶粘剂(3～5 分钟)。加入柔软剂与酸性洗涤剂对织物进行调理。设置低水位，水温中等。加入的淀粉浆使棉织物变得挺括。对涤纶混纺织物则加入胶粘剂。上浆与胶粘剂就替代了酸性洗涤剂与柔软剂这一环节。

(9) 脱水(2～12 分钟)。高速旋转的洗衣机把织物中的大部分水分分离出来。脱水时间的长短取决于织物的种类、脱水机的功能及其转速。

下面是几种纺织品的洗涤程序。其中毛巾洗涤程序如表 7-1 所示，床单、枕套洗涤程序如表 7-2 所示，台布、口布洗涤程序如表 7-3 所示，毛毯干洗洗涤程序如表 7-4 所示。

表 7-1　毛巾洗涤程序表

步骤	工　序	时间(分钟)	水位	水温(℃)	投　料
1	预洗	3	高	冷水	
2	排水	1			
3	主洗	10	低	75	主洗剂
4	排水	1			
5	漂白	8	低	68	漂白剂
6	排水	1			
7	第一次漂洗	5	高	温水	冷热水同时注入
8	排水	1			
9	第二次漂洗	3	高	温水	
10	排水	1			
11	中速脱水	1			
12	第三次漂洗	3	高	冷水	
13	排水				
14	后处理	5	低	温水	中和剂和柔软剂
15	排水				
16	高速脱水	6			

表 7-2　床单、枕套洗涤程序表

步骤	工　序	时间(分钟)	水位	水温(℃)	投　料
1	预洗	3	高		
2	排水	1			
3	主洗	15	低	68	主洗剂和氯漂剂
4	排水	1			
5	第一次漂洗	8	低	温水	冷热水同时注入
6	排水	1			
7	第二次漂洗	5	高	冷	
8	排水	1			
9	中速脱水	1			
10	后处理	5	低	温水	中和剂和柔软剂
11	排水	1			
12	高速脱水	8			

表 7-3　台布、口布洗涤程序表

步骤	工　序	时间(分钟)	水位	水温(℃)	投　料
1	第一次预洗	3	高	冷	
2	排水	1			
3	第二次预洗	3	高	42	
4	排水	1			
5	低速脱水	1			
6	主洗	12	低	85	主洗剂和除油剂
7	排水	1			
8	漂白	10	低	68	漂白剂
9	排水	1			
10	第一次漂洗	5	高	60	
11	排水	1			
12	第二次漂洗	1	高	温水	
13	排水	1			
14	第三次漂洗	3	高	温水	
15	排水	1			
16	中和上浆	5		60	中和剂和浆粉
17	排水	1			
18	高速脱水	6			

表 7-4　毛毯干洗洗涤程序表

步骤	工　序	操作步骤及要求
1	准备溶剂	将适量的清洁溶剂抽到筒体；加入水和干洗剂；开启小循环 30 秒，将溶剂抽回工作缸备用
2	装机	将毛毯放入干洗机，严禁超载
3	第一次洗涤	开泵，将溶剂抽进筒体到高液位，正反转洗涤，时间 6～8 分钟
4	脱液	将洗液抽进蒸馏缸，高速脱液 2 分钟
5	第二次洗涤	将溶剂抽进筒体到高液位，正反转洗涤，时间 3～4 分钟
6	脱液	将洗液抽进工作溶剂缸，高速脱液 3～4 分钟
7	烘干	烘干时间 25～35 分钟，温度 60℃～65℃
8	冷却	冷却 3～5 分钟

二、纺织品的去渍

台布、口布上沾的食物、油滴，床单、枕套上沾的口红、墨水等沾在纺织品上的异物都称为污渍，污渍是污垢的一类。它们的区别是：污垢可以在常规的水洗或干洗过程中去除，而污渍必须经过特别的技术处理才能去除。去渍，就是运用适当的物质(水、洗涤剂、有机或无机溶剂等)、适当的技巧与方法，将吸附在纺织品表面、常规水洗或干洗无法洗掉的污渍去除的过程。

(一) 污渍的种类

纺织品上的污渍种类多样，为达到良好的去渍效果，在去渍前，应首先判断污渍的种类，以便于对症下药。通常污渍可分为以下几大类。

1. 水基污渍

纺织品上的水基污渍比较普通，通常可以用普通洗涤剂或含溶剂的水溶液去除。

2. 油脂类污渍

纺织品上主要的油脂类污渍是动植物油渍。对此类污渍，要针对性地使用有机溶剂，如汽油、松节油、香蕉水等，也可用表面活性剂类洗涤剂，如洗衣粉等。

3. 油基色素渍

圆珠笔油、油墨、复写纸墨等都属于油基色素渍。这类污渍通常可采用有机溶剂(汽油、四氯化碳、香蕉水等)去除，也可用洗衣粉水溶液与氧化剂配合洗涤。

4. 果酸色素渍

果酸色素渍有水果、果汁、西红柿等汁渍，可采用有机酸作溶剂的溶解方法去除，也可使用洗衣粉水溶液处理。

5. 蛋白质类污渍

肉汤、奶油、鸡蛋、血、汗等渍都属于蛋白质类污渍，通常可用含2%氨水的皂液去除，也可用蛋白酶处理。

6. 其他类污渍

纺织品受到某些化学药品的污染或其表面颜色与化学品反应留下的污渍。这类污渍通常因纺织品受到损伤而成为永久性污渍，不易去除。

(二) 去渍剂

对不同污渍应使用不同的去渍剂，饭店常用的去渍剂可分为四大类：湿性去渍剂、干性去渍剂、氧化剂和还原剂。

1. 湿性去渍剂

中性洗涤剂：指含表面活性剂的洗涤剂，pH＝7，在去渍过程中起到润湿、分散、乳化污渍的作用。

碱性蛋白酶：主要用于清除肉渍、奶渍、血渍、汗渍等蛋白质类污渍。

甘油：甘油渗透性极强，特别适用于去除墨水和染料污渍。

醋酸：是去渍台上所用的最弱的酸，其作用主要是中和污渍中的碱性成分，去除咖啡渍、果渍、软饮料污渍等。

草酸：可用于去除铁锈、墨水渍。使用时应加水稀释，使用后应彻底冲洗纺织品，不能有残液。

氨水：可用于去除汗渍、某些墨渍、染色及药渍，可中和因酸引起的变色，使纺织品恢复原色。

氢氧酸(除锈剂)：是去渍剂中最强的酸，有毒，使用时必须小心。可去除墨渍、药渍及锈渍等。

肥皂酒精溶液：由肥皂、酒精、水及少量氨水组配而成，主要用于去除一些墨水渍、化妆品渍、油渍等。

2. 干性去渍剂

香蕉水：可用于去除指甲油渍、油漆渍等。香蕉水为易燃品，使用时应远离火源、避免暴露。

乙醚：是一种有机溶剂，能溶解蜡质、油脂、树脂等污渍。

松节油：是一种良好的溶剂，可溶解油漆、树脂、油脂等污渍。

汽油：可用于去除动植物油、矿物油、油漆和其他油性污渍，使用时应小心，远离火源。

四氯化碳：为有机溶剂，有良好的脱脂作用，可去除口红、油漆、圆珠笔油等污渍。

四氯乙烯：即干洗溶剂，能去除油漆、矿物油、动植物油、化妆品等污渍。

3. 漂白剂

漂白剂与纺织品上的污渍发生反应，可起到掩盖污渍或使污渍呈现无色的作用。漂白反应可从污渍中吸氧或加氧，吸氧称之为还原剂，加氧称之为氧化剂，一般情况下氧化漂白比还原漂白稳定性强，氧化漂白多用于去除有机污渍，还原漂白多用于去除色渍。

氧化漂白剂有双氧水(过氧化氢)、过硼酸钠、次氧酸钠、高锰酸钾(不常用)等。还原漂白剂有亚硫酸钠、亚硫酸氢钠、硫酸钛等。

(三) 去渍的方法

不同种类的污渍去渍方法不同，去渍时应根据污渍的具体情况，选择合适的去渍方法。纺织品常用的去渍方法有喷射法、擦拭法、浸泡法等。

1. 喷射法

水基可溶性污渍可采用喷射法去除或部分去除。使用时应注意：使用前先放水，防止积水或水锈弄脏纺织品；使用的角度要合适。

2. 擦拭法

擦拭是去渍时常用的方式。擦拭有刷式及刮板式两种方式。

(1) 刷式。对污渍表面加注化学药品后，用刷子轻刷，直至污渍脱离纺织品。使用毛刷要注意力度和角度，要顺经逆纬刷洗。

(2) 刮板式。对污渍表面加注化学药品后，要使其渗透溶解，然后用刮板轻刮污渍，至污渍刮离纺织品。使用刮板时，应注意将有污渍的部位展平，然后再用平刮板来回刮动，刮时要掌握力度，不可强行刮除。

3. 浸泡法

浸泡法是指将纺织品的污渍部位浸泡在装有化学药品的器皿内，使化学药品有充分的时间与污渍起反应。经过浸泡后，再用刷式法去除污渍。

(四) 去渍的注意事项

纺织品去渍是一项细致而又慎重的工作，如果处理不当，轻者会影响纺织品的色泽和美观，重者会磨损纺织品，缩短其使用寿命。纺织品去渍应注意以下事项：

(1) 纺织品受到污染后，应尽早对其采取去渍处理，以提高去渍效果。

(2) 根据理论和经验判断污渍的种类。

(3) 仔细鉴别纺织品的染色度和纤维成分等。

(4) 不熟悉的面料或未接触过的污渍，应先在纺织品衬里或边角处做去渍试验。

(5) 使用去渍剂应从弱到强、从少到多，不能一开始就大量使用。

(6) 对时间长的污渍可少量多次地使用去渍剂。

(7) 使用两种或两种以上的去渍剂时，应先将第一种漂净后再使用第二种(仅限于水洗)。

(8) 为防止污渍扩散，使用去渍剂时，应从污渍周围向污渍中心滴注，擦拭时同样如此。

(9) 去渍时，污渍面宜向下，放置在毛巾或吸水纸上，从纺织品背面施加去渍剂，尽量少用强力擦搓。

(10) 用同一方法处理污渍两至三次后，如效果仍不明显，应考虑改用其他方法。

(11) 任何水洗去污的纺织品，去渍后要及时将化学品洗净，避免化学品的残留对纺织品造成损害。

第四节　洗衣房的运作与管理

一、洗衣房的运作

洗衣房洗涤的纺织品主要有客用织物(包括毛巾、床单、枕套、毛毯、床罩、窗帘、台布和口布等)、员工制服以及客人送洗的衣物三类,不同纺织品的洗涤运作程序和操作要求也不同,要做好纺织品的洗涤与服务工作,就需要洗衣房员工按照运作程序和要求进行操作。

洗衣房的运作基本有以下几个环节,每一个环节针对不同的织物,其操作规程有所不同。

(一) 收取

收取客房和餐厅用脏的纺织品时要用专门的脏物存放袋,不要直接放在地上,以免被踩踏造成进一步的污染或损坏。收取客衣应核对房号、衣物种类、件数、洗涤要求,检查有无破损、顽固污渍和遗忘物品。收取制服应登记部门、工号、件数,检查有无遗忘物品。

(二) 分拣

将织物进行分类,同时检查有无杂物在其中。脏织物用品应根据其弄脏的程度及织物的质地和颜色来分拣,目的是为了防止造成织物不必要的磨损和变形以及褪色串色。清洁用的抹布始终应分开单独洗涤,决不能与供宾客使用的织物一起洗涤。

1. 按受污程度分拣

按受污程度分拣时,将织物分成轻度、中等与严重污染三类。严重受污的织物需采用重度洗涤液配置,洗涤时间较长。中等或轻度受污的织物则采用较和缓的洗涤液配置,也不需要长时间反复地洗涤(床单一般分在轻度受污类,枕套则分在中等受污一类)。

2. 按织物的质地和颜色分拣

不同纤维、不同织法与不同颜色的织物需使用不同的洗涤液配置和不同的洗涤方法。按质地和颜色分拣织物可确保类似的织物能使用正确的温度、洗液和洗涤方法进行洗涤。

客衣在分拣前还要按编号对衣物进行打码,一般衣物直接打码在衣物反面隐蔽处。

(三) 装载洗衣机

洗衣机处于最大限度载荷时的工作效率最佳,因此,装机前要将各类织物称重,并按照机器的装载重量额度进行装机。重量超载会损伤机器,影响洗涤质量,重量不够又会影响效益。饭店可配备小型洗衣机解决这个问题。有污渍的织物在装机前要进行去渍处理。

(四) 洗涤

按照织物的质地、受污种类和受污程度选择不同的洗涤方法和洗涤程序进行洗涤,有重度污渍的衣物洗涤前要先去除污渍。客衣的洗涤特别要严格按照客人的要求来进行。

(五) 烘干和熨烫

需要烘干的织物用品一般包括毛巾、浴巾与免烫物品。烘干织物前应根据织物种类进行分拣,不同种类织物所需的烘干时间与温度都不同,但所有织物烘干后应有一段滚动冷却的时间,以免因快速冷却与处理,使高温的织物受到破坏或起皱。要让烘干机处于满负荷工作状态,否则将浪费能源。涤纶混纺织物一般使用蒸汽通道或蒸汽柜,它让织物看上去光洁,平整无皱痕。如果打算手工折叠床单与枕套,烘干操作要得当,以使皱褶减至最低程度。洗涤完毕的织物应立即从洗衣机/脱水机中取出,并放入烘干机中。

有熨平机的洗衣房,甩干后的床单、枕套、桌布与微湿的餐巾可直接交由熨平机处理。工作服和客衣一般由专门的熨烫设备熨烫。

(六) 折叠

如果是手工折叠,在整个烘干程序结束后,应立即将织物取出加以折叠。假如延误折叠,就会产生皱痕。有的熨平机有自动折叠功能。

(七) 储存

折叠工作完成后,对织物再次进行分拣与堆放。再分拣是将那些预拣中遗漏未拣出的不同种类与规格的织品分开来。储藏室至少要容纳下一个标准量的织物。这些洗毕的织物应至少在架上搁置 24 小时,因为有多种织物在洗涤后马上投入使用,会受损。一旦织物用品上了架,发黄与褪色的织物能很快分辨出来。

(八) 送返

织物通常是用小车运往使用区的。小车至少每天清洁一次,必要时多次。在织物使用前运送,并对小车加以覆盖,有利于防止织物再受污染。将小车分成两种:一种装用脏的织物,另一种放干净的织物,这不失为一种预防偶尔发生污染的好办法。

二、洗衣房的管理

(一) 质量控制

洗衣房洗涤质量控制主要包括两个方面的内容:一是织物洗熨质量的控制;二是服务质量的控制。

1. 洗熨质量控制

(1) 明确各类织物洗熨的质量标准。洗过的布件衣物如何才算是符合质量要求,不少饭店没有明确的标准。由于洗衣设备欠佳、洗涤技术不过关、员工培训不到位等原因,洗过的布件发灰泛黄、衣物洗不干净是洗衣场常见的问题。因此,要保证出品质量,首先应明确质量标准。衣物洗涤的出品质量无异味、无串色现象,无明显可洗脱的污渍,无变形、缩水、脱线,无熨烫的双重折痕和不平整现象,无灰尘污染。布件洗涤的出品质量洁净无损。

(2) 制定质量保证计划和制度。这是为落实洗衣场出品质量要求而制定的可靠的技术和组织措施。主要包括：资金投入计划，洗衣设备维护保养制度，员工培训计划，洗衣场运行流程设计，安全生产制度，质量管理计划等。

(3) 加强工序、步骤的质量控制。洗衣场内部分工比较明确，每一出品的洗熨工作都有一整套工序(程序)，每一道工序里又可分为多个步骤。如床单的洗涤，需经过收取、点数、运送、洗涤、熨烫、整理送回等多道工序，而整理工序中又包括检查、折叠等小步骤。要确保出品质量，必须道道把关、步步控制，明确每一道工序的质量标准，加强对每一道工序、每一个步骤的质量控制。

(4) 建立完善的质量保证体系。完善的质量保证体系，是洗衣场质量管理高水平的重要标志，其根本任务是通过对洗衣场产品质量的检验，保证出品的质量。

部门建立个人自我检查、互相检查、管理人员抽查、质检员全面检查的质量控制体系：

自检——各工序完成某一工作时，应做自我检查，发现问题及时处理，为下一道工序提供良好的出品质量。

互检——是下一道工序对上道工序出品的再检查，以弥补上一道工序的某些遗漏与失误，与自检形成双重质量控制。

抽检——是洗衣场管理人员对各工序的出品或成品做随机性检查，以及时找出问题，加以改进。

全面检查——大型饭店洗衣场通常设有质检员，负责全面检查各类布件、衣物出品的质量；定期或不定期地举行质量分析会，由洗衣房各工种人员及饭店其他相关部门人员参加；管理人员必须在出现出品质量问题后，及时查找原因，并提出整改措施，限期改进。造成事故的当事人，必须填写《事故登记表》并存入部门档案。

2. 服务质量控制

洗衣房服务质量的优劣，关系到客人的满意程度、饭店的形象声誉及饭店的日常运转效率。客房部管理人员对此应予以足够的重视。

洗衣场的服务对象包括外部顾客(客人)和内部顾客(饭店其他部门及员工)，洗衣场作为二线部门，每天要洗涤大量的床单、枕套、毛巾、口布、台布、员工制服及客衣等，没有良好的服务意识及态度就不可能提供优质服务。

(1) 制定服务质量标准。为保证服务质量，洗衣场应制定有关服务质量标准，以此考核培训员工。

(2) 强化"顾客第一"观念。不论是对外部顾客还是饭店内部顾客，洗衣场员工都要树立"顾客第一"、"下一道工序是顾客"的观念，生产顾客满意的产品，提供顾客满意的服务。管理人员应通过多种途径、采用多种方式强化员工的服务意识。

(3) 讲信誉、创品牌。从经营的角度，洗衣场尤其是对社会营业的洗衣场在服务质量控制上应讲究信誉、创出品牌，为饭店争得更多的效益。

(二) 洗衣房的设备管理

洗熨设备是洗衣房进行生产的物质基础,洗熨设备状况的好坏,将对织物洗熨的产量、质量、成本等产生直接的影响,洗衣房要顺利进行生产,就必须加强对设备的管理。

加强对设备的管理,既可以减少维修次数,延长设备的使用寿命,降低成本,又能保证前台工作的正常运转。在大多数饭店,洗衣场设备的管理一般由工程部负责,但洗衣场管理人员及员工也应懂得设备管理,在日常工作中与工程部密切合作,确保设备的正常运行。

1. 建立和健全设备的使用制度

科学合理的制度是洗衣房设备能够顺利进行运转的保障,洗衣房必须建立和健全设备的使用制度,以保证设备的正常使用。

2. 做好固定资产管理

洗衣场设备属于饭店的固定资产,建立设备账卡档案,是做好设备管理的基础工作。

3. 加强设备使用前的培训工作

洗衣场设备操作技术性较强,在使用前应做好员工的培训工作,使员工掌握设备的性能、操作技术和相关的维护知识。员工经培训合格后才能上岗操作。此项培训工作最好由设备供应商承担,也可由饭店专业人员负责。

4. 制定设备操作规程

为了确保设备的正常运行,操作设备必须按照规程进行。

5. 建立设备维护保养制度

不同的洗熨设备应根据其保养要求,建立相应的维护保养制度,对设备进行有计划的保养,以保证并延长设备的预期寿命。

6. 建立检查监督制度

设备清洁保养由专人完成,领班督促检查,主管及部门经理不定期进行抽查。

7. 建立奖惩制度

凡清洁保养不符合质量要求的员工,第一次给予口头警告,第二次给予部门书面警告并存档,第三次填写过失单。成绩显著者,由部门给予表扬并酌情奖励。

(三) 洗衣房的安全管理

洗衣房的工作由于涉及许多洗衣设备的操作与织物的洗涤,因此安全和防火工作不容忽视。安全管理是洗衣场管理的一个重要方面,洗衣场必须在确保员工安全、设备和饭店财产安全的基础上,进行高效生产。

1. 制定安全管理制度

制度是确保安全管理的一项重要措施,洗衣场安全管理制度包括安全生产守则、安全生产检查制度、消防安全制度、安全操作制度等。

有了相应的制度，客房部还要运用行政和经济手段确保安全制度的实施。

洗衣房为加强员工责任心，确保安全生产，应建立岗位安全生产责任制，将安全管理落实到每个岗位上去，做到人人重视安全、保证安全生产。

2. 加强员工的安全教育

管理人员应定期对洗衣场员工进行安全教育，使每个员工都明白安全生产的重要性，熟悉各自岗位的安全生产管理制度，掌握不安全问题的应对措施。新员工上岗前，首先应接受整体的安全生产教育，再进行岗位安全培训教育，考核合格后才能上岗。为了强化员工的安全生产意识，洗衣场可不定期地举办安全管理讲座、安全知识竞赛、安全防火实地演习等活动。

注意安全、防火，消除事故隐患，是每个员工的责任和义务。洗衣房应建立部门义务消防队，各班组主管均是防火责任人。

为保证员工人身及设备安全，员工操作机器时应执行设备使用制度并按照操作程序进行操作。

各员工应及时向部门汇报安全防火隐患或事实经过。遇突发性事情，应保持镇静，听从宾馆及部门领导的指挥。

（四）洗衣房的卫生管理

自觉遵守工场卫生是每个员工应尽的义务。洗衣房员工必须持健康证和卫生培训合格证上岗。严禁在工场吸烟，不准随地吐痰，乱丢杂物，要保持个人卫生清洁，工作衣天天更换。

工作前后要清理劳动工具(检衣台、布件车、机器等)。干净与未洗的衣服、布件不得混放，未洗的布件要放在指定地方，洗涤好的布件要加盖以防止污染。对未洗的衣服和布件带来的杂物，一定要及时清理，不能随意将杂物扔在地上。干净的衣服和布件如不慎掉在地下，一律重洗。

如发现有蟑螂之类的害虫，要及时杀灭或报管家部处理。所有衣服和布件都要经过消毒方可发出。每周用消毒水对布件车进行消毒洗刷。

各班组工作完毕后，要搞好地段卫生并定期对本班工作地段大搞卫生。

（五）洗衣房的人员配备

洗衣房的效益离不开恰当的员工配置。当今任何饭店经营中对头号开支——劳务开支——必须认真加以控制，以使洗衣房的经营有利可图。员工配备太多会严重削减饭店的利润，配备太少也会因支付加班费与效率低而吞噬掉利润。而且效率低最终对宾客产生影响，导致业务的流失。洗衣房人员配备应从以下几个方面来进行：

1. 预测织物用品需求

要做到有效地配备洗衣房人员，必须提前预测出饭店日常的织物用品需求。

预测饭店日常织物用品需求的第一步是审视过去的有关记录，确定每间租出房与每位客人每套餐具使用织物用品的平均磅数。从房务部与餐饮部分别获得开房率预报和就餐客次预报是该做的第二件事。这些预报应该把会影响织物用品需求的饭店特殊事件与活动考虑进去。这些事件与活动可能是超常数量的宴会与聚会，经济形势造成的开房率持续攀高或滑坡，饭店周围的建设工程，举办会议等。

将预计的入住者（或就餐客次）数量乘以每间租出房（或就餐客次）所使用织物的平均重量，可得出第二天洗衣房将处理的织物品总重量。

2. 安排员工工作

了解了计划时段的日常需求，还需知道有多少工人为满足这种需求而工作。通过一段时间的劳动生产率记录，应该能算出一些比例，这些比例将有助于确定为处理各种不同量的织物用品所需的员工人数。

根据这些比例，就可确定店内洗衣房的最低与最高员工数量。例如，无论织物需求量如何微不足道，两个人难以使洗衣房保持运作，难以顺利完成分拣、洗涤、烘干、整理与折叠织物等一环接一环的工作。同样，太小的店内洗衣房也无法容纳一定量的工人在洗衣房同时有效地开展工作。

如果洗衣房一个班次得以顺利作业的适宜量的工人不足以完成饭店织物洗涤的任务，则可安排人数相等的 2 个或 3 个班次的工作，或在 1 个或 2 个班次上排满员工，而在另一班次安排足以能完成余下工作的人员。如果洗衣房三班制运转仍无法满足饭店的需求，则需考虑建一个更大的洗衣房。

许多经理更愿意采用人员相等的三班制工作法，而不喜欢采用一两个班人员排满，另一个班少排人员的方法。他们认为满负荷排班易使机器超负荷工作，而人员不足的班又会使机器载荷不足，结果造成对机器不必要的磨损或低效率地使用能源。而有些经理认为，在一些日子里满班运作，在另一些日子里关机停工，这样做的效益更好。

3. 其他事项

除确定洗涤需求与满足这些需求所需的工人数量外，人员配备还需考虑下面的问题。

许多饭店对洗衣房人员进行交叉培训，从而使人人都能承担本部门的每项工作。交叉培训使员工有机会做不同的工作，这样员工在假期、患病或其他请假期间，工人们可以在工作中互相替代，使工作不受到影响。虽然员工培训由洗衣房经理掌管，但洗衣房各区域——分拣、洗涤、整理等区域——可有自己的队长，他们对自己区域的工人进行监督与管理。工人们定期轮换着去各个区工作，并与不同的员工们一起工作。

另一个要考虑的重要问题是安排各班的上班时间。例如，假如洗衣房不是设在饭店的地下室，也不是坐落在一幢单独的建筑物内，也许洗衣房就应避开晚上作业，以免打扰宾客。

还要考虑的一个问题是工人上班的时间是否要错开。让一两个工人上班早一些，然后间隔两三个小时有其他工人来上班，这样安排是有好处的。错开上班的方法使班次的中间时段是全员上班，而此时是织物洗涤量最大的时候。

本章小结

洗衣房是客房部的一个重要部门，其工作质量和管理水平会影响饭店的形象和效益。因此客房部应加强洗衣房的管理，做好员工的培训工作，使员工了解和掌握必备的专业知识和技能，以便能高效率、高质量地为饭店和客人服务，为客房部经营目标的实现作出贡献。

复习思考题

1. 饭店是否设置洗衣房，应考虑哪些因素？
2. 洗衣房应如何规划布局？
3. 洗衣房一般配备哪些机器设备？
4. 洗衣房的洗涤用品一般有哪些？各有什么效用？
5. 洗涤程序设计的原则是什么？
6. 织物的质地有哪几种类型？各有什么特点？
7. 污渍的种类有哪些？适用什么洗涤用品来去除？
8. 典型的织物洗涤程序是怎样的？
9. 简述洗衣房的基本运作程序。
10. 简述洗衣房如何进行洗熨质量控制。

第八章

客房部预算与控制

学 习 目 标

- 了解预算管理意识
- 了解预算的概念、作用和种类
- 掌握客房部预算编制的理论和方法
- 掌握客房部预算控制的内容和预算管理的步骤
- 掌握客房部预算考核分析的方法

预算实质上是一种计划，它对预算期内饭店的预期收益及为实现这一收益目标所需的成本都作出了预测。客房部预算就是以货币形式作出的在预算期内经营活动的成本和收益的详细的综合性计划。科学地编制、严格地执行和控制预算，能使客房部在经营过程中的各项开支得到有效的控制，最大限度地保证客房部利润目标的实现。因此，掌握预算编制与控制的理论与方法，并利用这些理论与方法指导实际工作是本章内容的重点。

第一节 预 算 概 述

一、预算的概念

预算就是以货币形式对未来某一经营周期内经营活动的成本和收益作出的详细的综合性计划。它对预算期内饭店的预期收益及为实现这一收益目标所需的开支都作出了预测。

预算以预测为前提，两者既有联系又有区别，只有作出正确的预测，才有可能作出正确的预算。预测是对未来的经营活动发展情况，按照事物发展趋势进行合乎客观规律的估量。

作为计划，预算是饭店业务经营的准绳，是指导饭店日常开支的纲领性文件，是饭店财务控制的依据和考核的标准。

二、预算的作用

饭店预算的作用主要体现在以下几个方面：

（一）明确奋斗目标

预算是饭店财务目标的具体化，它为整个饭店及饭店内各部门分别规定了具体的目标和任务。科学的预算能指导饭店更好地开展业务经营活动。预算的编制过程实际上是将饭店确定的经营总目标具体化为各部门预算的过程，通过编制预算将饭店各部门的工作目标及其制定依据和落实措施等明确提出来，从而使每个部门、每位员工都知道预算期内应该达到什么目标、做什么以及如何去做。

（二）协调各方面力量

由于饭店各营业部门及职能部门的经营活动之间存在着局部与整体的关系，从系统论的观点来看，局部预算的最优化，对全局来说不一定是最合理的。为了实现饭店总的战略目标，各部门的行动必须密切配合，相互协调。而预算编制过程正是各部门反复协商、反复平衡的过程，通过这一过程，使各部门加深彼此的理解，把饭店经营过程中的各个环节、各个部门的工作严密地组织起来；使饭店内部各部门、各方面的力量相互协调，行动密切配合，避免互相冲突、互不衔接的现象，使相互间的配合更为协调，整体服务质量进一步提高，从而使饭店成为一个为完成其经营目标、财务目标而顺利运转的有机整体。

（三）确定财务控制标准

预算所规定的各项指标是控制生产经营活动的依据，为饭店提供了进行自我评价的标准。预算提前列出了应实现的收入，以及为取得这些收入所应支出的成本。这样在预算期就可以将实际结果与预算加以比较，分析差异，找出原因，进行调查研究，采取必要的措施，来控制经济活动。

（四）考核工作业绩

实行业绩考核是实行经济责任制的必要条件。单纯用是否超过历史水平来衡量业绩是不够的，因为超过历史水平只能说明有所进步而不能说明这种进步是否达到应有的程度。相比之下，预算是考核实际工作业绩的更好的标准。不过需要注意的是，在某些情况下没有完成预算未必是坏事，对预算的某些偏离，也许更符合饭店利益，而预算得到完全执行却不一定没有漏洞，因此要结合实际情况去判断。但是作为考核工作业绩的标准，预算还是非常重要的。

三、预算的种类

（一）按预算编制的目的与内容，可分为资本预算和经营预算

资本预算是指有关获得土地、建筑物、设备和其他固定资产等的资本性支出项

目的预算。

编制资本预算的目的是对企业的资金作出计划安排，因而其内容是企业长期使用的资产的采购计划和所需资金的供应来源。饭店是固定资产密集型企业，资本预算的编制是饭店管理部门重点关注的对象。资本预算的预算期较长，因此要随着时间的推移不断进行调整。

经营预算也称营业预算、业务预算或损益预算，它是以饭店日常发生的经营活动为对象所编制的预算。经营预算的期限为1年，通常还要划分为更短的时期，以便于日常控制。编制经营预算的目的是提出经营目标，促使企业加强经营管理，提高经济效益，因此，其内容是营业收入和营业费用开支项目的预测指标。

客房部应通过编制与执行年度（一般还要细分为季度和月度）经营预算来强化经营管理。至于资本预算，则通常由饭店统一编制。

（二）按预算涉及的范围，可分为部门预算和总预算

部门预算是饭店内各部门为完成各自任务，针对各自部门的营业收入、营业支出及部门损益而编制的预算，如客房预算、餐饮预算、商品经营预算等。总预算则是企业各部门预算的汇总，既包括各部门经营指标，又包括各类资本预算。

提供给客房部进行预算管理的预算应以客房部部门预算为主。

（三）按预算的时间跨度，可分为长期预算和短期预算

长期预算通常为1～5年，其内容与企业的长期发展等重大举措有关。

短期预算一般以1年为周期，其内容与企业的日常经营活动有关，目的是提高经营管理水平，最终实现企业的长期预算目标。经营预算通常表现为短期预算，它又分为季度预算、月预算、周预算、日预算等，以便对预算执行情况进行评估与分析，及时调整经营活动，确保预算的顺利完成。

客房部实施预算管理，一般应编制短期预算，保证目标明确，分阶段、按步骤地完成经营任务。

四、预算管理的步骤

客房部经营活动的最终目的是实现一定的利润，提高客房部乃至整个饭店的经济效益。为了保证利润目标的实现，客房部应加强对其经营活动的预算管理。

进行预算管理的步骤为：在经营周期开始前，对客房部在经营周期内各种人力、物力和财力等资源的使用情况以财务数据的形式提出计划指标，编制客房部预算；在整个经营期间，采取各种管理措施、运用各种管理手段对预算进行有效控制，以保证经营活动按预算正常进行；通过对经营周期的经营活动和经营效益的考核与分析，揭示影响客房部经济效益的具体原因，同时明确责任，并采取措施对经营管理中存在的问题加以纠正，同时为下一个经营周期的预算提供依据。

客房部通过有效的预算管理，使得客房部经营过程中的各项费用开支得到有效控制，最大限度地保证客房部利润目标的实现，使客房部的日常经营活动始终以预算为中心，以利润为目标，杜绝经营过程中的“经验”、“灵感”等主观性的决策，从而全面提高客房部的经营管理水平。

第二节　客房部预算编制

一、预算编制的程序

由于编制经营预算的目的是帮助饭店各级管理人员和全体员工明确经营目标及实现这一目标的计划与措施，以便对经营活动和经营效益加强控制，所以，各级管理者和全体员工均应关心、参与经营预算编制的全过程。

编制经营预算应经过一个由下而上、再由上至下的过程。具体步骤如下：

(1) 确定经营周期内的经营目标。一般包括销售指标、费用指标和利润指标等。

(2) 收集资料，并进行分类与评价。这项工作要求很高，工作量也很大。客房部经营预算编制人员，必须广泛收集同行的有关资料，并征求本部门各级管理者和员工的意见。

(3) 由各部门自行编制部门经营预算草案。

(4) 在部门经营预算草案的基础上，由饭店财务部门编制整个饭店的经营预算。

(5) 经过饭店财务预算会议或常设的预算委员会讨论、协调与修改，最终确定饭店经营预算和包括客房部在内的各部门经营利润指标。

(6) 将饭店经营利润指标和部门经营利润指标下达给各部门。并就部门预算草案修改的原因作出充分的解释，使部门各级管理者和员工认可新的预算。

(7) 各部门将预算指标分解，下达给各层次管理者和员工。客房部经营预算中的销售指标，应分解给销售部门和前厅部，费用指标则主要应下达给部门内各级管理人员和各岗位、各环节的员工，做到职责明确。

(8) 与预算编制相配套，制定预算执行业绩的奖惩制度，责、权、利挂钩，实行目标管理，充分发挥预算的控制作用。

(9) 经饭店总经理或董事会批准后实施。

二、预算编制的方法

(一) 固定预算法

固定预算法是根据预算期某一既定的经济活动规模或业务量水平为基础，不考虑预算期内可能发生各种变化而编制预算的方法。固定预算法以客房部历史经营资料为基础，按预定的下一个经营周期的销售量、费用开支和利润目标的增长率或递减率，来编制客房部下一年度和年度内各月份的经营预算。其主要特点是：预算编出后，在预算期内除特殊情况外，一般对预算不加修改调整，具有相对固定性。用固定预算法编制客房部经营预算简便易行，但缺乏科学性，因为饭店业市场变化莫测，影响饭店经营的内外部因素很多，饭店的经营目标应随着经营活动的变化而改变。为了实现经营目标，客房部各级管理人员和员工应及时地调整控制措施。所以，用固定预算法编制的客房部经营预算不能很好地发挥经营预算的控制职能，更不能作为衡量客房部经营实绩的标准。

例如：某饭店客房部2001年的营业收入预算是以70%的年均客房出租率水平为基础的，其营业费用预算也是以这个出租率为基础的。若由于不可预知的因素，实际客房出租率下降到60%，那么客房部经理就很难在短期内知道营业费用应该为多少。

因此，固定预算法一般用于经济业务比较稳定的部门。

(二) 弹性预算法

弹性预算又叫可变预算，是根据预算期内预计的多种不同的经济活动规模和业务量为基础，编制出不同水平的预算。如客房部营业收入可以分别根据60%、70%、80%的客房出租率来预测。传统的预算是在某一固定的业务量基础上编制的静态预算。当实际业务量与预算业务量发生显著差异时，难以用固定预算准确地衡量业绩，预算的控制作用也因此受到削弱。饭店业是一个很脆弱的行业，市场环境变化莫测，影响饭店客源的因素也很多。受某些因素的影响，实际完成的销售量或营业收入经常与预算发生较大的差异，这样在进行成本费用分析时，对不同业务量水平下的成本费用进行比较的结果便不能说明问题，因此，饭店编制弹性预算是非常必要的。

1. 弹性预算的特点

(1) 能适应一系列经营业务量。所谓一系列经营业务量，是指饭店可能经常发生的若干级活动水平。它是根据历史资料和发展趋势预测确定的业务量将发生波动的一个相关区域，在该区域内按5%或10%的间距划分为若干级，从而适应不同业务量水平。

(2) 具有动态性质。弹性预算有利于随业务量的变动调整其计划。以弹性成本预算为例，它是按变动成本的变化情况分档排列，据此计算预算期末不同水平业务活动量的成本预算数额，然后再对实际成本和弹性调整后的预算数进行比较，构成对管理非常有用的控制工具。

(3) 有利于业绩衡量。与静态预算相比，弹性预算不仅能衡量销售方面的业绩，而且能在更加现实和可比的基础上进行成本控制方面的业绩衡量，这对于全面准确地衡量饭店及各部门的工作业绩是非常有效的。

2. 弹性预算的编制步骤

(1) 确定预算期内各种业务量发生波动(变化)的相关范围,一般控制在正常业务量的 70%~120%之间,范围过大会加大工作量,范围过小又可能找不到相近似的数值进行比较,不便于控制。

(2) 根据成本和业务量之间的依存关系将成本费用划分为固定成本费用和变动成本费用。在编制弹性预算时,要注意运用成本习性原理,分清固定成本和变动成本。

(3) 确定在预算中所包含的各个成本项目的成本特性模式。

(4) 运用成本特性模式,按不同的业务量水平编制若干不同档次的收入、成本费用、利润预算。

其基本预算公式为:

弹性销售收入预算=预计销售量×预计单位售价

弹性变动成本(费用)预算=预算期内实际活动量×单位业务量的变动成本(费用)

弹性总成本(费用)预算=固定成本(费用)+弹性变动成本(费用)

弹性利润预算=弹性销售收入预算-弹性总成本(费用)预算

编制弹性预算时,业务活动量的计量单位要结合饭店特点进行选择,应与成本费用间存在必然的联系,如客房部客房出租数。

(三) 滚动预算法

滚动预算法是一种随着时间的推移而自行延伸预算期间,从而使预算期始终保持在一个特定的期限内的预算方法。滚动预算又称连续预算或永续预算。在这种预算方法下,预算期是连续不断的,始终保持一定的期限。以 1 年的预算为例,每经过 1 个月,就根据新情况对接下来的头几个月的预算进行修改和调整,并在原来的预算基础上随即补充 1 个月的预算,使预算始终维持 12 个月的期间范围。如 2002 年第一季度的预算执行完毕时,即修改和调整 2002 年第二季度的预算,续上 2003 年第一季度的预算,这样始终保持 4 个季度的预算。采用这种预算方法,由于需要逐期修改编制,因而工作量较大。但正由于它逐期修改,能不断适应变化了的情况,从而使费用预算更加符合实际,更加便于控制。

三、客房部预算编制

(一) 营业收入预算

营业收入预算是客房部经营预算编制工作的起点,营业费用预算和营业利润预算都是在此基础上进行的,所以,必须尽力保证营业收入预算的精确性。

营业收入较难预算,客房部可利用历史经营财会数据,参考同规模客房部的预算平均值，并综合考虑自身的经营能力、预算期的经营计划、现实经济状况和市场竞争因素等，最后作出预算。

在预算期内，直接影响客房部的经营能力和营业收入的内部因素有：

(1) 某类客房可供出租的间数；

(2) 可供出租的某类客房的出租率；

(3) 可供出租的某类客房的平均房价；

(4) 预算期内的营业天数。

在进行客房部营业收入预算时，可以在综合考虑各种因素后，直接预算出预算期内的营业收入指标；也可以充分利用上述四个因素，先运用下列公式进行预算，再根据各种外部因素进行调整，最终将营业收入预算数据确定下来。

某类客房营业收入预算＝该类客房预计平均房价×该类客房可供出租间数×
该类客房预计出租率×预算期营业天数

例 1: 某饭店有客房 200 间，预计 2002 年 5 月出租率可达到 75%，预计平均房价为 300 元/间天，则 5 月份客房营业收入预算为多少？

解：根据上面的公式：

5 月份客房营业收入预算＝300 元/间天×200 间×75%×31 天
＝1 395 000(元)

将各月营业收入预算额填列在营业收入预算表中，则客房部全年营业收入预算就做好了。

例 2: 某饭店客房部每天可供出租标准双人房为 100 间，预计该类客房年平均出租率为 60%，平均房价为 200 元/间天。求该类客房年营业收入预算。

解：根据上面的公式：

该类客房年营业收入预算＝200 元/间天×100 间×60%×365 天
＝4 380 000(元)

客房部可以用同样的方法，预测出其他类型客房的年营业收入，将各种类型客房的年营业收入预测数据相加，即可得到客房部的年营业收入预测总数。

用这种预测方法来编制客房部营业收入预算需要更多的信息，对预算编制人员而言，在操作时会增加很多工作量，也会带来很大的难度。但在上面的公式里，各类可供出租的客房数和预算期营业天数是预算编制时就可以确定的，只有客房出租率和某类客房的平均房价是未知的。它们会受饭店经营情况、市场竞争程度和客房利用率等因素的影响，经常发生变动，客房部应根据各种相关因素的变化对客房出租率和平均房价的影响，利用上述公式，重新预测客房部的营业收入，并及时地调整客房部经营预算中的营业收入数据。

(二) 营业费用预算

为了获得营业收入，客房部在经营过程中会发生各种人力、财力和物力的耗费，这些耗费就是客房部的营业费用。客房部的各项费用开支通常有：管理人员和员工的工资及各项福利费开支，各种物料消耗，低值易耗品的摊销，固定资产折旧，各项维修费用，水、电费开支，洗涤费，邮电费，运杂费，差旅费，燃料费，广告费，保险费等。此外，客房部还要依法缴纳以营业税金为主的各项税金和基金。在有些饭店里，客房部还被要求分摊饭店的部分共同性费用，如管理费用等。

上述各项费用的开支水平直接影响着客房部的盈利能力，因此，在编制客房部经营预算时，同样需要精确地作出营业费用的预测。不难发现，随着客房部经营活动的开展，在一定经营期间和一定业务量范围内，各项费用开支会随着业务量的增减而发生不同情形的变化。有的费用开支不受业务量增减的影响，总额始终保持不变；有的随业务量的增减，总额随之呈正比例变化；更有的总额的变化与业务量的增减不存在任何数量关系，呈无规律变化形态。在编制客房部经营预算时，如果能了解各项费用开支的以上特点，掌握各项费用开支与业务量之间存在的数量关系，就能够较精确地预测客房部的营业费用了。

1. 固定费用的预算

固定费用是指一定经营期间和一定业务量范围内，总额随着业务量的变化而始终保持固定不变的各项费用开支。

客房部经营中的一部分营业费用属于固定费用。它们通常有：管理人员的工资及福利费、固定资产折旧费、保险费、处于合同期内的广告费和支付的租金等。它们都有着共同的特性，即总额不受经营情况的影响，始终保持固定不变。

要预算客房部的固定费用，就应该利用客房部的历史财会数据，参考同行的水平，并根据客房部在预算期内的经营策略和计划，确定其预算指标。预算指标确定后，在经营条件不变时，预算期内的固定费用总额始终保持不变。

例如：某饭店客房部上一个经营期内的管理人员工资及福利费开支为10万元，若该客房部无意对此项开支做改动，则在编制下一个预算期的经营预算时，其管理人员工资及福利费开支应为多少？

很显然，管理人员工资及福利费开支属于客房部的固定费用，其总额不受下一个经营期内的业务量增减变化的影响，所以，其金额仍然应为10万元。

在客房部经营过程中，固定费用并不会永远保持不变，它们或者会因为某一经营期间管理人员作出的某项决策而发生变化，如增减广告费开支；或者因为业务量的增减超出了某一范围，需要增减员工而引起工资和福利费开支的增减等。这些都会导致固定费用总额发生变化，预算时应加以考虑。

2. 变动费用的预算

变动费用是指在某一经营期间和一定业务量范围内，随着业务量的增减，总额随之发生正比例变化的各项费用开支。

客房部提供给客人的一次性消耗用品的耗费和营业税金等基本属于变动费用。

例如：某饭店客房部为客人提供的一次性消耗品定额平均为 25 元/间天。该类物品消耗的总额，随着客房销售量的增加而发生变化：

客房出租间天数	单位定额(元/间天)	费用总额(元)
0	25	0
10	25	250
100	25	2 500
1 000	25	25 000

可见，变动费用总额与业务量之间存在着正比例关系，因此，当客房部的营业收入预算已完成，并且在预算期内的客用一次性消耗品定额不变，我们就能确定该饭店客房部变动费用总额与业务量之间的比例关系，再运用下列公式预算客房部预算期内的变动费用总额：

某业务量下的变动费用总数＝业务量×单位变动费用

上面的例子中客房部预计预算期内的年客房出租间天数为 43 800 间天，该客房部客用一次性消耗品的年消耗额为多少？

根据上面的公式：

年变动费用总额＝年业务量×单位变动费用
＝43 800 间天×25 元/间天
＝109.50(万元)

变动费用总额与业务量之间存在正比例关系的前提条件是，在某一经营期间和一定业务量范围内，单位变动费用保持不变。当单位变动费用变化后，这个比例关系一定会改变。客房部经营过程中，由于受各种因素的影响，单位变动费用很难保持不变，在进行变动费用预算时必须意识到这一点，及时地调整单位变动费用，以保证变动费用预算的精确性和权威性。

3. 混合费用的预算

混合费用是指在一定条件下费用总额随业务量的变化而变化，但不成正比例变化的费用，其特性介于固定费用和变动费用之间。当业务量在较小范围内固定不变时，其总额保持不变；但当业务量超出这一较小范围时，其总额就随之发生近似于正比例的变化。从总的趋势来看，随着业务量的增减变化，混合费用开支的总额会随之变化，但其中，又始终有保持固定不变的成分，如饭店的水费、电费、维修费等。运用一定的方法可以将混合费用分解为固定费用和变动费用两部分。

这样，客房部的全部营业费用就可分为固定费用和变动费用两部分，如下列公式所示：

客房部总营业费用＝固定费用＋变动费用

通常使用高低点法来进行混合费用的预算。

（三）营业利润预算

客房部利润预算的编制，一般来说是以客房部预算期的营业收入预算、营业费用预算为主要依据，结合其他有关资料和上期利润预算的完成情况来编制的。利润预算可采用直接预算法来进行，这种方法是根据预算期的营业收入预算、成本费用预算、税金预算，直接计算出利润额的大小，其计算公式为：

客房部某业务量时的利润＝该业务量时的营业收入－该业务量时的总营业费用

例 3：某饭店客房部 2002 年营业收入预算额为 12 715 300 元，营业费用预算额为 3 565 324 元，营业税预算额为 692 984 元，则：

客房部利润预算额＝12 715 300－(3 565 324＋692 984)
＝8 456 992(元)

经上述预算，由客房部自行编制的部门经营预算草案即可完成。

（四）盈亏平衡点预算

盈亏平衡点又称保本点，指客房部正常经营中正好处于不盈不亏状态时的业务量，也就是营业收入与营业费用支出相等时的业务量。从上面的论述中知道，客房部的营业利润与营业收入和营业费用之间存在着相互依存、相互影响的关系，在经营条件不变的前提下，客房部营业收入、营业费用开支中的绝大部分都与其业务量之间有着密切的关系，所以，在编制经营预算时，有必要再对客房部经营过程中的费用成本、业务量和利润之间的关系做进一步的研究，也就是要进行“本量利”分析，从而帮助我们编制客房部的经营预算。

在客房部编制经营预算时，保本点是一个很重要的经营指标。它应是客房部经营的业务量最低限度。当实际业务量高于保本点时，客房部将获取一定的利润；而当实际业务量低于保本点时，客房部无疑将发生亏损。因此在编制客房部经营预算时，需对保本点进行预测，也就是要预算出预算期内客房部的保本业务量。通过对保本业务量可行性的分析，来预测客房部经营目标的可行性。

保本点的预算方法如下：

由于，

客房部年利润＝年营业收入－年营业总费用

年营业收入＝年出租客房间天数×平均房价

年营业总费用＝年固定费用＋年变动费用

年变动费用＝年客房出租间天数×单位变动费用

由此推导出，

客房部年利润＝年客房出租间天数×平均房价－(年固定费用＋年客房出租间天数×单位变动费用)

由于在保本点时，客房部处于不赢不亏，利润为0，因此上式变为：

0＝年客房出租间天数×平均房价－(年固定费用＋年客房出租间天数×单位变动费用)

由此算出在保本点时的业务量为：

年保本客房出租间天数＝年固定费用/(平均房价－单位变动费用)

年保本出租率＝年保本客房出租间天数/年可供客房出租间天数×100%

年保本营业收入＝年保本客房出租间天数×平均房价

例4：客房部经营预算编制人员分析出客房部的年固定成本总额为511万元，预算期内的平均房价将为200元/间天，单位变动成本将为60元/间天。预测客房部保本点。

解：客房部保本年销量＝年固定成本总额/(平均房价－单位变动成本)

＝5 110 000元/(200元/间天－60元/间天)

＝36 500(间天)

客房部保本日销量＝保本年销量/365

即：客房部保本日销量＝36 500间天÷365天＝100(间)

这个计算结果告诉我们，当预算期内客房部日出租客房100间时，就可达到盈亏平衡点，而当日销量超过100间时，即可盈利。

例5：某饭店有客房300间，年固定费用5 000 000元，每间天变动费用25元，平均房价150元，求其年保本客房出租间天数、年保本出租率和年保本营业收入。

解：依题意，客房部的业务量是出租客房间天数。

年保本客房出租间天数＝5 000 000元/(150－25)元×100%＝40 000(间天)

年保本客房出租率＝40 000间天/(300间×365天)×100%＝36.5%

年保本营业收入＝40 000间天×150元/间天＝6 000 000(元)

（五）目标利润分析

客房部预算期内的经营目标绝不只是达到盈亏平衡状态，而是要实现预期的目标利润，并追求经营利润的最大化。为了顺利地实现目标利润，经营管理者必须预算出达到目标利润所要完成的业务量，并通过对目标业务量的分析，判断实现目标利润的可行性，并明确要实现目标利润，必须在经营期间作出哪些努力。

通过对“本量利”的分析，就可以预算出达到目标利润时应完成的目标业务量。方法如下：

由于，

年目标利润＝年目标营业收入－（年固定费用＋年变动费用）

＝年目标客房出租间天数×平均房价－（年固定费用＋年目标客房出租间天数×单位变动费用）

可推导出当客房部达到年目标利润时，

年目标客房出租间天数＝（年固定费用＋年目标利润）/（平均房价－ 单位变动费用）

例 6：上面例 1 中客房部希望获得年利润 255.50 万元，其平均客房出租率应为多少？

解：

目标年客房出租间天数＝（年固定费用＋年目标利润）/（平均房价－ 单位变动费用）

＝（5 110 000 元＋2 555 000 元）/（200 元/间天－60 元/间天）

＝54 750（间天）

目标日客房出租间数＝目标年客房出租间天数/365 天

＝54 750 间天/365 天

＝150（间）

客房部目标平均出租率＝目标日客房出租间数/日平均可供出租客房间数×100％

＝150 间/200 间×100％

＝75％

例 7：假设前面例 5 中客房部某年的目标利润为 3 500 000 元，在其他条件不变时，计算目标出租客房间天数、目标出租率和目标营业收入。

解：

年目标客房出租间天数＝(5 000 000＋3 500 000)元/(150－25)元/间天

＝68 000(间天)

年目标客房出租率＝68 000/(300×365)×100％＝62.1％

年目标营业收入＝68 000 间天×150 元/间天＝10 200 000(元)

第三节　客房部预算控制

为了使客房部有明确的经营目标，必须编制科学、合理的滚动经营预算。但如果只有好的预算而无有效的控制，还是无法实现经营目标。当经营预算最终确定下来后，客房部的各级管理人员必须在预算期内的预算执行过程中制定各种严格的制度，实施行之有效的措施和手段，执行科学合理的程序，对客房部的经营活动加强管理和控制，确保客房部经营预算目标的实现。

由于决定客房部经营效益的要素有两个：客房部经营过程中发生的营业收入和为了获得营业收入而发生的各项费用开支，所以，客房部经营预算的控制应从营业收入控制和营业费用开支控制两方面来进行。

一、营业收入的控制

客房部营业收入主要是通过出售客房使用权这一产品来实现的。但在经营过程中，客房部只是充当着客房使用权的“生产加工者”的角色；而客房使用权的销售职责通常是由饭店总台接待员来承担的；客房使用权销售收入的结算工作，则是由总台收银员来承担。这种产品的“生产”、销售和结算职责，分别由不同部门(人员)承担的职责区划模式，符合财务控制的要求，为实施客房部营业收入控制，做好了内部控制机制上的准备，但也给客房部营业收入控制带来了一定的难度。因为这种模式决定了单靠客房部本身无法实施对其营业收入的控制，它必须由客房部、前厅部(总台)和财务部相互配合、协调，才能得到很好的控制效果，保证客房部经营预算的完成。

在客房部经营活动中，应主要在以下几个业务环节采取各种措施和手段，来对其营业收入加强控制，防止营业收入的流失，实现营业收入的最大化。

(一) 加强预付款管理

当客人在总台办理入店手续时，总台接待员应区分客人选择的付款方式，做好客房部客房出租收入和其他营业部门营业收入的预收款收取工作，加强客房部营业收入的“事前”控制。

饭店所能接受的付款方式主要有：现金付款方式，信用卡付款方式，转账支票付款方式，转账付款方式，凭单付款方式。

在客人可能选择的几种付款方式中，从安全、稳妥和快捷的角度出发，饭店更乐于接受前两种付款方式。对于承诺使用转账支票付款的绝大部分单位和选择使用转账、出具付款凭单的所有单位，饭店的销售和财务信用人员应事先与其签订具有法律效力的付款协议，详细列明付款细则，明确经办人和责任人。对于选择使用转账支票、转账或凭单付款方式的客人，总台接待员应首先了解客人的身份，明确客人的付款单位，然后再根据饭店与其付款单位签订的付款协议内容，区分自费消费项目和协议消费项目，最后按饭店的预付款收取标准收取客人自费消费项目的预付款。

（二）实施账单控制

总台接待员在办理完客人入住手续后，应根据客人的入住登记单等资料，为每位住店客人建立总账单。客房部的营业收入是通过客人的总账单反映出来，并最终得以实现的。总账单既是客人结账付款的凭据，又是财务核算的依据，因此，它应是客房部加强营业收入"事中"控制的主要书面凭据和中心。为此，必须首先完善总账单的控制制度：

（1）总账单必须专门印制，每一份均能自动复写。

（2）总账单上必须印有流水序号，并按序号连号使用账单，严格办理总账单领用登记和注销号制度。

（3）总账单作废时，必须在每一联账单上加盖"作废"章后，收回整份账单。

（4）制定并执行严格的总账单遗失赔偿制度，严格控制总账单的流失。

制定了严格的总账单管理制度后，为了充分发挥总账单对客房部营业收入的控制作用，在客房部经营过程中，还应进一步采取各种措施和手段，对客人入住总账单的建立、客人住店期间总账单的记录和客人离店根据总账单结账等环节的具体操作程序加强管理与控制。有些饭店为了真实地了解账单控制制度的执行情况，还委派"神秘客人"到饭店进行明察暗访，发现账单使用和管理中存在的问题，进一步完善收入控制，以减少客房部营业收入的流失。

（三）加强优惠、折扣控制

客房销售过程中灵活使用优惠、折扣政策，会有利于客房销售，但如不加以控制，超过一定限度，就会影响客房部的销售收入。加强优惠、折扣控制的措施主要应有以下几点：

（1）饭店应制定客房销售优惠与折扣的权限。

（2）饭店应规定发生优惠、折扣业务时，经办的管理人员应留下书面凭据。

（3）饭店应要求财务夜审人员审核每笔优惠、折扣业务的合理性和真实性。

（四）强化夜审的控制职能

如前所述，客房部产品的制作加工、销售和结算等三个职能，分别由饭店的客房部、前厅部和财务部三个相互独立的部门来承担。它们彼此既相互联系又相互牵制。这种关系本身便能起到相互监督的作用，可以在一定程度上杜绝客房销售过程中舞弊、逃账、漏账事件的发生。但如果只有制度的制定和执行，而无严格的监督，久而久之，在制度的执行过程中，难免会出现松懈与漏洞；加上有些饭店客房销售与结算均由总台接待员独自承担，更会使客房销售收入控制出现"盲区"。因此，还应完善财务夜审制度，对预付款管理制度、账单管理制度和优惠、折扣控制制度的执行情况加强监督，提高客房销售收入控制的效果，确保客房部营业收入预算目标的实现。

实施客房销售夜间审核的主要目的是逐日审核客房销售业务记录的完整性和销售收入结算的准确性，及时地抑制客房销售过程中发生的舞弊、逃账、漏账行为，避免发生客房销售收入的流失，确保客房销售收入"颗粒归仓"。为此，客房销售夜审工作应从以下几个方面进行：

(1) 总台夜间接待员按楼层编制"房租日报表"，将其与客房部客房中心夜间值班员统计的当日客房使用情况进行核对，保证客房销售记录的准确性与一致性。

(2) 总台夜间接待员还应将"房租日报表"与夜审员统计的当日客房销售收入进行核对，保证客房销售收入记录的准确性与一致性。

(3) 夜审员应对当日发生的每一笔客房销售优惠、折扣业务进行审核，确保优惠、折扣制度的正确执行。

(4) 夜审员还应了解客人的欠款余额，及时提供信息给客房销售结算人员，加强客人欠款的催收，避免发生逃账损失。

通过以上夜审工作，能及时发现并纠正客房销售中的各种失控行为，修正客房销售收入记录与结算中的差错，保证客房销售业务每天都在有序和严格的控制中进行，使客房部的营业收入得到有效的控制。

二、营业费用开支的控制

客房部的营业费用是指客房部经营过程中，为了获得营业收入，在其部门内发生的各项人力、财力和物力的耗费。因此，在客房部的营业收入得到有效控制的同时，必须要加强对其营业费用的控制，才能使客房部的经营目标得以实现，才能保证客房部经营预算的顺利完成。

客房部营业费用的内容繁多，在各项开支中，有些是在预算期内总额基本保持不变的，如固定资产折旧、保险费和管理人员工资及福利费开支；也有些受饭店高层管理人员或客房部管理人员决策的影响，如广告费开支等；而更多的则是需要客房部各级管理者和全体员工通过努力来加以控制的。根据这些费用开支的性质和其在客房部经营中所发挥的作用，客房部应采取不同的措施，实施各种手段，来对客房部的营业费用开支加以控制。

(一) 客房用品耗费的控制

客房部经营过程中会消耗大量的物料用品。由于这些物料用品的品种多,并且绝大多数单价均较低,很容易被忽视。但这些物料用品的消耗量一般都很大,如果缺少控制,就会导致客房部营业费用升高,整个客房部的经营效益下降。为实现客房部经营预算的目标利润,必须对客房用品的耗费进行严格的控制。

客房部用品耗费的控制主要可以从仓储、领发和耗用等几个环节来进行。

1. 仓储环节的控制

客房用品采购回来后经过验收登记,会进入仓库进行储存保管,以备客房部经营之需。仓储环节的控制会直接影响客房部提供的用品的质量及客房部的费用和经营效益。良好的管理和严格的控制能保证物品的供应,控制流失,降低费用,保证预算目标的实现;而如果忽视了这个环节的控制,就会造成物品积压、变质、账目混乱,甚至会出现供应中断、贪污、盗窃等严重事故的发生。因此,必须明确仓储环节的职责,制定并执行科学、合理的管理制度。

在物料用品仓储中,合理的储存规范、有效的安全措施、严格的账目管理是保证控制效果的基本要点。因而,应从以下几个方面提出要求:

(1) 订货要求。保证客房部物料用品供应是仓储工作的首要任务,为满足客房部经营的需要,仓库保管员必须严格按规定适时提出申购。

(2) 入库要求。经过验收的物品都必须及时入库,避免毁损和散失,对一些储存期时间要求较高的物品,应在包装上注明入库时间等,并按一定的顺序放置。

(3) 存放要求。入库的物料用品应根据不同的性质和储存要求分类存放,以保证物品的质量。在存放中,既要重视储存的温度,又要重视湿度,还应特别注意对易燃、易爆和一些不可混杂存放的物品的管理。

(4) 安全要求。仓储物料用品的安全控制应通过以下措施的实施来进行:定期盘点,加强账目核查,限制仓库进出人员,对储存区域配备专用锁系统和实行闭路电视监控等,其中,定期盘点制度应是仓储安全管理的基本措施。

2. 领发环节的控制

领发环节控制的任务是在保证客房部用品得到及时、充分供应的前提下,控制领料手续和领料数量,并正确计算客房部物料用品的耗费。为此,物料用品发放必须遵循以下原则:

(1) 物品发放实行“领料单”制度。在物品发放时,发料人员应坚持原则,做到没有领料单不予发放,不经审批的不予发放,有涂改或不清楚的不予发放,手续不齐全的不予发放,毁坏的不予发放。领料单如表 8-1 所示。

表 8-1　领料单

领用部门________　　　　　　　　　　　　　　　　　　　　　　　日期________

编　号	名　称	规格型号	单　位	数　量		单　价	金　额
				请领数	实领数		
合　计							

领用部门经理________　　领用人________　　保管员________

注：一份领料单只填一类物品

物料用品发放的控制，应得到客房部管理人员的配合。客房部管理人员既要把好领料的审核关，又要把住复核关。审核关的控制，是在填写领料单时做到签字笔迹前后一致，不随意变换字体；将物品最后一项下面的空白栏划去，加强数量控制，以免浪费或流失。复核关的控制，是当物品从仓库领回后，管理人员要善于观察，并进行数量、质量的抽查，发现问题，立即追究责任，坚决堵塞领料过程中的漏洞。

(2) 物品发放实行先进先出法，保证物品的质量，避免变质、过期。

3. 耗用环节的控制

客房部经营过程中耗用的物料用品有客用和非客用两种，其耗用的形式也分一次性和多次性两种。为了合理地对耗用进行控制，应分别采取不同的手段。

(1) 客用消耗物品——定额控制。为了保证经营供应，对客用物品宜采用定额控制的方法，借助"客用消耗物品定额执行情况统计表"来实施，如表 8-2 所示。

表 8-2　客用消耗物品定额执行情况统计表

单位：元

楼层________　　本月客房出租间天数________

序号	物品名称	单位	每套客房定额			本月消耗定额	本月实际消耗	单价	本月节约(超支)	
			数量	消耗率	定额				数量	金额

制表人：

具体执行步骤是：

① 根据饭店规定的各类客房客用消耗物品的配备品种、规格和每套客房配备数

量，填写序号、物品名称、单位和数量栏目。

② 根据饭店各类客用消耗物品的历史消耗数据，结合目前的实情，制定每种物品的标准消耗率，填入“消耗率”栏。

③ 用数量乘以消耗率，得出每套客房各物品的标准消耗定额，填入“定额”栏。

④ 每月末，根据“客房出租报表”，用实际客房出租间天数乘以不同类型客房的单位消耗定额，得到当月消耗定额，填入“本月消耗定额”栏。

⑤ 根据当月客用消耗物品的领用情况，计算各种物品的实际耗用数。

客房部从仓库领用客用消耗品时填写的领料单记录了领用数量。但为了方便日常供应，客房部客用消耗品的领取量通常为一周的用量，为了真实地核算客用物品的耗费，并加强对物料用品二级库的控制，客房部应在每月末进行一次二级库的盘存，与二级库管理人员核对账目，并用下列公式计算各类客用消耗物品的实际耗费量：

本月实际耗费＝月初二级库库存＋本月仓库领用－月末二级库库存

然后，将计算结果填入“本月实际消耗”栏。

⑥ 对比标准消耗定额和实际耗用数，填入“本月节约（超支）”数量栏，并根据各类物品的单价，计算出本月客用消耗物品的节约额或超支额。

⑦ 根据考核结果，允许有一定幅度的波动，在保证服务标准、质量的前提下，对控制好的班组和个人予以奖励，对超过标准的给予一定的惩罚。

为了总结经验教训，并方便实施，客用消耗物品定额控制应按楼层分别进行。

（2）非客用一次性消耗品耗用——计划控制。非客用一次性消耗品的耗用对客房部的正常经营无直接影响，所以应严格地按耗用计划来加以控制，即根据客房部的营业收入预测，制订客房部预算期内非客用一次性消耗品的耗用计划，并要求在计划内耗用。正常情况下，不得超过计划耗用标准。控制的目的是促使相关人员精打细算，从而降低耗费。

（3）多次性物料用品消耗的控制。对客用多次性物料用品的耗费，宜采用标准损耗率来控制；而非客用多次性物料用品的耗费，除继续采用非客用一次性消耗品的控制方法外，饭店还可以进一步严格其领用制度，如实行以旧换新制度等。

（二）水、电、燃料等费用的控制

水、电、燃料等能源的耗费在客房部营业费用开支中占有很大的比例，对客房部的经营效益影响极大，除采取分装各楼层水表、电表等措施外，还没有效果很显著的控制措施，只能从日常管理的点滴小事抓起。如对水电费的控制可采用杜绝“长流水、长明灯”现象，用节能灯具、节水龙头，禁止客人私用高能耗电器等措施；对燃料的控制可采用加强液化气、柴油的采购质量和数量控制，严禁发生管道煤气、液化气、柴油“跑、冒、滴、漏”事故等措施。此外，在饭店中开展绿色环保运动，既利于环保，还可以减少物品损耗，更可降低客房部的能源消耗。

对客房部水、电、燃料等费用开支一般只在编制经营预算时进行总额控制。

(三) 人工耗费的控制

人工耗费在客房部营业费用中所占的比例越来越大,要控制客房部的人工耗费,客房部的管理人员必须做好以下工作:

(1) 精确预测经营业务量,合理安排人员。

(2) 加强业务培训,提高劳动生产率。

(3) 根据员工的能力与特长,合理分配岗位,做到人尽其才。

第四节　客房部预算执行结果考核分析

客房部在完成了经营预算后,就要根据预算进行经营活动。但是由于市场变幻莫测以及饭店内部管理上的诸多原因,任何精细的预算都有可能在执行一段时间后,预算数据与经营结果之间存在差异。为了顺利完成目标利润,经营管理者需要找出产生差异的原因,并对差异产生的原因进行考核分析,以便采取必要的措施和手段,进行改进,不断提高预算管理水平和经营水平。具体包括以下几个步骤:

一、确定差异

差异是实绩和预算进行比较的结果。为了确定差异,饭店必须编制实际数值与预算数值比较分析报告,即预算分析报告。预算分析报告既要揭示月度的差异,也要提示年度的累计差异。但是因为年度差异必定是月度差异的累计,所以,在进行差异分析时主要关心的是月度差异。

此外,预算分析报告中显示的差异要同时包括金额差异和百分数差异。金额差异是从实际减去预算数字而求得,金额差异除以预算金额就得到百分数差异。表明差异的方法是:对于收入、利润类指标的有利差异标以"+"号,不利差异则标上"-"号;对于成本费用类指标的差异,则以相反的方法来表示。或者将不利差异用圆括号括起来,对有利差异不加括号以示区别。月度分析报告的具体格式如表 8-3 所示。

表 8-3　月度分析报告

项目	月度				本年度迄今为止			
	实际	预算	差异		实际	预算	差异	
			差异金额	差异率			差异金额	差异率

二、确定巨大的差异

因为任何精细的预算编制过程都不可能做到尽善尽美，所以，预算分析报告的预算收入和费用项目很难与实际金额相同（固定费用可能除外）。因此，存在差异并不意味着管理部门就必须进行专门分析，并采取纠正措施。只有巨大的差异才需要管理部门进行这种分析，并采取相应的行动。

确认巨大差异的标准，在各个饭店中是不同的。因此饭店的总经理和财务总监应该制定一个适合本饭店的确认标准，以便管理人员据此确认哪些差异是巨大差异。

因为金额标准和百分数标准分别单独使用都有缺陷，所以，在确认巨大差异的标准时，两者应当结合使用，即巨大差异应同时以金额和百分数表示。

例如，某饭店实际客房收入和预算金额相差 5 000 元，而这 5 000 元的金额差异同预算收入 1 000 000 元比，得到的百分比差额只有 0.5%，这时，很少有人认为它是巨大的差异。但是，如果该时期客房收入预算为 50 000 元，那么 5 000 元的金额差异将导致 10%的百分比差额，这时绝大多数人将认为它是巨大的差异。

同样，某项费用预算假定为 50 元，而 10 元的金额差额会导致 20%的百分数差额。这一差异似乎是巨大的，但是一般说来，饭店很少会在管理上花费时间去分析调查研究这 10 元钱的金额差额。

因此，金额差额和百分比差额应当结合起来确定哪项差异是巨大的。

例如：大型饭店可以制定巨大差异标准如下：

收入　　1 000 元或 4%

变动费用　1 000 元或 2%

固定费用　100 元或 1%

而规模较小的饭店可以制定如下的巨大差异标准：

收入　　1 000 元或 4%

变动费用　200 元或 2%

固定费用　50 元或 1%

三、差异的分析

差异分析主要是确定造成差异的基本因素，以及这些因素对预算影响的方向和影响程度。差异分析方法可采用比较分析法和因素分析法。

（一）比较分析法

比较分析法是将两个或两个以上的同类指标放在同一基础上进行比较，从数量上发现差距的方法。比较分析法有多种形式，通常是将某一指标的实际数与标准数相比，比较结果有绝对数与相对数两种形式。

实际数与标准数的差＝实际数－标准数

完成标准数的百分比：实际数/标准数×100%

超额完成百分比(或增长率)＝(实际数－标准数)/标准数×100%

例8： 如某饭店2002年营业收入实现14 018 000元，与同期计划数13 000 000元相比，比较结果如下：

实际增加额＝14 018 000元－13 000 000元＝1 018 000(元)

完成计划百分比＝14 018 000元÷13 000 000元×100%＝107.83%

超额完成计划百分比＝1 018 000元÷13 000 000元×100%＝7.83%

运用比较分析法，必须选择好比较标准，一般常见的比较标准有：同期计划、本饭店上期实际或历史最高水平、行业标准或行业先进水平。

(1) 同期计划。将本期实际数与计划数相比，可以说明计划完成情况。这种比较结果的有效性取决于计划指标制定得是否科学、切合实际。

(2) 上期实际或历史最高水平。将本期实际数分别与本饭店的上期实际数或历史最高水平相比，可以考察其发展变化情况，预测其发展趋势，也可发现饭店经营活动规律和管理中的薄弱环节，以便采取应对措施。

(3) 行业标准或行业先进水平。将本期实际数与饭店行业标准或行业先进水平相比，可以测定本饭店在行业中所处的地位，向先进水平看齐，提高经济效益。

(二) 因素分析法

因素分析法也称连锁替代法或因素替代法，是从影响某一指标变动的各因素中，采用一定方法分别依次确定各因素变动对指标变动的影响方向与影响程度的一种分析方法。这种分析方法基于：通常影响某一指标变动的因素有多个，每一因素的变化对指标的影响方向与影响程度都不同。因此促使人们去研究各因素变动对指标变动的影响，从而有针对性地采取相应措施解决经营中的问题。

因素分析法的分析步骤是：

第一步：确定影响预算数据变动的相关因素，并列出关系式；

第二步：对相关因素进行分析，确定其排列顺序，并按顺序替代相关因素；

第三步：计算各相关因素对预算数据变动的影响大小；

第四步：分析差异存在的原因，总结经验教训，并提出改进建议。

设某指标 H 受 A、B、C 三个因素影响，且由 A、B、C 的乘积构成，则 H 的实际数与预算数的差与这三个因素的关系如下：

实际数：$H_n = A_n \times B_n \times C_n$；

计划数：$H_o = A_o \times B_o \times C_o$；

实际数与计划数的差：$H_n - H_o = a + b + c$。

其中下角标 n 表示各因素的实际水平，o 表示各因素的预算水平；a、b、c 分别表示 A、B、C 变动对 H_n 的影响程度，则：

$$a=(A_n-A_o)\times B_o\times C_o$$
$$b=A_n\times(B_n-B_o)\times C_o$$
$$c=A_n\times B_n\times(C_n-C_o)$$

对客房部经营预算控制结果的分析，可以从引起差异发生的营业收入因素和营业费用因素两个方面进行。

1. 营业收入因素分析

例 9：某饭店客房部经营预算中的年标准营业收入为 876 万元，标准平均房价为 200 元/间天，预计年客房出租 43 800 间天；该客房部预算期内实际年营业收入为 843 万元，实际平均房价为 210 元/间天，实际年客房出租 40 150 间天。

(1) 客房部营业收入计算公式为：

实际营业收入＝实际平均房价×实际客房出租间天数
＝210 元/间天×40 150 间天≈843(万元)

(2) 用经营预算中的标准平均房价和标准客房出租间天数，逐项替代上式中的房价和间天数因素。

① 用标准平均房价替代实际平均房价：

营业收入①＝标准平均房价×实际客房出租间天数
＝200 元/间天×40 150 间天＝803(万元)

② 用标准客房出租间天数进一步替代实际客房出租间天数：

营业收入②＝标准平均房价×标准客房出租间天数
＝200 元/间天×43 800 间天＝876(万元)

即预算期内的标准营业收入应为 876 万元。

(3) 计算平均房价因素和客房出租间天数因素对预算数据的影响。

① 平均房价因素的影响：

实际营业收入－营业收入①＝843 万元－803 万元＝40(万元)

即由于实际平均房价高于标准平均房价 10 元/间天(210 元/间天－200 元/间天)，使实际营业收入高于预计营业收入 40 万元。

② 客房出租间天数因素的影响：

营业收入① －营业收入②＝803 万元－876 万元＝ －73(万元)

即由于实际客房出租间天数少于标准客房出租间天数 3 650 间天(43 800 间天－40 150 间天)，使实际营业收入低于预计营业收入 73 万元。

受平均房价和客房出租间天数两个因素的共同影响，该客房部实际年营业收入比预算中预计的少了 33 万元(73 万元－40 万元)。

(4) 分析差异存在的原因。比较和分析的结果告诉我们：如果预算期内的实际经营条件不变，该饭店在高价房推销方面取得了成功，客房的销售结构较好；但饭店在吸引客源方面，还未达到预期的要求。

预算考核分析人员应将以上分析结果以书面形式告知饭店的相关管理人员，以便在下一个经营周期内调整经营策略，采取针对性的措施，吸引更多的客人，并总结客房推销方面的经验，在饭店内进一步推广，努力提高客房部的经营管理水平。

2. 营业费用因素分析

例 10：上述客房部预算期内的标准年客用棉织品损耗率为 0.3%，标准损耗额为 26 280 元；预算期内实际损耗率为 0.4%，实际损耗额为 33 720 元。

(1) 客房部客用棉织品损耗额计算公式为：

棉织品损耗额＝客房部营业收入×棉织品损耗率

实际棉织品损耗额＝客房部实际营业收入×实际棉织品损耗率

＝843 万元×0.4%＝33 720(元)

(2) 用预算中的标准营业收入和标准损耗率，逐项替代上式中的营业收入和损耗率因素。

① 用标准营业收入替代实际营业收入：

棉织品损耗额①＝客房部标准营业收入×实际棉织品损耗率

＝876 万元×0.4%＝35 040(元)

② 用标准损耗率进一步替代上式中的实际损耗率：

棉织品损耗额②＝客房部标准营业收入×标准棉织品损耗率

＝876 万元×0.3%＝26 280(元)

即预算期内的标准棉织品损耗额应为 26 280 元。

(3) 计算营业收入因素和损耗率因素对预算数据的影响。

① 营业收入因素的影响：

实际棉织品损耗额－棉织品损耗额①＝33 720 元－35 040 元＝ －1 320(元)

即由于实际营业收入低于预算 33 万元(876 万元－843 万元)，使棉织品实际损耗额低于预计标准损耗额 1 320 元。

② 损耗率因素的影响：

棉织品损耗额①－棉织品损耗额②＝35 040 元－26 280 元＝8 760(元)

即由于实际损耗率高于标准损耗率 0.1%(0.4%－0.3%)，使棉织品实际损耗额高于预计标准 8 760 元。

受营业收入和损耗率两个因素的共同影响，该客房部实际棉织品损耗额比预算中预计的多了 7 440 元(8 760 元－1 320 元)。

(4) 分析差异存在的原因。通过以上比较和分析，可以看出，该客房部客用棉织品实际损耗额与预算中的标准损耗额之间产生 7 440 元差异的主要原因，是棉织品实际损耗率比标准高了0.1%，致使实际损耗额比预算增加了 8 760 元。但该客房部该期实际收入额比预计的少了 33 万元，使实际棉织品损耗额比预算降低了 1 320 元。于是，由于损耗率升高因素造成的损耗额的增加，被由于营业收入额的降低因素造成的损耗额的减少所抵消，使实际棉织品损耗额比预计的升高了 7 440 元。

比较和分析的结果提醒我们：该饭店客用棉织品损耗额提高，可能在棉织品使用管理方面存在问题，也有可能是棉织品的质量未达到客房部的质量要求。饭店应进一步查找原因，以不断地改进经营管理，提高经济效益。

四、确定问题并纠正

分析巨大差异以后，下一步就是由管理部门进行调查研究以确定发生差异的确切原因。例如，客房服务员的直接人工费差异分析可能揭示出不利差异的大部分来自工资率，即实际直接人工费用高于预算人工费用的主要原因是实际工资率高于预算工资率。管理部门必须进一步进行调查研究，弄清为什么实际工资率高于预算工资率：它可能是因为安排了比原计划工资更高的客房服务员，或者客房服务员超额加班工作，或者还可能存在其他原因。每一项重大差异都需要管理部门进行调查研究，以找出其确切原因。

预算控制的最后步骤是采取措施纠正问题。例如，如果客房服务员的工资率差异的主要原因是支付超额的加班工资，就可能要求部门经理核准一个加班工时定额，从而使它得到控制。

本章小结

预算是以货币的形式对某一经营周期内经营活动的成本和收益作出的详细的综合性计划。预算在明确经营目标、明确经营标准和考核工作业绩等方面具有重要作用。预算的编制包括营业收入预算、营业费用预算和营业利润预算等内容。预算管理一般经过预算编制、预算控制、差异分析、采取措施纠正问题等步骤。

复习思考题

1. 什么是预算？试述预算的种类。
2. 简述预算的作用。
3. 简述编制预算的基本程序。
4. 客房部预算管理的步骤是怎样的？
5. 什么是固定预算法、弹性预算法、滚动预算法？它们各自的优缺点是什么？
6. 简述如何编制客房部营业费用预算。
7. 什么是盈亏平衡点？进行盈亏平衡点预算有什么作用？
8. 简述客房部预算控制主要从哪些方面入手？
9. 什么是因素分析法？
10. 客房部预算考核分析的步骤是怎样的？

第九章

客房部实训

学习目标

- 掌握客房实训项目的操作规程、标准和技巧
- 培养严谨的工作态度和踏实的工作作风
- 掌握饭店客房基本对客服务的知识及技能
- 养成良好的职业习惯，培养良好的服务意识，强化专业思想，增强职业和岗位意识，为胜任饭店客房岗位打下基础

实训一　客房家具的清洁

清洁保养客房是客房部的一项主要任务。清洁卫生是宾客选择一家饭店的重要依据，也是体现客房服务质量的主要特征之一。清洁保养工作的好坏直接影响着饭店的形象、气氛及经济效益。世界权威的卫生组织之一——国际清洁卫生用品商联会用一个英文单词SHAPE来概括清洁的特性，每个字母代表一个特性。S：Safety(安全)，即清洁能带来安全卫生。H：Health(健康)，即清洁能带来健康。A：Appearance(外观)，即清洁代表了餐饮的美观。P：Protection(保护)，即清洁能给建筑物或设施设备以保护，同时，清洁有利于环保。E：Economic(经济实用)，即清洁能减少浪费，降低成本消耗。

1. 实训安排(表9-1)

表9-1　客房家具清洁实训安排表

实训项目	客　房　家　具　清　洁
实训时间	2学时，共90分钟，其中讲解15分钟，实训操作75分钟
实训目的	掌握客房家具清洁程序和正确的清洁方法
实训要求	掌握不同家具的特点、保养要求、操作流程和规范
实训方法	示范讲解与实训操作

2. 实训准备

房间一间,抹布两条(干湿各一条)。

3. 实训操作流程(图 9-1)

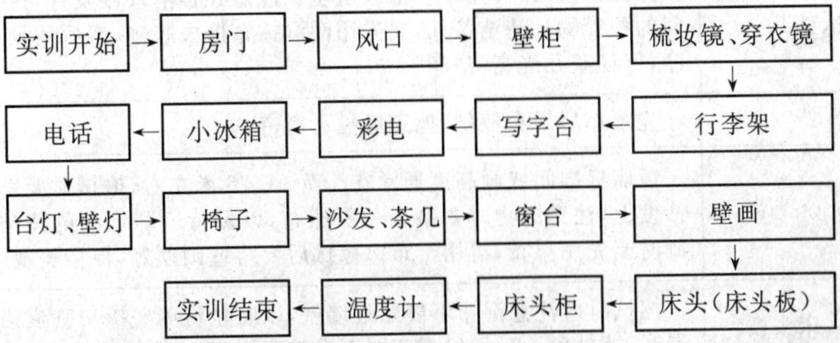

图 9-1 客房家具清洁实训操作流程图

4. 实训操作规范(表 9-2)

表 9-2 客房家具清洁实训操作规范表

操作步骤	主要操作内容
(1) 房门	要把门牌、门框、门面擦干净,保持整个门面洁净
(2) 风口	要防止风口积尘,避免一通风就尘土飞扬
(3) 壁柜	擦壁柜时注意边边角角都要擦到,包括配置的衣架、衣刷、鞋拔子,并注意补充物品,擦壁柜时要注意避免弄乱搞脏客人的衣物
(4) 梳妆镜、穿衣镜	要先使用湿布,再使用干布,镜面不能留有手迹、布毛等,保证清洁、光亮
(5) 行李架	主要是擦浮尘,注意不要移动客人的行李,不要弄乱行李架上的物品
(6) 写字台	擦拭台面时,不要乱动客人存放在写字台上的文件和其他物品,擦拭时要认真擦好抽屉,但不得动客人任何物品。擦拭的同时要检查客用品是否齐全,以做好补充物品的工作
(7) 彩电	擦拭彩电要先关掉电源,清除表层灰尘,并用干布揩净。擦尘后,打开彩电开关,检查使用效果
(8) 小冰箱	将表面尘物擦拭后,要打开冰箱门,检查冰箱是否失控,接水盆是否溢满,温度是否适宜
(9) 电话	先检查电话有否故障,用耳朵听听有无忙音,然后擦拭话机,保证消毒卫生效果
(10) 台灯、壁灯	用干布除尘,切勿使用湿布,对露在写字台外围的台灯圈要收好
(11) 椅子	注意检查椅腿有无松动现象,然后用半湿抹布除尘

续 表

操作步骤	主 要 操 作 内 容
(12) 沙发、茶几	擦拭沙发时,要用干布擦去灰尘。注意经常清理沙发背与沙发垫缝棱间的积存物。清洁茶几,要先用潮湿抹布擦去脏迹,然后用干布擦干、擦净,保证茶几光亮、洁净
(13) 窗台	先湿布后干布擦拭,擦完后拉上窗帘
(14) 壁画	饭店标准间壁画高度通常在1.7~1.76米左右,擦拭时要踩在椅子或沙发上,注意踩物时要垫上一层擦布,以保持所踩物品的清洁。擦拭壁画时要先用湿布,再用干布。擦拭后要将壁画摆好,保持美观
(15) 床头(床头板)	擦拭时应注意湿布不要贴近墙壁,以防止将墙壁擦出脏痕而影响房间美观,擦拭床头后如发现床罩不平整要注意加以整理
(16) 床头柜	床头柜通常为多功能性,除擦尘外,重点要检查各种开关是否使用正常,遇见问题马上解决,床头柜上的电子钟要注意调准,要检查床头柜内存放的如一次性拖鞋、擦鞋器、便纸、针线包、"请勿在床上吸烟"牌等是否齐全,是否被使用过,及时更换或补充
(17) 温度计	擦拭房间各种设备后,检查和擦拭温度计,调试空调开到中档

实训二　客房卫生间清洁

客房卫生间是客人活动的重要区域,其卫生状况不仅关系到宾客的生活,而且事关饭店形象,所以客房卫生间的清洁至关重要。

1. 实训安排(表9-3)

表9-3　客房卫生间清洁实训安排表

实 训 项 目	客 房 卫 生 间 清 洁
实训时间	1学时,其中示范讲解10分钟,实训操作35分钟
实训目的	掌握卫生间清洁的正确程序和正确方法
实训要求	按客房卫生间清洁程序进行操作,同时注意进入客房的礼节
实训方法	示范讲解与实训操作

2. 实训准备

清洁桶、清洁剂、清洁工具等。

3. 实训操作流程(图 9-2)

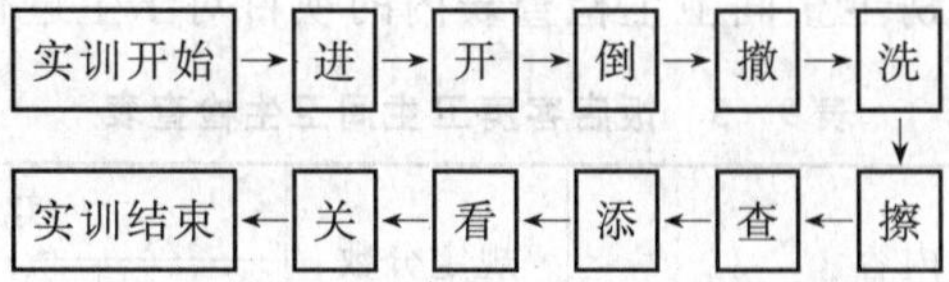

图 9-2　客房卫生间清洁实训操作流程图

4. 实训操作规范(表 9-4)

表 9-4　客房卫生间清洁实训操作规范表

(1) 进	携带清洁桶、清洁剂、清洁工具进入卫生间
(2) 开	进入卫生间后,首先要开灯,并检查各照明设备是否工作正常
(3) 倒	倒烟灰缸和纸篓,倒烟灰缸、纸篓前,先将恭桶冲水,以除恭桶内脏物,节省工作时间。倒烟灰缸时要注意将烟头倒在指定的垃圾桶内,在卫生间内擦干、擦净,继续使用。注意不可把烟灰缸内的脏物倒进恭桶内,以防恭桶堵塞。倒纸篓时,对未用垃圾袋的纸篓要格外小心被锐利脏物刺伤,倒后要擦洗干净纸篓。对有垃圾袋的纸篓,将旧垃圾袋扎好扔掉,再放上新的套好
(4) 撤	撤掉客人用过的浴巾、面巾、大毛巾、脚巾。清除卫生间台面、废弃用品,但注意不要移动客人自带或正在使用的物品,只稍加整理即可。对客人使用的化妆品、化妆盒、首饰、皮包等尤其要注意不要挪动
(5) 洗	清洗并消毒口杯,消毒后套上消毒杯套,口杯杯口向上,"已消毒"字样要朝外摆放
(6) 擦	擦洗和刷洗卫生间各项设备 (1) 擦台面。对于卫生间瓷砖台面先用去污剂(或专用清洁剂)擦一遍,再用清水冲洗,然后用抹布擦净。在擦拭台面的同时把毛巾架、浴巾架、电话、卫生纸、浴帘、浴帘杆等擦净 (2) 擦干镜子。用半湿的清洁布擦干,再用干布擦亮 (3) 刷洗卫生间地面。清洁地面时,要根据地面洁净程度喷洒适量去污剂,进行有重点的擦洗,再用清水冲,用布将地面擦干净。最后用吸尘器吸,以防毛发等杂物残留
(7) 查	查看卫生间门、镜子、通风口、恭桶、浴盆、面盆、台面、地面、电话机等设备有无损坏,是否能正常使用,各方面是否已达到清洁要求。查看浴帽、口杯、肥皂、卫生纸、牙具、梳子、洗浴液、大毛巾、浴巾、面巾、脚巾等物品是否齐全
(8) 添	(1) 增补棉织品,棉织品摆放要符合规格:大毛巾两条,放在毛巾架上方,大毛巾要叠好,店徽朝上;浴巾两条,放在浴巾架上,两条浴巾的店徽拼成一个整体店徽;面巾(或小方巾)两条,挂在面巾架上(或将小方巾叠好,放在石台上,店徽向上),两条面巾的店徽同样拼出一个整体店徽;脚巾一条,搭在浴盆沿中间,店徽字样朝外。棉织品配备好,把浴帘拉上,通常浴帘拉上一半即可 (2) 增补低值易耗品,如牙具、卫生纸、肥皂等
(9) 看	查看有无工作漏项,如有漏项马上补上
(10) 关	关掉电源、关上门,然后进行登记

5. 测试

按表9-5饭店客房卫生间卫生检查表内的项目对学生进行测试。

表9-5　饭店客房卫生间卫生检查表

检查项目和内容	规定分数	实际得分			
		优	良	合格	不合格
1. 客房卫生间是否每天彻底整理					
2. 天花板、墙面卫生					
2—01　天花板卫生程度					
2—02　墙面卫生程度					
2—03　通风与卫生状况					
3. 地面卫生					
3—01　地面防滑措施					
3—02　地面卫生程度					
3—03　地漏与防虫害措施					
4. 恭桶、浴盆卫生					
4—01　恭桶内外壁卫生					
4—02　恭桶消毒卫生					
4—03　卫生纸袋摆放					
4—04　浴盆及周围卫生					
5. 盥洗台卫生					
5—01　盥洗台面卫生					
5—02　水龙头与镜面清洁度					
5—03　卫生洁具摆放与卫生					
6. 客用物品卫生					
6—01　毛巾类用品更换与消毒					
6—02　浴帘更换与卫生					
6—03　盥洗用品更换与消毒					
7. 卫生间空气与微小气候					
7—01　温度与湿度是否达标					
7—02　一氧化碳与二氧化碳含量					

续 表

检查项目和内容	规定分数	实际得分			
		优	良	合格	不合格
7—03　可吸入颗粒物与新风量					
7—04　细菌含量是否超标					
7—05　室内照明度与噪音					
7—06　空气与整体效果					

实训三　进入客房

如何进入客房是饭店客房服务的一项基本功。进入客房有一套严格操作规范，不按此规范可能会出现很多尴尬的事情，从而引起客人投诉，甚至引发纠纷。因此训练学生如何进入客房意义十分重大。

1. 实训安排(表 9-6)

表 9-6　进入客房实训安排表

实训项目	进入客房
实训时间	1学时
实训目的	(1) 使学生知道进入客房的步骤 (2) 使学生了解敲门的礼节
实训要求	掌握敲门的动作要点和进入客房的程序
实训方法	讲解与示范相结合

2. 实训准备

客房一间，房间钥匙，教师先进行示范讲解，然后学生模拟操作。

3. 实训操作流程(图 9-3)

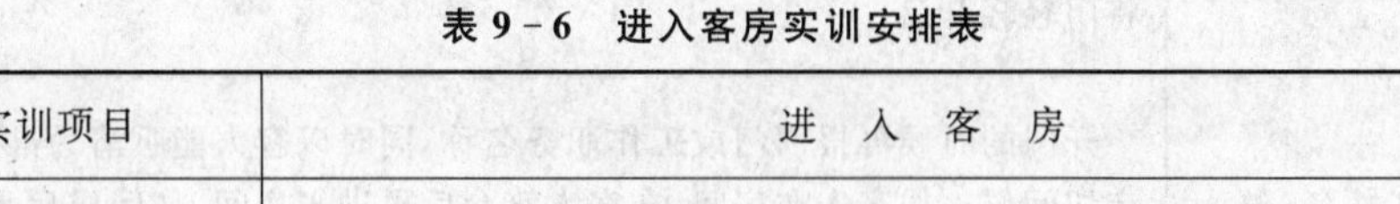

图 9-3　进入客房实训操作流程图

4. 实训操作规范(表 9-7)

表 9-7 进入客房实训操作规范表

操作步骤	主 要 操 作 内 容
(1) 观察	观察室外情况。观察门框、门扇、门柄、房间号码的清洁程度和有无破损情况。发现破损后对破损部位进行登记。注意严禁通过窥视镜孔向房间内窥视,灯光显示器显示“请勿打扰”或门把上挂“请勿打扰”牌时,不要进入房间和敲门,同时将此房房号、时间记录在工作报表上
(2) 敲门	以食指或中指第二关节在房门表层轻敲三下,时间节奏为半秒(注意不要按门铃,门铃是供客人使用的)
(3) 等候和报名	站立在房门外正中位置,距离房门 40 厘米处,目光平视开门线;敲门后 5 秒钟时自报部门或工作职务名称(如 Housekeeping 或 Housekeeper 等)
(4) 第二次敲门	(在无回音的情况下)操作规范同上
(5) 开门	(在无回音的情况下)将钥匙插入锁内轻轻转动,轻推钥匙或握住门柄将门轻轻开启
(6) 报出姓名、进入客房	开门的时候再报部门或工作职务名称,同时以客人能听清为准的音量亲切问候。如客人在房间,在客人答允后再进入房间,如问候后无回音,5 秒钟后即可进入房间敞开房门,将房门敞开到 90°角,使吸门器发生效用。在客房清洁的整个过程中,房门要始终敞开着

5. 测试

测试要点:

(1) 标准动作要求。站立在房门外正中位置,以食指或中指第二关节在房门表层(目光直视处)轻敲三下——眼睛望窥视镜——用左手扶住门锁手柄,右手插钥匙——左手开朝左开的门,右手开朝右开的门,以防受伤。

(2) 敲门的轻重。敲门的力度不能太轻,否则客人不易听见,未能起到敲门的作用,但也不能太重,以免打扰客人,引起客人的不满。另外,敲门时也应考虑敲门的速度频率。敲门太快,易让客人心里感到紧张,以为出了什么事,而太慢,客人不易发觉。正确的敲门声要求音量适中,以能引起客人注意为准;速度频率不紧不慢,以提醒客人。

实训四　中式铺床

由于目前越来越多的客人有对中式铺床的需求，在此增加中式铺床的方法、操作规范和标准。

1. 实训安排(表 9－8)

表 9－8　中式铺床实训安排表

实训项目	中　式　铺　床
实训时间	1 学时，其中示范讲解 10 分钟
实训目的	掌握中式铺床的方法
实训要求	中线对齐、四角相同、床面整齐、被褥均匀下垂。训练结束后，学生应在 3 分钟内完成铺床
实训方法	示范讲解与实训操作
实训讲解	讲清楚基本的步骤、动作要领、路线、时间、最终效果 示范拉床，甩单、整形，包角、包边，枕头装芯、定位、整形，摊被套、装棉胆、定位、整形，床复位等

2. 实训准备

西式床一张，棉褥一条，棉胆一条，被套一件，床单一条，枕袋两条，枕芯两个。

3. 实训操作流程(图 9－4)

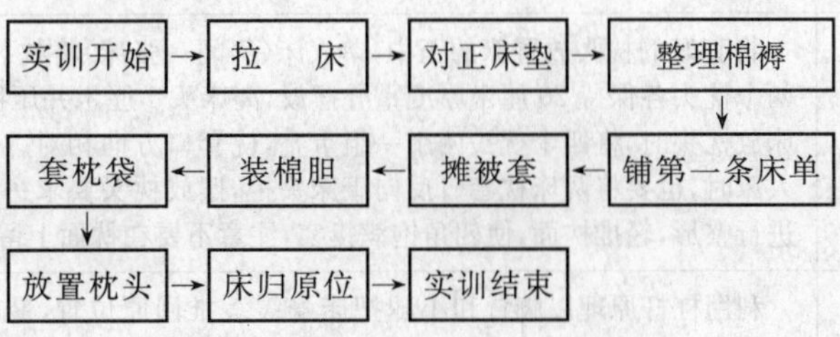

图 9－4　中式铺床实训操作流程图

4. 实训操作规范(表 9－9)

表 9－9　中式铺床实训操作规范表

(1) 拉床	站立在离床尾 30 厘米处，两脚前后交叉一足距离，屈膝下蹲并重心前倾，用双手握紧床尾部，将床屉连同床垫同时慢慢拉出，最后使床身离开床头板 50 厘米
(2) 对正床垫	将床垫与床垫边角对齐，根据床垫四边所标明的月份字样，将床垫按期翻转，使其受力均匀平衡

续　表

(3) 整理棉褥	用手把棉褥理顺拉平,发现污损棉褥要即时更换
(4) 铺第一条床单	甩单：站在床尾中间位置(或床的一侧居中位置),折叠的床单正朝上,纵向打开,两手分开,用拇指和食指捏住第一层,其他三指托住后三层,将床单朝前方甩开,使床单头部抛向床头。此时要注意运用上送下压的手法,利用空气的浮力,调整好床单前送的方向,使床单落下后位置合适。甩单时主要运用臂力和手腕,用力要得当,以减少甩单的次数。甩单时要注意不要波及床头柜上的浮面摆设。甩单后要使床单中线居中,使两侧的对折线与床垫边沿同等距离 定位：甩单同时把握方向和距离,有折皱的卷边要稍加整理,定位前可将床单的头部先包进 包角：掀起床垫尾部将床单塞入夹缝,右手将左面垂下的床单捏起呈45°角,左手将床角部分的床单向内摊入,然后右手放下床单折成45°角,左手将垂下的床单全部塞入夹缝,按对称手法将其他角依顺时针或逆时针顺次包好。注意四个45°角均在床的两侧
(5) 摊被套	将被套内外翻转,并摊平在床铺上
(6) 装棉胆	将棉胆平铺在床面上,将左右手伸入被套内,先抓住被套的内角,然后同时抓住棉胆的两个角,慢慢提起棉胆,让棉胆顺势逆方向滑入被套内,并让棉胆四角与被套四角相吻合。最后拉上拉链或系上被套开口处的绳子,并整齐平铺在床面距床头50厘米处
(7) 套枕袋	把枕芯横放在床面上,左手抖开枕袋平铺床上,张开袋口,用右手抓住枕芯的两个前角,从枕袋开口处送入直至袋端,然后将枕芯两角推至两角端部。最后用两手提起枕袋口轻轻抖动,使枕芯自动滑入,装好后的枕芯要把枕袋四角充起
(8) 放置枕头	将套好的枕头放置床的正中,单人床(房间一张床)将枕袋口反向于床头柜,两个枕头各保持20厘米厚度重叠摆放,离床头1厘米并压毯面10厘米。双人床放枕头时,将四个枕头两个一组重叠,枕套口方向相对。一间房间有两张单人床时,也要将两床枕套口反向于床头柜,摆放枕头要求一致。枕头放好后要进行整形,轻推枕面,使四角饱满挺实,注意不要在枕面上留下手痕
(9) 床归原位	利用杠杆原理以脚背和小腿把床身缓缓推回原位置,最后再将做完的床查看一次。对不够整齐、造型不够美观的床面,尤其是床头部分,用手稍加整理

5. 测试

中式铺床动作和时间细分：

(1) 第一次甩单：10秒以内；

(2) 第一次包角：30秒以内；

(3) 摊被套：20秒以内；

(4) 装棉胆：35秒以内；

(5) 套枕套、放枕头：25秒以内；

(6) 总时间：2 分钟。

实训五 客房晚间整理

客房晚间整理是为住店客人提供的晚间客房整理和开夜床服务项目，是饭店对客人提供周到细致服务的体现。客房的晚间整理要按一定的操作规范进行。

1. 实训安排(表 9-10)

表 9-10 客房晚间整理实训安排表

实训项目	客房晚间整理
实训时间	2 学时，其中示范讲解 20 分钟，实训操作 70 分钟
实训目的	掌握客房晚间整理的服务秩序
实训要求	严格按饭店晚间整理流程进行
实训方法	示范讲解与实训操作

2. 实训准备

清洁车、茶具、冷热水、文具用品、低值易耗品、毛巾、清洁房间用的清洁擦布等。

3. 实训操作流程(图 9-5)

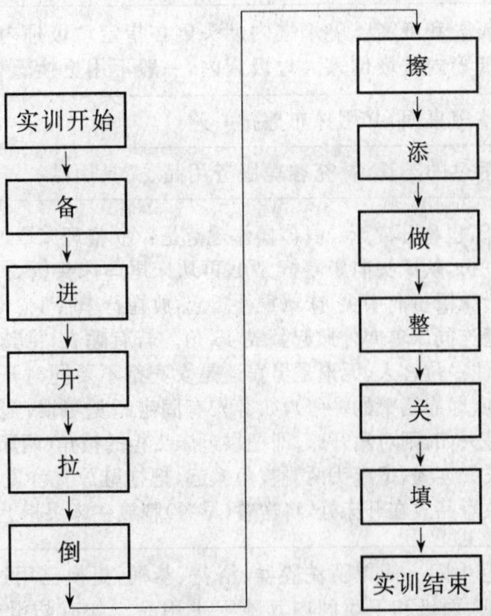

图 9-5 客房晚间整理实训操作流程图

4. 实训操作规范(表 9－11)

表 9－11 客房晚间整理实训操作规范表

操作步骤	主 要 操 作 内 容
(1) 备	到客房服务中心领取客房钥匙,并按照领取钥匙要求详细填写《钥匙使用领取登记表》。将晚间服务需要换的茶具、需补充的客房服务用品、文具用品、低值易耗品、毛巾、清洁房间用的清洁剂、擦布备齐放在工作清洁车上,将倒垃圾用的大垃圾袋在车扶手上系好
(2) 进	为方便客人休息,晚间整理服务的时间通常在下午 17～21 时提供开夜床服务,具体操作规范是:① 将清洁车推放在要进入房间的对面楼层走廊。② 观察灯光显示器或挂牌,当呈现"请勿打扰"灯光显示或挂"请勿打扰"牌时,不要再进入房间整理,并在晚间整理服务登记本上进行记录。③ 敲门。以手指在门表层轻敲三响,节奏为半秒。④ 等候和报名。站在门外中间位置,离门距离保持 40 厘米,目光平视开门线。敲门后 5 秒钟自报部门或工作职务名称(如 Housekeeping 或 Housekeeper)。如客人答应,即可开门进入。⑤ 开门。(如无客人回音)将钥匙插入锁内轻轻转动,轻推钥匙或轻握住门柄将门轻轻开启,开门的同时,重报部门或工作职务名称。同时将清洁车挡住房门,以防止服务员清理房间时非住客进入房间。⑥ 敞开房门。将房门推开到 90°角,如客人此时在房间内,需礼貌询问"我可以为您做夜床吗?"如客人不在房间或客人表示可以整理服务,服务员方可进入房间。整理服务时要始终将门敞开着
(3) 开	开启客房电源总开关,检查所有照明设备是否工作正常
(4) 拉	将窗帘慢慢拉上
(5) 倒	倒烟灰缸和纸篓。将烟缸内烟头倒在指定垃圾桶内,用水洗净,然后擦干、擦净。将纸篓内垃圾倒入大垃圾袋内,一般不用更换塑料垃圾袋
(6) 擦	简单整理桌面,并用抹布擦拭一遍
(7) 添	更换用过的茶具,补充客房服务用品、文具用品
(8) 做	做夜床,也称开夜床。具体操作规范是:① 整理床罩。轻轻拉开床罩,露出枕头,将床罩三折,从床头向床尾折 3/4,再从床尾向床头折 3/4。将右边床罩折向中央,再将左边床罩折向中央,床罩重叠折起,放在行李台上。② 开床。将靠近床头柜一侧的毛毯连同床单向外掀起翻成 45°角。若有睡衣,将其放在枕头上。一室两床的房间,如住一位客人,无论是男宾还是女宾都不要同时开两张床,以免引起误解,一般开内床(即靠墙壁的一张),如客人有固定睡觉习惯,则按客人习惯开床。一室两床住的是夫妇,则对角开床,即把靠近床头柜的被角(两床内侧)对角折起来,双人床住的是夫妇客人,把床头两侧被角掀起,把拖鞋放置沙发的一侧或床的一侧。将晚安卡或致意品放在开床处,将送餐(早餐)牌放在床头柜上
(9) 整	整理卫生间。简单清洗脸盆、浴盆、恭桶,更换已用过的毛巾和口杯。检查补充卫生纸、面纸和卫生间内其他卫生用品。如有防滑垫,应平放在浴盆的适中位置。将脚巾平放在靠浴盆的一侧正前方地面上,以便于客人出浴后使用

续 表

操作步骤	主 要 操 作 内 容
(10) 关	检查一下所整理的房间有无工作遗漏之处,除床头灯、门灯开亮外,将其他所有灯熄灭。如客人在房间内,应向客人致以谢意,然后将房门轻轻带上后离开房间。如客人没在房间,将门锁好后应再验证是否确实关好
(11) 填	填写房间整理日报表

5. 测试

可按表 9-12 的项目进行测试。

表 9-12 客房晚间整理检查表

检查项目和内容	规定分数	实际得分			
		优	良	合格	不合格
1. 整理时间					
1—01 整理时间规范性					
1—02 是否开门整理					
1—03 每间客房整理时间					
2. 开夜床服务					
2—01 进房操作规范性					
2—02 做夜床准确程度					
2—03 VIP 客人开夜床					
2—04 开夜床效果					
3. 房间整理					
3—01 房间擦拭整理					
3—02 房间用品补充					
3—03 酒水检查与补充					
3—04 房间整理效果					
3—05 是否翻动客人物品					
4. 客房卫生间整理					
4—01 卫生间擦拭整理规范性					
4—02 卫生间用品更换					
4—03 卫生间整理效果					
5. 填写工作单					
5—01 整理后的房间检查					
5—02 工作单填写规范性					

实训六　客人入住前准备

新客入住接待的准备和接待的好坏会使饭店在客人心目中留下深刻的第一印象,从而影响客人对饭店的看法。良好的开端是成功的一半,因此饭店新客入住的接待工作十分重要。

1. 实训安排(表 9-13)

表 9-13　客人入住前准备实训安排表

实训项目	新　客　入　住
实训时间	1 学时
实训目的	掌握新客人住客房准备与检查的操作规范
实训要求	按操作规范进行操作及按服务标准准备客房用品及检查设施设备状况
实训方法	示范讲解与实训操作

2. 实训准备

准备实习客房一间(标准间)。

3. 实训操作流程(图 9-6)

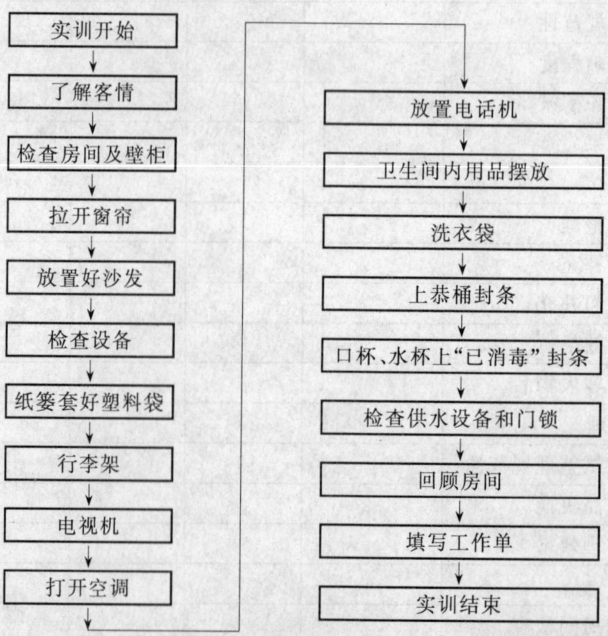

图 9-6　客人入住前准备实训操作流程图

4. 实训操作规范(见表9-14)

表9-14 客人入住前准备实训操作规范表

操作步骤	主要操作内容
(1) 了解客情	客房服务中心接到住客通知单后,要尽可能地向接待单位、接待人员了解宾客的风俗习惯、宗教信仰、生活特点、接待标准等,并通知客房服务员
(2) 检查房间及壁柜	放衣架6个,衣刷、鞋拔子各1个;衣架分上下衣架各3个,分别挂于衣架挂杆两侧;衣服刷、鞋拔子竖放在挂衣服的壁柜的隔板右侧
(3) 放置好沙发	两个单人沙发平行放时,靠背与墙距为5厘米,沙发扶手与茶几距2厘米。两个单人沙发对放时,沙发与茶几距30厘米。一个双人沙发和两个单人沙发与茶几摆放的方法是:双人沙发摆在窗户与床之间,沙发后背距离5厘米。单人沙发与双人沙发相对摆放,呈斜度,沙发之间放茶几,茶几与两沙发近距离为30厘米,远距离为40厘米
(4) 检查设备	摆稳茶几,将烟灰缸放在茶几中央,火柴一盒,放在烟灰缸上方或立在缺口处。检查台灯、落地灯、壁灯、吊灯、地(脚)灯、音响、电视机、空调、电冰箱、门铃、电话是否处于可正常工作状态
(5) 检查床头柜及床	床头柜与两床间距各为5厘米,床身正直,床罩中心线取中,图案正放,枕袋开口相对摆放,压毛毯头部10厘米
(6) 检查写字台	写字台距墙5厘米,抽屉内无杂物。写字椅放进写字台凹槽里,椅背与写字台前沿相距5厘米。写字台台面整齐,物品摆放规格,文具夹内用品齐全,台灯放在左前方,电话放在右上方
(7) 纸篓套好塑料袋	纸篓套好塑料袋,置于写字台右侧(或左侧),距写字台10厘米,距离墙壁25～30厘米
(8) 行李架	行李架与写字台边沿间隔5～10厘米,与墙壁间隔5～10厘米
(9) 电视机	电视机距写字台正面边沿10厘米,电视节目卡位于电视机前中位置。电视机在有电视架的房间内放在电视架上
(10) 打开空调	打开空调,调在中挡位置。电冰箱内物品摆放齐全
(11) 放置电话机	主机放在床头柜上,副机放在卫生间内
(12) 卫生间内用品摆放	浴巾两条叠放在浴巾架上;大毛巾两条放在大毛巾架上;面巾两条放在面巾杆上;脚巾一条,对折叠好放在浴缸边上;浴帽、洗发液、牙刷、梳子、口杯等放在小托盘内,置于卫生间云石台面的右侧;浴皂两块,放在浴缸皂盒上,香皂一块,置于洗脸台的皂盒内;卫生纸两卷,放在恭桶边卫生纸架上和恭桶水箱上,纸头叠三角形外露;卫生袋两个,放置在恭桶水箱上

续 表

操作步骤	主 要 操 作 内 容
(13) 洗衣袋	两个挂在衣柜内或卫生间门后的钩上
(14) 上恭桶封条	恭桶上有“已消毒”字样的封条，两端夹在恭桶座盖与座圈之间
(15) 检查口杯、水杯	口杯、水杯均套有“已消毒”字样的塑料消毒套，杯口向上，“已消毒”字样朝外
(16) 检查茶几	盖杯放在茶几上，茶碟、盖杯的把儿向客人右向方向，茶碟、盖杯上的图面向客人，茶碟摆放不超出茶几，茶几上要放垫纸若干张
(17) 检查水龙头、门销	对供水设备和门销进行检查，水龙头各放水一次，以防客人用水时水质混浊
(18) 回顾房间	最后仔细地将房间打量一下，勿留下任何清洁物品在房间内，然后关门
(19) 填写工作单	填写工作单

5. 测试

可按表 9-15 宾客入住检查表内的项目进行测试。

表 9-15　宾客入住检查表

检查项目和内容	规定分数	实际得分			
		优	良	合格	不合格
1. 房间准备					
1—01　离店客人与房号掌握					
1—02　房间清扫准备工作					
1—03　客房清扫整理规范性					
1—04　卫生间准备与效果					
1—05　有无客人等房间现象					
2. 客房检查					
2—01　分级检查制度健全程度					
2—02　检查程序与规范性					
2—03　客房卧房检查					
2—04　卫生间检查					
2—05　VIP 客房检查与规格					

续 表

检查项目和内容	规定分数	实际得分			
		优	良	合格	不合格
2—06 有无不合格房间出租					
3. 服务准备					
3—01 服务员个人仪容卫生准备					
3—02 香巾、茶水准备					
3—03 客人情况了解					
4. 客人入住					
4—01 电梯门口迎接客人主动性					
4—02 陪送客人进房规范性					
4—03 行李分发准确性					
4—04 客人进房服务规范性					
4—05 VIP 客人特别照顾					
5. 入住服务整体质量					
5—01 主动热情程度					
5—02 礼节礼貌程度					
5—03 语言行为规范性					
5—04 有无差错与事故					

实训七 宾客离店

宾客离店服务是宾客在饭店期间最后的服务。饭店在这一环节的服务十分重要，是宾客对饭店留下美好印象还是留下遗憾的关键环节。宾客离店服务做得好，可以弥补以前服务的不足，改变宾客对饭店的印象；宾客离店服务做得不好，那么以前服务做得再好也会因此改变宾客对饭店的印象，致使饭店的服务前功尽弃。

1. 实训安排（表 9－16）

表 9－16 宾客离店实训安排表

实训项目	宾 客 离 店
实训时间	2 学时
实训目的	掌握宾客离店的服务操作规范，理解宾客离店服务的重要意义

续表

实训项目	宾　客　离　店
实训要求	根据不同类型宾客离店采用相应的服务方式
实训方法	场景设计与实训操作

2. 实训准备

准备客房一间;设置若干不同类型宾客离店场景,登记单一张。

3. 实训操作流程(图 9-7)

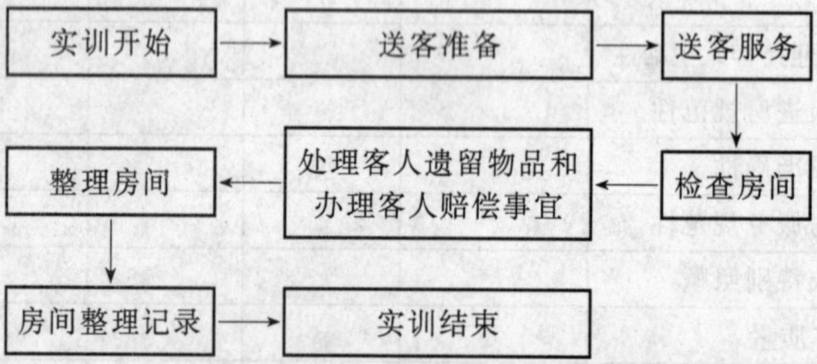

图 9-7　宾客离店实训操作流程图

4. 实训操作规范(表 9-17)

表 9-17　宾客离店实训操作规范表

操作步骤	主　要　操　作　内　容
送客准备	(1) 通过电脑,查清预离客人房间的号码和姓名,并与接待单位联系;详细准确掌握客人预乘的飞机(火车)的起飞(开行)时间和离店时间 (2) 了解预离店宾客的款项是否办清;并与财务处联系,及时向客人结清房费、电话费、物品赔偿费、洗衣费、饮料费等费用 (3) 了解预离客人的委托事项是否已办清,提前将客人送洗的衣物、委托维修的物品送交客人 (4) 如果客人是次日早晨离店,楼层服务员要问清客人是否要求叫醒,是否在房间用餐,如客人提出要求服务,应事先做好记录和联系,保证第二天为客人提供圆满服务 (5) 为客人整理行李提供方便。如团体客人住店行李较多,应事先安排好人员送行 (6) 宾客临行前,利用进房服务的机会查看客房设备有无损坏遗失,结清饮料账,将客房酒吧内物品封存好 (7) 宾客离店前,要主动征求意见;对宾客当面投诉,可将其国籍、姓名、联系电话、投诉内容记清、记详细。诚恳表示感谢客人的投诉,欢迎客人下次再来

续　表

操作步骤	主要操作内容
送客服务	(1) 使用敬语，用电话为客人提供叫醒服务，告诉客人现在的时间。根据客人预离时间，敲门后进入客人房间，征求客人意见，提醒客人是否已准备好，不要忘带东西，主动为客人提行李。遇到老、弱、病、残客人要主动搀扶；需提行李的走在客人后方；送至电梯前，主动为客人叫电梯，客人进入电梯后，与客人道别；对老、弱、病、残客人，要送至大厅门口或汽车上再告别 (2) 送团体客人离店时，要按规定时间把行李集中起来，放到指定地点，清点数量，并会同接待单位核准行李件数，以防遗漏。如果几个团体客人同时离店，要按团体名称分别摆放、清点，避免出现差错。与团体客人告别时，服务人员要招手相送
检查房间	客人离店后，及时检查房间，查看有无客人遗忘物品，客房内有无设备损坏和客用品遗留。检查的顺序是：壁柜—行李架—写字台（包括抽屉）—电视—电话—文具夹—阳台—沙发和茶几—床上枕头—被单内—毛毯内—床头柜—床下—冰箱—床头柜—卫生间，其他各种电器、灯具随手检查
处理客人遗留物品和办理客人赔偿事宜	(1) 发现客人有遗留物品，除确属遗弃物品外，应尽量退还给客人，如客人已离开，要及时与接待单位联系；接待单位来人取物时要验看来人证件，请来人签收条；如客人无接待单位，要按规定上交有关部门 (2) 发现客房设备损坏和客房物品遗失，对于要求客人赔偿和交回的物品，要马上报告上级领导，同各接待单位妥善解决
整理房间	客人送行工作办理完毕，将客房整理清洁以备新客人入住，主要程序和规范是： (1) 将客人所有遗弃物品撤出，同时倒烟灰缸、废纸篓（按照清洁规范） (2) 撤下床单、枕袋并放在工作车布巾袋内，将要做床的棉织品运进房间 (3) 按照做床规范将床做好。按房间设施设备摆放顺序依照从上到下、从内到外、环形操作的原则擦拭房间 (4) 检查各种电器设备，添加各种服务用品，将冷热饮用水倒掉，将茶具更换成已消毒的，对房间彻底吸尘，尤其要注意边边角角和床下、沙发下、茶几下、写字台下各部分 (5) 撤出卫生间内日常卫生用品和棉织品。彻底清洁卫生间，将新毛巾、浴巾、面巾和地脚巾按规范摆放好，添齐卫生间内用品 (6) 查验有无遗漏工作环节，拉闭窗帘，调节好空调、电冰箱等。锁好房间门，进行房间整理登记

5．测试

可按客人退房离店检查表（表 9－18）中的项目进行测试。

表 9-18　客人退房离店检查表

检查项目和内容	规定分数	实际得分			
		优	良	合格	不合格
1. 掌握客人离店情况					
1—01　离店分析表制作					
1—02　准确掌握离店客人情况					
2. 客人退房处理					
2—01　询问客人及时性					
2—02　征求客人意见主动性					
2—03　前厅取行李及时性					
2—04　柜台结账及时性					
3. 客人离店服务					
3—01　凭退房单离店准确性					
3—02　客人送别服务					
3—03　送别服务态度					
4. 检查房间					
4—01　离店客人房间检查及时性					
4—02　设备物品问题处理					
4—03　客人遗留物品处理					
4—04　查房记录规范性					
5. 账单传递					
5—01　账单传递准确及时性					
5—02　未尽事项处理					
5—03　有无跑账漏账发生					

实训八　VIP 客人接待

VIP 客人身份地位高，能给饭店带来生意和声望。接待 VIP 客人时，饭店需向他们提供特殊照顾，包括进店由客务人员迎接，到房间办理登记手续，由客务人员引进客房并介绍设备，送鲜花、水果。房价给予适当优惠或减免。住店过程中如有需要应请经理人员拜访客人。

1. 实训安排(表 9-19)

表 9-19　VIP 客人接待实训安排表

实训项目	VIP 客人接待
实训时间	1 学时
实训目的	掌握 VIP 接待的礼仪、房间的布置
实训要求	按饭店 VIP 接待单上的接待规格布置房间，提供相应的服务
实训方法	教师讲解，学生实训操作

2. 实训准备

饭店 VIP 客人接待通知单；行政套房、鲜花、水果篮、点心、饮料、小礼物和欢迎卡等。

3. 实训操作流程(图 9-8)

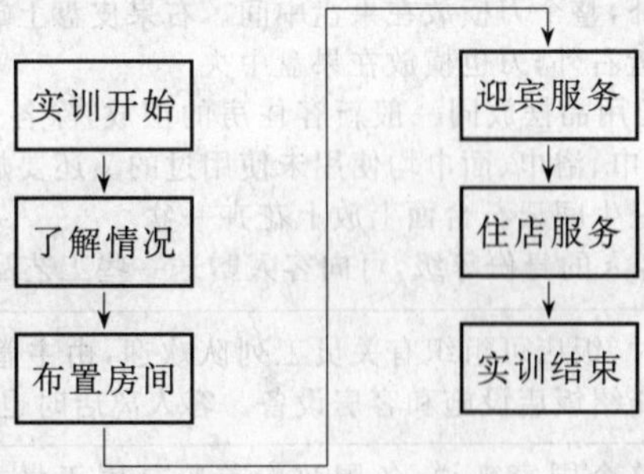

图 9-8　VIP 客人接待实训操作流程图

4. 实训操作规范(表 9-20)

表 9-20　VIP 客人接待实训操作规范表

操作步骤	主要操作内容
了解情况	服务人员要根据各自的职责范围详尽了解 VIP 客人的风俗习惯、宗教信仰、健康状况、生活特点、接待标准等情况，充分研究和熟悉各个接待服务程序和细节，以保证接待等服务工作的圆满进行和完成

续 表

操作步骤	主要操作内容
布置房间	(1) 按照新客人入住的操作规范检查、布置和摆放好壁柜、窗帘、沙发、台灯、落地灯、壁灯、吊灯、地(脚)灯、床、床头柜、写字台、台面物品、写字椅、纸篓、行李架、供水设备、供电设备 (2) 检查、调试和摆放音响、电视机、空调、冰箱、电铃、电话 (3) 根据接待标准摆放好鲜花(花篮、插花),放在花架上,如房间没有花架,可将鲜花放置于茶几上或床头柜上。在花丛中放置饭店总经理的名片或贺卡。摆放鲜花前,要对花卉进行清洗,摘去枯枝败叶,清除可能存在的昆虫等。插花要选择最新鲜的花枝,花枝剪下后要尽快使用,尽量避免过早采摘或剪下。为防止花朵过早凋谢,花枝剪下后应用火快速烧一下切口处再剪去约一寸,或用热水速烫切口处,花瓶用前要用开水烫一下。插花时要注意颜色搭配。客房内摆放的鲜花还可采用花篮的形式,即将鲜花束根部裹上带有营养物质的橡皮泥,放在花篮里,花束上可系上红绸条,显示喜庆欢迎的热烈气氛 (4) 招待用品通常摆放在茶几上,由于茶几与沙发有平行与对放两种形式,其招待用品的摆放亦不同。茶几与沙发平行摆放时的摆法是:凉水具带垫碟放在托盘内上方,托盘内下方中线往外对称放两个水杯,水杯口朝上,外套消毒套,消毒套上"已消毒"字样朝外。整个托盘放在茶几最上方。果盘在左,果皮盘在右,两盘并列放在茶几中间。水果摆放正确,两把水果刀在果盘内相对平摆,刀把小部分在盘外,呈左下右上形状。烟灰缸放在茶几外端,两盒香烟平行放在烟灰缸前,两盒火柴分别放在香烟两侧,图面向上。烟灰缸旁摆两个茶碟,杯碟上放盖杯,盖杯把儿向客人右手方向,茶碟、盖杯的图面向上。茶几与沙发对放时,果盘一个居中,果皮盘两个各居左右侧。左果皮盘上放小刀一把,刀刃向上,刀把一小部分在盘左外,整个刀横放在果盘中间。右果皮盘上放小刀一把,刀刃向下,刀把一小部分在盘右外,刀也横放在果盘中央 (5) 卫生间用品摆放同一般新客住房的摆放,除各卫生清洁用品要求档次、质量较高外,毛巾、浴巾、面巾均使用未使用过的。还要加配高级化妆品和未使用的睡衣一套。卫生间云石台面上放上花卉一盆 (6) 根据客人的身份等级,可向客人赠送一些工艺品和纪念品
迎宾服务	客人到达时,饭店可组织有关员工列队欢迎,由主管以上级别人员将客人陪至房间并简单介绍饭店设施和客房设备。客人离店时也应有相应的欢送仪式
住店服务	对饭店和整个国家来说,各国政府首脑是属于最重要的客人。因此,除按照VIP客人的接待规范进行外,在接待中还应特别做好特殊服务工作。具体包括: (1) 有国家领导人或当地领导人送的花篮、饭店总经理送的水果或点心盒 (2) 房间酒吧除摆放洋酒外,还应有中国名酒、高级茶叶 (3) 房间赠摆新衬衣、睡衣,夫人房间摆放鲜花 (4) 卫生间摆放鲜花、化妆品、高级香水 (5) 所有棉织品均使用新的。客人在饭店内参加正式活动,所经路口、门口都有服务员站立、行注目礼、微笑欢迎 (6) 客房设专人服务 (7) 客人每离开房间一次,房间就要整理一次卫生。客人离店后,由专人检查房间,发现遗留、遗忘物品,尽快送还客人

5. 测试

根据饭店 VIP 客人接待通知单上的 VIP 客人接待标准进行布置，设计不同国家不同民族的 VIP 客人的接待准备。

实训九　客衣收送服务

洗衣服务是饭店为住店客人提供的常规性服务项目。客衣收送服务与客人住店的日常生活密切相关，也是容易引起纠纷的服务项目。要求服务人员耐心、细致、严格地按操作规范进行客衣收送服务，避免客人投诉。

1. 实训安排(表 9－21)

表 9－21　客衣收送服务实训安排表

实训项目	客　衣　收　送　服　务
实训时间	2 学时，其中客衣收取 1 学时，客衣发放 1 学时
实训目的	熟悉客衣收送服务操作流程
实训要求	准确无误地填写各种表格，掌握客衣纠纷的处理方法
实训方法	讲解与实训操作

2. 实训准备

客房一间，由学生扮演客人，准备不同种类的衣物和干洗单、水洗单等。

3. 实训操作流程(图 9－9、图 9－10)

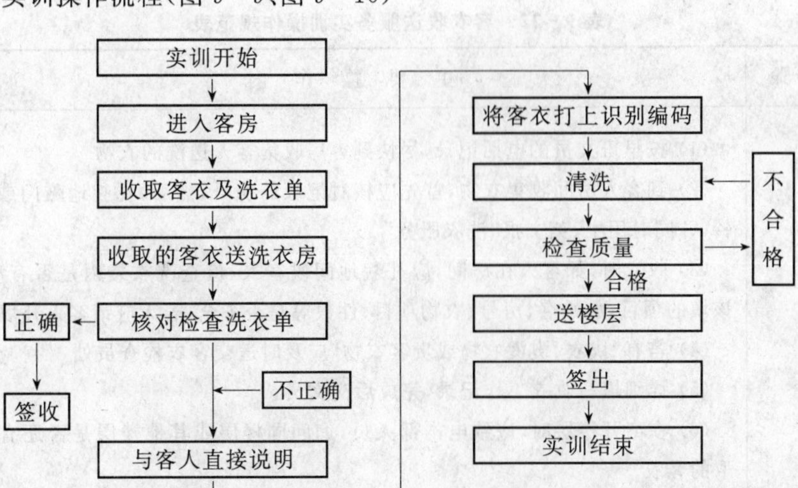

图 9－9　客衣收取服务实训操作流程图

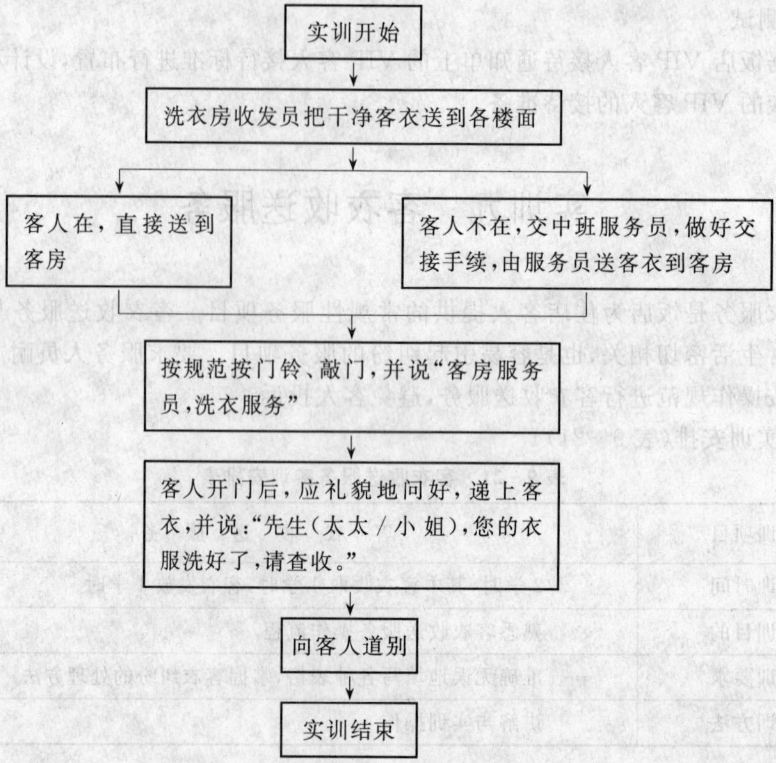

图 9－10　客衣发放服务实训操作规程图

4. 实训操作规范（表 9－22）

表 9－22　客衣收送服务实训操作规范表

操作步骤	主 要 操 作 内 容
收衣	(1) 按早班文员的电话记录，尽快到客房收集客人送洗的衣物 (2) 到客人房间收集衣物，首先应核对记录的房号，然后，礼貌地敲门或轻按门铃，并同时用中、英文报“洗衣服务” (3) 收衣时，如客人在房间，应礼貌地问候客人，检查洗衣袋内是否有洗衣单，该填的项目，如姓名、房号、衣物项目、件数等是否齐全，若无应请客人补填 (4) 若有“快衣、熨烫衣物或贵客衣物”应及时送交客衣检查员处 (5) 详细填写收衣工作记录，完成后交文员 (6) 在离开楼层时，应致电本部人员，询问同楼层或其他楼层是否还有需要收取的客衣 (7) 负责把“客衣通知书”和有问题的衣物送至客房

续 表

操作步骤	主 要 操 作 内 容
客衣检查	检查污衣 (1) 检查打码机的工作情况 (2) 检查每份洗衣单上客房、房号是否清楚，如有问题，应交文员查核 (3) 仔细检查每件衣物是否有破损、掉扣、搭色、掉色、拉链等问题(并对每件衣物作一整体检查)，若有问题，应填写"致客通知书"交主管过目检查，再由送衣员送至客房 (4) 对于检查合格的衣物，在洗衣单存根联上登记其特征(商标，颜色等)，编号码，并对衣物打码 (5) 检查客人在洗衣单上注明的特别要求，并通知有关执行人员(水洗工、干洗工、熨烫工、主管、经理) (6) 把打好码的衣物，按干洗、水洗、熨烫分别放进推车里送往有关组别 (7) 打码完毕后，关闭打码机，把洗衣单送交文员处理干净衣物的检查 (8) 对每一件洗熨好的衣物仔细检查，若有问题，应送回有关组别处理，或上报主管 (9) 小件衣物，如内衣裤、手帕、袜子等，按编码放入格子框里，吊挂衣物按编码顺序逐一排列好 (10) 把格子框内的每一份小件衣物按类折叠好后，核对洗衣单编码与特征记录无误后放进塑料袋内。衬衣根据客人洗衣单上的要求折叠或吊挂，若客人无要求的，一般是按折叠处理 (11) 按洗衣单上的记录和编码，逐一核对大件衣物及包装好的小件衣物(已核对)。准确无误后，将吊挂的衣物套上塑料罩袋，小件衣物及折叠的衬衣、运动衣等放进洗衣包装袋内，并系上洗衣单的顾客联，检查员在洗衣单存根联上签名 (12) 衣物核对完后，交由送衣员送还客人。但发现衣物有短缺的，应马上寻找，更新核对 (13) 把洗衣单存根联交文员处
送衣	(1) 负责送洗衣账单至前台财务处 (2) 将客衣按各楼层顺序进行整理，把有关数量登记清楚 (3) 到达楼层后，应看清楚房号，礼貌地敲门或轻按门铃，并同时用中、英文报"洗衣服务" (4) 吊挂的衣物放进衣橱里，折叠包装的衣物放在床上 (5) 客人在房间的由客人签收；客人不在房间的，由该楼层服务员签名证实 (6) 若客人在房内，送衣毕离房时，应该礼貌地与客人道别并轻关房门 (7) 送衣时，若遇客人房门挂有"请勿打扰"牌的，可把洗衣服务卡从门底缝塞入房内，并在送衣记录上注明，把衣物带回交给文员，等客人电话通知时再送 (8) 贵宾衣物及快洗衣物，按规定时间完成后即送回 (9) 完成任务后，把送衣记录交给文员

5. 测试

按照客衣收送服务检查表(表 9-23)中的项目进行测试。

表 9-23　客衣收送服务检查表

检查项目和内容	规定分数	实际得分			
		优	良	合格	不合格
1. 客衣收取					
1—01　客衣收取程序与规定					
1—02　客房客衣收取准确性					
1—03　主管签收规范性					
1—04　洗衣房收发室签收准确性					
2. 客房打号					
2—01　打号前的清点检查					
2—02　客衣打号准确性					
2—03　有无错打、漏打					
3. 客房分类					
3—01　分类要求熟练程度					
3—02　干洗湿洗与分类准确性					
3—03　有无分类不准影响洗涤质量					
4. 客衣送回					
4—01　客衣洗后装袋准确性					
4—02　普通客衣送回及时性					
4—03　快洗客衣送回及时性					
4—04　VIP 客衣送回规范性					
4—05　客衣交接有无差错					

实训十　客房布件洗涤

在饭店洗衣部常洗涤的客房布件一般有床单、枕套、浴巾、手巾、面巾等。

1. 实训安排(表 9－24)

表 9－24　客房布件洗涤实训安排表

实训项目	客　房　布　件　洗　涤
实训时间	2 学时
实训目的	(1) 熟悉洗衣机的工作原理 (2) 熟悉布件洗涤流程 (3) 熟悉洗涤化学用品的性能
实训要求	(1) 正确使用洗涤设备 (2) 掌握好洗涤过程中的温度和时间
实训方法	示范讲解与实训操作

2. 实训准备

准备不同类型、不同程度轻、中、重污染的客房床单和枕套等，布件登记表单，布件洗涤设备等。

3. 实训操作流程(图 9－11)

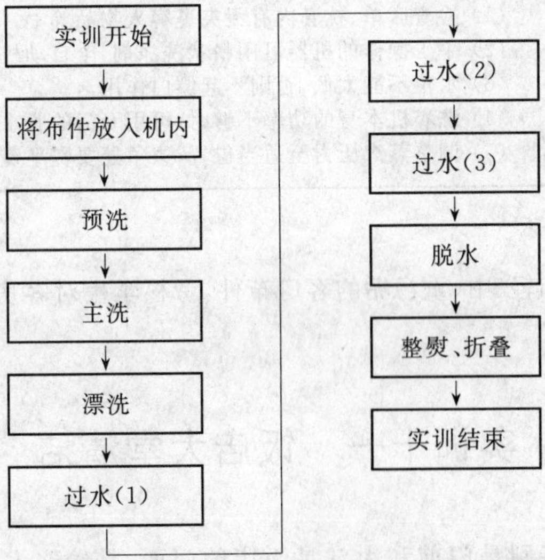

图 9－11　客房布件洗涤实训操作流程图

4. 实训操作规范(表 9－25)

表 9－25　床单、枕套洗涤程序

操作步骤	主　要　操　作　内　容
将布件放入机内	洗衣机有其固定的洗涤重量，也可用数量换算

续 表

操作步骤	主 要 操 作 内 容
预 洗	清水浸润
主 洗	水温约60℃、低水位，用碱性清洁剂(适量)进行除垢洗涤(较强碱)
漂 洗	水温约50℃、高水位，加入适量漂白粉(次氯酸钠等)对床单、枕套增白除浅斑渍
过水(1)	第一次过水，注入高温高水位清水，减少碱度。高水温效果好
过水(2)	第二次过水，注入中温高水位清水，再减少碱度，结束时 pH≈8，慢慢使床单等冷却
过水(3)	第三次过水，注入常温高水位清水，同时加入酸粉或醋，使 pH≈6～6.7，与人体皮肤 pH 值接近。酸粉通常指醋酸
脱 水	高速脱水，将床单甩到六成干左右
整熨、折叠	一般使用蒸汽滚压熨烫方式
注意事项	(1) 检查床单、枕套内有无夹裹客人物品等 (2) 手工操作的机器可用粉状洗涤剂，全自动机器最好用液体洗涤剂 (3) 水位不能太低，否则不起漂白作用 (4) 洗衣机本身的功率不够时，可用专门的脱水机 (5) 调整蒸汽压力至适当位置，边角处要熨平熨干，按使用标准折叠

5. 测试

准备不同类型和轻、中、重污垢的客房布件，考核学生对客房布件的分类和有针对性的洗涤知识。

实训十一　饭店大堂清洁

饭店公共区域特别是门前和大堂是饭店的门面，是给客人留下第一印象的区域。在现代饭店内，客房部不仅承担了客房的清洁卫生工作，而且还承担整个饭店的全部清洁卫生工作。现代饭店是一个浓缩的小社会，饭店往往成为其所在社区的社交中心，除了住店客人以外还有相当一部分客人是来饭店用餐、开会购物、参观游览的。他们进到饭店后，往往只停留于公共活动区域，特别是大堂区域，因此公共区域特别是大堂区域的清洁卫生状况就理所当然地成为这部分客人评判饭店的重要标准。可见做好公共区域特别是大堂区域的清洁保养工作是非常重要的。

1. 实训安排(表 9-26)

表 9-26 饭店大堂清洁实训安排表

实训项目	饭 店 大 堂 清 洁
实训时间	2 学时
实训目的	(1) 让学生理解大堂清洁的重要性 (2) 掌握饭店大堂的清洁规范 (3) 掌握大堂清洁卫生的特点 (4) 了解大堂不同场所的清洁规范
实训要求	按大堂清洁操作规范进行操作
实训方法	讲解和分组实训操作,可将学生分为 6 个小组同时进行实训操作

2. 实训准备

附有装饰吸嘴和扁吸嘴的干洗设备,软刷或电装饰清洁器,鸡毛掸,干泡清洁器溶液,潮湿抹布,桶,除污器,防尘布或类似物品。

3. 实训操作流程(图 9-12)

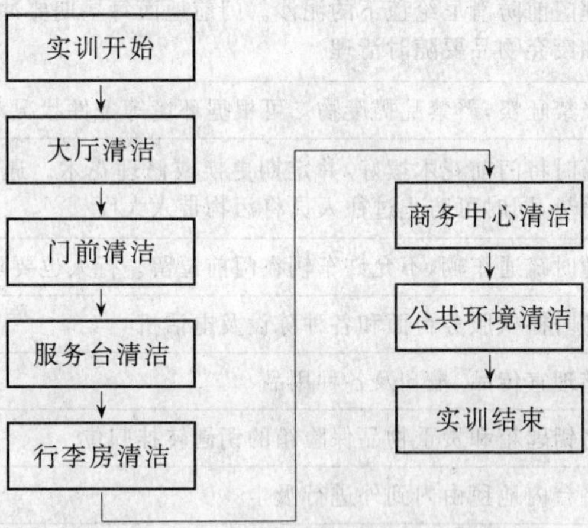

图 9-12 饭店大堂清洁实训操作流程图

4. 实训操作规范(表 9-27)

表 9-27 饭店大堂清洁实训操作规范表

操作步骤		主 要 操 作 内 容
大厅清洁	吸	大厅地毯每天要吸尘 2~3 次,总服务台前人员来往较频繁的地毯要天天清洗
	清	大厅石面地板每隔 20 分钟用清洗机全面清洁一遍,每晚 24 点后对地面打薄蜡一次,保持地面光洁如镜

续表

操作步骤		主要操作内容
大厅清洁	倒	倒烟灰缸、倒痰盂、倒垃圾。倒烟灰缸时，先用干净的烟灰缸将需换掉的烟灰缸盖上并一起拿起放到托盘内，然后将干净的烟灰缸换上。倒痰盂后将痰盂冲洗干净，然后放上相当于痰盂高度 1/3 的清水和消毒水。倒垃圾，即将所有废弃物品清理到固定的垃圾桶内
	擦	大厅的柱面、墙面、台面、栏杆、坐椅、沙发、指示牌要不断清洁。灯泡、灯筒、灯罩、灯座等每天清洁一次
	归	将艺术饰品归位，将被移动过的大厅沙发、坐椅、茶几归位，将被移动的鼓起来的地毯拉平归位
	调	调节立式空调。冬季 20～26℃，夏季 24～28℃，相对湿度 40%～60%，风速 0.10～0.30 m/s
门前清洁	扫	门前地面要不停地清洁，保持地面无烟头、杂物、纸屑。门前清洁通常采取湿式清除法，即先喷洒适量水再清扫，以防起灰尘
	清	及时清除汽车带到门前的泥沙和污渍。每日 2～3 次清理门前花盆、花坛，清理门前防滑尼纶毯下的泥沙。门前地面每星期要冲洗 1～2 次。门前的垃圾和废弃物品要随时清理
	禁	严禁吐痰，严禁乱扔废物。可根据环境等条件状况对违法者给予罚款处理
	摆	随时将门前花木摆好，并定期更换或修理花木。遇到下雪天，要及时铺上防滑垫，同时可防止过往人员将污物带入大厅
	疏	随时疏通车辆，不允许车辆在门前逗留。行人也要随时疏导
服务台清洁	擦	随时擦拭服务台面和各种陈设及电话机
	整	整理宣传品、报刊及各种用品
	挂	将钥匙箱和贵重物品保险箱的钥匙转挂归位
	吸	将台内地毯由内到外进行吸尘
	消	用酒精棉球对电话机进行消毒，结账人员要经常用酒精对手进行消毒
行李房清洁	擦	擦柜台面、行李架、手推车，随时保证各种设备整洁
	理	经常整理摆正客人存入的行李
	消	将收回的行李牌统一消毒
商务中心清洁	擦	用干湿布擦服务台面、传真机、复印机、打字机、电话机等设备，保持各种设备清洁无尘
	倒	倒烟灰缸，倒纸篓
	归	将办公业务用品及时归位

续 表

操作步骤		主 要 操 作 内 容
公共环境清洁	整	每日对公共环境内各种设施进行整理归位，定期对花木、树丛进行修剪整理
	清	随时清理花池、花坛或花盆内的烟头、纸屑、火柴棍等杂物。清理走道、路边的垃圾和废弃物品
	擦	每日擦拭公共场所的沙发、茶几、坐椅、台面、灯具，擦拭栏杆、指示牌、壁面、阶梯面
	扫	对走道、路边要每日清扫。清扫采取湿式扫除法

5. 测试

可按下面所附的《旅游饭店星级的划分与评定》中的相关标准内容进行测试。

(1) 前厅清洁保养质量标准(表 9-28)。

表 9-28 前厅清洁保养质量标准

项 目	项 目 标 准
地面	平整、无破损、无变形、无污迹、无异味、干净、光亮
门窗	无破损、无变形、无划痕、无灰尘
天花板	无破损、无裂痕、无脱落、无水迹、无灰尘、无蛛网
墙面	平整、无破损、无开裂、无脱落、无污迹、无蛛网
柱、台	平整、无破损、无开裂、无划痕、无脱落、无污迹、无灰尘
扶梯	完整、无破损、无灰尘、无污迹
家具	稳固、完好、无破损、无变形、无脱落、无烫痕、无灰尘、无污迹
灯具	完好、有效、无灰尘、无污迹
电梯	平稳、有效、无故障、无划痕、无脱落、无灰尘、无污迹
公用电话	完好、有效、齐全、无破损、无污迹
盆景、花木、艺术品	无枯枝败叶、修剪效果好、无灰尘、无异味、无昆虫

续　表

项　目	项 目 标 准
总台及各种设备	完好、有效、无破损、无污迹、无灰尘
保险箱	
电脑	
电话	
宣传册及册架	
分区标志	
公共图形符号标志	正规、完整、无褪色、无变形、无灰尘、无污迹
空调排风口	有效、无破损、无脱落、无污迹、无灰尘
大堂休息处	整齐、布局合理、干净
公共阅览处	完整、有效、无破损、整齐、干净
客用品	完好、无破损、无灰尘、无污迹
伞架	
衣架	
行李车	
垃圾桶	
烟灰缸	
其他	参照相关标准

(2) 楼梯走廊等公共场所清洁保养质量标准(表 9-29)。

表 9-29　楼梯走廊等公共场所清洁保养质量标准

项　目	项　　目
地面	平整、无破损、无卷边、无变形、无污迹、无异味、干净、光亮
门	无破损、无变形、无划痕、玻璃明亮、无灰尘
天花板	无破损、无裂痕、无脱落、无污迹、无灰尘、无蛛网
墙面	平整、无破损、无污迹、无异味、干净、光亮
灯具	完好、有效、无灰尘、无污迹
家具、用具	稳固、完好、无破损、无变形、无脱落、无烫痕、无灰尘、无污迹
其他	参照相关标准

(3) 公共卫生间清洁保养质量标准(表 9-30)。

表 9-30　公共卫生间清洁保养质量标准

项　　目	项　目　标　准
地面	平整、无破损、无污迹、无异味、干净、光亮
墙面	平整、无破损、无裂痕、无脱落、无污迹、无灰尘、无蛛网
天花板	无破损、无裂痕、无脱落、无污迹、无灰尘、无蛛网
厕位	完好、无堵塞、无滴漏、无污迹
洗手台	完好、无磨损、无灰尘、无污迹
梳妆镜	完好、无磨损、玻璃明亮、无灰尘、无污迹
皂液器	完好、有效、无污迹
干手器	完好、有效、无污迹
其他	参照相关标准

(4) 环境和建筑物外观清洁保养质量标准(表 9-31)。

表 9-31　环境和建筑物外观清洁保养质量标准

项　　目	项　目　标　准
庭院、花园	完好、整齐、干净、无垃圾
建筑物外墙	完整、美观、干净
店标及标志	正规、完整、无褪色、无变形、无灰尘、无污迹
停车场、回车线	标志明确、干净
花木、盆景、艺术品	无枯枝败叶、修剪效果好、无灰尘、无异味、无昆虫
照明灯	完好、有效、无灰尘、无污迹
其他	参照相关标准

实训十二　大理石地面清洁保养

饭店的大堂一般都是大理石地面材料，大理石地面必须加强日常的清洁和保养，同时要定期对大理石地面用磨光机进行磨光，使地面光亮如新，特别是饭店的大堂。对大理石地面进行打蜡是保护面层的最佳方法，既美观又可延长使用寿命，这是一项技术要求极高的工作，由经过专门训练的人员负责，方能保证打蜡效果。本项目选择大理石的打蜡实训。

1. 实训安排（表 9-32）

表 9-32　大理石地面清洁保养实训安排表

实训项目	大理石地面清洁保养
实训时间	2 学时
实训目的	(1) 了解饭店大理石地面清洁保养的特点 (2) 掌握饭店硬地面清洁保养的一般流程和操作规范 (3) 了解饭店硬地面清洁保养中常用的清洁剂
实训要求	(1) 按操作规范进行操作 (2) 注意打蜡的时间和溶剂的使用
实训方法	讲解和分组实训操作

2. 实训准备

洗地机带吸水机、抛光机、拖把、钢丝绒、起蜡水、封蜡（封蜡和石蜡分水性和油性，大理石地面宜用水性蜡）、喷蜡器。

3. 实训操作流程（图 9-13）

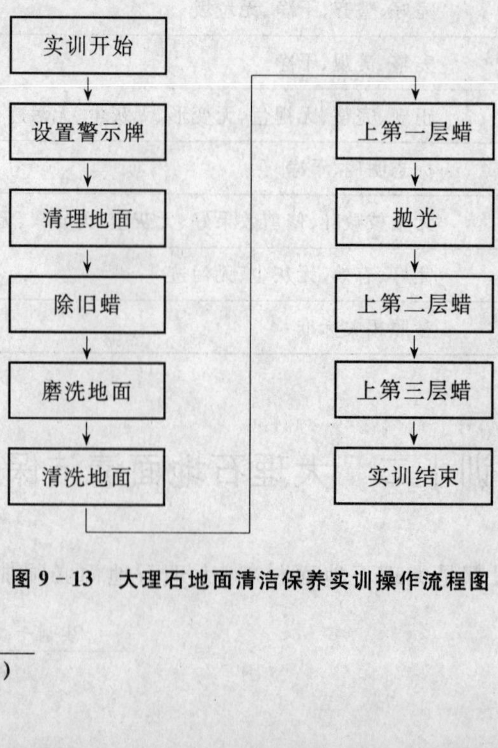

图 9-13　大理石地面清洁保养实训操作流程图

4. 实训操作流程(表 9－33)

表 9－33 大理石地面清洁保养实训操作流程表

操作步骤	主要操作内容
设置警示牌	设置警示牌
清理地面	将所需打蜡地面上的所有家具和物件搬离(这项工作也是在晚上 10 点后进行,并应用告示牌提醒客人,直至全部完成后约至 24 点方能撤除标志)
除旧蜡	除去旧蜡。用拖把将起蜡水均匀涂于待洗地面
磨洗地面	用洗地机磨洗,用钢丝绒擦除墙角边陈蜡
清洗地面	用清水过一遍地面,有必要时则多漂洗一次,待地面完全干透。因季节不同,空气湿度相差较大,所以时间长短不一
上第一层蜡	用拖把或喷蜡器将第一层蜡(封蜡)均匀涂于地面,方法是从前往后退,循序进行,蜡要喷涂得薄而均匀
抛光	待蜡层风干(约需半小时,视天气而定)后抛光,方法是用抛光机轻度打磨,使蜡面平滑牢固
上第二层蜡	上第二层蜡并抛光(上封蜡还是上面蜡视大理石本身需要而定)。方法是在第一层蜡抛光约 4 小时后才能按同样方法涂蜡。一定要等蜡干透,否则会使蜡面层起糊。待涂上的蜡干后再抛光
上第三层蜡	上第三层蜡并抛光(面蜡)。方法是在第二层蜡干透约 4～8 小时后再涂上一层很薄的面蜡,蜡干后抛光即成
注意事项	(1) 起蜡操作时,不得待溶液变干,要带湿吸除才行 (2) 用起蜡水起蜡后,一定要用清水漂清地面,因起蜡水碱性较强,残留在大理石表面会影响打蜡效果 (3) 每次上蜡要薄而均匀,否则会有花斑 (4) 上的蜡一定要干后才能抛光,因为蜡未干透成型就抛光,会使地面起花 (5) 上几层蜡视地面情况而定,一般是上一层封蜡,一层面蜡,也可上三层蜡 (6) 刚打过蜡的地面要做明显标志 (7) 地面打蜡后要防止水的溅滴和冲洗,日常清洗只能用溶剂型清洁剂

5. 测试

抽出部分学生进行测试。

实训十三　地毯清洁保养

要延长地毯的寿命，必须建立适当的清洁计划。吸尘对地毯来说最重要。清洗地毯要根据实际情况而定。地毯的污迹应尽快清除，超过24小时就很难清除。地毯清洁保养频率如表9－34所示。

表9－34　地毯清洁保养频率

	普通地方（办公室、西餐厅）	交通频密地方（走廊、中餐厅）	交通最频密地方（电梯、门口）
吸尘	每天一次	电动吸尘每天一次，手推吸尘每天数次	电动吸尘每天四次
清洁	每半月一次	每周一次	每周两次
抽洗	一年一次	半年一次	每月一次

1. 实训安排（表9－35）

表9－35　地毯清洁保养实训安排表

实训项目	地毯清洁保养
实训时间	2学时
实训目的	(1) 了解饭店客房地毯的类型及特点 (2) 掌握地毯清洁和保养的技术 (3) 掌握地毯清洁和保养的操作规范
实训要求	(1) 注意各种清洁设备的正确使用方法 (2) 按地毯清洁保养规范进行操作
实训方法	示范讲解与实训操作。测试时可将学生分为三个小组同时进行

2. 实训准备

(1) 地毯吸尘：滚刷式吸尘机。

(2) 地毯清洗。

工具：洗清毯刷、地毯机、打泡箱、喷壶。

清洁剂：地毯除渍剂、地毯除油剂、干泡地毯清洁剂、除口香胶喷剂。

(3) 墙毯清洁。

工具：吸尘器、抽洗机、吸管、吸嘴、打泡箱、手刷、胶水管。

清洁剂：地毯干泡剂、除渍剂。

3. 实训操作流程(图 9-14)

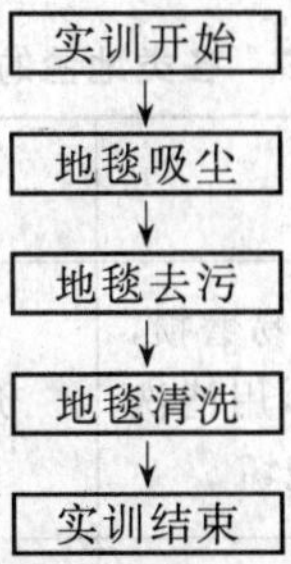

图 9-14 地毯清洁保养实训操作流程图

4. 实训操作规范(表 9-36)

表 9-36 地毯清洁保养实训操作规范表

操作步骤	主 要 操 作 内 容
地毯吸尘	(1) 启动吸尘器,扳动限位,开始吸尘 (2) 吸尘结束后,关机,拔下电源插销,清除真空箱内的尘土和杂物
地毯去污	(1) 准备如下洗涤剂、溶剂和物品:去除水溶性污渍的地毯洗涤剂,去除油脂污渍的溶剂,口香糖清除剂(冻凝型或溶剂型),去除墨水、水果汁、咖啡等污渍的特殊去渍剂,擦去溅出物的白色棉纸,用来施加洗涤剂、溶剂等的小块海绵 (2) 去除地毯污渍的程序 ① 用刀或匙铲起固体 ② 用白纸巾或棉纸用力吸去液体 ③ 查看决定去除污渍方法 ④ 清除污渍前,先在地毯的边角不显眼处测试一下是否会改变地毯颜色 ⑤ 从污渍的边缘向内吸干轻擦,以防止污渍扩大 ⑥ 在去除或清洗污渍过程中,切勿摩擦地毯绒头 ⑦ 按处理次序在进行下一步去除污渍前,应确定地毯是干的 ⑧ 用干净的布或海绵以微温的清水清洗 ⑨ 一旦污渍被去除,即用白纸巾或白棉纸用力压吸水分 ⑩ 未干前勿在地毯上行走
地毯清洗	(1) 先把要清洗的区域封锁,竖起警示牌 (2) 把家具搬到一边,摆放整齐 (3) 用干吸机清除尘埃,毯毡两边都要吸 (4) 除掉污渍或顽迹 (5) 按规定清洗 ① 打泡箱先装入 1∶30 的洗地毯水 ② 套好地毯刷 ③ 扭动泡箱钮将泡沫均匀撒在地毯上 ④ 由左至右控制机器走动(以 40 分钟为宜) ⑤ 上行与下行之间互叠约 10 分钟 (6) 用吸湿机立即清除多余潮气 (7) 空出水箱和喉管,并洗净、弄干、放好 (8) 待地毯完全干后放回家具 (9) 取掉警示牌

5. 各类地毯优缺点(表9-37)

表9-37 各类地毯的优缺点

原料	优点	缺点
羊毛	富弹性,不易变形,不易磨损,隔热性能好,不易弄污,用清洗剂易于清洗,不易被火烧坏	价格高,供应量不稳
尼龙	坚韧,不易磨损,用清洁剂易于清洗,不易被火烧坏	比羊毛稍易变形,易招尘,遇火(例如烟头)易局部熔解。在干热环境下易产生静电,若与8%羊毛混织,则产生静电不严重
粘胶人造纤维	售价低	任何方面都比羊毛差。但与羊毛或尼龙混纺后用途很广
丙烯酸纤维	耐磨损,易清洁	被踏扁平后难以恢复原状,使用清洁剂要小心,应避免褪色,不易染色
聚酯纤维	与羊毛大致相近。有一定防磨损能力,弹性好,色泽艳丽,易清洁	易招尘,可能颜色过分鲜艳,比羊毛稍易变形,遇热会熔解
聚丙烯纤维	耐磨损,不易招尘,易清洁,不受静电影响	不易染色,缺乏弹性

6. 地毯清洁方法(表9-38)

表9-38 地毯中不同污渍的清洗方法

污迹类型	清除步骤
酒精、尿液、烟灰、铁锈、血液、啤酒、果汁、盐水、芥末、漂白剂、墨水	(1) 将溶液①倒在碎布上 (2) 轻轻抹去污渍 (3) 用纸巾吸去多余水分 (4) 干后用吸尘器吸尘
巧克力、鸡蛋、口香糖、冰淇淋、牛奶、汽水、呕吐物	(1) 用溶液①抹掉污渍 (2) 用纸巾吸去液体 (3) 施用溶液② (4) 施用溶液① (5) 用纸巾吸去液体 (6) 干后用吸尘器吸尘

续 表

污迹类型	清除步骤
牛油、水果、果汁、油脂、食油、油渍、蜡	(1) 用溶液①抹掉污渍 (2) 用纸巾吸去液体 (3) 等待变干 (4) 将溶剂倒进地毯 (5) 用溶液①再抹污渍 (6) 用纸巾吸去液体 (7) 干后用吸尘器吸尘

注：溶液①，30 毫升的地毯清洁剂和一匙白醋兑 120 毫升水；溶液②，将 7％的硼砂溶于 300 毫升的水；溶剂，地毯干洗剂。

7. 污渍清除技术要点(表 9－39)

表 9－39 污渍清除技术要点

表面	污渍	清除方法
皮革与塑料	油脂	要尽快刮掉，再加以吸水粉和溶剂，待干后用刷子刷掉。对皮革湿污迹应施以草酸溶液(150 毫升草酸/1 500 毫升水)，然后再洗净
	墨水	用无水酒精纯滴露擦过，再用湿布擦。如需要可重复。或用除墨水剂或草酸除油腻。要先用颜草做试验
	油漆	根据油漆类型，用水或松节油，剥掉软化了的油漆，再用肥皂洗。酒精除漆剂会损伤塑料表面
墙纸	蜡笔或唇膏	用钝刀先刮，再用油溶剂或合适的喷雾清洁剂擦。对剩下的颜料用变质酒精或氨水除去
	食品	用湿布轻抹。如有油脂，使用油脂溶媒或干喷清洁剂，再用除蜡笔(膏)的办法，去掉颜色
	油脂	用软纸盖住，再用热熨斗烫，吸收油脂。再敷以滑石粉或溶媒。干后刷净，如需要可重复使用合适的干喷剂
	墨水	要立即吸干，再用温水擦。滴以干净的变质酒精
	油漆	新污迹可用油漆溶剂如松节油除去
	水迹	施以漂白土膏和变质酒精，等全干后，用刷扫，再用冷水轻擦
抛光或蜡封木表面	酒精或香水	应立即抹掉，再用一些薄荷油或其他轻质油擦，如柠檬油、杏油、橄榄油等。对旧的顽迹，要用油混以浮石粉或烟灰，从外向内轻擦，再敷油、抹干、抛光。如轻施金属上光剂也会起作用
	烧焦	如抛光剂不起作用，要用粗制滚亚麻籽油和细浮石粉擦，再涂油，抹干后用软布搓。金属抛光剂也会有效

续 表

表 面	污 渍	清 除 方 法
抛光或蜡封木表面	蜡烛或油脂	要尽快用钝刀除去,小心不要损伤表面。用温肥皂水洗后,如仍有痕迹,再用溶媒擦。洗净后,抛光
	凹痕	轻痕可用潮吸墨纸或纸巾盖住,用热熨斗轻烫,升起凹处。此法对薄木装饰不适用,要用油
	热痕	用滚亚麻籽油或松节油擦。若仍存在,用软布沾薄荷油或樟脑精揉擦。然后抛光
	墨水	立即吸干。加醋,2～3 分钟后洗掉。如需漂白则用去墨水剂或草酸加水(150 毫升酸与 200 毫升温水)。然后洗净

8. 测试

(1) 提供不同类型的地毯,让学生辨别地毯的类型并指出其清洁要点。

(2) 提供若干有不同污渍的地毯块和相关的清洁剂,请学生进行清洁操作。

实训十四　客房灭火器的使用

客房部不仅要以干净舒适的客房以及服务人员热情好客的态度、娴熟的服务技巧来满足宾客的各种需求,而且要极其重视宾客的一个最基本的要求——安全,安全是饭店各项服务活动的基础。

客房是客人暂居的主要场所和客人财物的存放处,所以客房的安全至关重要。客房安全主要包括防火安全、防盗安全和自然事故安全三个方面,其中防火安全工作是客房安全工作中最常见的客房安全类型。因此,饭店服务人员入店教育和培训时就应学会常见灭火器的使用规范。

1. 实训安排(表 9 - 40)

表 9 - 40　客房灭火器的使用实训安排表

实训项目	客房灭火器的使用
实训时间	2 学时,其中示范讲解 20 分钟,实际操作 70 分钟
实训目的	(1) 掌握常见灭火器的正确使用方法 (2) 掌握常见灭火器的灭火原理和特点
实训要求	(1) 掌握不同类型灭火器的操作要领 (2) 使用过程中注意安全
实训方法	示范讲解与实训操作

2. 实训准备

选择旷地，准备火源。准备MP型手提式泡沫灭火器一个，MPZ型手提舟车式泡沫灭火器一个，MPT型推车式泡沫灭火器一个，MF型手提式干粉灭火器一个，MFB型背负式喷粉灭火器一个，MT型手轮式二氧化碳灭火器一个，MTZ型鸭嘴式二氧化碳灭火器一个，MY型手提式1211灭火器一个，MYT型推车式1211灭火器一个。用软绳将实训场地与外界隔离起来，以确保安全。

3. 实训操作流程(图9-15)

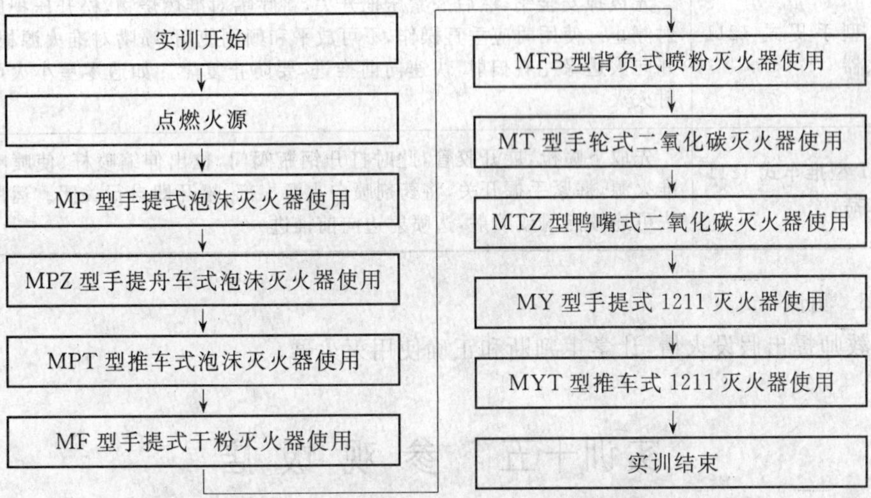

图9-15 客房灭火器的使用实训操作流程图

4. 实训操作规范(表9-41)

表9-41 客房灭火器的使用实训操作规范表

灭火器类型	操作规范
MP型手提式泡沫灭火器	颠倒筒身，喷嘴对准火源。使用时，必须注意不要将筒盖、筒体对着人体，以防万一发生爆炸
MPZ型手提舟车式泡沫灭火器	先将瓶盖向上掀起，中轴即向上弹出使瓶口开启，然后颠倒筒身，将喷嘴对准燃烧物
MPT型推车式泡沫灭火器	一人施放皮管，双手握住喷枪对准燃烧物；另一人按逆时针方向转动手轮，开启胆塞。然后将筒身倒转，使拖杆触地，再将旋塞阀手柄扳直，使泡沫喷出
MF型手提式干粉灭火器	打开保险销，把喷管口对准火源，拉动拉环，干粉即喷出灭火
MFB型背负式喷粉灭火器	将灭火器背负至火场有效射程之内，一手紧握喷枪，使枪口稍低，对准火焰根部，另一手将外罩下部的拉环拉下，粉雾即可喷出

续 表

灭火器类型	操　作　规　范
MT型手轮式二氧化碳灭火器	先将铅封去掉，手提提把，翘起喷筒。再将手轮按逆时针方向转动开启阀门，高压气体即自行喷出。注意切勿逆风作业
MTZ型鸭嘴式二氧化碳灭火器	先拔去保险插销，一手持喷筒把手，并紧压把手，气体即自动喷出。不用时将手放松即自行关闭
MY型手提式1211灭火器	先拔掉安全销，然后握紧压把开关，将喷嘴对准燃烧物，松开压把则喷射停止。使用时应垂直操作，不可放平和颠倒使用，喷嘴对准火源根部，并向火边缘左右扫射，快速向前推进，要防止复燃。如遇零星小火可点射灭火
MYT型推车式1211灭火器	先取下喷枪，展开胶管，此时打开钢瓶阀门，拉出伸缩喷杆，使喷嘴对准火源，握紧手握开关，将药剂喷向火源根部，松开即自行关闭。运用此法可连续点射或喷射，边喷射边向前推进

5. 测试

教师提出假设火情，让学生判断和正确使用灭火器。

实训十五　参观饭店

组织参观几家不同星级和不同规模饭店的客房部，了解其客房设计布局特点、设施设备的配置情况及业务的主要特点、工作流程等内容。实训步骤如表9－42所示。

表9－42　参观饭店实训安排表

实训步骤	实　训　内　容
步骤一	了解参观饭店的规模、等级及主要客源市场
步骤二	参观所在饭店不同类型客房的设计与布局（尤其是客房功能区域的设计）
步骤三	了解所在参观饭店客房部的组织机构、岗位人员配置情况
步骤四	参观所在饭店客房内设施设备的配置
步骤五	了解参观饭店客房部的工作流程及管理模式
步骤六	了解参观饭店客房部与其他部门如何协调开展工作
步骤七	参观饭店公共区域、洗衣房、布件房等
步骤八	分组进行讨论，试比较几家饭店客房部的特点

实训十六　客房用品管理实训

实训目标：掌握客房用品增补、报损、租借等相关内容。

实训内容：掌握客房一次性用品、多次性用品的领用、增补、报损等程序，掌握客房租借用品的服务程序。

实训要求：

(1) 了解客房用品配置标准。

(2) 掌握客房一次性用品领用程序。

(3) 掌握客房多次性用品损耗及报废程序。

(4) 掌握客房用品租借服务的程序。

实训方法：示范讲解与实训操作。

实训十七　客房服务中心综合服务实训

实训目标：掌握客房服务中心不同班次相关服务及管理内容。

实训内容：掌握客房服务中心早、中、晚班工作前准备、交接班工作及相关服务工作内容。

实训要求：按操作规范进行操作，同时要根据情况灵活处理。

实训方法：场景设计与实训操作。

实训十八　客房管理软件操作实训

实训目标：掌握酒店客房管理软件的操作、使用。

实训内容：掌握软件中的客房管理部分内容及相关操作。

实训要求：掌握软件操作方法并能输入、更改、分析相关内容。

实训方法：示范讲解与实训操作。

附录一　客房服务常用表格

附表 1－1　客房清扫报告

楼层：________　　　姓名：________　　　　　　年　月　日

客房	客房状况	时间		数量 项目 床位	床单		枕套	小方巾	地巾	面巾	大浴巾	小浴巾	其他
		入	出		大	小							
													加　床________ 电吹风________
													婴儿床________ 变压器________
													毛　毯________
													万能插座________
													枕　头________ 熨斗熨板________
													折　椅________ 剪　刀________
													备　注
合　计													

附表 1－2　客房服务员日常清单

日期：________　　　楼层：________　　　服务员姓名：________

房号	房态	时间进出	入住人数	大床单	小床单	枕套	窗巾	手巾	脚垫巾	大浴巾	小浴巾	各类用品补充情况	杯垫	公共区域	工作汇报
														开水间	
														服务台	

续 表

房号	房态	时间进出	入住人数	大床单	小床单	枕套	窗巾	手巾	脚垫巾	大浴巾	小浴巾	各类用品补充情况	杯垫	公共区域	工作汇报
														前后楼梯	
														储藏室	
														走廊	
														计划卫生	
														领班签字	

房态符号：ED,准备退房；OCC,住客房；CO,走人房；VC,空房；SO,外宿房；VIP,贵宾房；LB,轻便行李房；OOO,待修房。

附表 1－3 客房服务员房务报告

楼层：________ 日期：________ 时间：________ 上午/下午 姓名：________

房号	住有客	空房	外宿	住房数	行李数	不能进入房	维修房	备注
小计								

附表 1-4　客房周期清洁表

楼层：________　　　　　　　　　　日期：________

姓名＼项目 日期 房号	地毯	墙面	卫生间	家具	窗户	小酒吧	其他	备注

附表 1-5　湿洗登记表

PLEASE COMPLETE AND SIGN
THIS FORM SUBMITTING BEFORE 10:00AM

姓名 NAME	特快洗衣 Express	特别要求 Special Instructions
房号 ROOM NO.	请做标记 Please Tick 收费加 50% 50% Addiritional charge Within 2pm - 6pm in 4 hours	
日期 DATE		
衣物件数 TOTAL PIECES		
宾客签名 GUEST SIGNATURE		

注意：

① 每日上午 10 时前收到的衣物将于即日下午 9 时前送回。

② 特快洗衣只在下午 2 时至 6 时内，4 小时内送回。

③ 任何托付本饭店清洗的衣物，在清洗过程中有损坏或损失，须由托付人负责（如衣物洗后缩水褪色或财物遗漏等）。有关衣物数量，除非事前经由事店点收，否则以本店记录为实数。任何有关清洗服务的投诉，须在 24 小时内进行。赔偿丢失或洗坏的衣物不得超过洗价的 10 倍。

数量		女装	金额		数量		男装	金额	
店	客		价	共	店	客		价	共
		短外套	28				短外套	28	
		恤衫或 T 恤	12				长裤	18	

续　表

数量		女装	金额		数量		男装	金额	
店	客		价	共	店	客		价	共
		长裤	18				短裤	12	
		西裙	18				运动裤	30	
		折裙	22				恤衫或T恤	12	
		连衣裙	28				睡衫裤	18	
		运动服	30				内衣	5	
		底裙	12				内裤	5	
		睡衫裤	18				袜(一双)	5	
		内衣	5				手帕	4	
		内裤	5				礼服恤	28	
		胸衣	8						
		长袜	8						
		手帕	4						

基本费：________

特快服务费：________

15%附加费：________

总计：¥

附表1-6　干洗登记表

PLEASE COMPLETE AND SIGN
THIS FORM SUBMITTING BEFORE 10:00AM

姓名 NAME	特快洗衣 Express	特别要求 Special Instructions
房号 ROOM NO.	请做标记 Please Tick	
日期 DATE	收费加50%	
衣物件数 TOTAL PIECES	50% Addiritional charge	
宾客签名 GUEST SIGNATURE	Within 2pm - 6pm in 4 hours	

注意：

① 每日上午10时前收到的衣物将于即日下午9时前送回。

② 特快洗衣只在下午2时至6时内，4小时内送回。

③ 任何托付本饭店清洗的衣物，在清洗过程中有损坏或损失，须由托付人负责(如衣物洗后缩水褪色或财物遗漏等)。有关衣物数量，除非事前经由事店点收，否则以本店记录为实数。任何有关清洗服务的投诉，须在24小时内进行。赔偿丢失或洗坏的衣物不得超过洗价的10倍。

续 表

数量		女装	金额		数量		男装	金额	
店	客		价	共	店	客		价	共
		套装(二件)	50				套装(二件)	50	
		外衣或大衫	35				外衣或大衫	24	
		衬衫	20				长裤	25	
		背心	15				背心	15	
		长裤	25				羊毛外套	35	
		西裙	25				恤衫或T恤	20	
		折裙	40				领带或领花	10	
		羊毛外套	35				睡袍	35	
		大衣	50				大衣	50	
		晚礼服	55						
		连衣裙	35						
		睡袍	35						
		围巾	15						

基本费：________

特快服务费：________

15%附加费：________

总计：¥

附表1-7 熨衣登记表

PLEASE COMPLETE AND SIGN
THIS FORM SUBMITTING BEFORE 10:00AM

姓名 NAME	特快洗衣 Express	特别要求 Special Instructions
房号 ROOM NO.	请做标记 Please Tick 收费加50% 50% Addiritional charge Within 2pm－6pm in 4 hours	
日期 DATE		
衣物件数 TOTAL PIECES		
宾客签名 GUEST SIGNATURE		

续 表

注意：

① 每日上午 10 时前收到的衣物将于即日下午 9 时前送回。

② 特快洗衣只在下午 2 时至 6 时内，4 小时内送回。

③ 任何托付本饭店清洗的衣物，在清洗过程中有损坏或损失，须由托付人负责(如衣物洗后缩水褪色或财物遗漏等)。有关衣物数量，除非事前经由事店点收，否则以本店记录为实数。任何有关清洗服务的投诉，须在 24 小时内进行。赔偿丢失或洗坏的衣物不得超过洗价的 10 倍。

数量		女装	金额		数量		男装	金额	
店	客		价	共	店	客		价	共
		外衣或大衫	24				套装(二件)	30	
		衬衫	10				外衣或大衫	24	
		长裤	14				长裤	14	
		西裙	14				背心	10	
		折裙	26				恤衫	10	
		大衣	36				睡衣	8	
		晚礼服	40				大衣	36	
		连衣裙	20						

基本费：______ 特快服务费：______ 15%附加费：______	总计：￥

附表 1-8 洗衣服务营业日报表

年 月 日

房号	件数	金额	账单编号	房号	件数	金额	账单编号
总计				总计			

制表：________ 审核：________

附表 1-9 干洗制服收发记录表

年 月 日

部门	职工制服编号	衣服		裤子		衬衫		领带		裙子		其他		职工签名	备注
		收	发	收	发	收	发	收	发	收	发	收	发		

当班人：________

附表 1-10 水洗制服收发记录表

年 月 日

部门	职工制服编号	衣服		裤子		衬衫		领带		裙子		其他		职工签名	备注
		收	发	收	发	收	发	收	发	收	发	收	发		

当班人：________

附表 1-11 厨师制服收发记录表

年 月 日

部门	编 号	上衣		裤子		围裙		领巾		领带		帽子		签名	备注
		收	发	收	发	收	发	收	发	收	发	收	发		

当班人：

附表 1-12 客衣收取记录表

年 月 日

房号	D干	L湿	P烫	总包数	时间	备注

客衣服务员：

附表 1-13 客衣送衣记录表

年 月 日

房号	包数	挂件	时间	备注	房号	包数	挂件	时间	备注

客衣服务员：

附表 1-14 客房棉织品盘存表(一)

年 月 日

品名	标准配备量	上次盘存数	补充数	报损数	应存数	本次盘存数	盘盈盘亏	备注
大护褥								
中护褥								
小护褥								
大床罩								
中床罩								
小床罩								
大床裙								
中床裙								
小床裙								
大枕芯								
中枕芯								
小枕芯								
大毛毯								
中毛毯								
小毛毯								
厚窗帘								
薄窗帘								

棉织品领班：________ 洗衣主管：________

附表 1-15 客房棉织品盘存表(二)

年 月 日

品名	标准配备量	上次盘存数	补充数	报损数	应存数	本次盘存数	盘盈盘亏	备注
大床单								
中床单								
小床单								
大枕套								

续　表

品名	标准 配备量	上次 盘存数	补充数	报损数	应存数	本次 盘存数	盘盈 盘亏	备注
中枕套								
小枕套								
大浴巾								
小浴巾								
脸巾								
方巾								
地巾								

棉织品领班：______　　　　洗衣主管：______

附录二　客房相关物品英汉对照表

附表 2-1　客房常用设备和物品英汉对照表

escalator	自动扶梯	transformer	变压器
tea trolley	活动茶几	curtain	窗帘
elevator, lift	电梯	voltage	电压
bookshelf	书架	venetian blind	百叶窗帘
first floor	(英)底层,一楼	lamp	灯
wardrobe	衣柜	oil painting	油画
second floor	(英)三楼,(美)一楼	fluorescent lamp	日光灯
bedside table	床头柜	Chinese painting	国画
floor	楼层,地板	standard lamp	落地灯
cabinet	橱柜	wall-plate	壁上挂盘
balcony door	阳台门	pendant, suspended lamp	吊灯
bed	床	alarm clock	闹钟
table	桌子	bedside lamp	床头灯
single-bed	单人床	ashtray	烟灰缸
desk	书桌	wall lamp	壁灯
double-bed	双人床	vase	花瓶
drawer	抽屉	lampshade	灯罩
baby cot(infant's cradle)	婴儿床	flower stool	花盆架
chair	椅子	reading lamp	台灯
head board	床头架	wastebasket	字纸篓
rocking chair	摇椅	thermometer	温度计
folding screen	屏风	drawing-room	客厅,休憩室
cushion	靠垫,垫子	call button	传唤按钮
armchair	扶手椅,(小)沙发	bathtub	浴盆,浴缸

续 表

dressing mirror	穿衣镜	bath water	浴水
ease-chair	安乐椅	tiled wall	花砖墙
spring	弹簧	bath soap	浴皂
divan,sofa	(长)沙发	shelf	搁板
carpentry	(总称)木器	bath towel	浴巾
tea table	茶几	toilet mirror	梳妆镜
radiator	暖气片	plastic curtain	浴帘
electric radiator	电暖炉	sitting-room	起居室
hanger	挂钩	fabric	织物、织品
refrigerator	电冰箱	study	书房
switch	开关	drapery	织物
TV set	电视机	bedroom	卧室
plug	插头	thermos	热水瓶
telephone	电话	bedclothes	床上用品
socket	插座,插口	tea pot	茶壶
typewriter	打字机	quilt	被子
carpet	地毯	coffee pot	咖啡壶
note pad	便条簿	cotton quilt	棉被
bed cover,bedspread	床罩	milkjug	牛奶壶
bathroom	浴室	feather quilt	鸭绒被
shower	莲蓬头	tray	托盘
clothes rack	衣架	dustpan	簸箕
bidet	净身盆	cart	手推车
bath gown	浴衣	washcloth	抹布
wash basin	脸盆	pillowcase	枕套
bath mat	浴室地席	mattress	床垫
seat	座板	a pair of scales	一台磅秤
leather shoes	皮鞋	water-closet	抽水马桶
sandals	凉鞋	tap	水嘴,龙头

续 表

rayon	人造丝	lavatory seat	马桶座
cleaner	吸尘器	pipe	管子
soap powder	肥皂粉	latory covet	马桶盖
broom	扫帚	tank	水箱
soap flake	肥皂片	toilet paperholder	手纸架
shirt	衬衫	bracket	托架
stockings	长袜	toilet paper	手纸
coat	上衣	handle	拉手
shawl	(女用)肩巾	scales	磅秤
blouse	女罩衫	rubber shoes	雨鞋
muffler	围巾	socks	短袜
jacket	夹克	pure woolen	纯羊毛
veil	面纱	satin	缎子
skirt	裙子	artificial cotton	人造棉
necktie	领带	a pair of sandals	一双凉鞋
dressing table	梳妆台	linen	布件
sponge	海绵	slippers	拖鞋,便鞋
frame	镜框	fur	毛皮
soap dish	肥皂盘	a pair of slippers	一双拖鞋
laundry bag	洗衣袋	camel-hair	驼绒
towel shelf	毛巾柜	shoe polish	鞋油
towel rail	毛巾架	one-piece dress	连衫裙
cleanser	清洁剂	gloves	手套
towel	毛巾	trousers	裤子
deodorant spray	除臭剂	chiffon	薄绸
cock	(小)龙头	swimming suit	游泳衣裤
mittens	连指手套	raincoat	雨衣
handkerchief	手帕	sports suit	运动服
overcoat	大衣	dust coat	风衣

续 表

hat	礼帽	felt	毡
pyjamas	睡衣裤	belt	腰带
cap	便帽	flannel	法兰绒
hood	风帽	wallet	钱包
evening dress	晚礼服	woolen	呢绒
straw hat	草帽	zipper	拉链
sweater	毛衣	serge	哔叽
shoes	鞋	valuables	贵重物品
pullover	套衫	gabardine	华达呢
cardigan jacket	开襟毛衣	traveling bag	旅行袋
portmanteau	旅行皮包	vinylon	维尼纶
leather	皮革	single room	单人间
briefcase	公事包	double room	双人间
poplin	毛葛	deluxe room	豪华房
suitcase	手提箱	studio room	小套房
velvet	天鹅绒	business suite	商务套房
trunk	衣箱	extra bed	加床
wool	羊毛	triple room	三人房间
woolen yarn	绒线	function room	功能客房
cotton	棉布	no smoking room	不吸烟房
silk	丝绸	suite	套房
shoe brush	鞋刷	presidential suite	总统套房

附表 2－2　客房种类英汉对照表

single room	单人间	standard room	标准间
double room	大床间	deluxe room	豪华房
twin room	双床间	business room	商务房
triple room	三人间	executive floor	行政楼层
suite	套间	inside room	内景房
junior suite	普通房间	outside room	外景房
deluxe suite	豪华套间	corner room	角房
duplex suite	立体套间	connecting room	连通房
presidential suite	总统套房	adjoining room	邻近房

附表 2－3　客房状态英汉对照表

VC(vacant clean)	清洁房	L. S. G. (long staying guest)	长住房
OCC(occupied)	住客房	OOO(out of order)	维修房
S(stay)	续住房	N/B(no baggage)	无行李房
L(leaving)	准备退房	L/B(light baggage)	少量行李房
VD(vacant dirty)	脏房	MUR(please makeup room)	请即打扫
S/O(sleep-out)	外宿房	DND(do not disturb)	请勿打扰
C/O(check-out)	离店房	D/L(double locked)	双锁房
VIP(very important person)	贵宾房	HSE(hotel use)	饭店自用房

附录三　旅游饭店星级的划分与评定(GB/T 14308—2010)

1　范围

本标准规定了饭店星级的划分条件、服务质量和运营规范要求。

本标准适用于正式营业的各种饭店。

2　规范性引用文件

下列文件中的条款通过本标准的引用而成为本标准的条款。凡是注日期的引用文件,其随后所有的修改单(不包括勘误的内容)或修订版均不适用于本标准。然而,鼓励根据本标准达成协议的各方研究是否可使用这些文件的最新版本。凡是不注日期的引用文件,其最新版本适用于本标准。

GB/T 10001.1 标志用公共信息图形符号 第1部分:通用符号

GB/T 10001.2 标志用公共信息图形符号 第2部分:旅游设施与服务符号

GB/T 10001.4 标志用公共信息图形符号 第4部分:运动健身符号

GB/T 10001.9 标志用公共信息图形符号 第9部分:无障碍设施符号

GB/T 15566.8 公共信息导向系统 设置原则与要求 第8部分:宾馆和饭店

LB/T007 绿色旅游饭店

3　术语和定义

下列术语和定义适用于本标准。

3.1

饭店 hotel

以间(套)夜为单位出租客房,以住宿服务为主,并提供相应服务的住宿设施,按不同习惯可能也被称为宾馆、酒店、旅馆、旅社、宾舍、度假村、俱乐部、大厦、中心等。

3.2

商务会议型饭店 business hotel

以从事商贸活动的宾客为主要客源,提供住宿、餐饮及会议、展览等综合服务的饭店。

3.3

休闲度假型饭店 resort hotel

位于海滨、山区、温泉、海岛、森林、湖岸等环境优美、气候宜人的地区,主要为休闲、度假的宾客提供住宿、餐饮、康体、娱乐等服务的饭店。

4　星级划分及标识

4.1　用星的数量和颜色表示饭店的星级。饭店星级分为五个级别，即一星级、二星级、三星级、四星级、五星级（含白金五星级）。最低为一星级，最高为五星级。星级越高，表示饭店的档次越高。

4.2　星级以镀金五角星为标识，用一颗五角星表示一星级，两颗五角星表示二星级，三颗五角星表示三星级，四颗五角星表示四星级，五颗五角星表示五星级，五颗白金五角星表示白金五星级。

5　总则

5.1　星级饭店的建筑、附属设施设备、服务项目和运行管理应符合国家现行的安全、消防、卫生、环境保护、劳动合同等有关法律、法规和标准的规定与要求。

5.2　各星级划分的基本条件见附录A，各星级饭店应逐项达标。

5.3　饭店设备设施的位置、结构、数量、面积、功能、材质、设计、装饰等评价标准见附录B。

5.4　饭店服务质量、清洁卫生、维护保养等评价标准见附录C。

5.5　一星级、二星级、三星级饭店是有限服务饭店，评定星级时应对饭店住宿产品进行重点评价；四星级和五星级（含白金五星级）饭店是完全服务饭店，评定星级时应对饭店产品进行全面评价。

5.6　倡导绿色设计、清洁生产、节能减排、绿色消费的理念，鼓励星级饭店实施LB/T007绿色旅游饭店。

5.7　星级饭店应增强突发事件应急处置能力，突发事件处置的应急预案应作为各星级饭店的必备条件。评定星级后，如饭店营运中发生重大安全责任事故，所属星级将被立即取消，相应星级标识不能继续使用。

5.8　评定星级时不能因为某一区域所有权或经营权的分离，或因为建筑物的分隔而区别对待，饭店内所有区域应达到同一星级的质量标准和管理要求。

5.9　饭店开业一年后可申请评定星级，经相应星级评定机构评定批复后，星级标识使用有效期为五年。五年期满后应进行重新评定。

6　各星级划分条件

6.1　必备条件

6.1.1　必备项目检查表规定了各星级应具备的硬件设施和服务项目。评定检查时，逐项打“√”确认达标后，再进入后续打分程序。

6.1.2　一星级必备项目见表A.1，二星级必备项目见表A.2，三星级必备项目见表A.3，四星级必备项目见表A.4，五星级必备项目见表A.5。

6.2　设施设备

6.2.1　设施设备的要求见附录B。总分600分。

6.2.2　一星级、二星级饭店不作要求，三星级、四星级、五星级饭店规定最低得分线：三星级 220 分，四星级 320 分，五星级 420 分。

6.3　饭店运营质量

6.3.1　饭店运营质量的要求见附录 C。总分 600 分。

6.3.2　饭店运营质量的评价内容分为总体要求、前厅、客房、餐饮、其他、公共及后台区域等 6 个大项。评分时按"优"、"良"、"中"、"差"打分并计算得分率。公式为：得分率＝该项实际得分/该项标准总分×100％。

6.3.3　一星级、二星级饭店不作要求。三星级、四星级、五星级饭店规定最低得分率：三星级 70％，四星级 80％，五星级 85％。

6.3.4　如饭店不具备表 C.1 中带"*"的项目，统计得分率时应在分母中去掉该项分值。

7　服务质量总体要求

7.1　服务基本原则

7.1.1　对宾客礼貌、热情、亲切、友好，一视同仁。

7.1.2　密切关注并尽量满足宾客的需求，高效率地完成对客服务。

7.1.3　遵守国家法律法规，保护宾客的合法权益。

7.1.4　尊重宾客的信仰与风俗习惯，不损害民族尊严。

7.2　服务基本要求

7.2.1　员工仪容仪表应达到：

a）遵守饭店的仪容仪表规范，端庄、大方、整洁；

b）着工装、佩工牌上岗；

c）服务过程中表情自然、亲切、热情适度，提倡微笑服务。

7.2.2　员工言行举止应达到：

a）语言文明、简洁、清晰，符合礼仪规范；

b）站、坐、行姿符合各岗位的规范与要求，主动服务，有职业风范；

c）以协调适宜的自然语言和身体语言对客服务，使宾客感到尊重舒适；

d）对宾客提出的问题应予耐心解释，不推诿和应付。

7.2.3　员工业务能力与技能应达到掌握相应的业务知识和服务技能，并能熟练运用。

8　管理要求

8.1　应有员工手册。

8.2　应有饭店组织机构图和部门组织机构图。

8.3　应有完善的规章制度、服务标准、管理规范和操作程序。一项完整的饭店管理规范包括规范的名称、目的、管理职责、项目运作规程（具体包括执行层级、管理对象、方式与频率、管理工作内容)、管理分工、管理程序与考核指标等项目。各项管理规范应适时更新,并保留更新记录。

8.4 应有完善的部门化运作规范,包括管理人员岗位工作说明书、管理人员工作关系表、管理人员工作项目核检表、专门的质量管理文件、工作用表和质量管理记录等内容。

8.5 应有服务和专业技术人员岗位工作说明书,对服务和专业技术人员的岗位要求、任职条件、班次、接受指令与协调渠道、主要工作职责等内容进行书面说明。

8.6 应有服务项目、程序与标准说明书,对每一个服务项目完成的目标、为完成该目标所需要经过的程序,以及各个程序的质量标准进行说明。

8.7 对国家和地方主管部门和强制性标准所要求的特定岗位的技术工作如锅炉、强弱电、消防、食品加工与制作等,应有相应的工作技术标准的书面说明,相应岗位的从业人员应知晓并熟练操作。

8.8 其他可以证明饭店质量管理水平的证书或文件。

9 安全管理要求

9.1 星级饭店应取得消防等方面的安全许可,确保消防设施的完好和有效运行。

9.2 水、电、气、油、压力容器、管线等设施设备应安全有效运行。

9.3 应严格执行安全管理防控制度,确保安全监控设备的有效运行及人员的责任到位。

9.4 应注重食品加工流程的卫生管理,保证食品安全。

9.5 应制定和完善地震、火灾、食品卫生、公共卫生、治安事件、设施设备突发故障等各项突发事件应急预案。

10 其他

对于以住宿为主营业务,建筑与装修风格独特,拥有独特客户群体,管理和服务特色鲜明,且业内知名度较高的精品饭店,可申请评定五星级饭店。

对于以住宿为主营业务,建筑与装修风格独特,拥有独特客户群体,管理和服务特色鲜明,且业内知名度较高饭店的星级评定,可参照五星级的要求。

附录A (规范性附录)必备项目检查表

表A.1给出了一星级饭店必备项目检查表。

表A.2给出了二星级饭店必备项目检查表。

表A.3给出了三星级饭店必备项目检查表。

表A.4给出了四星级饭店必备项目检查表。

表A.5给出了五星级饭店必备项目检查表。

表 A.1　一星级饭店必备项目检查表

序号	项　　　目	是否达标
1	一般要求	
1.1	建筑物结构完好，功能布局基本合理，方便宾客在饭店内活动	
1.2	应有适应所在地气候的采暖、制冷设备，各区域通风良好	
1.3	各种指示用和服务用文字应至少用规范的中文及第二种文字同时表示，导向系统的设置和公共信息图形符号应符合 GB/T 15566.8 和 GB/T 10001.1、GB/T 10001.2、GB/T 10001.4、GB/T 10001.9 的规定	
1.4	应有至少 15 间(套)可供出租的客房	
1.5	员工应具备基本礼仪礼节，穿着整齐清洁，能用普通话提供服务，效率较高	
1.6	设施设备应定期维护保养，保持安全、整洁、卫生和有效	
1.7	应有突发事件处置的应急预案	
1.8	应有与本星级相适应的节能减排方案并付诸实施	
2	设施	
2.1	设总服务台，并提供客房价目表及城市所在地的旅游交通图等相关资料	
2.2	客房内应有卫生间或提供方便宾客使用的公共卫生间，客房卫生间及公共卫生间均采取必要防滑措施	
2.3	应 24 h 供应冷水，每日固定时段供应热水，并有明确提示	
2.4	客房内应有清洁舒适的床和配套家具	
2.5	客房照明充足，有遮光效果较好的窗帘	
2.6	客房内应备有服务指南、住宿须知等	
2.7	客房门安全有效，门锁应为暗锁，有防盗装置，客房内应在显著位置张贴应急疏散图及相关说明	
2.8	公共区域应有男女分设的公共卫生间，有公用电话	
2.9	应有应急照明设施	
3	服务	
3.1	应至少 18 h 提供接待、问讯、结账服务	
3.2	晚间应有安保人员驻店值班	
3.3	应提供贵重物品保管及小件行李寄存服务	

续表

序号	项目	是否达标
3.4	客房、卫生间应每天全面整理一次，隔日或应宾客要求更换床单、被套及枕套，并做到每客必换	
3.5	客房内应提供热饮用水	
3.6	应为残障人士提供必要的服务	
	总体是否达标结论	

表 A.2　二星级饭店必备项目检查表

序号	项目	是否达标
1	一般要求	
1.1	建筑物结构良好，功能布局基本合理，方便宾客在饭店内活动	
1.2	应有适应所在地气候的采暖、制冷设备，各区域通风良好	
1.3	各种指示用和服务用文字应至少用规范的中文及第二种文字同时表示，导向系统的设置和公共信息图形符号应符合 GB/T 15566.8 和 GB/T 10001.1、GB/T 10001.2、GB/T 10001.4、GB/T 10001.9 的规定	
1.4	应有至少 20 间(套)可供出租的客房	
1.5	应提供回车线或停车场，5 层以上(含 5 层)的楼房有客用电梯	
1.6	员工应具备基本礼仪礼节，穿着整齐清洁，能用普通话提供服务，效率较高	
1.7	设施设备应定期维护保养，保持安全、整洁、卫生和有效	
1.8	应有突发事件处置的应急预案	
1.9	应有与本星级相适应的节能减排方案并付诸实施	
2	设施	
2.1	应有与饭店规模相适应的总服务台，位置合理，提供客房价目表及城市所在地的旅游交通图、旅游介绍等相关资料	
2.2	应有就餐区域，提供桌、椅等配套设施，照明充足，通风良好	
2.3	客房内应有清洁舒适的床以及桌、椅、床头柜等配套家具	
2.4	至少 50%的客房内应有卫生间，或每一楼层提供数量充足、男女分设、方便使用的公共盥洗间。客房卫生间及公共盥洗间均采取有效的防滑措施	
2.5	应 24 h 供应冷水，至少 12 h 供应热水	

续 表

序号	项　　　　　目	是否达标
2.6	客房应有适当装修，照明充足，有遮光效果较好的窗帘。有防噪音及隔音措施	
2.7	客房内应配备电话、彩色电视机等设施，且使用效果良好	
2.8	设有两种以上规格的电源插座	
2.9	客房内应备有服务指南、住宿须知等资料	
2.10	客房门安全有效，门锁应为暗锁，有防盗装置，客房内应在显著位置张贴应急疏散图及相关说明	
2.11	公共区域应有男女分设的公共卫生间，有公用电话	
2.12	应有应急照明设施	
2.13	公共区域应有适当装修，墙面整洁、光线充足。紧急出口标识清楚，位置合理，无障碍物	
2.14	门厅及主要公共区域应有残疾人出入坡道	
3	服务	
3.1	应有管理或安保人员 24 h 在岗值班	
3.2	应 24 h 提供接待、问询、结账和留言等服务	
3.3	应提供贵重物品保管及小件行李寄存服务	
3.4	客房、卫生间应每天全面整理一次，隔日或应宾客要求更换床单、被套及枕套，并做到每客必换	
3.5	客房内应提供热饮用水	
3.6	应提供早餐服务	
3.7	应为残障人士提供必要的服务	
	总体是否达标结论	

表 A.3　三星级饭店必备项目检查表

序号	项　　　　　目	是否达标
1	一般要求	
1.1	应有较高标准的建筑物结构，功能布局较为合理，方便宾客在饭店内活动	
1.2	应有空调设施，各区域通风良好，温、湿度适宜	

续 表

序号	项　　目	是否达标
1.3	各种指示用和服务用文字应至少用规范的中英文同时表示。导向标志清晰、实用、美观，导向系统的设置和公共信息图形符号应符合 GB/T 15566.8和 GB/T 10001.1、GB/T 10001.2、GB/T 10001.4、GB/T 10001.9的规定	
1.4	应有计算机管理系统	
1.5	应有至少 30 间(套)可供出租的客房，应有单人间、套房等不同规格的房间配置	
1.6	应提供回车线并有一定泊位的停车场。4 层(含 4 层)以上的建筑物有足够的客用电梯	
1.7	设施设备定期维护保养，保持安全、整洁、卫生和有效	
1.8	员工应着工装，训练有素，用普通话提供服务。前台员工具备基本外语会话能力	
1.9	应有突发事件(突发事件应包括火灾、自然灾害、饭店建筑物和设备设施事故、公共卫生和伤亡事件、社会治安事件等)处置的应急预案，有年度实施计划，并定期演练	
1.10	应有与本星级相适应的节能减排方案并付诸实施，内容符合 LB/T007的相关要求	
1.11	应定期开展员工培训	
2	设施	
2.1	应有与接待规模相适应的前厅和总服务台，装修美观。提供饭店服务项目资料、客房价目等信息，提供所在地旅游交通、所在地旅游资源信息、主要交通工具时刻等资料，提供相关的报刊	
2.2	客房装修良好、美观，应有软垫床、梳妆台或写字台、衣橱及衣架、座椅或简易沙发、床头柜及行李架等配套家具。电器开关方便宾客使用	
2.3	客房内满铺地毯、木地板或其他较高档材料	
2.4	客房内应有卫生间，装有抽水恭桶、梳妆台(配备面盆、梳妆镜和必要的盥洗用品)、浴缸或淋浴间。采取有效的防滑、防溅水措施，通风良好。采用较高级建筑材料装修地面、墙面和天花板，色调柔和，目的物照明效果良好。有良好的排风设施，温湿度与客房适宜。有不间断电源插座。24 h供应冷、热水	
2.5	客房门安全有效，应设门窥镜及防盗装置，客房内应在显著位置张贴应急疏散图及相关说明	

续 表

序号	项　　　　目	是否达标
2.6	客房内应有遮光和防噪音措施	
2.7	客房内应配备电话、彩色电视机，且使用效果良好	
2.8	应有两种以上规格的电源插座，位置方便宾客使用，可提供插座转换器	
2.9	客房内应有与本星级相适应的文具用品，备有服务指南、住宿须知、所在地旅游景点介绍和旅游交通图等，提供书、报刊	
2.10	床上用棉织品(床单、枕芯、枕套、被芯、被套及床衬垫等)及卫生间针织用品(浴衣、浴巾、毛巾等)材质良好、柔软舒适	
2.11	客房内应提供互联网接入服务，并有使用说明	
2.12	客房内应备有擦鞋用具	
2.13	应有与饭店规模相适应的独立餐厅，配有符合卫生标准和管理规范的厨房	
2.14	公共区域应设宾客休息场所	
2.15	应有男女分设、间隔式公共卫生间。有公用电话，有应急供电设施和应急照明设施	
2.16	走廊地面应满铺地毯或与整体氛围相协调的其他材料，墙面整洁，有适当装修，光线充足。紧急出口标识清楚，位置合理，无障碍物	
2.17	门厅及主要公共区域应有残疾人出入坡道，配备轮椅	
3	服务	
3.1	应有管理及安保人员 24 h 在岗值班	
3.2	应 24 h 提供接待、问询、结账和留言服务。提供总账单结账服务、信用卡结算服务。应提供客房预订服务	
3.3	应设门卫应接及行李服务人员，有专用行李车，应宾客要求提供行李服务。应提供贵重物品保管及小件行李寄存服务，并专设寄存处	
3.4	应为宾客办理传真、复印、打字、国际长途电话等商务服务，并代发信件	
3.5	应提供代客预订和安排出租汽车服务	
3.6	客房、卫生间应每天全面整理一次，每日或应宾客要求更换床单、被套及枕套，客用品补充齐全	
3.7	应提供留言和叫醒服务。可应宾客要求提供洗衣服务	
3.8	客房内应 24 h 提供热饮用水，免费提供茶叶或咖啡	

续　表

序号	项　　目	是否达标
3.9	应提供早、中、晚餐服务	
3.10	应提供与饭店接待能力相适应的宴会或会议服务	
3.11	应为残障人士提供必要的服务	
	总体是否达标结论	

表 A.4　四星级饭店必备项目检查表

序号	项　　目	是否达标
1	饭店总体要求	
1.1	建筑物外观和建筑结构有特色。饭店空间布局合理，方便宾客在饭店内活动	
1.2	内外装修应采用高档材料，符合环保要求，工艺精致，整体氛围协调	
1.3	各种指示用和服务用文字应至少用规范的中、英文同时表示。导向标志清晰、实用、美观，导向系统的设置和公共信息图形符号应符合 GB/T 15566.8 和 GB/T 10001.1、GB/T 10001.2、GB/T 10001.4、GB/T 10001.9 的规定	
1.4	应有中央空调(别墅式度假饭店除外)，各区域通风良好	
1.5	应有运行有效的计算机管理系统，主要营业区域均有终端，有效提供服务	
1.6	应有公共音响转播系统，背景音乐曲目、音量适宜，音质良好	
1.7	设施设备应维护保养良好，无噪音，安全完好、整洁、卫生和有效	
1.8	应具备健全的管理规范、服务规范与操作标准	
1.9	员工应着工装，体现岗位特色	
1.10	员工训练有素，能用普通话和英语提供服务，必要时能用第二种外国语提供服务	
1.11	应有突发事件(突发事件应包括火灾、自然灾害、饭店建筑物和设备设施事故、公共卫生和伤亡事件、社会治安事件等)处置的应急预案，有年度实施计划，并定期演练	
1.12	应有与本星级相适应的节能减排方案并付诸实施，内容符合 LB/T007 的相关要求	
1.13	应有系统的员工培训规划和制度，有员工培训设施	

续 表

序号	项　　　目	是否达标
2	前厅	
2.1	区位功能划分合理	
2.2	整体装修精致，有整体风格，色调协调，光线充足	
2.3	设总服务台，位置合理，接待人员应 24 h 提供接待、问询和结账服务，并能提供留言、总账单结账、国内和国际信用卡结算及外币兑换等服务	
2.4	应专设行李寄存处，配有饭店与宾客同时开启的贵重物品保险箱，保险箱位置安全、隐蔽，能够保护宾客的隐私	
2.5	应提供饭店基本情况、客房价目等信息，提供所在地旅游资源、当地旅游交通及全国旅游交通信息，并在总台能提供中、英文所在地交通图及与住店宾客相适应的报刊	
2.6	在非经营区应设宾客休息场所	
2.7	门厅及主要公共区域应有符合标准的残疾人出入坡道，配备轮椅，有残疾人专用卫生间或厕位，为残障人士提供必要的服务	
2.8	应 24 h 接受包括电话、传真或网络等渠道的客房预订	
2.9	应有门卫应接服务人员，18 h 迎送宾客	
2.10	应有专职行李员，配有专用行李车，18 h 提供行李服务，提供小件行李寄存服务	
2.11	应提供代客预订和安排出租汽车服务	
2.12	应有相关人员处理宾客关系	
2.13	应有管理人员 24 h 在岗值班	
3	客房	
3.1	应有至少 40 间(套)可供出租的客房	
3.2	70%客房的面积(不含卫生间)应不小于 20 m^2	
3.3	应有标准间(大床房、双床房)，有两种以上规格的套房(包括至少 3 个开间的豪华套房)，套房布局合理	
3.4	装修高档。应有舒适的软垫床，配有写字台、衣橱及衣架、茶几、座椅或沙发、床头柜、全身镜、行李架等家具，布置合理。所有电器开关方便宾客使用。室内满铺高级地毯，或优质木地板或其他高级材料。采用区域照明，且目的物照明效果良好	
3.5	客房门能自动闭合，应有门窥镜、门铃及防盗装置。客房内应在显著位置张贴应急疏散图及相关说明	

续 表

序号	项　　　　目	是否达标
3.6	客房内应有装修良好的卫生间。有抽水恭桶、梳妆台(配备面盆、梳妆镜和必要的盥洗用品),有浴缸或淋浴间,配有浴帘或其他防溅设施,采取有效的防滑措施。采用高档建筑材料装修地面、墙面和天花,色调高雅柔和。采用分区照明且目的物照明效果良好。有良好的低噪音排风设施,温湿度与客房适宜。有110 V/220 V不间断电源插座、电话副机。配有吹风机。24 h供应冷、热水,水龙头冷热标识清晰。所有设施设备均方便宾客使用	
3.7	客房内应有饭店专用电话机,可以直接拨通或使用预付费电信卡拨打国际、国内长途电话,并备有电话使用说明和所在地主要电话指南	
3.8	应有彩色电视机,画面和音质良好。播放频道不少于16个,备有频道目录	
3.9	应有防噪音及隔音措施,效果良好	
3.10	应有内窗帘及外层遮光窗帘,遮光效果良好	
3.11	应有至少两种规格的电源插座,电源插座应有两个以上供宾客使用的插位,位置合理,并可提供插座转换器	
3.12	应有与本星级相适应的文具用品。配有服务指南、住宿须知、所在地旅游资源信息和旅游交通图等。可提供与住店宾客相适应的书、报刊	
3.13	床上用棉织品(床单、枕芯、枕套、被芯、被套及床衬垫等)及卫生间针织用品(浴巾、浴衣、毛巾等)材质较好、柔软舒适	
3.14	客房、卫生间应每天全面整理一次,每日或应宾客要求更换床单、被套及枕套,客用品和消耗品补充齐全,并应宾客要求随时进房清理	
3.15	应提供互联网接入服务,并备有使用说明,使用方便	
3.16	应提供开夜床服务,放置晚安致意品	
3.17	应提供客房微型酒吧服务,至少50%的房间配备小冰箱,提供适量酒和饮料,并备有饮用器具和价目单。免费提供茶叶或咖啡。提供冷热饮用水,可应宾客要求提供冰块	
3.18	应提供客衣干洗、湿洗、熨烫服务,可在24 h内交还宾客。可提供加急服务	
3.19	应18 h提供送餐服务。有送餐菜单和饮料单,送餐菜式品种不少于8种,饮料品种不少于4种,甜食品种不少于4种,有可挂置门外的送餐牌	
3.20	应提供留言及叫醒服务	
3.21	应提供宾客在房间会客服务,可应宾客要求及时提供加椅和茶水服务	

续 表

序号	项　　目	是否达标
3.22	客房内应备有擦鞋用具，并提供擦鞋服务	
4	餐厅及吧室	
4.1	应有布局合理、装饰设计格调一致的中餐厅	
4.2	应有位置合理、格调优雅的咖啡厅（或简易西餐厅）。提供品质较高的自助早餐	
4.3	应有宴会单间或小宴会厅。提供宴会服务	
4.4	应有专门的酒吧或茶室	
4.5	餐具应按中外习惯成套配置，无破损，光洁、卫生	
4.6	菜单及饮品单应装帧精致，完整清洁，出菜率不低于90%	
5	厨房	
5.1	位置合理，布局科学，传菜路线不与非餐饮公共区域交叉	
5.2	厨房与餐厅之间，采取有效的隔音、隔热和隔气味措施。进出门自动闭合	
5.3	墙面满铺瓷砖，用防滑材料满铺地面，有地槽	
5.4	冷菜间、面点间独立分隔，有足够的冷气设备。冷菜间内有空气消毒设施和二次更衣设施	
5.5	粗加工间与其他操作间隔离，各操作间温度适宜，冷气供给充足	
5.6	应有必要的冷藏、冷冻设施，生熟食品及半成食品分柜置放，有干货仓库	
5.7	洗碗间位置合理，配有洗碗和消毒设施	
5.8	应有专门放置临时垃圾的设施并保持其封闭，排污设施（地槽、抽油烟机和排风口等）保持清洁通畅	
5.9	采取有效的消杀蚊蝇、蟑螂等虫害措施	
5.10	应有食品留样送检机制	
6	会议和康体设施	
6.1	应有至少两种规格的会议设施，配备相应设施并提供专业服务	
6.2	应有康体设施，布局合理，提供相应的服务	
7	公共区域	
7.1	饭店室外环境整洁美观	

旅游饭店星级的划分与评定（GB/T 14308—2010）

续 表

序号	项　　　　目	是否达标
7.2	饭店后台设施完备、导向清晰、维护良好	
7.3	应有回车线,并有足够泊位的停车场。提供相应的服务	
7.4	3层以上(含3层)建筑物应有数量充足的高质量客用电梯,轿厢装修高雅。配有服务电梯	
7.5	主要公共区域应有男女分设的间隔式公共卫生间,环境良好	
7.6	应有商品部,出售旅行日常用品、旅游纪念品等	
7.7	应有商务中心,可提供传真、复印、国际长途电话、打字等服务,有可供宾客使用的电脑,并可提供代发信件、手机充电等服务	
7.8	提供或代办市内观光服务	
7.9	应有公用电话	
7.10	应有应急照明设施和有应急供电系统	
7.11	主要公共区域有闭路电视监控系统	
7.12	公共区域走廊及电梯厅地面应满铺地毯或其他高档材料,墙面整洁,有装修装饰,温度适宜,通风良好,光线适宜。紧急出口标识清楚醒目,位置合理,无障碍物。有符合规范的逃生通道、安全避难场所	
7.13	应有必要的员工生活和活动设施	
	总体是否达标结论	

表 A.5　五星级饭店必备项目检查表

序号	项　　　　目	是否达标
1	总体要求	
1.1	建筑物外观和建筑结构应具有鲜明的豪华饭店的品质,饭店空间布局合理,方便宾客在饭店内活动	
1.2	内外装修应采用高档材料,符合环保要求,工艺精致,整体氛围协调,风格突出	
1.3	各种指示用和服务用文字应至少用规范的中、英文同时表示。导向标志清晰、实用、美观,导向系统的设置和公共信息图形符号应符合 GB/T 15566.8和 GB/T 10001.1、GB/T 10001.2、GB/T 10001.4、GB/T 10001.9的规定	
1.4	应有中央空调(别墅式度假饭店除外),各区域空气质量良好	

续 表

序号	项　目	是否达标
1.5	应有运行有效的计算机管理系统，前后台联网，有饭店独立的官方网站或者互联网主页，并能够提供网络预订服务	
1.6	应有公共音响转播系统。背景音乐曲目、音量与所在区域和时间段相适应，音质良好	
1.7	设施设备应维护保养良好，无噪音，安全完好，整洁、卫生和有效	
1.8	应具备健全的管理规范、服务规范与操作标准	
1.9	员工应着工装，工装专业设计、材质良好、做工精致	
1.10	员工训练有素，能用普通话和英语提供服务，必要时能用第二种外国语提供服务	
1.11	应有与本星级相适应的节能减排方案并付诸实施，内容符合 LB/T007 的相关要求	
1.12	应有突发事件（突发事件应包括火灾、自然灾害、饭店建筑物和设备设施事故、公共卫生和伤亡事件、社会治安事件等）处置的应急预案，有年度实施计划，并定期演练	
1.13	应有系统的员工培训规划和制度，应有专门的教材、专职培训师及专用员工培训教室	
2	前厅	
2.1	功能划分合理，空间效果良好	
2.2	装饰设计有整体风格，色调协调，光线充足，整体视觉效果和谐	
2.3	总服务台位置合理，接待人员应 24 h 提供接待、问询和结账等服务，并能提供留言、总账单结账、国内和国际信用卡结算、外币兑换等服务	
2.4	应专设行李寄存处，配有饭店与宾客同时开启的贵重物品保险箱，保险箱位置安全、隐蔽，能够保护宾客的隐私	
2.5	应提供饭店基本情况、客房价目等信息，提供所在地旅游资源、当地旅游交通及全国旅游交通的信息，并在总台能提供中、英文所在地交通图及与住店宾客相适应的报刊	
2.6	在非经营区应设宾客休息场所	
2.7	门厅及主要公共区域应有符合标准的残疾人出入坡道，配备轮椅，有残疾人专用卫生间或厕位，为残障人士提供必要的服务	
2.8	应 24 h 接受包括电话、传真或网络等渠道的客房预订	

续 表

序号	项　　　　目	是否达标
2.9	应有专职的门卫应接服务人员，18 h迎送宾客	
2.10	应有专职行李员，配有专用行李车，24 h提供行李服务，提供小件行李寄存服务	
2.11	应提供代客预订和安排出租汽车服务	
2.12	应有专职人员处理宾客关系，18 h在岗服务	
2.13	应提供礼宾服务	
2.14	应有管理人员24 h在岗值班	
3.	客房	
3.1	应有至少50间(套)可供出租的客房	
3.2	70%客房的面积(不含卫生间和门廊)应不小于20 m^2	
3.3	应有标准间(大床房、双床房)，残疾人客房，两种以上规格的套房(包括至少4个开间的豪华套房)，套房布局合理	
3.4	装修豪华，具有良好的整体氛围。应有舒适的床垫及配套用品。写字台、衣橱及衣架、茶几、座椅或沙发、床头柜等家具配套齐全、布置合理、使用便利。所有电器开关方便宾客使用。室内满铺高级地毯，或用优质木地板或其他高档材料装饰。采用区域照明，目的物照明效果良好	
3.5	客房门能自动闭合，应有门窥镜、门铃及防盗装置。客房内应在显著位置张贴应急疏散图及相关说明	
3.6	客房内应有装修精致的卫生间。有高级抽水恭桶、梳妆台(配备面盆、梳妆镜和必要的盥洗用品)、浴缸并带淋浴喷头(另有单独淋浴间的可以不带淋浴喷头)，配有浴帘或其他有效的防溅设施。采取有效的防滑措施。采用豪华建筑材料装修地面、墙面和天花，色调高雅柔和。采用分区照明且目的物照明效果良好。有良好的无明显噪音的排风设施，温湿度与客房无明显差异。有110 V/220 V不间断电源插座、电话副机。配有吹风机。24 h供应冷、热水，水龙头冷热标识清晰。所有设施设备均方便宾客使用	
3.7	客房内应有饭店专用电话机，方便使用。可以直接拨通或使用预付费电信卡拨打国际、国内长途电话，并备有电话使用说明和所在地主要电话指南	
3.8	应有彩色电视机，画面和音质优良。播放频道不少于16个，频道顺序有编辑，备有频道目录	
3.9	应有背景音乐，音质良好，曲目适宜，音量可调	
3.10	应有防噪音及隔音措施，效果良好	

续表

序号	项目	是否达标
3.11	应有纱帘及遮光窗帘,遮光效果良好	
3.12	应有至少两种规格的电源插座,电源插座应有两个以上供宾客使用的插位,位置方便宾客使用,并可提供插座转换器	
3.13	应有与本星级相适应的文具用品。配有服务指南、住宿须知、所在地旅游景点介绍和旅游交通图等。提供与住店宾客相适应的报刊	
3.14	床上用棉织品(床单、枕芯、枕套、被芯、被套及床衬垫等)及卫生间针织用品(浴巾、浴衣、毛巾等)材质高档、工艺讲究、柔软舒适。可应宾客要求提供多种规格的枕头	
3.15	客房、卫生间应每天全面清理一次,每日或应宾客要求更换床单、被套及枕套,客用品和消耗品补充齐全,并应宾客要求随时进房清理	
3.16	应提供互联网接入服务,并备有使用说明,使用方便	
3.17	应提供开夜床服务,夜床服务效果良好	
3.18	应提供客房微型酒吧(包括小冰箱)服务,配置适量与住店宾客相适应的酒和饮料,备有饮用器具和价目单。免费提供茶叶或咖啡。提供冷热饮用水,可应宾客要求提供冰块	
3.19	应提供客衣干洗、湿洗、熨烫服务,可在 24 h 内交还宾客,可提供加急服务	
3.20	应 24 h 提供送餐服务。有送餐菜单和饮料单,送餐菜式品种不少于 8 种,饮料品种不少于 4 种,甜食品种不少于 4 种,有可挂置门外的送餐牌,送餐车应有保温设备	
3.21	应提供自动和人工叫醒、留言及语音信箱服务,服务效果良好	
3.22	应提供宾客在房间会客服务,应宾客的要求及时提供加椅和茶水服务	
3.23	客房内应备有擦鞋用具,并提供擦鞋服务	
4	餐厅及吧室	
4.1	各餐厅布局合理,环境优雅,空气清新,不串味,温度适宜	
4.2	应有装饰豪华、氛围浓郁的中餐厅	
4.3	应有装饰豪华、格调高雅的西餐厅(或外国特色餐厅)或风格独特的风味餐厅,均配有专门厨房	
4.4	应有位置合理、独具特色、格调高雅的咖啡厅,提供品质良好的自助早餐、西式正餐。咖啡厅(或有一餐厅)营业时间不少于 18 h	
4.5	应有 3 个以上宴会单间或小宴会厅。提供宴会服务,效果良好	

旅游饭店星级的划分与评定(GB/T 14308—2010)

续表

序号	项目	是否达标
4.6	应有专门的酒吧或茶室	
4.7	餐具应按中外习惯成套配置，材质高档，工艺精致，有特色，无破损磨痕，光洁、卫生	
4.8	菜单及饮品单应装帧精美，完整清洁，出菜率不低于90%	
5	厨房	
5.1	位置合理，布局科学，传菜路线不与非餐饮公共区域交叉	
5.2	厨房与餐厅之间，采取有效的隔音、隔热和隔味的措施。进出门分开并能自动闭合	
5.3	墙面满铺瓷砖，用防滑材料满铺地面，有地槽	
5.4	冷菜间、面点间独立分隔，有足够的冷气设备。冷菜间内有空气消毒设施	
5.5	冷菜间有二次更衣场所及设施	
5.6	粗加工间与其他操作间隔离，各操作间温度适宜，冷气供应充足	
5.7	洗碗间位置合理(紧邻厨房与餐厅出入口)，配有洗碗和消毒设施	
5.8	有必要的冷藏、冷冻设施，生熟食品及半成食品分柜置放。有干货仓库	
5.9	有专门放置临时垃圾的设施并保持其封闭，排污设施(地槽、抽油烟机和排风口等)保持畅通清洁	
5.10	采取有效的消杀蚊蝇、蟑螂等虫害措施	
5.11	应有食品化验室或留样送检机制	
6	会议康乐设施	
6.1	应有两种以上规格的会议设施，有多功能厅，配备相应的设施并提供专业服务	
6.2	应有康体设施，布局合理，提供相应的服务	
7	公共区域	
7.1	饭店室外环境整洁美观，绿色植物维护良好	
7.2	饭店后台区域设施完好、卫生整洁、维护良好，前后台的衔接合理，通往后台的标识清晰	
7.3	应有效果良好的回车线，并有与规模相适应泊位的停车场，有残疾人停车位，停车场环境效果良好，提供必要的服务	

续 表

序号	项　　目	是否达标
7.4	3层以上(含3层)建筑物应有数量充足的高质量客用电梯,轿厢装饰高雅,速度合理,通风良好;另备有数量、位置合理的服务电梯	
7.5	各公共区域均应有男女分设的间隔式公共卫生间,环境优良,通风良好	
7.6	应有商品部,出售旅行日常用品、旅游纪念品等	
7.7	应有商务中心,可提供传真、复印、国际长途电话、打字等服务,有可供宾客使用的电脑,并可提供代发信件、手机充电等服务	
7.8	提供或代办市内观光服务	
7.9	应有公用电话,并配有便笺	
7.10	应有应急照明设施和有应急供电系统	
7.11	主要公共区域有闭路电视监控系统	
7.12	走廊及电梯厅地面应满铺地毯或其他高档材料,墙面整洁,有装修装饰,温度适宜,通风良好,光线适宜。紧急出口标识清楚醒目,位置合理,无障碍物。有符合规范的逃生通道、安全避难场所	
7.13	应有充足的员工生活和活动设施	
	总体是否达标结论	

附录B　(规范性附录)设施设备评分表

表B.1给出了设施设备评分表。

表B.1　设施设备评分表

序　号	设施设备评分表	各大项总分	各分项总分	各次分项总分	各小项总分	计分	记分栏
1	地理位置、周围环境、建筑结构及功能布局	30					
1.1	地理位置及周围环境		8				
1.1.1	地理位置			3			
	位于城市中心或商务区,旅游景区或度假区,机场、火车站、长途汽车站、码头等交通便利地带,可进入性好					3	

续　表

序　号	设施设备评分表	各大项总分	各分项总分	各次分项总分	各小项总分	计分	记分栏
	靠近城市中心或商务区，旅游景区或度假区，机场、火车站、长途汽车站、码头，可进入性较好					2	
	可进入性一般					1	
1.1.2	周围环境（饭店建筑红线内）			5			
	花园（独立于饭店主体建筑的绿化场地，面积较大，有观赏景物或建筑小品，花木保养得当，环境整洁）					5	
	庭院（附属于饭店主体建筑，有一定的绿化和景观，可供散步、休闲，环境整洁）					3	
1.2	停车场（包括地下停车场、停车楼）		5				
1.2.1	停车位数量			4			
	自备停车场，车位不少于40%客房数					4	
.	自备停车场，车位不少于15%客房数					3	
	在饭店周围200 m内可以停放汽车，车位不少于15%客房数					2	
	有回车线					1	
1.2.2	合理利用空间，有地下停车场（停车楼）等			1			
1.3	建筑结构及功能布局		17				
1.3.1	前厅部位功能设施位置恰当、分隔合理，方便宾客使用（酌情给1～3分）			3			
1.3.2	餐饮部位功能设施位置恰当、分隔合理，方便宾客使用（酌情给1～3分）			3			
1.3.3	客房部位功能设施位置恰当、分隔合理，方便宾客使用（酌情给1～3分）			3			
1.3.4	康乐及会议部位功能设施位置恰当、分隔合理，方便宾客使用（酌情给1～3分）			3			
1.3.5	饭店建筑历史悠久，为文物保护单位			5			

续 表

序　号	设施设备评分表	各大项总分	各分项总分	各次分项总分	各小项总分	计分	记分栏
	国家级文物保护单位					5	
	省市级文物保护单位					3	
1.3.6	饭店配套设施不在主体建筑内又没有封闭通道相连（度假型饭店除外）			−5			
2	共用系统	52					
2.1	智能化管理系统		8				
2.1.1	结构化综合布线系统			2			
2.1.2	先进、有效的火灾报警与消防联动控制系统（含点报警、面报警、消防疏散广播等）			3			
2.1.3	先进的楼宇自动控制系统（新风/空调监控、供配电与照明监控、给排水系统监控等）			3			
2.2	信息管理系统		9				
2.2.1	覆盖范围			4			
	全面覆盖前后台，数据关联的饭店专用管理信息系统（前台管理系统、餐厅管理系统、财务管理系统、收益分析系统、人事管理系统、工程管理系统、库房管理系统、采购管理系统等数据流自动化处理并关联）					4	
	前后台均有独立的管理信息系统					2	
	只覆盖前台对客服务部门					1	
2.2.2	采取确保饭店信息安全的有效措施			2			
2.2.3	系统供应商			3			
	行业主流供应商					3	
	非主流供应商					1	
2.3	互联网		8				
2.3.1	覆盖范围			6			
	所有的客房配有互联网接口（有线、无线均可）					2	

旅游饭店星级的划分与评定（GB/T 14308—2010）

续表

序号	设施设备评分表	各大项总分	各分项总分	各次分项总分	各小项总分	计分	记分栏
	所有的会议室均有互联网接口(有线、无线均可)					2	
	所有的大堂区域均有无线网络覆盖					1	
	咖啡厅和大堂酒吧提供有线互联网接口(或有无线网络覆盖)					1	
2.3.2	应用			2			
	有独立网站,具有实时网上预订功能(非第三方订房网站)					2	
	在互联网上有饭店的独立网页和电子邮件地址					1	
2.4	空调系统		5				
2.4.1	四管制中央空调系统			5			
2.4.2	两管制中央空调系统			3			
2.4.3	无中央空调系统,但客房、餐厅及公共区域采用窗式、分体式或柜式空调			1			
2.5	应急供电		6				
2.5.1	自备发电设施					3	
2.5.2	应急供电系统(指两路以上供电)					2	
2.5.3	应急照明设施					1	
2.6	移动电话信号覆盖所有客房及公共区域		2				
2.7	节能措施与环境管理		14				
2.7.1	有建筑节能设计(如自然采光、新型墙体材料、环保装饰材料等)			2			
2.7.2	采用有新能源的设计与运用(如太阳能、生物能、风能、地热等)			2			
2.7.3	采用环保设备和用品(使用溴化锂吸收式等环保型冷水机组、使用无磷洗衣粉、使用环保型冰箱、不使用哈龙灭火器等)			2			

续 表

序 号	设施设备评分表	各大项总分	各分项总分	各次分项总分	各小项总分	计分	记分栏
2.7.4	采用节能产品(如节能灯、感应式灯光、水龙头控制等),采取节能及环境保护的有效措施(客房内环保提示牌,不以野生保护动物为食品原料等)			2			
2.7.5	有中水处理系统			2			
2.7.6	有污水、废气处理设施			2			
2.7.7	垃圾房			2			
	有垃圾房及相应管理制度,并有湿垃圾干处理装置					2	
	有垃圾房及相应管理制度					1	
3	前厅	62					
3.1	地面装饰		8				
	采用高档花岗岩、大理石或其他高档材料(材质高档、色泽均匀、拼接整齐、工艺精致、装饰性强,与整体氛围相协调)					8	
	采用优质花岗岩、大理石或其他材料(材质良好,工艺较好)					6	
	采用普通花岗岩、大理石或其他材料(材质一般,有色差)					4	
	采用普通材料(普通木地板、地砖等)					2	
3.2	墙面装饰		6				
	采用高档花岗岩、大理石或其他高档材料(材质高档、色泽均匀、拼接整齐、工艺精致、装饰性强,与整体氛围相协调)					6	
	采用优质木材或高档墙纸(布)(立面有线条变化,高档墙纸包括丝质及其他天然原料墙纸)					4	
	采用普通花岗岩、大理石或木材					2	
	采用墙纸或喷涂材料					1	

续 表

序 号	设施设备评分表	各大项总分	各分项总分	各次分项总分	各小项总分	计分	记分栏
3.3	天花		5				
	工艺精致、造型别致，与整体氛围相协调					5	
	工艺较好，格调一般					3	
	有一定装饰					1	
3.4	艺术装饰		2				
	有壁画或浮雕或其他艺术品装饰					2	
	有简单艺术装饰					1	
3.5	家具（台，沙发等）		5				
	设计专业、材质高档、工艺精致，摆设合理，使用方便、舒适					5	
	材质较好，工艺较好					3	
	材质普通，工艺一般					1	
3.6	灯具与照明		5				
	照明设计有专业性，采用高档定制灯具，功能照明、重点照明、氛围照明和谐统一					5	
	采用高档灯具，照明整体效果较好					3	
	采用普通灯具，照明效果一般					1	
3.7	整体装饰效果		4				
	色调协调，氛围浓郁，有中心艺术品，感官效果突出					4	
	有艺术品装饰，工艺较好，氛围一般					2	
	有一定的装饰品					1	
3.8	公共卫生间		9				
3.8.1	位置合理（大堂应设置公共卫生间，且与大堂在同一楼层）			2			
3.8.2	材料、装修和洁具（对所有公共卫生间分别打分，取算术平均值的整数部分）			3			

续 表

序　号	设施设备评分表	各大项总分	各分项总分	各次分项总分	各小项总分	计分	记分栏
	设计专业(洁具、灯光、冷热水、照明、通风、空调等),采用高档装修材料,装修工艺精致,采用高级洁具					3	
	采用较高档装修材料,装修工艺较好,采用较好洁具					2	
	采用普通装修材料,装修工艺一般,采用普通洁具					1	
3.8.3	残疾人卫生间			2			
	有残疾人专用卫生间					2	
	有残疾人专用厕位					1	
3.8.4	公共卫生间设施(少1项,扣1分)						
	抽水恭桶						
	卫生纸						
	污物桶						
	半身镜						
	洗手盆						
	洗手液或香皂						
	烘手机或擦手纸						
3.8.5	每个抽水恭桶都有单独的隔间,隔间的门有插销,所有隔间都配置衣帽钩			1			
3.8.6	每两个男用小便器中间有隔板,使用自动冲水装置			1			
3.9	客用电梯		10				
3.9.1	数量			2			
	不少于平均每70间客房一部客用电梯					2	
	不少于平均每100间客房一部客用电梯					1	
3.9.2	性能优良、运行平稳、梯速合理			2			
3.9.3	内饰与设备			4			
3.9.3.1	有一定装饰、照明充足				0.5		

续 表

序 号	设施设备评分表	各大项总分	各分项总分	各次分项总分	各小项总分	计分	记分栏
3.9.3.2	有饭店主要设施楼层指示				0.5		
3.9.3.3	有扶手杆				0.5		
3.9.3.4	有通风系统				0.5		
3.9.3.5	有与外界联系的对讲功能				0.5		
3.9.3.6	有残疾人专用按键				0.5		
3.9.3.7	轿厢两侧均有按键				0.5		
3.9.3.8	有抵达行政楼层或豪华套房楼层的专用控制措施				0.5		
3.9.4	有观光电梯			1			
3.9.5	有自动扶梯			1			
3.10	贵重物品保险箱		2				
3.10.1	数量不少于客房数量的8%,不少于两种规格			1			
3.10.2	位置隐蔽、安全,能保护宾客隐私			1			
3.11	前厅整体舒适度		6				
3.11.1	绿色植物、花卉摆放得体,插花有艺术感,令宾客感到自然舒适			2			
3.11.2	光线、温度适宜			2			
3.11.3	背景音乐曲目适宜、音质良好、音量适中,与前厅整体氛围协调			2			
3.11.4	异味,烟尘,噪音,强风(扣分,每项扣1分)			−4			
3.11.5	置于前厅明显位置的商店、摊点影响整体氛围			−4			
4	客房	191					
4.1	普通客房(4.1~4.10均针对普通客房打分)		26				
4.1.1	70%客房的净面积(不包括卫生间和门廊)			16			
	不小于36 m^2					16	
	不小于30 m^2					12	

续 表

序号	设施设备评分表	各大项总分	各分项总分	各次分项总分	各小项总分	计分	记分栏
	不小于 24 m^2					8	
	不小于 20 m^2					6	
	不小于 16 m^2					4	
	不小于 14 m^2					2	
4.1.2	净高度			4			
	不低于 3 m					4	
	不低于 2.7 m					2	
4.1.3	软床垫(长度不小于 1.9 m),宽度			6			
4.1.3.1	单人床				3		
	不小于 1.35 m					3	
	不小于 1.2 m					2	
	不小于 1.1 m					1	
4.1.3.2	双人床				3		
	不小于 2.2 m					3	
	不小于 2.0 m					2	
	不小于 1.8 m					1	
4.2	装修与装饰		11				
4.2.1	地面			3			
	采用优质地毯或木地板,工艺精致					3	
	采用高档地砖、普通地毯或木地板,工艺较好					2	
	采用普通地砖或水磨石地面,工艺一般					1	
4.2.2	墙面			2			
	采用高级墙纸或其他优质材料,有艺术品装饰					2	
	采用普通涂料或墙纸					1	

续 表

序 号	设施设备评分表	各大项总分	各分项总分	各次分项总分	各小项总分	计分	记分栏
4.2.3	天花有装饰			2			
4.2.4	整体装饰效果			4			
	工艺精致、色调协调、格调高雅					4	
	工艺较好、格调统一					2	
	工艺一般					1	
4.3	家具		7				
4.3.1	档次			4			
	设计专业、材质高档、工艺精致,摆设合理,使用方便、舒适					4	
	材质较好,工艺较好					2	
	材质普通,工艺一般					1	
4.3.2	衣橱			3			
	步入式衣物储藏间					3	
	进深不小于 55 cm,宽度不小于 110 cm					2	
	进深不小于 45 cm,宽度不小于 90 cm					1	
4.4	灯具和照明		11				
4.4.1	灯具配备			9			
4.4.1.1	主光源(顶灯或槽灯)				1		
4.4.1.2	门廊照明灯				1		
4.4.1.3	床头照明灯				1		
4.4.1.4	写字台照明灯				1		
4.4.1.5	衣柜照明灯				1		
4.4.1.6	行李柜照明灯				1		
4.4.1.7	小酒吧照明灯				1		

续 表

序 号	设施设备评分表	各大项总分	各分项总分	各次分项总分	各小项总分	计分	记分栏
4.4.1.8	装饰物照明灯				1		
4.4.1.9	夜灯				1		
4.4.2	灯光控制			2			
	各灯具开关位置合理，床头有房间灯光“一键式”总控制开关，标识清晰，方便使用					2	
	各灯具开关位置合理，方便使用					1	
4.5	彩色电视机		6				
4.5.1	类型与尺寸			3			
	平板电视，不小于25英寸					3	
	普通电视，不小于25英寸					2	
	普通电视，不小于21英寸					1	
4.5.2	频道和节目			2			
	卫星、有线闭路电视节目不少于30套					1	
	外语频道或外语节目不少于3套					1	
4.5.3	有电视频道指示说明及电视节目单			1			
4.6	客房电话		5				
4.6.1	程控电话机，有直拨国际、国内长途功能			1			
4.6.2	有语音信箱及留言指示灯			1			
4.6.3	电话机上有饭店常用电话号码和使用说明			1			
4.6.4	附设写字台电话(双线制)			1			
4.6.5	配备本地电话簿			1			
4.7	微型酒吧(包括小冰箱)		5				
4.7.1	数量			3			
	100%的客房有微型酒吧(包括小冰箱)					3	

续 表

序号	设施设备评分表	各大项总分	各分项总分	各次分项总分	各小项总分	计分	记分栏
	不少于50%的客房有微型酒吧(包括小冰箱)					1	
4.7.2	提供适量饮品和食品,并配备相应的饮具			1			
4.7.3	100%以上客房配备静音、节能、环保型小冰箱			1			
4.8	客房便利设施及用品		12				
4.8.1	电热水壶			1			
4.8.2	熨斗和熨衣板			1			
4.8.3	西装衣撑			1			
4.8.4	每房不少于4个西服衣架、2个裤架和2个裙架			1			
4.8.5	不间断电源插座(国际通用制式)不少于两处,并有明确标识,方便使用			1			
4.8.6	吹风机			1			
4.8.7	浴衣(每客1件)			1			
4.8.8	备用被毯(每床1条)			1			
4.8.9	咖啡(含伴侣、糖),配相应杯具			1			
4.8.10	环保或纸制礼品袋(每房2个)			1			
4.8.11	针线包			1			
4.8.12	文具(含铅笔、橡皮、曲别针等)			1			
4.9	客房必备物品(少1项,扣1分)						
	服务指南(含欢迎词、饭店各项服务简介)						
	笔						
	信封(每房不少于2个)						
	信纸(每房不少于4张)						
	免费茶叶						
	暖水瓶(有电热水壶可不备)						

续 表

序号	设施设备评分表	各大项总分	各分项总分	各次分项总分	各小项总分	计分	记分栏
	凉水瓶(或免费矿泉水)						
	擦鞋用具(每房2份)						
	“请勿打扰”、“请清理房间”挂牌或指示灯						
	垃圾桶						
	根据不同床型配备相应数量的枕芯、枕套、床单、毛毯或棉被						
4.10	客房卫生间		50				
4.10.1	70%的客房卫生间面积			8			
	不小于 8 m^2					8	
	不小于 6 m^2					6	
	不小于 5 m^2					4	
	不小于 4 m^2					2	
	小于 4 m^2					1	
4.10.2	卫生间装修			6			
	专业设计,全部采用高档材料装修(优质大理石、花岗岩等)、工艺精致,采用统一风格的高级品牌卫浴设施					6	
	采用高档材料装修,工艺较好					4	
	采用普通材料装修,工艺一般					2	
4.10.3	卫生间设施布局			4			
	不少于50%的客房卫生间淋浴、浴缸、恭桶分隔					4	
	不少于50%的客房卫生间淋浴和浴缸分隔					3	
	不少于50%的客房卫生间有浴缸					1	
4.10.4	面盆及五金件			2			
	高档面盆及配套五金件					2	
	普通面盆及五金件					1	

续 表

序 号	设施设备评分表	各大项总分	各分项总分	各次分项总分	各小项总分	计分	记分栏
4.10.5	浴缸及淋浴			12			
4.10.5.1	浴缸和淋浴间均有单独照明,分区域照明充足				1		
4.10.5.2	完全打开热水龙头,水温在 15 s 内上升到 46～51℃,水温稳定				1		
4.10.5.3	水流充足(水压为 0.2 MPa～0.35 MPa)、水质良好				1		
4.10.5.4	淋浴间下水保持通畅,不外溢				1		
4.10.5.5	浴缸				3		
	高档浴缸(配带淋浴喷头)及配套五金件					3	
	普通浴缸(配带淋浴喷头)或只有淋浴间					1	
4.10.5.6	所有浴缸上方安装扶手,符合安全规定				1		
4.10.5.7	淋浴喷头的水流可以调节				1		
4.10.5.8	淋浴有水流定温功能				1		
4.10.5.9	配备热带雨林喷头				1		
4.10.5.10	浴缸及淋浴间配有防滑设施(或有防滑功能)				1		
4.10.6	恭桶			3			
	高档节水恭桶					3	
	普通节水恭桶					1	
4.10.7	其他			15			
4.10.7.1	饮用水系统				2		
4.10.7.2	梳妆镜				2		
	防雾梳妆镜					2	
	普通梳妆镜					1	
4.10.7.3	化妆放大镜				1		
4.10.7.4	面巾纸				1		

续 表

序号	设施设备评分表	各大项总分	各分项总分	各次分项总分	各小项总分	计分	记分栏
4.10.7.5	110 V/220 V 不间断电源插座(低电流)				1		
4.10.7.6	晾衣绳				1		
4.10.7.7	呼救按钮或有呼救功能的电话				1		
4.10.7.8	连接客房电视的音响装置				1		
4.10.7.9	体重秤				1		
4.10.7.10	电话副机(方便宾客取用)				1		
4.10.7.11	浴室里挂钩不少于1处,方便使用				1		
4.10.7.12	浴帘或其他防溅设施				1		
4.10.7.13	浴巾架				1		
4.10.8	卫生间客用必备品(少1项,扣1分)						
4.10.8.1	漱口杯(每房2个)						
4.10.8.2	浴巾(每房2条)						
4.10.8.3	地巾						
4.10.8.4	面巾(每房2条)						
4.10.8.5	卫生袋						
4.10.8.6	卫生纸						
4.10.8.7	垃圾桶						
4.11	套房		14				
4.11.1	数量			3			
	不少于客房总数的20%(不包括连通房)					3	
	不少于客房总数的10%(不包括连通房)					2	
	不少于客房总数的5%(不包括连通房)					1	
4.11.2	规格			6			
4.11.2.1	至少有三种规格的套房				2		

续 表

序号	设施设备评分表	各大项总分	各分项总分	各次分项总分	各小项总分	计分	记分栏
4.11.2.2	有豪华套房				4		
	至少有卧室2间，会客室、餐厅、书房各1间(卫生间3间)					4	
	至少有卧室2间，会客室1间，餐厅或书房各1间(卫生间3间)					2	
4.11.3	套房卫生间			5			
4.11.3.1	有供主人和来访宾客分别使用的卫生间				2		
4.11.3.2	有由卧室和客厅分别直接进入的卫生间(双门卫生间)				1		
4.11.3.3	有音响装置				1		
4.11.3.4	配有电视机				1		
4.12	有残疾人客房，配备相应的残障设施		2				
4.13	设无烟楼层		2				
4.14	客房舒适度		35				
4.14.1	布件			15			
4.14.1.1	床单、被套、枕套的纱支规格				6		
	不低于80×60支纱					6	
	不低于60×40支纱					3	
	不低于40×40支纱					1	
4.14.1.2	床单、被套、枕套的含棉量为100%				1		
4.14.1.3	毛巾(含浴巾、面巾、地巾、方巾等)的纱支规格				2		
	32支纱(或螺旋16支)，含棉量为100%					2	
	不低于16支纱					1	
4.14.1.4	毛巾(含浴巾、面巾、地巾、方巾等)规格(一个规格不达标扣0.5分，扣满2分以上，降低一档)				6		

续 表

序 号	设施设备评分表	各大项总分	各分项总分	各次分项总分	各小项总分	计分	记分栏
	浴巾：不小于 1 400 mm×800 mm，重量不低于750 g；面巾：不小于 750 mm×350 mm，重量不低于 180 g；地巾：不小于 800 mm×500 mm，重量不低于 450 g；方巾：不小于 320 mm×320 mm，重量不低于 55 g					6	
	浴巾：不小于 1 300 mm×700 mm，重量不低于500 g；面巾：不小于 600 mm×300 mm，重量不低于 120 g；地巾：不小于 700 mm×400 mm，重量不低于 320 g；方巾：不小于 300 mm×300 mm，重量不低于 45 g					3	
	浴巾：不小于 1 200 mm×600 mm，重量不低于400 g；面巾：不小于 550 mm×300 mm，重量不低于 110 g；地巾：不小于 650 mm×350 mm，重量不低于 280 g					1	
4.14.2	床垫硬度适中、无变形，可提供 3 种以上不同类型的枕头			2			
4.14.3	温度			3			
4.14.3.1	室内温度可调节				2		
4.14.3.2	公共区域与客房区域温差不超过 5℃				1		
4.14.4	相对湿度：冬季为 50%～55%，夏季为 45%～50%			2			
4.14.5	客房门、墙、窗、天花、卫生间采取隔音措施，效果良好			2			
	客房隔音效果差，或部分客房靠近高噪音设施（如歌舞厅、保龄球场、洗衣房等），影响宾客休息					−4	
4.14.6	窗帘与客房整体设计匹配，有纱帘，方便开闭，密闭遮光效果良好			2			
4.14.7	照明效果			3			
	专业设计，功能照明、重点照明、氛围照明和谐统一					3	
	有目的物照明光源，满足不同区域的照明需求					2	
	照明效果一般					1	
4.14.8	客用品方便取用，插座、开关位置合理，方便使用			2			

续 表

序 号	设施设备评分表	各大项总分	各分项总分	各次分项总分	各小项总分	计分	记分栏
4.14.9	艺术品、装饰品搭配协调，布置雅致；家具、电器、灯饰档次匹配，色调和谐			2			
4.14.10	电视机和背景音乐系统的音、画质良好，节目及音量调节方便有效			2			
4.15	客房走廊及电梯厅		5				
4.15.1	走廊宽度不少于 1.8 m，高度不低于 2.3 m			1			
4.15.2	光线适宜			1			
4.15.3	通风良好，温度适宜			1			
4.15.4	客房门牌标识醒目，制作精良			1			
4.15.5	管道井、消防设施的装饰与周边氛围协调			1			
5	餐饮	59					
5.1	餐厅[5.1～5.2 对各个餐厅(不包括食街和快餐厅)分别打分，然后根据餐厅数量取算术平均值的整数部分]		32				
5.1.1	布局			8			
5.1.1.1	接待区装饰风格(接待台、预订台)与整体氛围协调				1		
5.1.1.2	有宴会单间或小宴会厅				3		
5.1.1.3	靠近厨房，传菜线路不与非餐饮公共区域交叉				2		
5.1.1.4	有酒水台				1		
5.1.1.5	有分区设计，有绿色植物或一定装饰品				1		
5.1.2	装饰			14			
5.1.2.1	地面装饰				4		
	采用优质花岗岩、大理石、地毯、木地板或其他与整体装饰风格相协调的高档材料(材质高档、色泽均匀、拼接整齐、装饰性强，与整体氛围相协调)					4	
	采用普通大理石、地毯、木地板或其他材料(材质一般，有色差，拼接整齐，装饰性较强)					2	

续 表

序号	设施设备评分表	各大项总分	各分项总分	各次分项总分	各小项总分	计分	记分栏
	采用普通材料(普通木地板、地砖等)					1	
5.1.2.2	墙面装饰				4		
	采用优质花岗岩、大理石或其他与整体装饰风格相协调的高档材料(材质高档、色泽均匀、拼接整齐、装饰性强,与整体氛围相协调)					4	
	采用优质木材或高档墙纸(布)(立面有线条变化,高档墙纸包括丝质及其他天然原料墙纸)					3	
	采用普通花岗岩、大理石、木材					2	
	采用普通墙纸或喷涂材料					1	
5.1.2.3	天花				3		
	工艺精致,造型别致,格调高雅					3	
	工艺较好,格调一般					2	
	有一定装饰					1	
5.1.3	家具				3		
	设计专业、材质高档、工艺精致,摆设合理,使用方便、舒适					3	
	材质较好,工艺较好					2	
	材质普通,工艺一般					1	
5.1.4	灯具与照明			3			
	照明设计有专业性,采用高档定制灯具,功能照明、重点照明、氛围照明和谐统一					3	
	采用高档灯具,照明整体效果较好					2	
	采用普通灯具,照明效果一般					1	
5.1.5	餐具			3			
	高档材质,工艺精致,有一定的艺术性,与整体氛围协调					3	

续 表

序 号	设施设备评分表	各大项总分	各分项总分	各次分项总分	各小项总分	计分	记分栏
	较好材质与工艺					2	
	一般材质与工艺					1	
5.1.6	菜单及酒水单			3			
	用中、英文及相应外文印制，有独立酒水单，装帧精美，出菜率不低于90%					3	
	用中、英文印刷，装帧较好，出菜率不低于90%					2	
	有中文菜单，保持完整、清洁					1	
5.1.7	不使用一次性筷子和一次性湿毛巾，不使用塑料桌布			1			
5.2	厨房		12				
5.2.1	应有与餐厅经营面积和菜式相适应的厨房区域（含粗细加工间、面点间、冷菜间、冻库等）			2			
5.2.2	为某特定类型餐厅配有专门厨房（每个1分，最多2分）			2			
5.2.3	位置合理、布局科学，传菜路线不与非餐饮公共区域交叉			2			
5.2.4	冷、热制作间分隔			1			
5.2.5	配备与厨房相适应的保鲜和冷冻设施，生熟分开			1			
5.2.6	粗细加工间分隔			1			
5.2.7	洗碗间位置合理			1			
5.2.8	厨房与餐厅间采用有效的隔音、隔热、隔味措施			1			
5.2.9	厨房内、灶台上采取有效的通风、排烟措施			1			
5.3	酒吧、茶室及其他吧室		7				
5.3.1	装修与装饰（包含台、家具、餐具、饮具等）			4			
	专业设计，材质高档、工艺精致，氛围协调，呈现一定主题					4	
	较好材质与工艺					2	

续表

序号	设施设备评分表	各大项总分	各分项总分	各次分项总分	各小项总分	计分	记分栏
	普通材质与工艺					1	
5.3.2	氛围			3			
	环境高雅、独特,装饰及灯光设计有专业性					3	
	氛围较好					2	
	氛围一般					1	
5.4	餐饮区域整体舒适度		8				
5.4.1	整体设计有专业性,格调高雅,色调协调、有艺术感			2			
5.4.2	温湿度适宜,通风良好,无炊烟及烟酒异味			2			
5.4.3	专业设计照明,环境舒适,无噪音。背景音乐曲目、音量适宜,音质良好			2			
5.4.4	餐具按各菜式习惯配套齐全,无破损,无水迹			2			
5.4.5	任一餐厅(包括宴会厅)与其厨房不在同一楼层			−2			
6	安全设施	16					
6.1	客房安全设施		8				
6.1.1	电子卡门锁或其他高级门锁			2			
6.1.2	客房门有自动闭合功能			1			
6.1.3	贵重物品保险箱			3			
6.1.3.1	位置隐蔽,照明良好,方便使用				1		
6.1.3.2	数量				2		
	100%的客房配备					2	
	不少于50%的客房配备					1	
6.1.4	客房配备逃生电筒,使用有效			1			
6.1.5	客房配备与宾客人数相等的防毒面具			1			
6.2	公共区域		6				

续 表

序 号	设施设备评分表	各大项总分	各分项总分	各次分项总分	各小项总分	计分	记分栏
6.2.1	有安保人员 24 h 值班、巡逻			2			
6.2.2	闭路电视监控			2			
	覆盖饭店所有公共区域。画面清晰，定期保存监控资料(以当地有关部门规定为准)					2	
	电梯、大堂、走廊、停车场出入口等主要公共区域有闭路电视监控					1	
6.2.3	通往后台区域有明显提示，有安全可靠的钥匙管理制度			1			
6.2.4	各通道显著位置设有紧急出口标志			1			
6.3	食品安全		2				
	设食品留样化验室，并有相应管理制度					2	
	设食品留样柜					1	
7	员工设施	7					
7.1	有独立的员工食堂		1				
7.2	有独立的更衣间		1				
7.3	有员工浴室		1				
7.4	有倒班宿舍		1				
7.5	有员工专用培训教室，配置必要的教学仪器和设备		1				
7.6	有员工活动室		1				
7.7	有员工电梯(或服务电梯)		1				
8	特色类别	183					
8.1	商务会议型饭店设施		70				
8.1.1	行政楼层			14			
8.1.1.1	专设接待台，可办理入住、离店手续，并提供问讯、留言等服务				1		

续表

序号	设施设备评分表	各大项总分	各分项总分	各次分项总分	各小项总分	计分	记分栏
8.1.1.2	提供电脑上网、复印、传真等服务				1		
8.1.1.3	有小会议室或洽谈室				1		
8.1.1.4	有餐饮区域(行政酒廊,提供早餐、欢乐时光、下午茶),面积与行政楼层客房数相匹配,应设置备餐间				4		
8.1.1.5	设阅览、休息区域				1		
8.1.1.6	可提供管家式服务				2		
8.1.1.7	设公共卫生间				1		
8.1.1.8	行政楼层的客房				3		
8.1.1.8.1	客用品配置高于普通楼层客房					2	
8.1.1.8.2	附设写字台电话,且有一键式呼叫管家服务按钮					1	
8.1.2	大宴会厅或多功能厅(应配有与服务面积相匹配的厨房)			23			
8.1.2.1	面积(面积计算以固定隔断为准,序厅面积达不到要求,减1分)				6		
	无柱,不小于800 m^2且序厅不小于250 m^2					6	
	不小于500 m^2且序厅不小于150 m^2					4	
	不小于240 m^2且序厅不小于70 m^2					2	
8.1.2.2	净高度				3		
	不低于6 m					3	
	不低于5 m					2	
	不低于3.5 m					1	
8.1.2.3	设专用入口				1		
8.1.2.4	设专用通道(楼梯、自动扶梯等)				1		
8.1.2.5	装修与装饰				4		
	专业设计、材质高档、工艺精致,氛围协调					4	

续 表

序 号	设施设备评分表	各大项总分	各分项总分	各次分项总分	各小项总分	计分	记分栏
	材质高档、工艺较好					2	
	材质一般、工艺一般					1	
8.1.2.6	音响效果良好，隔音效果良好				1		
8.1.2.7	通风良好，温度适宜				1		
8.1.2.8	配设衣帽间				1		
8.1.2.9	灯光				3		
	专业设计，可营造不同氛围					3	
	灯光分区控制，亮度可调节					2	
	灯光分区控制					1	
8.1.2.10	设贵宾休息室，位置合理，并有专用通道进入大宴会厅				2		
8.1.3	会议厅			12			
8.1.3.1	面积(如有多个会议厅，可以累计得分，但总分不超过8分)				4		
	不小于400 m²					4	
	不小于300 m²					3	
	不小于200 m²					2	
8.1.3.2	有座席固定的会议厅				2		
8.1.3.3	小会议室(至少容纳8人开会)				3		
	不少于4个					3	
	不少于2个					1	
8.1.3.4	通风良好，温度适宜				1		
8.1.3.5	灯光分区控制，亮度可调节，遮光效果良好				1		
8.1.3.6	隔音效果良好				1		
8.1.4	会议设施			4			

续　表

序　号	设施设备评分表	各大项总分	各分项总分	各次分项总分	各小项总分	计分	记分栏
8.1.4.1	同声传译功能设置(设备可租借)				1		
8.1.4.2	电视电话会议功能设置(设备可租借)				1		
8.1.4.3	多媒体演讲系统(电脑、即席发言麦克风、投影仪、屏幕等)				1		
8.1.4.4	各会议室音响效果良好				1		
8.1.5	展览厅(布展面积)			8			
	至少 5 000 m^2,层高不低于 10 m					8	
	至少 2 000 m^2,层高不低于 7 m					4	
8.1.6	商务中心			9			
8.1.6.1	位置合理、方便宾客使用				1		
8.1.6.2	配备完整的办公设施(包括复印机、打印机、传真机、装订机、手机充电器等),提供秘书服务、报纸杂志				2		
8.1.6.3	装修与装饰				3		
	专业设计,材质高档,工艺精致,与整体氛围协调,与饭店规模和档次匹配					3	
	材质较好,工艺较好					2	
	材质一般,工艺一般					1	
8.1.6.4	有洽谈室(或出租式办公室)				2		
8.1.6.5	有相对独立区域,提供可连接互联网的电脑				1		
8.2	休闲度假型饭店设施		65				
8.2.1	温泉浴场			5			
	自用温泉浴场(饭店同一业主投资经营)					5	
	邻近温泉浴场(1 km 以内)					2	
8.2.2	海滨浴场			5			
	自用海滨浴场或有租用 5 年以上合同(饭店同一业主投资经营)					5	

续 表

序 号	设施设备评分表	各大项总分	各分项总分	各次分项总分	各小项总分	计分	记分栏
	邻近海滨浴场(1 km以内)					2	
8.2.3	滑雪场			5			
	自用滑雪场(饭店同一业主投资经营)					5	
	邻近滑雪场(5 km以内)					2	
8.2.4	高尔夫球场			5			
	18洞以上的自用高尔夫球场(饭店同一业主投资经营)					5	
	邻近18洞以上的高尔夫球场(5 km以内)					2	
8.2.5	客房阳台			2			
	不少于50%的客房有阳台					2	
	不少于30%的客房有阳台					1	
8.2.6	除必备要求外,有多种风味餐厅			5			
	风味餐厅数量不少于3个					5	
	风味餐厅数量不少于2个					3	
8.2.7	游泳池			10			
8.2.7.1	室内游泳池面积				3		
	不小于250 m²					3	
	不小于150 m²					2	
	不小于80 m²					1	
8.2.7.2	室外游泳池面积				2		
	不小于300 m²					2	
	不小于150 m²					1	
8.2.7.3	有池水循环过滤系统				1		
8.2.7.4	有消毒池				1		
8.2.7.5	有戏水池				1		

续　表

序　号	设施设备评分表	各大项总分	各分项总分	各次分项总分	各小项总分	计分	记分栏
8.2.7.6	有水深、水温和水质的明显指示标志(立式或墙上)				1		
8.2.7.7	有扶手杆,在明显位置悬挂救生设备,有安全说明,并有专人负责现场安全与指导,有应急照明设施				1		
8.2.8	桑拿浴			2			
8.2.8.1	男女分设				1		
8.2.8.2	有呼叫按钮和安全提示				1		
8.2.9	蒸汽浴			2			
8.2.9.1	男女分设				1		
8.2.9.2	有呼叫按钮和安全提示				1		
8.2.10	专业保健按摩			1			
8.2.11	水疗(SPA)			7			
8.2.11.1	按摩室装修装饰				3		
	专业灯光、音响设计,装修材质高档、工艺精致,氛围浓郁					3	
	装修材料普通,装修工艺一般					1	
8.2.11.2	配有专业的SPA技师				2		
8.2.11.3	专业SPA商店				1		
8.2.11.4	有室外SPA				1		
8.2.12	壁球室(每个1分,最多2分)			2			
8.2.13	室内网球场(每个2分,最多4分)			4			
8.2.14	室外网球场(每个1分,最多2分)			2			
8.2.15	室外高尔夫练习场			2			
8.2.16	室内电子模拟高尔夫			1			
8.2.17	有儿童活动场所和设施,并有专人看护			1			
8.2.18	其他运动娱乐休闲项目(每类1分,最多4分)			4			

续 表

序　号	设施设备评分表	各大项总分	各分项总分	各次分项总分	各小项总分	计分	记分栏
8.3	其他		48				
8.3.1	健身房			18			
8.3.1.1	布局合理，通风良好，照明良好（与客房区域相对隔离）				2		
8.3.1.2	自然采光，光线充足				2		
8.3.1.3	装修装饰				3		
	专业设计，装修材质高档、工艺精致，氛围营造突出					3	
	装修材质较好，工艺较好					2	
	装修材料普通，工艺一般					1	
8.3.1.4	面积				4		
	不小于 200 m²					4	
	不小于 100 m²					2	
	不小于 50 m²					1	
8.3.1.5	器械				2		
	专业健身器械，不少于 10 种					2	
	不少于 5 种					1	
8.3.1.6	有音像设施和器械使用说明				1		
8.3.1.7	有专用形体房，并开设一定形体课程				2		
8.3.1.8	配备专业健身教练，提供专业指导				2		
8.3.2	更衣室			7			
8.3.2.1	面积和数量				2		
	面积宽敞，更衣箱数量不少于客房总数的 15%，门锁可靠					2	
	面积宽敞，更衣箱数量不少于客房总数的 10%，门锁可靠					1	

续 表

序 号	设施设备评分表	各大项总分	各分项总分	各次分项总分	各小项总分	计分	记分栏
8.3.2.2	配备数量适当的座椅				1		
8.3.2.3	有淋浴设施，并有洗浴、洗发用品				2		
8.3.2.4	有化妆台，并备有吹风机和护肤、美发用品				1		
8.3.2.5	有太阳浴设备				1		
8.3.3	专用团队宾客接待台			1			
8.3.4	团队宾客专用出入口			1			
8.3.5	美容美发室			1			
8.3.6	歌舞厅或演艺厅或 KTV			2			
8.3.7	影剧场，舞台设施和舞台照明系统能满足一般演出需要			2			
8.3.8	定期歌舞表演			1			
8.3.9	专卖店或商场(对于度假型饭店，应提供当地特色产品或食品)			2			
8.3.10	旅游信息电子查询系统			1			
8.3.11	品牌化、集团化程度			2			
	委托专业饭店管理公司管理					2	
	品牌特许经营方式，国内同一品牌加盟店 20 家以上					1	
8.3.12	饭店总经理资质			2			
8.3.12.1	总经理连续 5 年以上担任同星级饭店高级管理职位				1		
8.3.12.2	总经理接受过全国或省级旅游岗位培训指导机构开展的饭店管理专业教育或培训，取得《全国旅游行业岗位职务培训证书》				1		
8.3.13	员工中通过“饭店职业英语等级测试”的人数比率			2			
	通过率 20%以上					2	
	通过率 15%以上					1	

续 表

序 号	设施设备评分表	各大项总分	各分项总分	各次分项总分	各小项总分	计分	记分栏
8.3.14	饭店在前期设计或改造工程的决策中			3			
	采纳相应星级评定机构的意见					3	
	征询相应星级评定机构的意见					1	
8.3.15	在商务会议、度假特色类别中集中选项，得分率超过70%			3			
	总分	600					

附录C (规范性附录)饭店运营质量评价表

表C.1给出了饭店运营质量评价表。

表C.1 饭店运营质量评价表

序号	标 准	评 价			
	1. 总体要求				
1.1	管理制度与规范	优	良	中	差
1.1.1	有完备的规章制度	6	4	2	1
1.1.2	有完备的操作程序	6	4	2	1
1.1.3	有完备的服务规范	6	4	2	1
1.1.4	有完备的岗位安全责任制与各类突发事件应急预案，有培训、演练计划和实施记录	6	4	2	1
1.1.5	制订饭店人力资源规划，有明确的考核、激励机制。有系统的员工培训制度和实施记录。企业文化特色鲜明	6	4	2	1
1.1.6	建立能源管理与考核制度。有完备的设备设施运行、巡检与维护记录	6	4	2	1
1.2	员工素养	优	良	中	差
1.2.1	仪容仪表得体，着装统一，体现岗位特色；工服整洁、熨烫平整，鞋袜整洁一致；佩戴名牌，着装效果好	6	4	2	1

续 表

序号	标准	评	价		
1.2.2	训练有素、业务熟练	6	4	2	1
1.2.3	应变能力较强,及时满足宾客合理需求	6	4	2	1
1.2.4	各部门组织严密、沟通有效,富有团队精神	6	4	2	1
	小计	60			
	实际得分:				
	得分率:实际得分/该项总分×100%=				

2. 前厅

2.1	前厅服务质量				
2.1.1	总机	优	良	中	差
2.1.1.1	在正常情况下,电话铃响10 s内应答	3	2	1	0
2.1.1.2	接电话时正确问候宾客,同时报出饭店名称,语音清晰,态度亲切	3	2	1	0
2.1.1.3	转接电话准确、及时、无差错(无人接听时,15 s后转回总机)	3	2	1	0
2.1.1.4	熟练掌握岗位英语或岗位专业用语	3	2	1	0
2.1.2	预订	优	良	中	差
2.1.2.1	及时接听电话,确认宾客抵离时间,语音清晰,态度亲切	3	2	1	0
2.1.2.2	熟悉饭店各项产品,正确描述房型差异,说明房价及所含内容	3	2	1	0
2.1.2.3	提供预订号码或预订姓名,询问宾客联系方式	3	2	1	0
2.1.2.4	说明饭店入住的有关规定,通话结束前重复确认预订的所有细节,并向宾客致谢	3	2	1	0
2.1.2.5	实时网络预订,界面友好,及时确认	3	2	1	0
2.1.3	入住登记	优	良	中	差
2.1.3.1	主动、友好地问候宾客,热情接待	3	2	1	0
2.1.3.2	与宾客确认离店日期,对话中用姓氏称呼宾客	3	2	1	0
2.1.3.3	询问宾客是否需要贵重物品寄存服务,并解释相关规定	3	2	1	0
2.1.3.4	效率高、准确无差错	3	2	1	0
2.1.3.5	指示客房或电梯方向,或招呼行李员为宾客服务,祝愿宾客入住愉快	3	2	1	0
2.1.4	*行李服务	优	良	中	差

旅游饭店星级的划分与评定(GB/T 14308—2010)

续表

序号	标准	评	价		
2.1.4.1	正常情况下，有行李服务人员在门口热情友好地问候宾客	3	2	1	0
2.1.4.2	为宾客拉开车门或指引宾客进入饭店	3	2	1	0
2.1.4.3	帮助宾客搬运行李，确认行李件数，轻拿轻放，勤快主动	3	2	1	0
2.1.4.4	及时将行李送入房间，礼貌友好地问候宾客，将行李放在行李架或行李柜上，并向宾客致意	3	2	1	0
2.1.4.5	离店时及时收取行李，协助宾客将行李放入车辆中，并与宾客确认行李件数	3	2	1	0
2.1.5	礼宾、问讯服务	优	良	中	差
2.1.5.1	热情友好，乐于助人，及时响应宾客合理需求	3	2	1	0
2.1.5.2	熟悉饭店各项产品，包括客房、餐饮、娱乐等信息	3	2	1	0
2.1.5.3	熟悉饭店周边环境，包括当地特色商品、旅游景点、购物中心、文化设施、餐饮设施等信息；协助安排出租车	3	2	1	0
2.1.5.4	委托代办业务效率高，准确无差错	3	2	1	0
2.1.6	*叫醒服务	优	良	中	差
2.1.6.1	重复宾客的要求，确保信息准确	3	2	1	0
2.1.6.2	有第二遍叫醒，准确、有效地叫醒宾客，人工叫醒电话正确问候宾客	3	2	1	0
2.1.7	结账	优	良	中	差
2.1.7.1	确认宾客的所有消费，提供总账单，条目清晰、正确完整	3	2	1	0
2.1.7.2	效率高，准确无差错	3	2	1	0
2.1.7.3	征求宾客意见，向宾客致谢并邀请宾客再次光临	3	2	1	0
2.2	前厅维护保养与清洁卫生	优	良	中	差
2.2.1	地面：完整、无破损、无变色、无变形、无污渍、无异味、清洁、光亮	3	2	1	0
2.2.2	门窗：无破损、无变形、无划痕、无灰尘	3	2	1	0
2.2.3	天花(包括空调排风口)：无破损、无裂痕、无脱落、无灰尘、无水迹、无蛛网、无污渍	3	2	1	0
2.2.4	墙面(柱)：平整、无破损、无开裂、无脱落、无污渍、无蛛网	3	2	1	0
2.2.5	电梯：平稳、有效、无障碍、无划痕、无脱落、无灰尘、无污渍	3	2	1	0

续 表

序号	标 准	评 价			
2.2.6	家具：稳固、完好，与整体装饰风格相匹配，无变形、无破损、无烫痕、无脱漆、无灰尘、无污渍	3	2	1	0
2.2.7	灯具：完好、有效，与整体装饰风格相匹配，无灰尘、无污渍	3	2	1	0
2.2.8	盆景、花木、艺术品：无枯枝败叶、修剪效果好，无灰尘、无异味、无昆虫，与整体装饰风格相匹配	3	2	1	0
2.2.9	总台及各种设备(贵重物品保险箱、电话、宣传册及册架、垃圾桶、伞架、行李车、指示标志等)：有效、无破损；无污渍、无灰尘	3	2	1	0
	小计	111			
	实际得分：				
	得分率：实际得分/该项总分×100%＝				

3. 客房

3.1	客房服务质量				
3.1.1	整理客房服务	优	良	中	差
3.1.1.1	正常情况下，每天14时前清扫客房完毕。如遇“请勿打扰”标志，按相关程序进行处理	3	2	1	0
3.1.1.2	客房与卫生间清扫整洁、无毛发、无灰尘、无污渍	3	2	1	0
3.1.1.3	所有物品已放回原处，所有客用品补充齐全	3	2	1	0
3.1.1.4	应宾客要求更换床单、被套、毛巾、浴巾等	3	2	1	0
3.1.2	*开夜床服务	优	良	中	差
3.1.2.1	正常情况下，每天17时到21时提供开夜床服务；如遇“请勿打扰”标志，按相关程序进行处理	3	2	1	0
3.1.2.2	客房与卫生间清扫整洁、无毛发、无灰尘、无污渍	3	2	1	0
3.1.2.3	所有物品已整理整齐，所有客用品补充齐全	3	2	1	0
3.1.2.4	床头灯处于打开状态，遮光窗帘已充分闭合	3	2	1	0
3.1.2.5	床边垫巾和拖鞋放置到位，电视遥控器、洗衣袋等放置方便宾客取用	3	2	1	0
3.1.2.6	床头放置晚安卡或致意品	3	2	1	0
3.1.3	*洗衣服务	优	良	中	差

续 表

序号	标　　准	评	价		
3.1.3.1	洗衣单上明确相关信息(服务时间、价格、服务电话、送回方式等),配备饭店专用环保洗衣袋	3	2	1	0
3.1.3.2	应宾客要求,及时收集待洗衣物,并仔细检查	3	2	1	0
3.1.3.3	在规定时间内送还衣物,包装、悬挂整齐	3	2	1	0
3.1.3.4	所有的衣物已被正确洗涤、熨烫,如果污渍不能被清除,书面告知宾客	3	2	1	0
3.1.4	*微型酒吧	优	良	中	差
3.1.4.1	小冰箱运行状态良好,无明显噪音,清洁无异味	3	2	1	0
3.1.4.2	提供微型酒吧价目表,价目表上的食品、酒水与实际提供的相一致	3	2	1	0
3.1.4.3	食品、酒水摆放整齐,且标签朝外,均在保质期之内	3	2	1	0
3.1.4.4	及时补充微型酒吧上被耗用的物品,应要求及时供应冰块和饮用水	3	2	1	0
3.2	客房维护保养与清洁卫生	优	良	中	差
3.2.1	房门:完好、有效、自动闭合,无破损、无灰尘、无污渍	3	2	1	0
3.2.2	地面:完整、无破损、无变色、无变形、无污渍、无异味	3	2	1	0
3.2.3	窗户、窗帘:玻璃明亮、无破损、无污渍、无脱落、无灰尘	3	2	1	0
3.2.4	墙面:无破损、无裂痕、无脱落、无灰尘、无水迹、无蛛网	3	2	1	0
3.2.5	天花(包括空调排风口):无破损、无裂痕、无脱落、无灰尘、无水迹、无蛛网、无污渍	3	2	1	0
3.2.6	家具:稳固、完好、无变形、无破损、无烫痕、无脱漆、无灰尘、无污渍	3	2	1	0
3.2.7	灯具:完好、有效,无灰尘、无污渍	3	2	1	0
3.2.8	布件(床单、枕头、被子、毛毯、浴衣等):配置规范、清洁,无灰尘、无毛发、无污渍	3	2	1	0
3.2.9	电器及插座(电视、电话、冰箱等):完好、有效、安全,无灰尘、无污渍	3	2	1	0
3.2.10	客房内印刷品(服务指南、电视节目单、安全出口指示图等):规范、完好、方便取用,字迹图案清晰、无皱褶、无涂抹、无灰尘、无污渍	3	2	1	0
3.2.11	绿色植物、艺术品:与整体氛围相协调、完整、无褪色、无脱落、无灰尘、无污渍	3	2	1	0

续 表

序号	标准	评价			
3.2.12	床头(控制)柜：完好、有效、安全、无灰尘、无污渍	3	2	1	0
3.2.13	贵重物品保险箱：方便使用，完好有效、无灰尘、无污渍	3	2	1	0
3.2.14	客房电话机：完好、有效、无灰尘、无污渍，旁边有便笺和笔	3	2	1	0
3.2.15	卫生间门、锁：安全、有效、无破损、无灰尘、无污渍	3	2	1	0
3.2.16	卫生间地面：平坦、无破损、无灰尘、无污渍、排水畅通	3	2	1	0
3.2.17	卫生间墙壁：平整、无破损、无脱落、无灰尘、无污渍	3	2	1	0
3.2.18	卫生间天花：无破损、无裂痕、无脱落、无灰尘、无水迹、无蛛网、无污渍	3	2	1	0
3.2.19	面盆、浴缸、淋浴区：洁净、无毛发、无灰尘、无污渍	3	2	1	0
3.2.20	水龙头、淋浴喷头等五金件：无污渍、无滴漏、擦拭光亮	3	2	1	0
3.2.21	恭桶：洁净、无堵塞、噪音低	3	2	1	0
3.2.22	下水：通畅、无明显噪音	3	2	1	0
3.2.23	排风系统：完好，运行时无明显噪音	3	2	1	0
3.2.24	客用品(毛巾、口杯等)：摆放规范、方便使用，完好、无灰尘、无污渍	3	2	1	0
	小计	126			
	实际得分：				
	得分率：实际得分/该项总分×100%＝				

4. 餐饮

4.1	餐饮服务质量				
4.1.1	自助早餐服务	优	良	中	差
4.1.1.1	在宾客抵达餐厅后，及时接待并引坐。正常情况下，宾客就坐的餐桌已经布置完毕	3	2	1	0
4.1.1.2	在宾客入座后及时提供咖啡或茶	3	2	1	0
4.1.1.3	所有自助餐食及时补充，适温、适量	3	2	1	0
4.1.1.4	食品和饮品均正确标记说明，标记牌洁净统一	3	2	1	0
4.1.1.5	提供加热过的盘子取用热食，厨师能够提供即时加工服务	3	2	1	0
4.1.1.6	咖啡或茶应宾客要求及时添加，适时更换烟灰缸	3	2	1	0

续 表

序号	标准	评价			
4.1.1.7	宾客用餐结束后，及时收拾餐具，结账效率高、准确无差错。宾客离开餐厅时，向宾客致谢	3	2	1	0
4.1.1.8	自助早餐食品质量评价	3	2	1	0
4.1.2	正餐服务	优	良	中	差
4.1.2.1	在营业时间，及时接听电话，重复并确认所有预订细节	3	2	1	0
4.1.2.2	在宾客抵达餐厅后，及时接待并引座。正常情况下，宾客就坐的餐桌已经布置完毕	3	2	1	0
4.1.2.3	提供菜单和酒水单，熟悉菜品知识，主动推荐特色菜肴，点单时与宾客保持目光交流	3	2	1	0
4.1.2.4	点菜单信息完整（如烹调方法、搭配等），点单完毕后与宾客确认点单内容	3	2	1	0
4.1.2.5	点单完成后，及时上酒水及冷盘（头盘），根据需要适时上热菜（主菜），上菜时主动介绍菜名	3	2	1	0
4.1.2.6	根据不同菜式要求及时更换、调整餐具，确认宾客需要的各种调料，提醒宾客小心餐盘烫手，西餐时，主动提供面包、黄油	3	2	1	0
4.1.2.7	向宾客展示酒瓶，在宾客面前打开酒瓶，西餐时，倒少量酒让主人鉴酒	3	2	1	0
4.1.2.8	红葡萄酒应常温，白葡萄酒应冰镇。操作玻璃器皿时，应握杯颈或杯底	3	2	1	0
4.1.2.9	宾客用餐结束后，结账效率高、准确无差错，主动征询宾客意见并致谢	3	2	1	0
4.1.2.10	正餐食品质量评价	3	2	1	0
4.1.3	*酒吧服务（大堂吧，茶室）	优	良	中	差
4.1.3.1	宾客到达后，及时接待，热情友好。提供酒水单，熟悉酒水知识，主动推荐，点单时与宾客保持目光交流	3	2	1	0
4.1.3.2	点单后，使用托盘及时上齐酒水，使用杯垫，主动提供佐酒小吃	3	2	1	0
4.1.3.3	提供的酒水与点单一致，玻璃器皿与饮料合理搭配，各种酒具光亮、洁净、无裂痕、无破损，饮品温度合理	3	2	1	0
4.1.3.4	结账效率高、准确无差错；向宾客致谢	3	2	1	0
4.1.4	*送餐服务	优	良	中	差

续 表

序号	标准	评	价		
4.1.4.1	正常情况下，及时接听订餐电话，熟悉送餐菜单内容，重复和确认预订的所有细节，主动告知预计送餐时间	3	2	1	0
4.1.4.2	正常情况下，送餐的标准时间为：事先填写好的早餐卡，预订时间5 min内；临时订早餐，25 min内；小吃，25 min内；中餐或晚餐，40 min内	3	2	1	0
4.1.4.3	送餐时按门铃或轻轻敲门（未经宾客许可，不得进入客房）；礼貌友好地问候宾客；征询宾客托盘或手推车放于何处，为宾客摆台、倒酒水、介绍各种调料	3	2	1	0
4.1.4.4	送餐推车保持清洁，保养良好。推车上桌布清洁，熨烫平整。饮料、食品均盖有防护用具	3	2	1	0
4.1.4.5	送餐推车上摆放鲜花瓶。口布清洁、熨烫平整、无污渍。盐瓶、胡椒瓶及其他调味品盛器洁净，装满	3	2	1	0
4.1.4.6	送餐完毕，告知餐具回收程序（如果提供回收卡，视同已告知），向宾客致意，祝愿宾客用餐愉快	3	2	1	0
4.1.4.7	送餐服务食品质量评价	3	2	1	0
4.2	餐饮区域维护保养与清洁卫生	优	良	中	差
4.2.1	餐台（包括自助餐台）：稳固、美观、整洁	3	2	1	0
4.2.2	地面：完整，无破损、无变色、无变形、无污渍、无异味	3	2	1	0
4.2.3	门窗及窗帘：玻璃明亮、无破损、无变形、无划痕、无灰尘	3	2	1	0
4.2.4	墙面：平整、无破损、无裂痕、无脱落、无灰尘、无水迹、无蛛网	3	2	1	0
4.2.5	天花（包括空调排风口）：平整、无破损、无裂痕、无脱落、无灰尘、无水迹、无蛛网	3	2	1	0
4.2.6	家具：稳固、完好、无变形、无破损、无烫痕、无脱漆、无灰尘、无污染	3	2	1	0
4.2.7	灯具：完好、有效、无灰尘、无污渍	3	2	1	0
4.2.8	盆景、花木：无枯枝败叶、修剪效果好，无灰尘、无异味、无昆虫	3	2	1	0
4.2.9	艺术品：有品位、完整、无褪色、无灰尘、无污渍	3	2	1	0
4.2.10	客用品（包括台布、餐巾、面巾、餐具、烟灰缸等）：方便使用，完好，无破损、无灰尘、无污渍	3	2	1	0

续 表

序号	标　　准	评	价		
	小计	117			
	实际得分：				
	得分率：实际得分/该项总分×100%＝				
	5. 其他服务项目				
5.1	＊会议、宴会	优	良	中	差
5.1.1	提供多种厅房布置方案，并有详细文字说明	3	2	1	0
5.1.2	各种厅房的名称标牌位于厅房显著位置，到厅房的方向指示标识内容清晰，易于理解	3	2	1	0
5.1.3	各厅房的灯光、空调可独立调控	3	2	1	0
5.1.4	有窗户的厅房配备窗帘，遮光效果好	3	2	1	0
5.1.5	厅房之间有良好的隔音效果，互不干扰	3	2	1	0
5.1.6	台布、台呢整洁平整，完好、无灰尘、无污渍	3	2	1	0
5.1.7	音响、照明、投影等设施提前调试好，功能正常	3	2	1	0
5.1.8	会议期间，及时续水，响应宾客需求	3	2	1	0
5.1.9	会议休息期间，摆正椅子，整理台面，清理垃圾	3	2	1	0
5.2	＊健身房	优	良	中	差
5.2.1	营业时间不少于 12 h，热情问候、接待	3	2	1	0
5.2.2	提供毛巾及更衣柜钥匙。有安全提示，提醒宾客保管贵重物品	3	2	1	0
5.2.3	温度合理、清洁卫生、感觉舒适、无异味	3	2	1	0
5.2.4	健身器械保养良好、易于操作，并配有注意事项，必要时向宾客讲解器械操作指南	3	2	1	0
5.2.5	照明、音像设施运行正常，照明充足、音质良好。备有饮水机与水杯	3	2	1	0
5.3	＊游泳池	优	良	中	差
5.3.1	水深标记及安全提示清晰、醒目(在显眼处张贴当地安全法规，要在游泳池边上能清楚地看见游泳池深度标志)	3	2	1	0
5.3.2	游泳池周边保持清洁卫生、照明充足	3	2	1	0
5.3.3	水温适当，室内游泳池水温不低于 25℃，水质洁净、无混浊	3	2	1	0

续 表

序号	标准	评价			
5.3.4	配备专职救生人员及相应救生设施	3	2	1	0
5.3.5	提供数量充足的躺椅，且位置摆放合理，保养良好。室外游泳池提供数量充足的遮阳伞，且保养良好	3	2	1	0
5.3.6	提供毛巾，并及时更换宾客用过的毛巾。应宾客要求提供饮品	3	2	1	0
5.4	*更衣室	优	良	中	差
5.4.1	天花、墙面、地面保养良好，保持清洁，无破损，无脱落、无开裂、无污渍	3	2	1	0
5.4.2	通风良好、照明合理，更衣柜保持清洁，保养良好	3	2	1	0
5.4.3	淋浴间保持洁净，布置合理，方便使用，沐浴用品保持充足	3	2	1	0
5.4.4	提供洁净的毛巾，洗涤篮保持在未满状态	3	2	1	0
5.5	*商务中心、商店、休闲娱乐项目	优	良	中	差
5.5.1	商务中心应明示各项服务收费规定，员工业务熟练、效率高、质量好	3	2	1	0
5.5.2	商品部商品陈列美观、明码标价、质量可靠，包装精美，与饭店整体氛围相协调，结账效率高，准确无差错	3	2	1	0
5.5.3	休闲娱乐设施完好、有效、安全，无灰尘、无污渍、无异味	3	2	1	0
5.5.4	休闲娱乐项目热情接待、服务周到，外包项目管理规范	3	2	1	0
	小计	84			
	实际得分：				
	得分率：实际得分/该项总分×100%＝				

6. 公共、后台区域

序号	标准	评价			
6.1	周围环境	优	良	中	差
6.1.1	庭院（花园）完好，花木修剪整齐，保持清洁	3	2	1	0
6.1.2	停车场、回车线标线清晰，车道保持畅通	3	2	1	0
6.1.3	店标（旗帜）、艺术品等保养良好、无破损、无污渍	3	2	1	0
6.2	楼梯、走廊、电梯厅	优	良	中	差
6.2.1	地面：平整、无破损、无变色、无变形、无污渍、无异味	3	2	1	0
6.2.2	墙面：平整、无破损、无裂痕、无脱落、无污渍、无水迹、无蛛网	3	2	1	0

续表

序号	标准	评价			
6.2.3	天花(包括空调排风口):平整、无破损、无裂痕、无脱落、无灰尘、无水迹、无蛛网	3	2	1	0
6.2.4	灯具、装饰物:保养良好、无灰尘、无破损	3	2	1	0
6.2.5	家具:洁净、保养良好、无灰尘、无污渍	3	2	1	0
6.2.6	紧急出口与消防设施:标识清晰,安全通道保持畅通	3	2	1	0
6.2.7	公用电话机:完好、有效、清洁	3	2	1	0
6.2.8	垃圾桶:完好、清洁	3	2	1	0
6.3	公共卫生间	优	良	中	差
6.3.1	地面:平整、无破损、无变色、无变形、无污渍、无异味、光亮	3	2	1	0
6.3.2	墙面:平整、无破损、无裂痕、无脱落、无灰尘、无水迹、无蛛网	3	2	1	0
6.3.3	天花(包括空调排风口):平整、无破损、无裂痕、无脱落、无灰尘、无水迹、无蛛网	3	2	1	0
6.3.4	照明充足、温湿度适宜、通风良好	3	2	1	0
6.3.5	洗手台、恭桶、小便池保持洁净、保养良好、无堵塞、无滴漏	3	2	1	0
6.3.6	梳妆镜完好、无磨损、玻璃明亮、无灰尘、无污渍	3	2	1	0
6.3.7	洗手液、擦手纸充足,干手器完好、有效,方便使用,厕位门锁、挂钩完好、有效	3	2	1	0
6.3.8	残疾人厕位(或专用卫生间):位置合理,空间适宜,方便使用	3	2	1	0
6.4	后台区域	优	良	中	差
6.4.1	通往后台区域的标识清晰、规范,各区域有完备的门锁管理制度	3	2	1	0
6.4.2	后台区域各通道保持畅通,无杂物堆积	3	2	1	0
6.4.3	地面:无油污、无积水、无杂物、整洁	3	2	1	0
6.4.4	天花(包括空调排风口):无破损、无裂痕、无脱落、无灰尘、无水迹、无蛛网	3	2	1	0
6.4.5	墙面:平整、无破损、无开裂、无脱落、无污渍、无蛛网	3	2	1	0
6.4.6	各项设备维护保养良好,运行正常,无"跑、冒、滴、漏"现象	3	2	1	0
6.4.7	在醒目位置张贴有关安全、卫生的须知	3	2	1	0
6.4.8	餐具的清洗、消毒、存放符合卫生标准要求,无灰尘、无水渍	3	2	1	0

续 表

序号	标准	评价			
6.4.9	食品的加工与贮藏严格做到生、熟分开，操作规范	3	2	1	0
6.4.10	有防鼠、蟑螂、蝇类、蚊虫的装置与措施，完好有效	3	2	1	0
6.4.11	各类库房温度、湿度适宜，照明、通风设施完备有效，整洁卫生	3	2	1	0
6.4.12	下水道无堵塞、无油污，保持畅通无阻	3	2	1	0
6.4.13	排烟与通风设备无油污、无灰尘，定期清理	3	2	1	0
6.4.14	垃圾分类收集，日产日清，垃圾房周围保持整洁，无保洁死角	3	2	1	0
6.4.15	员工设施(宿舍、食堂、浴室、更衣室、培训室等)管理规范，设施设备保养良好、整洁卫生	3	2	1	0
	小计	102			
	实际得分：				
	得分率：实际得分/该项总分×100％＝				
	总分	600			
	实际总得分				
	总得分率				

参 考 文 献

[1] 蔡万坤.饭店客房管理[M].广州：广东旅游出版社，1998.

[2] 贺湘辉，等.饭店客房管理与服务[M].北京：清华大学出版社，北京交通大学出版社，2005.

[3] 余炳炎，等.饭店客房部的运行与管理[M].北京：旅游教育出版社，2002.

[4] MARGARET M K.饭店客房管理[M].潘之东，译.北京：中国旅游出版社，2002.

[5] 陈雪琼.旅游饭店客房服务实训教程[M].福州：福建人民出版社，2004.

[6] 国家旅游局人事劳动教育司.客房服务与管理[M].北京：旅游教育出版社，2001.

[7] 魏小安，等.中国旅游饭店业的竞争与发展[M].广州：广东旅游出版社，2004.

[8] 庄玉海，等.现代旅游饭店管理[M].深圳：深圳海天出版社，1987.

郑重声明

高等教育出版社

教学资源索取单

敬爱的老师：

感谢您使用吴玲主编的《客房服务与管理》(第二版)。为便于教学,本书配有相关教学资源(PPT 课件等)。如贵校已使用了本教材,您只需把下表中的相关信息以电子邮件或传真形式发至我社,经我社确认后,即可免费获得我们提供的教学资源。

我们的联系方式：

地址：上海市宝山路 848 号　　邮政编码：200081

电话：(021)65874853　　电子邮件：jingguan@hepsh. com

传真：(021)56718517

姓　名		性别		出生年月		身份证号	
学　校		学院、系				教研室	
学校地址						邮政编码	
职　务		职　称				办公电话	
E-mail						手　机	
通信地址						邮政编码	
所使用教材情况	书名(版次)________,作者______。 用于______学时教学,每学期使用______册。						

您对本书的使用有什么意见和建议？

您还希望从我社获得哪些服务？

☐ 教师培训　　☐ 教学研讨活动

☐ 寄送样书　　☐ 获得相关图书出版信息

☐ 其他________________________________